大学生服务外包大赛案例解析

周朝阳　徐争前　舒亚非　王子帆　主编

西安电子科技大学出版社

内容简介

本书介绍了中国大学生服务外包创新创业大赛(简称“服创大赛”)的基本情况以及大学生参加服创大赛企业命题类赛题的备赛流程和要求。书中收录了第九届服创大赛中的6个企业命题类获奖作品作为全真案例，每个案例展示了赛题描述、项目概要介绍、项目详细方案、项目答辩(简介)PPT等内容，并由各项目的指导老师进行了详细的分析和点评。

本书内容丰富，案例新颖，对今后服创大赛的参赛者和高校服创大赛案例教学有一定的借鉴和指导作用。

图书在版编目(CIP)数据

大学生服务外包大赛案例解析 / 周朝阳等主编. —西安：西安电子科技大学出版社，2019.1
ISBN 978-7-5606-5186-6

Ⅰ. ①大… Ⅱ. ①周… Ⅲ. ①服务业—对外承包—案例 Ⅳ. ①F719

中国版本图书馆 CIP 数据核字(2019)第 002964 号

策划编辑 陈婷
责任编辑 高媛 陈婷
出版发行 西安电子科技大学出版社(西安市太白南路 2 号)
电　　话 (029)88242885 88201467　　邮　　编 710071
网　　址 www.xduph.com　　电子邮箱 xdupfxb001@163.com
经　　销 新华书店
印刷单位 陕西日报社
版　　次 2019 年 1 月第 1 版 2019 年 1 月第 1 次印刷
开　　本 787 毫米×1092 毫米 1/16 印 张 15.75
字　　数 371 千字
印　　数 1～3000 册
定　　价 36.00 元
ISBN 978 - 7 - 5606 - 5186 - 6 / F

XDUP 5488001-1

前 言

大学生学科竞赛是培养学生创新意识、创新能力的有效手段和重要载体。它可以拓宽学生的视野，把他们的眼光从课堂延伸到社会的各个方面，另外对于营造创新教育的良好氛围，推进校风、学风建设具有重要意义。学科竞赛的开展可以有效促进创新创业人才的培养，学生通过参加学科竞赛，不仅可以巩固所学专业知识，还有助于激发创新思维，培养创新能力，提高综合素质和就业竞争力。教育部在2003年就发布过《关于鼓励教师积极参与指导大学生科技竞赛活动的通知》，要求学校结合本校实际情况，建立有效的激励机制，鼓励广大教师积极指导大学生参与科技竞赛活动，以进一步推动高校教学改革的深化和学生综合素质的提高。国家如此重视学科竞赛工作，正是因为通过学科竞赛，学生可以提高分析能力、设计实现能力、语言表达能力、项目管理能力、团队合作能力，并且培养高度的责任心，从而提升大学生的创新创业能力。

中国大学生服务外包创新创业大赛是由教育部、商务部和无锡市人民政府联合主办的一项国家级学科竞赛，大赛每年一届，从2010年至2018年已成功举办了九届。大赛紧贴“服务外包”、“创新创业”主题，以应用为导向，加强产学互动，搭建大学生服务外包创新创业能力展示平台。服创大赛对服务外包人才培养和大学生创新创业产生了积极而重要的影响。大赛规模从2010年的34所高校34支参赛队伍发展到2018年的400余所高校3000余支参赛队伍，目前已发展成为国内规模较大、影响面较广的IT类学科竞赛。

杭州电子科技大学(简称“杭电”)非常重视大学生的学科竞赛，积极引导学生参加各类竞赛活动，其中杭电计算机类专业的学生参加的学科竞赛主要有ACM国际大学生程序设计竞赛(ACM/ICPC)、中国大学生程序设计竞赛、中国高校计算机大赛–团体程序设计天梯赛、浙江省大学生服务外包创新应用大赛、中国大学生服务外包创新创业大赛、“挑战杯”全国大学生课外学术科技作品竞赛、“互联网+”大学生创新创业大赛等。在以上学科竞赛中，杭电学生在历届比赛中都取得了优异的成绩。在2018年第九届中国大学生服务外包创新创业大赛上，杭电参赛团队一举获得一等奖2项、二等奖6项、三等奖13项的骄人战绩。

中国大学生服务外包创新创业大赛的影响力越来越大，参赛的队伍和人数也逐年增多，2018 年第九届中国大学生服务外包创新创业大赛有来自全国 400 余所高校的 5000 余支团队报名，学生人数达 2 万 5 千余名，有 3000 余支团队通过审核进入初赛，其中 90%以上的团队选择了企业命题类(A 类)赛题。遗憾的是有 2000 余支团队因未提交参赛作品没有资格参加初赛，主要原因是学生学业重，在完成学业的同时还要在 6 个月内完成来自企业实际需求的项目开发，这对于在校大学生来说确实有很大的挑战。

本书编写的目的就是为服创大赛企业命题类(A 类)参赛团队快速进入备赛状态起到指引作用。书中介绍了服创大赛概况、服创大赛参赛指南，并且收集了编者指导的 2018 年第九届服创大赛中的 6 个企业命题类(A 类)获奖作品作为案例，通过赛题描述、项目概要介绍、项目详细方案、项目答辩(简介)PPT 等内容展示这 6 个案例，项目指导老师依据初赛评分标准和决赛评分标准进行详细点评。由于篇幅有限，对各个案例的部分内容略有删减。

本书内容丰富，案例新颖，可作为各高校服创大赛实训的案例分析教材，也可以作为辅导学生参赛备赛的指导用书。

本书在编写过程中得到了杭州电子科技大学计算机学院林菲副院长和龚晓君老师的大力帮助，也得到了参赛同学的鼎力支持，在此一并表示感谢！

由于时间仓促和编者水平有限，书中难免存在不足之处，敬请广大读者和同行专家批评指正。

编　者

2018 年 8 月于杭州

目　录

第一章

大学生服务外包大赛概述

每年参加中国大学生服务外包创新创业大赛(国赛)和省级的大学生服务外包创新应用大赛(省赛)的学生越来越多，服务外包大赛的影响力也越来越大，大学生服务外包大赛激发了各高校的参赛热情，而且极大地锻炼了学生的实践应用能力、团队合作能力、创新创业能力。服务外包大赛还带动了很多大学生团队创业的浪潮，推动了我国大学生创新创业的新局面。

本书中的大学生服务外包大赛主要指中国大学生服务外包创新创业大赛，书中列举的6个案例是编者作为指导教师在第九届中国大学生服务外包创新创业大赛上企业命题类(A类)的获奖作品。

1.1 中国大学生服务外包创新创业大赛简介

中国大学生服务外包创新创业大赛是响应国家关于鼓励服务外包产业发展、加强服务外包人才培养相关战略举措与号召举办的每年一届的全国性竞赛。大赛由中华人民共和国教育部、中华人民共和国商务部和无锡市人民政府联合主办，由国家服务外包人力资源研究院、无锡市商务局、无锡市教育局及江南大学承办。

大赛宗旨是通过开展服务外包创新创业能力竞赛，引导和促进高校加强服务外包人才培养，为服务外包产业发展提供人才保障；推动大学生关注服务外包，关注服务外包企业就业机会；促进高校教育改革，使人才培养方向更紧密贴合新兴产业发展的需要。同时，大赛坚持公益性、公开性、公正性，努力打造人才培养和产业发展互动融合、选才用才的典范。

大赛目的是搭建产学结合的大学生服务外包创新创业能力展示平台；促进校企交流，促进高等教育为服务经济发展提供人才保障；宣传服务经济，提升社会公众对服务外包产业发展的关注度和重视度。参赛队伍均来自中国国内高等院校，以本科生为主，自由组队。大赛采用开放方式竞赛，经过报名参赛、自主选题、分散备赛和集中答辩的环节，评选出相应的优秀团队。

大赛在选题上呼应服务外包产业，关注服务科学；在形式上，注重学生的团队协作，在虚拟的商业环境中解决问题。赛题一方面来源于现代服务产业企业的现实需求，鼓励学生综合考虑业务模型、技术方案、商业运营等各种因素，提供完整方案，立足实际情况创新应用；另一方面，大赛还鼓励参赛团队提出有创造力的创意项目，在优秀方案的基础上实现创业目标，增强大学生的创新创业意识。在评审环节，过程与结果并重，增强能力培养导向，尤其关注团队的综合素质、学习能力与问题解决能力。

往届大赛吸引了 400 余所高校和数十家产业代表企业积极参与，产生了良好的产业影响和社会效果，在全国高校与企业中的影响力也不断提升。大赛为推动产业发展，加快人才培养和宣传及服务经济作出了突出贡献。

1.2 我国服务外包产业发展趋势

服务外包(Service Outsourcing)是指企业将其非核心的业务外包出去，利用外部最优秀的专业化团队来承接其业务，从而使其专注核心业务，达到降低成本、提高效率、增强企业核心竞争力和对环境应变能力的一种管理模式。服务外包业务指服务外包企业向客户提供的信息技术外包服务(ITO)、业务流程外包服务(BPO)和知识流程外包服务(KPO)。服务外包产业是现代高端服务业的重要组成部分，具有信息技术承载度高、附加值大、资源消耗低、环境污染少、吸纳就业能力强、国际化水平高等特点。

我国政府非常重视服务外包产业的发展，从 2006 年开始，国家各部委陆续出台了包括财税、人才培训、大学生就业、特殊工时、海关监管、电信服务、金融支持、知识产权保护、投资促进等 20 多项服务外包产业扶持政策。2014 年 11 月 26 日，李克强总理主持国务院常务会议，部署加快发展服务外包产业，发展我国服务外包产业正式上升为国家战略。

经过 10 多年的发展，服务外包产业已成为我国参与全球产业分工、优化经济结构的重要抓手。服务外包产业的快速发展，不仅有利于推动我国经济发展方式的转变，摆脱资源环境瓶颈，提升经济增长的质量效益，而且有利于促进对外贸易转型升级、形成外贸增长的新亮点。作为绿色产业的一种新形态，服务外包也是我国城市从传统发展模式向绿色生态发展模式转变的新引擎，是拓宽就业渠道、吸纳大学生就业的新高地。

“十三五”规划强调创新，创新将成为服务外包产业发展的关键因素，建立创新机制、培育创新企业、拓宽创新领域、拓展新市场、创新管理政策是事关产业发展全局的重点工作。云计算、大数据、物联网、移动互联、人工智能、区块链等技术的快速研发与应用，促进云服务、互联网反欺诈、大数据征信、供应链金融服务、工业物联网应用、场地智能化设计、知识产权管理服务、新能源汽车服务、空间地理信息服务、创意设计等技术与价值含量高的业务成熟化发展，为服务外包产业注入了新的动力。与此同时，互联网让服务外包共享经济、网络协作成为可能，通过线上线下融合、大数据与平台化，打破地域、资源与成本的限制。众包模式为服务提供方与需求方的对接提供了新的渠道，不仅提高了资源整合效率，形成了新的平台数据价值，更重要的是为服务外包促进大众创业、万众创新提供了重要载体。

在战略融合方面，服务外包与“中国制造 2025”、“互联网+”、“大数据行动纲要”、“一带一路”等国家战略紧密融合。当前，我国经济发展进入到新常态下服务经济引领期和创新国际竞争优势关键期，从“中国制造”向“中国智造”和“中国服务”转型的过程中，服务外包产业正成为推动中国产业结构转型升级、吸纳中高端人才就业、培育国际竞争新优势与提升全球价值链的中坚力量，尤其对于正在迈向制造强国的中国制造业转型而言意义重大。

1.3 中国大学生服务外包创新创业大赛的影响力

在服务外包产业上升为国家战略的大背景下，教育部、商务部于2011年开始，联合无锡市人民政府，举办中国大学生服务外包创新创业大赛，该大赛是我国大学生高水平的赛事之一，属国家级学科竞赛。

中国大学生服务外包创新创业大赛每年一届，从2010年至2018年已成功举办九届。前两届赛事名称为“中国大学生服务外包创新应用大赛”，为了增强大赛对于创新创业的引导，从第三届起将大赛更名为“中国大学生服务外包创新创业大赛”，简称“服创大赛”。大赛紧贴服务外包和“创新、创业、创富”主题，强调应用导向和产学互动，在服务外包领域搭建一个大学生创新与创业能力展示平台，对计算机服务外包人才培养和大学生创新创业产生了积极而重要的影响。服创大赛的规模从2010年的34所高校34支参赛队伍发展到2018年的400余所高校3000余支参赛队伍，历届比赛有印度、印度尼西亚、柬埔寨、巴基斯坦、尼泊尔、津巴布韦、中国香港、中国台湾等国家和地区的高校参赛，现在已发展成为国内规模较大、影响面较广的计算机类学科竞赛之一。目前，服创大赛包括两个竞赛类别，分别是企业命题类(A类)和创业实践类(B类)。企业命题类赛题都源于真实项目，由阿里巴巴、华为、浪潮、虹软、文思海辉、蓝鸥科技、IBM、中国中车、东软集团、海尔集团、博彦科技、软通动力等几十家知名企业命题。创业实践类则鼓励有创业基础和创业经验的团队参赛。

1.3.1 服创大赛主要形式及特点

服创大赛旨在搭建高校大学生服务创新与创业能力的展示平台，促进大学生关注服务外包、就业服务外包；引导和促进高校加强服务外包人才培养，实现人才培养与产业发展的互动融合。大赛形式多样，内容丰富，贴近实际，突出创新，只要是基于IT技术或平台实现，并与“现代服务经济”和“创新、创业、创富”等大赛主题紧密相关的方案或任务，都可以作为服创大赛的参赛内容。

历届服创大赛均体现出以下特点：

(1) 举办规格高，由商务部、教育部在国家层面组织资源举办竞赛，是国内服务外包业内唯一的国家级赛事。

(2) 参赛面广，全国各省、市、区以及高校均派出代表队参加比赛。第三届起，港澳台地区的高校也开始组队参赛，还吸引了“一带一路”沿线国家的高校前来参赛。

(3) 评审队伍专业性强，历届邀请的评委，都是国内外服务外包业内及知名机构的专家，对行业研究深，实践经验足。

(4) 竞赛内容与实际联系紧，竞赛项目均由服务外包企业出题，有些还是企业的实际接包项目，创新创业项目也充分体现了创新性、可转化、有前景的特点。

(5) 波及广、潜在影响大，参赛高校和学生逐年增加。

1.3.2 服创大赛的作用及效果

(1) 紧扣服务外包主题，强化国家人才导向。服务外包作为现代服务业的重要组成部分，已成为我国“十三五”规划中重点发展的战略性新兴产业。服创大赛是积极贯彻落实国家对促进服务外包产业发展、促进大学生就业创业、引导职业教育接轨新兴产业和IT现代服务业等文件精神的具体举措，对促进服务外包人才培养，推进产业人才分工细化和结构调整，支持服务外包产业良性发展有着重要的意义。

(2) 提高产业关注度，扩大社会影响力。大赛引导参赛学生学习、钻研服务外包知识，提升了在校大学生对服务外包行业的认知度；不少参赛高校通过校内宣传、层层选拔，甄选出优秀团队参赛。9年来，产生了清华大学、北京大学、复旦大学、四川大学、杭州电子科技大学、香港理工大学、澳门大学、台湾淡江大学等众多高校获奖团队，吸引了中央电视台、中国日报、新华社、经济日报、国际商报、中国教育报等媒体报道，在全国高校和服务外包产业界产生了较大影响。

(3) 搭建产学融合平台，培养产业急需人才。服创大赛不断加强国内外著名服务外包企业的参与度，通过行业龙头企业和国家级大赛强强联手的方式，深入普及IT现代服务业应用的新思维，促进高校把专业课程设置和企业实际需求结合起来，加快教材建设和教学改革，重视培养学生学习能力、创新与服务意识。服创大赛打通了产业人才培养、产业发展和商业创新间的界限，激发了高校服务外包人才培养改革，突破了高校培养与企业所需人才脱轨的瓶颈，锻炼了大学生对行业认知、专业技术、商务管理结合思考的能力，积极推进服务外包产业急需人才的培养。

(4) 提升大学生综合能力，促进大学生就业创业。服创大赛锻炼了参赛学生在团队合作、业务流程管理、质量控制和数据安全等方面的综合能力，为优秀学生和创新团队搭建展示能力的平台，引导大学生进行职业发展与规划，开阔就业视野、明晰就业方向。“校企人才对接洽谈会”、“中国服务外包人才网络平台”等在高校和企业之间搭建了就业交流平台，积极促进企业选才纳才和大学生就业。此外，服创大赛邀请天使投资人和创业孵化机构参与，指导大学生的创新创业实践，推动大学生创业项目孵化及成长。

服创大赛在教育部、商务部的指导下，经过近10年的不断探索发展，开创了服务外包领域以竞赛促进高校育人、企业选人用人的先河，已成为高等教育改革和服务外包产业融合的典范，凭借“服务外包”、“大学生就业”及“创新创业”等鲜明主题在服务外包业界产生了深远影响。

1.4　中国大学生服务外包创新创业大赛参赛指南

1.4.1　服创大赛竞赛规范

服创大赛竞赛作品要求遵循如下规范：

(1) 产业导向：以现代服务业为代表的服务经济是我国“十三五”规划中着重发展的战略性产业，是国民经济发展的主导方向。服创大赛以产业为导向，通过服务创新创业推动服务业的转型升级，加快现代服务业的发展，推动城市产业更快地转型发展。

大赛作品规范之一，要求参赛作品以最终服务产业为目的，根据实际产业需求提供可操作的解决方案。

(2) 技术导向：当今时代是信息技术时代。随着信息化在全球的快速进展，世界对信息的需求快速增长，信息技术和信息服务对于各个国家、地区、企业、单位、家庭、个人都不可缺少。基于信息技术(包括互联网)的创新最活跃、发展最迅猛。信息技术已成为支撑当今经济活动和社会生活的基石。

大赛作品规范之二，要求参赛作品必须基于信息技术实现或深刻体现信息技术理念。服创大赛要求参赛选手利用信息技术或互联网思维解决实际问题。

(3) 应用导向：服创大赛关注解决现实问题。通过创意调查，关心和思考如何改进身边的点滴小事，引导青年学生务实细致、学以致用。

大赛作品规范之三，要求参赛作品聚焦于“应用”而非“纯学术”。区别于学术和技能型竞赛，强调一切从现实问题出发。

1.4.2　服创大赛竞赛分类

1．竞赛分类说明

目前服创大赛设置两类竞赛类别，分别是企业命题类(A 类)及创业实践类(B 类)。A 类侧重企业命题，通过企业发布真实项目需求，由高校提供相应方案的方式，来增加校企结合及提升产业对接；B 类侧重创业实践，鼓励更接近创业的团队和项目参赛，要求参赛团队具备创业的可能性，最好已经开始创业实践并取得一定实效。

本书主要介绍服创大赛企业命题类(A 类)赛题的相关内容。

2．企业命题类(A 类)赛题方向

企业命题类(A 类)赛题主要有以下方向：以新一代信息技术为主的人工智能、大数据、移动互联网、物联网、云计算及其他现代服务业(如智能制造、文化创意、科技创新等)。

3．赛题类别说明

赛题类别说明见表 1-1。

表 1-1　赛题类别说明

	企业命题类(A 类)	创业实践类(B 类)
竞赛概述	(1) 企业命题类竞赛邀请具有代表性的企业参与命题，所有赛题组成赛题池，参赛团队可在赛题池中选择任一组别赛题参赛。本类竞赛重点考察参赛团队的专业技能及专业竞争力水平。 (2) 命题企业根据自己的真实业务需要发布赛题，由参赛团队按要求进行回应。 (3) 参赛团队需接受参赛承诺书中规定的知识产权条款，赛题涉及特殊知识产权的部分由企业在赛题中单独约定	(1) 创业实践类竞赛要求参赛团队进行商业实践与市场探索，鼓励具有强烈创业意愿的团队参赛。重点考察参赛团队的创业能力和成熟度，侧重考查项目细分领域的竞争力和商业模式的创新性。提交的项目主题须符合相应要求。 (2) 项目成果须以 DEMO 或可交付成果形式提交，项目成果包括项目商业计划书、项目演示视频、公司简介(可选)、项目知识产权证明(可选)
数量限制	企业命题类每校参赛团队数目不限	创业实践类每校团队限报 1 队，鼓励学校内部选拔
奖励说明	在企业命题类竞赛中，除正常比例的一、二、三等奖，获奖团队可获得与命题企业进行项目对接和成果转化的机会	创业实践类竞赛中，除正常比例的一、二、三等奖，获奖团队有机会获得创投机构提供的创业辅导和投资机会

1.4.3 参赛对象与资格

(1) 全国高等学校(本科类和高职高专类院校)具有正式学籍的全日制在校学生(含当年应届毕业生，本专科、研究生不限)可以组队参赛。

(2) 上述高校毕业不超过 5 年的毕业生可组队参赛。

(3) 参赛选手允许跨校组队。

(4) 禁止不同参赛团队共用队员。

(5) 每参赛团队队员人数上限为 5 人，指导老师人数上限为 2 人。

(6) 参赛选手的专业范围和所属学院不限。建议参赛团队选择能力互补、专业背景多样化的选手组队。

1.4.4 赛事公开资料获取

为方便各院校及师生参赛，大赛组委会秘书处一般提供当年的赛事材料：

(1) 服创大赛宣传海报(电子版)，参赛院校可自行下载打印，用于校内宣传和组织参赛工作。

(2) 服创大赛正式通知及历届公文(电子版)，参赛院校可自行下载打印。

(3) 服创大赛参赛手册(电子版)，参赛院校可自行下载打印。

(4) 服创大赛企业命题类赛题手册(电子版)，参赛院校可自行下载打印。

相关材料可通过服创大赛官方网站获取，网址为 http://www.fwwb.org.cn。

1.4.5 竞赛阶段

服创大赛竞赛分如下三个阶段展开：

(1) 报名阶段：参赛团队通过大赛官网完成报名，经组委会审核相关信息并予以通过后即获得参赛资格。

(2) 初赛阶段：各参赛团队自行完成初赛内容(企业命题类竞赛，部分命题企业会提供部分软硬件工具支持，具体参见赛题手册)，完成后在指定时间内通过大赛官网提交作品及相关材料。大赛组委会完成初赛评审后，通过大赛官网公布入围决赛的团队名单。

(3) 决赛阶段：所有入围决赛的参赛团队于当年公布的决赛地点和时间参加现场举行的决赛。决赛期间，参赛团队须自备所需工具，每年的具体情况都会有一些变化，详见大赛官网发布的决赛通知。

1.4.6 评审原则及奖项设置

1. 评审原则

(1) 过程与结果并重，服创大赛在评审参赛团队提交作品的同时，也关注参赛团队在作品完成过程中体现出的意识与素质。

(2) 重视团队与人员表现，服创大赛关注团队的表现，团队是现代服务业不可或缺的要素，团队精神是大局意识、协作精神和服务精神的集中体现。以大赛为契机，打造精品团队，培养服务意识，也是大赛最核心的价值体现。服创大赛综合考察团队在方案中体现的综合素质与能力评价，着重考虑赛题、工作成果本身与参赛团队具体贡献的关联紧密程度。

(3) 体现“三创”特色，服创大赛秉承“创新、创业、创富”的精神，综合考察参赛团队对竞赛主题的理解，对客户及市场的深入分析与把握，在业务分析、组织模型、技术方案、可行性分析、成本考虑、管理要素等多方面的表现，而不仅是技术的实现。

服创大赛尤其关注参赛团队在解决方案和答辩交流过程中体现出的管理能力、团队合作能力、创新能力、学习能力、问题解决能力和创业精神等。

2. 评审专家组成

大赛专家主要由企业、高校、创投机构及科研机构等领域专家组成。根据每届大赛参赛团队提交的作品所涉及的技术领域，大赛组委会从专家库中遴选专家组成专家评审团，对参赛作品进行评审。

各竞赛类别评委组成特点：

企业命题类(A 类)：企业命题类的专家主要以企业专家为主，辅以高校或科研机构专家。

创业实践类(B 类)：以创投机构或相关专业领域专家为主，辅以其他专家。

3. 评审方式

服创大赛通过“初赛材料评审”、“决赛现场答辩”等多种方式来全方位评价参赛团队的创新能力、思维能力、表达能力等各方面素质。

服创大赛初赛阶段以“材料评审”方式为主，决赛阶段综合采用“现场答辩”、“作品展示”等方式组织评审工作。

4. 奖项设置

服创大赛两类竞赛分别设一、二、三等奖若干，按前几届赛事统计总获奖率约为参赛团队总数的 15%～25%。为鼓励参赛团队对接产业需求，企业命题类获奖比例比创业实践类高。晋级决赛的参赛团队通过决赛答辩角逐一、二等奖。通过初赛材料评审获得三等奖的参赛团队不再参加现场决赛。另外大赛还设置指导教师奖、优秀组织奖、优秀科研竞赛成果奖等其他奖项。

1.4.7　企业命题类初赛作品材料提交要求

(1) 提交材料一：概要介绍(必选)，内容包含前言、创意描述、功能简介、特色综述、开发工具与技术、应用对象、应用环境、结语等。

文件格式要求：Word 和 PDF 文档各一份，内容相同，不超过 1500 字，大小不超过 5 MB。文件为 A4 纸张格式，版面设定为直向纸张，边界为上 2 cm、下 2 cm、左 2 cm、右 2 cm、装订线 1 cm。字体统一用标准楷体，字号小四，单倍行距，与前后段距离 0.5 行。文件命名规则：“A 类—**院校**队—***项目概要介绍。”

(2) 提交材料二：项目简介 PPT(必选)，内容包含目标与解决思路、问题分析与解决方案、技术路线及技术实现方案、业务模式、人员组织框架及可行性分析等。

文件格式要求：PPT 文档，可包括短视频及语音信息，大小不超过 10 MB，篇幅不超过 20 页。文件命名规则：“A 类—**院校**队—***项目简介 PPT。”

(3) 提交材料三：项目详细方案，内容包含项目详细解决方案，包括但不限于材料一的内容。

文件格式要求：Word 和 PDF 文档各一份，内容相同，大小不超过 10 MB。文件为 A4 纸张格式。版面设定为直向纸张，边界为上 2 cm、下 2 cm、左 2 cm、右 2 cm、装订线 1 cm。字体统一用标准楷体，字号小四，单倍行距，与前后段距离 0.5 行。文件命名规则："A 类—**院校**队—***项目详细方案。"

(4) 提交材料四：系统演示视频(必选)，内容包含系统演示视频材料，详细展示作品的技术实现方式、运行方式和完成程度等。

文件格式要求：格式不限，时长不超过 5 分钟。文件命名规则："A 类—**院校**队—***项目演示视频。"

(5) 提交材料五：项目知识产权证明(可选)，内容包含项目相关的知识产权证明(包括但不限于专利证书、著作权证书等)。

文件格式要求：Word 文档一份，内含相关证书图片，大小不超过 2 MB。文件命名规则："A 类—**院校**队—***项目知识产权证明。"

(6) 提交方式(以下两种方式均必须完成)：① 登录大赛官网，将所有文件上传至大赛官网指定位置；② 以参赛团队为单位，将本队所有提交材料文档打包压缩为 ZIP 文件，发 E-mail 到大赛作品提交邮箱。

每年服创大赛作品材料提交要求都会有调整，以上内容务必以当年的服创大赛参赛手册为准，或去服创大赛官方网站(http://www.fwwb.org.cn)查阅。

1.4.8 企业命题类赛题评分标准

1. 初赛评分表

初赛评分表见表 1-2。

表 1-2 初赛评分表

内　容		合计分值
项目创意	创意描述详细、清晰；对技术(创意)前景判断合理、准确；需求分析合理。创意独特、新颖，创新元素多，具有技术含量，有商业价值和社会应用价值	20 分
市场及行业分析	市场竞争及自身优劣势认识清楚；用户及市场、行业分析全面、透彻；对市场份额及市场趋势预测合理；市场定位准确	20 分
实施方案	整体目标规划和工作进度安排合理；在各阶段工作目标清晰，难点明确，重点突出，解决方案合理并能兼顾目标与资源配置；操作周期和实施计划安排恰当	20 分
技术实现与交付	技术路线清晰明确、技术工具成熟可靠；技术方案可行性高，项目完成度好；技术资源及经济成本控制合理，与项目需求匹配恰当	20 分
风险与控制	对政策、市场、财务、技术等方面的风险和问题认识深刻，估计充分；控制和解决方案合理有效	10 分
项目展示	提交文档结构清晰合理、逻辑顺畅、文笔简练	10 分
合　计		100 分

2. 决赛评分表

决赛评分表见表 1-3。

表 1-3　决赛评分表

内　　容		合计分值
需求分析	(1) 项目成果是否符合赛题要求； (2) 对客户、市场及行业分析是否全面、透彻	20分
项目创意	创意是否独特新颖、符合实际	20分
方案与实现	(1) 工作路线是否清晰明确，方案是否具备较高可行性； (2) 实现工具是否成熟可靠，项目有无完成； (3) 工作路线与项目需求是否匹配恰当，资源及成本控制是否合理	37分
团队及表现	(1) 能否在规定时间内高效、生动地完成项目展示； (2) 团队是否具备项目所需的行业经验和专业背景、技术能力	20分
作品展示	通过实物、视频以及可执行的程序于大赛决赛期间展示参赛项目的理念、功能及服务	3分
合　　计		100 分

1.4.9　第九届服创大赛企业命题类赛题列表

第九届服创大赛企业命题类赛题列表见表 1-4。

表 1-4　第九届服创大赛企业命题类赛题列表

赛题编号	赛 题 名 称	所属企业
A01	运用 AI 智能语音能力，创造智慧家庭生活	阿里人工智能
A02	基于 NLP、ASR 及 TTS 技术的智能语音机器人如何在电话服务系统中应用	中科汇联
A03	客房人体感应系统	电堂科技
A04	企业合同管理工具	中铠信息
A05	蓝鸥 e 家——资源回收 O2O 平台	蓝鸥科技
A06	基于 DPOS 区块链的创新应用	拓朴区块链科技
A07	基于大数据技术的岗位画像和求职者画像设计	新华三集团
A08	用立体视觉技术解决扫地机器人的避障导航误差	轻客智能
A09	基于 AI 智慧人脸门禁系统	虹软集团
A10	智能外包管理平台	虹软集团
A11	单车骑行导航系统	软通动力
A12	企业知识库管理系统	文思海辉
A13	基于企业类纠纷裁判文书大数据的企业法律风险诊断系统	中铠信息
A14	基于 CNN 的画质增强算法的 FPGA 设计	虎甲虫计算

续表

赛题编号	赛 题 名 称	所属企业
A15	移动互联网用户行为实时分析系统	蓝鸥科技
A16	验证码识别	浪潮集团
A17	非结构化数据处理——文本类	浪潮集团
A18	商品名称统一归集问题	阿里巴巴创新中心
A19	分布式基础管理平台	紫光西部数据
A20	分布式任务系统	紫光西部数据
A21	课外阅读智能批注系统	睿泰集团
A22	人脑核磁共振影像海马体结构检测与分割	华为
A23	开发今目标在你身边的使用场景——个人或校园	今目标
A24	如何解决人脸比对(1∶N)中，比对人数(N)的增加识别精度会逐渐降低的问题	华为
A25	京东众客服在云客服市场的竞争与推广	京东
A26	移动会议实时互动系统	睿泰集团
A27	人工智能在企业培训中的应用	文思海辉
A28	“云智教育”APP 平台系统	文思海辉
A29	云端企业及行动办公室应用组	睿扬资讯

第二章

案例 1：用立体视觉技术解决扫地机器人的避障导航误差

开发团队：小布丁开发团队
奖　　项：第九届中国大学生服务外包创新创业大赛企业命题类团体二等奖

2.1 赛题描述

2.1.1 赛题信息

赛题名称：用立体视觉技术解决扫地机器人的避障导航误差
赛题编号：A08
命题企业：轻客智能
命题方向：人工智能
题目类别：应用类

2.1.2 背景说明

【整体背景】

由于近年来一些深度、立体相机的纷纷面世，人工智能视觉领域的新市场逐渐打开。传统的激光 2D SLAM(Simultaneous Localization And Mapping)无法满足机器人、无人车、无人机、辅助驾驶 ADAS 和 VR/AR 等领域的发展需求，于是，基于人工智能的视觉识别技术和 vSLAM(Visual Simultaneous Localization and Mapping)和视觉定位导航(Visual Position System，VPS)技术迅速引领了研究大势。基于这样的市场环境，vSLAM 成为大热。

【公司背景】

MYNTAI(小觅智能)是机器人 VPS 的领导者和提供商，核心技术包括基于 CNN 和深度学习的视觉避障导航、自动驾驶、环境/物体识别、人脸/身份识别等，致力于为各类机器人、无人车、无人机、辅助驾驶 ADAS 和 VR/AR 等领域提供 VPS 技术解决方案。其现有产品包括不同级别的 vSLAM 解决方案，双目惯导摄像头 MYNT EYE 以及小觅服务机器人、小觅安防机器人等多种机器人产品解决方案。未来，通过多步走战略，MYNTAI 的战略目标是通过软硬件融合的成熟解决方案，打造基于计算机视觉导航与识别的行业最优 VPS 云服务商。

【业务背景】

双目摄像头作为 vSLAM 技术中的核心硬件模块，对视觉定位导航 VPS 发展的影响是至关重要的，针对检测不可碰撞的障碍物，计算障碍物距离方面的研究，利用双目摄像头的 vSLAM 算法方案具有很高的便利性和优越性。

2.1.3 项目说明

【问题说明】

目前主流扫地机器人是基于超声或者激光传感器进行避障的，基于成本因素，这些激光传感器往往是基于二维平面的，所以，当遇到一些不在扫描平面内的障碍物(比如散落的电线)时，很有可能识别不到，这就会造成一定的误差，降低用户的使用体验。如果使用基于三维场景做识别的双目视觉传感器，那么这些问题就可以得到很好的解决。

【用户期望】

(1) 使用双目深度传感器靠近并识别地上的电线。

(2) 使用双目深度传感器测量电线与传感器之间的距离，误差在厘米级别。

(3) 测试场景中，除了地面和电线，还应有和电线相似颜色的物体，以避免单纯使用颜色进行识别的情况。例如若地上是黑色的电线，应同时有一把黑色的椅子；若地上是灰/白色的电线，应同时有一个灰/白色系的物体或灰/白色系的地面。

2.1.4 任务要求

【技术路径】

基于主流终端(安卓、PC)。

【技术指标】

(1) 双目视频帧率最低要求：分辨率不低于 640 × 480；

(2) 移动端帧率不低于 5 fps，PC 端帧率不低于 10 fps；

(3) 测量距离误差在厘米级别。

【提交标准】

请参赛者从底层开发者角度，设计一套满足上层开发需求的方案。

(1) 准确标出电线形状；

(2) 准确给出双目传感器与电线间的距离。

【任务清单】

(1) 可以正常安装的 apk 文件、exe 文件；

(2) 项目源代码。

2.1.5 参考信息

【参考工具】

小觅双目摄像头。

【参考资料】

参考资料网址：https：//github.com/slightech/MYNT-EYE-SDK。

【数据接口】

无。

2.2　项目概要介绍

2.2.1　前言

由于近年来一些深度、立体相机的纷纷面世，人工智能视觉领域的新市场逐渐打开。传统的激光2D SLAM无法满足机器人、无人车、无人机、辅助驾驶、ADAS和VR/AR等领域的发展需求，本项目通过双目摄像头使得扫地机器人更加准确地、快速地识别到路面的障碍物，为避障导航系统的实现提供了优秀的解决方案。

2.2.2　创意描述

(1) 图像采集模块采用两个单目摄像头(模拟双目摄像头)，优于传统单目摄像头采集效果。

(2) 图像传输模块采用WiFi传输，数据传输便捷、稳定。

(3) 图像识别模块采用先进的识别算法——CNN卷积神经网络算法，识别率高，识别速度快。

(4) 图像测距模块采用简单的原理——三角形相似性原理，实现了超越过去单目摄像头测距的高效性、准确性和便捷性。

(5) 用户界面采用Kivy框架，可以运行于Windows、Linux、MacOS、Android、iOS等当前绝大部分主流桌面/移动端操作系统。

2.2.3　功能介绍

扫地机器人避障导航系统功能模块如图2-1所示，该系统主要实现以下功能：

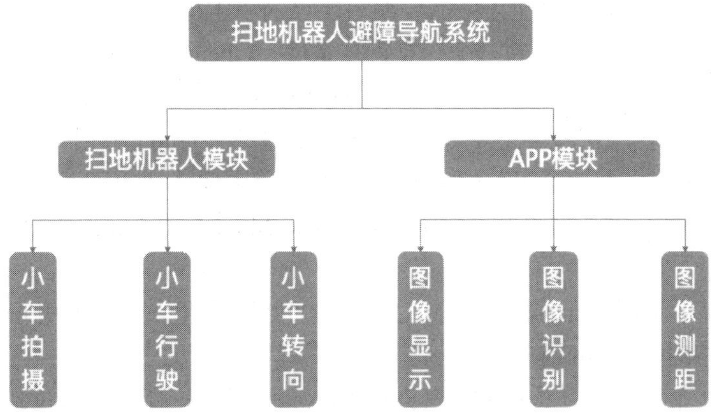

图2-1　功能模块图

(1) 构建小车机械结构和运动模块模拟扫地机器人行驶；

(2) 通过摄像头采集图像传输到下位机(PC)显示图像；

(3) 通过机器学习(主要是 CNN)训练图像识别模型；

(4) Python 环境下以 OpenCV 为框架实现图像测距；

(5) 以 Kivy 为框架开发跨平台应用。

2.2.4 特色综述

1. 硬件部分

(1) 图像采集：传感器采集图像以双目摄像的方式，视觉范围更加广泛。

(2) 图像传输：采用 WiFi 模块 ESP8266，传输速度快、稳定性好。

2. 软件部分

(1) 图像识别：使用 Python 环境下的 TensorFlow 机器学习框架进行图像识别训练，有高达 96%的识别率。在识别速度方面，经过 TensorFlow 训练的模型，可以实现在 100 ms 内识别出障碍物的形状。

(2) 图像测距：使用 Python2.7 环境下的 OpenCV2.4.13.6 图像处理方案。

(3) 用户界面：采用 Python 环境下的 Kivy 开源库，用于快速开发利用创新用户界面的应用程序，拥有跨平台、业务友好、GPU 加速的特性。

2.2.5 开发工具与技术

1. 开发工具

本项目的开发工具主要有：iTerm2+Vim8.0+Python2.7+OpenCv2.4.13.6+ TensorFlow1.7.0 +Kivy1.9.1。

2. 开发技术

本项目采用的开发技术如下：

(1) 采用基于 Python 平台的深度学习框架 TensorFlow 进行图像识别模型训练，具有自动求微分的能力，支持复写，能根据需要编写自己的“上层库”。

(2) 采用基于 Python 平台的一个计算机视觉库。OpenCV 是由英特尔公司发起并参与开发，以 BSD 许可证授权发行，可以在商业和研究领域中免费使用。

(3) 采用先进的图像用户界面工具 Kivy 管理跨平台 Python 应用。Kivy 是一个图形用户界面工具，用来轻松创建跨平台的 Python 应用。其主要特征如下：

① 兼容性：Kivy 支持多平台，包括 Windows、MacOS、Linux、Android 和 iOS，均出自一个工具。

② 原生界面：Kivy 填补了不同输入方式间的缝隙，允许用户用相同的代码处理不同的输入方式，包括鼠标和触摸屏。

③ 快速图形硬件加速：OpenGL 渲染让 Kivy 可以胜任图形需求高的应用。

④ 使用 Python 开发：Kivy 的 APP 是用 Python 写的，轻松简单，可移植性良好，Python

的标准库和PyPI第三方丰富模块都可以使用。

2.2.6 应用对象

本项目的应用可以用于扫地机器人的避障识别导航系统，同时实现对障碍物的识别和测距的功能，实时传输摄像头采集的图像信息。本应用也可以用于无人车、无人机、辅助驾驶、ADAS和VR/AR等人工智能的视觉识别应用。

2.2.7 应用环境

操作的环境没有局限性，但由于其需要学习多种模型从而得出最优的类别匹配，所以在对分类器进行分类时会比较考验处理器的性能，由于算法运算较为复杂，因此对于性能较好地设备可以更快地完成分类器模型的训练。但是在后续使用时，对于机器的性能没有固定的要求，只要更换相应的平台做出移植工作即可。

2.2.8 结语

本项目通过给智能小车搭建机械装置和动力系统模拟扫地机器人行走，在单片机安装两个单目摄像头模拟双目摄像头采集图像；以WiFi模块作为主要的图像传输的方式给计算机传输图像，传输快，质量高，丢包率低；以TensorFlow为工具进行机器学习，具有快速、灵活、高效的特性，图像识别的准确性高；以OpenCV作图像测距的工具，具有简约、准确、可视化的特点；以Kivy作UI界面的制作工具，可以很好地实现跨平台应用。

2.3 项目详细方案

2.3.1 项目背景

与地图构建(Simultaneous Localization and Mapping)指的是机器人在自身位置不确定的情况下，在完全未知环境中创建地图，同时利用地图进行自主定位和导航。SLAM问题可以描述为机器人在未知环境中从一个未知位置开始移动，在移动过程中根据位置估计和传感器数据进行自身定位，同时建造增量式地图，其中关键的三个问题如下：

(1) 定位(Localization)：机器人必须知道自己在环境中的位置。

(2) 建图(Mapping)：机器人必须记录环境中特征的位置(如果知道自己的位置)。

(3) SLAM：机器人在定位的同时建立环境地图。其基本原理是运用概率统计的方法，通过多特征匹配来达到定位和减少定位误差的目的。

技术逐渐发展，从围绕SLAM技术进行前沿性的讨论和研究开始，到第一代深度感知设备kinect的诞生，国外SLAM技术在视觉方面有了较多的应用。

由于近年来一些深度、立体相机的纷纷面世，人工智能视觉领域的新市场逐渐打开。传统的激光 2D SLAM 无法满足机器人、无人车、无人机、辅助驾驶、ADAS 和 VR/AR 等领域的发展需求，于是，基于人工智能的视觉识别技术和 vSLAM 技术迅速引领了研究大势。基于这样的市场环境，vSLAM 和视觉定位导航 VPS(Visual Position System)成为大热。

流扫地机器人是基于超声或者激光传感器进行避障，基于成本因素，这些激光传感器往往是基于二维平面的，所以，当遇到一些不在扫描平面内的障碍物时(比如散落的电线)，很有可能识别不到，这就会造成一定的误差，降低用户的使用体验。如果使用基于三维场景做识别的双目视觉传感器，那么这些问题就可以得到很好的解决。双目摄像头作为 vSLAM 技术中的核心硬件模块，对视觉定位导航 VPS 发展的影响是至关重要的，针对检测不可碰撞的障碍物，计算障碍物距离方面的研究，利用双目摄像头的 vSLAM 算法方案具有很高的便利性和优越性。机器人导航是一个比较复杂的系统，当机器人运动过程中因为遮挡、断电等原因丢失了自身的坐标，重定位算法就需要从已知地图中定位到机器人当前的位置估计。另外，当机器人运动中回到了地图中曾经出现过的位置，往往视觉里程计的偏差会导致轨迹并没有完全闭合，这就需要闭环算法检测和纠正这个错误。目前自主定位导航技术作为机器人智能化的功能主要基于机器人操作系统(Robot Operation System，ROS)，ROS 起源于 2007 年，它是斯坦福大学人工智能实验室与机器人技术公司 Willow Garage 针对其个人机器人的项目(Personal Robots Program)。ROS 虽然被称为机器人操作系统，其实它充当的是通信中间件的角色，即在已有操作系统的基础上搭建了一整套针对机器人系统的实现框架。ROS 还提供一组实用工具和软件库，用于维护、构建、编写和执行可用于多个计算平台的软件代码。基于 ROS 系统的三维模型重建机器人导航算法有 EKF SLAM 和 FastSLAM，这两个算法随着时间推移，误差积分会变大，如果路面不平整或者轮胎打滑，会导致算法失效。从 2013 年至今，随着计算能力的提升和算法的进步，硬件成本更低的主动/被动双目深度相机开始在移动手机上涌现。过去认为很难实时运行的双目匹配算法，即使在没有主动结构光辅助的情况下，也表现出非常优异的 3D 成像质量。Segway Robot 采用了主动/被动可切换的双目深度视觉系统。2016 年年底，速感科技已经面向国内服务机器人厂商推出了 M-32Camera，该传感器采用双目结构光方案摄像头，集成嵌入式 vSLAM 算法及 IMU(惯性测量单元)，可帮助服务机器人感知到周围 0.5～8 m 内的三维空间环境信息，用于自主路径规划与障碍物避障。

2.3.2 项目创意

1. 技术创新

1) 硬件部分

(1) 图像采集：传感器采集图像以双目摄像(因条件限制，用两个单目 OV7670 图像传感器模拟)的方式，视觉范围更加广泛，为实现图像识别提供了便利。

(2) 图像传输：采用 WiFi 模块 ESP8266，图像信息传输速度快、稳定性好，与传统 USB 传输相比有更加优秀的便捷性。

2) 软件部分

(1) 图像识别：使用 Python 环境下的 TensorFlow 机器学习框架进行图像识别训练，相较于传统单一像素点匹配模式，以 CNN 卷积神经网络的方式得到图像识别或分类模型，有高达 96%的识别率。在识别速度方面，经过 TensorFlow 训练的模型，可以实现在 100 ms 内识别出障碍物的形状。

(2) 图像测距：使用 Python2.7 环境下的 OpenCV2.4.13.6 图像处理方案。OpenCV 是一个开源的跨平台的计算机视觉库，可运行在多种操作系统上，提供 API 函数实现了许多图层处理和计算机识别方面的算法。我们可以在不同平台实现测距功能。

(3) 用户界面：采用 Python 环境下的 Kivy 开源库，用于快速开发利用创新用户界面的应用程序，如多点触控应用程序，拥有跨平台(Linux、Windows、MacOS、Android、iOS、Raspberry Pi 等)、业务友好(采用 MIT 许可证)、GPU 加速(该图形引擎是基于 OpenGL ES 2 构建的，工具包高度可扩展)的特性。

2．项目价值

1) 技术价值

图像识别的难点在于 CNN 模型的训练。我们的解决方案是利用 ILSVRC2012 图像分类任务中的训练数据集，对 CNN 模型进行预训练。采用了包含 5 个卷积层(cov1～cov5)和 3 个全连接层(fc6～fc8)的网络架构。整个预训练过程如下：

步骤 1：将每张训练图像都调整到 256×256 大小。为防止过拟合，在训练过程中随机提取了该图片 227×227 的子块或其镜像作为 CNN 的输入。

步骤 2：首先对所有的网络参数进行高斯分布 $G(\mu, \sigma)$ $(\mu = 0, \sigma = 0.01)$ 的随机初始化，继而采用随机梯度下降(Stochastic Gradient Descent，SGD)来对整个网络的参数进行调整。在训练过程中，将输入网络的图像数量设置为 256，动量设置为 0.9，权重衰减系数设置为 0.0005。对于所有层，采用修正线性单元(Rectified Linear Units，Re LUs)作为非线性激活函数。由于整个网络的参数过多，为防止过拟合，在训练过程中，将每层参数丢弃概率设置为 0.5。利用 Softmax 将最后一层全连接 1000 维的输出转化为在 1000 类上的概率分布，并利用相对熵作为损失函数，计算图像实际标签之间的损失值。

步骤 3：整个训练过程经历 20 轮(所有图片训练一遍为一轮)的迭代。学习速率的初始值设为 0.2，每经过 5 轮就将学习速率减小为原来的 1 /10。

2) 商业价值

(1) 目标群体。

① 高收入家庭，需要解放双手，节约劳动力。

② 智能化家居产品高的家庭，可以配套使用，概念普及容易。

③ 想要方便老年人使用，为老年人解决生活烦恼的爱心子女。

(2) 核心产品价值。

① 智能清扫：不同于市面上夸大宣传的智能吸尘器，智能扫地机器人可以做到真正的智能清理垃圾，可以轻易地给用户一个干净整洁的家庭环境。

② 低噪：相比于传统吸尘器工作时产生的高噪音，扫地机器人真正地做到了低噪工作，工作时仅仅只有几十分贝的噪声，让用户的家庭在不知不觉之中变得更加干净，用户

不需要再忍受用吸尘器清理垃圾时所带来的噪声。

③ 智能避障：扫地机器人可以做到在工作时自动避障，家里面的家具将不再成为清理家庭垃圾的障碍，无论家中的布局如何，扫地机器人都可以很轻松地在工作时避开障碍物，打扫完任何一个没有障碍物的地方，工作过程中完全不需要用户全程“看护”。

④ 长时间工作：扫地机器人可以做到长时间工作而不需要充电，完全免去了用户对于产品电量的顾虑。

⑤ 远程控制：这一点是扫地机器人的突出优点，用户可以通过软件实现对扫地机器人的开关操作，真正做到让用户无时无刻不处于一个干净整洁的家中。关于远程控制，用户可以使用一款与扫地机器人相匹配的手机软件 Myclean，利用 GPRS 技术通过互联网实现对于扫地机器人的远程控制，让用户可以在上班的时候就让扫地机器人进行工作，等到下班回家之后，所看见的就是一个干净整洁的家，彻底解决用户在家庭卫生方面的问题。

2.3.3 市场与行业分析

1. 市场需求

扫地机器人是目前家务机器人中的主导品类，与其他类型家庭服务机器人相比，扫地机器人具有生产技术相对成熟、技术可实现性强、需求量大的特点。目前，消费者对扫地机器人的认知度上升，市场需求量逐步提高，这对中国扫地机器人市场的快速增长起到了积极的推动作用。奥维云网(AVC)数据显示，扫地机器人销量及销售额呈逐年攀升之势。2014年，扫地机器人总销量达到 178 万台，销售额为 23 亿元。2015 年，扫地机器人销量实现了 34.5%的高速增长，达到了 239 万台，销售额突破 30 亿元。2016 年，销售形势进一步向好，扫地机器人总销售量达到了 274 万台，销售额进一步上升，达到了 38 亿元。

市场总体销量的增长，与扫地机器人行业的发展有不可分割的关系。技术进步使得服务机器人的智能化程度迅速提高，进而能够更好地满足消费者家居智能化的需求痛点。随着 80 后、90 后逐渐成为消费的主力军，国内市场的消费观念正在发生潜移默化的变化，具体表现为消费者对服务机器人等智能化产品的需求量明显增加。同时，城市化进程带来的快节奏生活导致人们家务劳作时间减少，这也促使消费者对扫地机器人的刚性需求逐步显现。

国内服务机器人产业起步较晚，家庭清洁大部分采用传统的人工清洁方式或普通吸尘器，以扫地机器人为代表的家庭服务机器人目前在国内市场的渗透率还较低。随着居民可支配收入持续增长，扫地机器人市场开始呈现“起步晚、空间大”的特点。

2. 市场竞争

国内扫地机器人市场自 2010 年后得到了更多的关注和快速发展。人们对于扫地机器人的搜索关注度逐步提高，呈现上升趋势。以科沃斯、福玛特、海尔、美的为代表的内资企业，以及以 iRobot、飞利浦、LG、戴森为代表的外资品牌不断发力国内扫地机器人市场，产品更新迭代速度加快，扫地机器人在终端的关注度也逐渐升温。

截至 2017 年 8 月底，登录京东商场的扫地机器人品牌达到 77 个，在天猫商城可搜索到的品牌数量更是多达 115 个。随着扫地机器人近几年的高速发展，越来越多的企业进入到这一市场。值得一提的是，从 2016 年下半年开始，以小米为代表的新兴互联网企业积极布局扫地机器人市场，并以优良的产品力迅速获得了一部分用户的认可。进入扫地机器人行业的企业数量不断增加，尤其是谙熟互联网经营之道的新兴企业的进驻，无形中加剧了品牌的竞争与未来市场的不确定性。

3．盈利模式

常见的盈利模式有以下几种：

(1) 产业链一体化：控制供应链的大部分或全部。这包括生产过程中的各个环节，从寻找原材料到生产和分配。这种控制能够改善经济规模和效率，带来盈利。

(2) 差异化服务：通过提供产品个性化定制服务，优化用户体验感受，增加销量，获得盈利。

(3) 忠诚度培养：与客户发展联系而且通过给予他们特别的优惠或折扣来培养客户的忠诚度。通过这种方式，客户会自愿地与产品进行“绑定”，这样会促使他们不去选择竞争者的产品和服务，从而保证收益。

(4) 特许经营模式：特营授权者向受权者销售使用他们商业模式的权利。这个系统能够让一家公司迅速地扩大商业规模，而不需要自己集合所有的资源或者承担所有的风险。

2.3.4　解决思路

1．项目目标

为了满足项目发包方需求，项目组计划开发可以显示扫地机器人采集的图像、识别障碍物、对障碍物的测距的避障导航系统。

1) 定量目标

(1) 提高障碍物识别度到96.8%以上。

验证方式：通过系统大量方案测试方式验证。

(2) 提高产品使用过程的有效性到99%以上。

验证方式：通过系统大量方案测试方式验证。

2) 定性目标

(1) 系统的稳定性达到优秀。

验证方式：通过系统大量方案测试方式验证；通过专家评审方式验证。

(2) 系统的可靠性达到优秀。

验证方式：通过系统大量方案测试方式验证；通过用户调查验证。

(3) 系统的可操作性水平达到优秀。

验证方式：通过用户调查验证；通过专家评审方式验证。

保证项目目标的手段：运用科学的项目团队管理技术手段对项目开发进行管控，降低管理风险，让项目开发有序不乱地进行，同时营造良好的团队文化，让团队成员团结互助。

2．问题分析

传统扫地机器人在行走的过程中会通过一只单目摄像头采集图像，图像信息发送到机器人负责处理图像的程序，进行识别与测距，进而判断前方是否存在障碍物，机器人做出前进、转向停止的动作。这种方案有以下几种好处：

(1) 单目摄像头成本较低。

(2) CPU 运算速度要求较低。

(3) 功耗较低。

同时存在以下问题：

(1) 摄像头采集的图像可视角度较小，不能采集到高度很低或很高的物体图像。

(2) 图像识别采用光学几何原理建立测试对象时间坐标与图像像素坐标的几何关系，根据摄像头内外标定结果得到前方障碍物的距离。需要存储大量的实体的真实高度。

(3) 识别效果受环境影响较大，例如电线旁有相同颜色的凳子后识别率降低。

为了完美解决以上问题，项目组提出以下方案：

(1) 以双目摄像头进行图像采集的工作，提高图像可视度。

(2) 以 WiFi 作为数据传输的方式，因双目摄像头采集到更多的信息，传输数据量提高，WiFi 有传输速度高、有效距离长、与已有的各种 802.11DSSS 设备兼容的优点。

(3) 以 CNN(卷积神经网络)作为图像识别的方式，是深度学习中极具代表的网络结构之一。CNN 相较于传统的图像处理算法的优点之一在于，避免了对图像复杂的前期预处理过程(提取人工特征等)，可以直接输入原始图像。

(4) 以 OpenCV(图像处理程序)作为图像测距的方式。OpenCV 是一个开源的跨平台的计算机视觉库，可运行在多种操作系统上，提供 API 函数实现了许多图层处理和计算机识别方面的算法。

(5) 图像识别以及测距算法均在流行的 Python 平台上运行。

3. 解决方法

项目组研究发现：传统单目或者激光扫地机器人在扫地过程中存在如高度较低、尺寸较细的电线难以检测，障碍物识别率较低，障碍物距离精确度不高的问题。经过深入探讨，项目组做出如下改进(解决方法总体框架图如图 2-2 所示)：

(1) 将单目摄像头换为双目摄像头，提高图像采集的可视范围，以便采集到电线等难以检测的物体。

(2) 采用最新的深度学习中的 CNN 算法进行图像识别替代原始整体图像中的每块像素点识别的算法，大大提高识别障碍物的精确度。

(3) 由于采用双目传感器，测距的方法由必须已知障碍物的高度替换为可以通过三角形相似性原理直接测得，不必再获得待测体的高度值。

4. 项目计划

整个避障导航系统(小布丁 APP)开发过程制订如下 5 个阶段开发计划：

1) 问题的定义及规划

此阶段对软件开发与项目需求共同讨论，主要确定项目的开发目标及其可行性。

2) 需求分析

在确定项目开发可行的情况下，对软件需要实现的各个功能进行详细需求分析。需求分析阶段将为整个软件项目的开发打下良好的基础。“唯一不变的是变化本身”，同样软件需求也是在软件开发过程中不断变化和深入的，因此，我们必须定制需求变更计划来应付这种变化，以保证整个项目的正常进行。

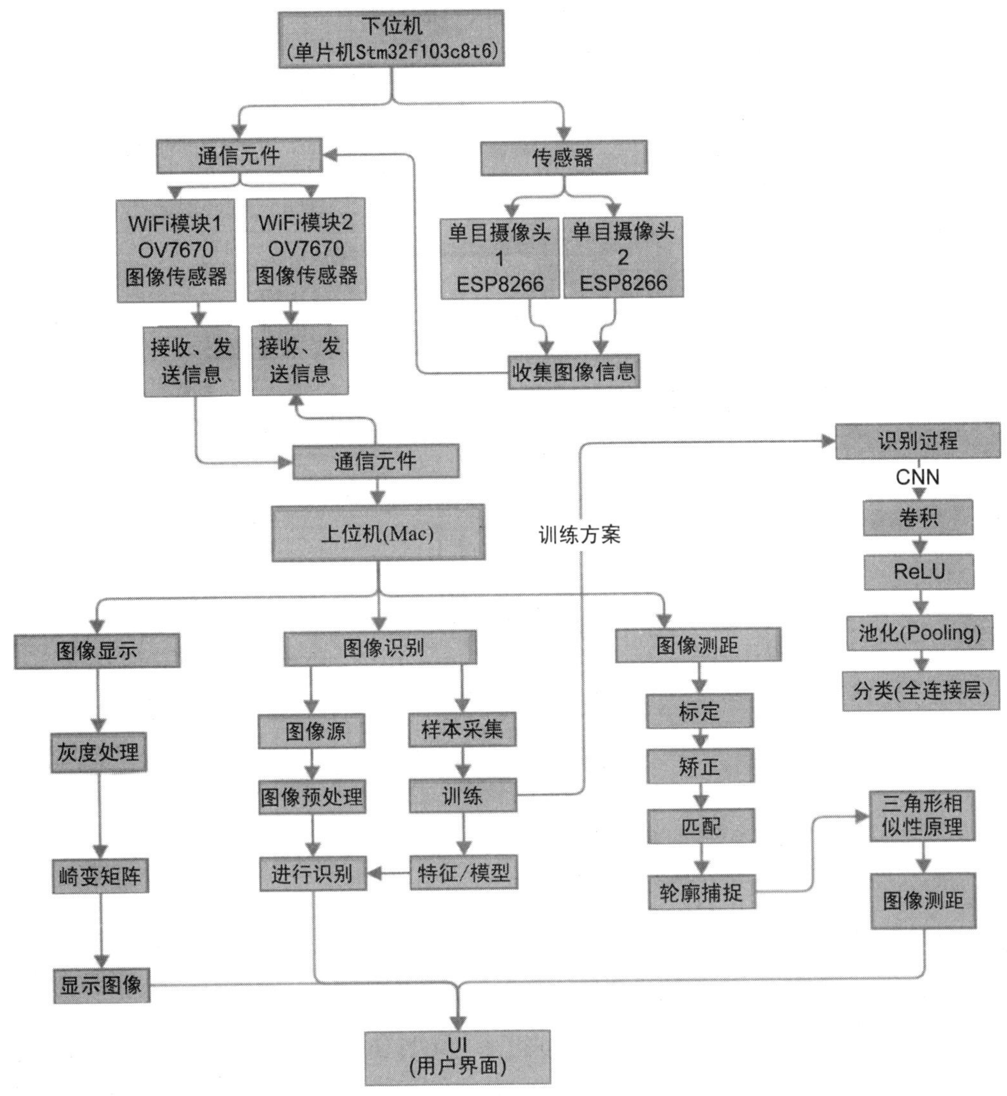

图 2-2　解决方法总体框架图

3) 软件设计

此阶段中要根据需求分析的结果，对整个软件系统进行设计，如系统框架设计、数据库设计等。软件设计一般分为总体设计和详细设计，好的软件设计将为软件程序编写打下良好的基础。

4) 程序编码

此阶段是将软件设计的结果转化为计算机可运行的程序代码。而开发人员必须要制定统一、符合标准的编写规范，提高程序的可读性、易维护性、可扩展性，从而提高程序的运行效率。

5) 系统测试

在软件设计完成之后要进行严密的测试。整个测试阶段分为单元测试、集成测试、系统测试三个阶段进行。测试方法主要有白盒测试和黑盒测试。

项目流程如图 2-3 所示。

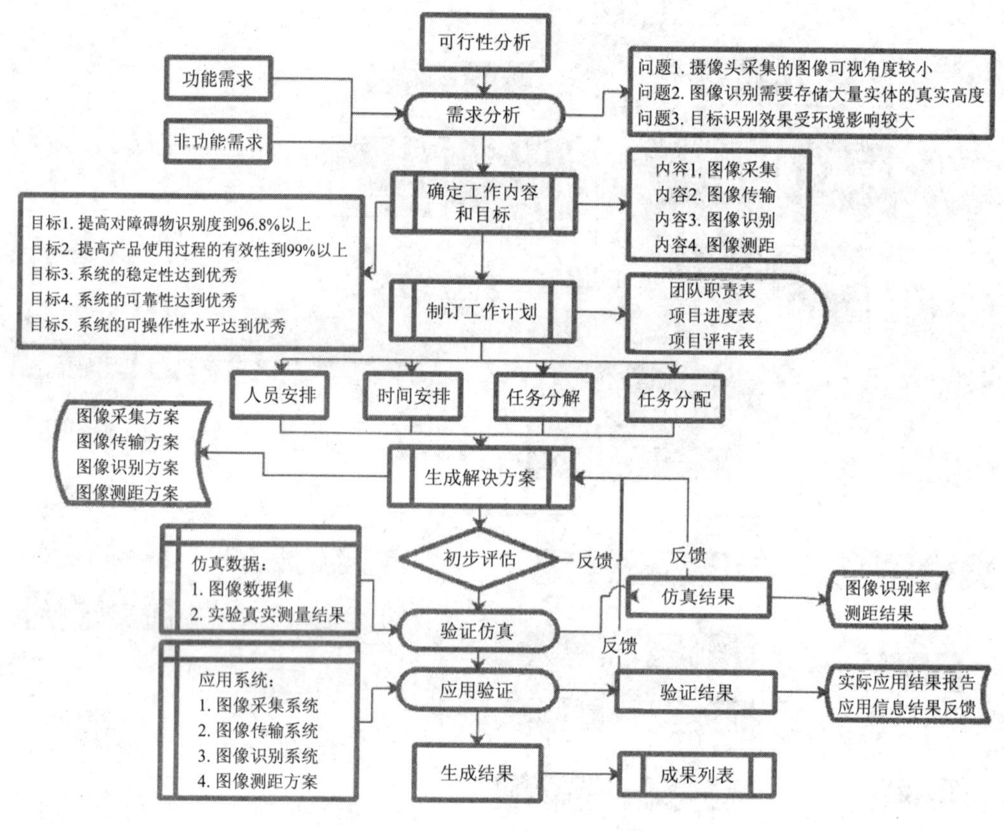

图 2-3　项目流程

5. 合作方式

项目采用团队合作方式完成。组建一支由一名项目经理、一名产品经理、一名系统架构师(协助软件工程师)、一名软件工程师、一名硬件工程师组成的团队，利用专业的研发环境，实施独立管理的项目团队，所有的任务都围绕一个共同的目标展开，团队成员相互独立，实行任务分解策略，每个成员有自己独自的任务，成员需要将任务精益求精，深入分析项目需求、理解项目目标、评估解决方案，包括技术平台、语言、交付进度等，保证项目的顺利执行。

2.3.5　需求分析

1. 产品功能

扫地机器人避障导航图像分为两个模块，即扫地机器人模块和 APP 模块(Android，Windows)。

1) 扫地机器人模块

项目组用一个单片机搭载有 WiFi 模块、Flash 串口模块、摄像头模块的智能小车模拟扫地机器人。通过对小车编程，可以实现小车拍摄行驶的实时画面并发送到终端，小车在发现有障碍物(如电线)的时候，可以自动识别出它的形状，进而做出停止或者转向的判断。

(1) 小车拍摄：在PC端写好程序以Flash串口作为接口存储相关的可执行程序，实现拍摄视频的功能。

(2) 小车行驶：打开小车开关，发动机转动，小车开始行驶。

(3) 小车停止：小车在正常行驶过程中，发现障碍物，当到达安全距离时，小车转向。

2) APP模块

项目组实现了在Android(4.0+)平台和Windows(Win7+)平台的软件开发。它的具体功能如下：

(1) 图像显示：打开APP，可以显示小车采集的实时画面。

(2) 图像识别：选择采集到的电线图片，可以对障碍物进行识别。

(3) 图像测距：选择包含电线的图片，进行测距，获得结果。

2. 运行环境

小车的运行环境是：Stm32f103rct6单片机平台。

APP的运行环境是：Android移动端、Windows PC端。

3. 性能需求

架构师对软件的图像识别功能和图像测距功能进行了性能测试，以下是具体方案：

① 根据图片的大小，我们选择640×480、1080×720的图片对同一个画面进行测试：发现分辨率高的图片虽然识别时间增加300 ms，但识别的准确度提高了2%～5%。

② 根据不同数量的图片集，我们选择5000张、20 000张图片分别进行训练，获得的识别电线模型，对相同画面的电线识别速度进行测试：发现训练量大的识别模型获得的准确度提高了5%～8%。

4. 安全需求

扫地机器人可以在正常的环境下行驶，同时也可以在情况复杂的路面行驶。扫地机器人可以自主实现避障的功能，满足用户在不同环境下对扫地机器人安全性的保障。

2.3.6 技术实现与交付

1. 总体架构

扫地机器人避障导航系统包含物理层、传输层、图像处理层及展示层，如图2-4所示。

(1) 物理层：由单片机、2个WiFi模块、2个单目摄像头模块以及1个Flash串口模块(下载图像采集程序)组成。物理层主要负责图像采集。

(2) 传输层：负责将物理层采集的图像信息转换为电信号以WiFi为传播方式发送到计算机终端。

(3) 图像处理层：图像信息经WiFi传到终端，电信号重新转换为光信号，通过OpenCV技术显示出图像。通过深度学习中的CNN对障碍物(电线)进行图像识别训练，提高图像识别的正确率。OpenCV搭配Python可以实现对电线的精确测距，达到传统单目摄像头测距不能实现的高准确度。

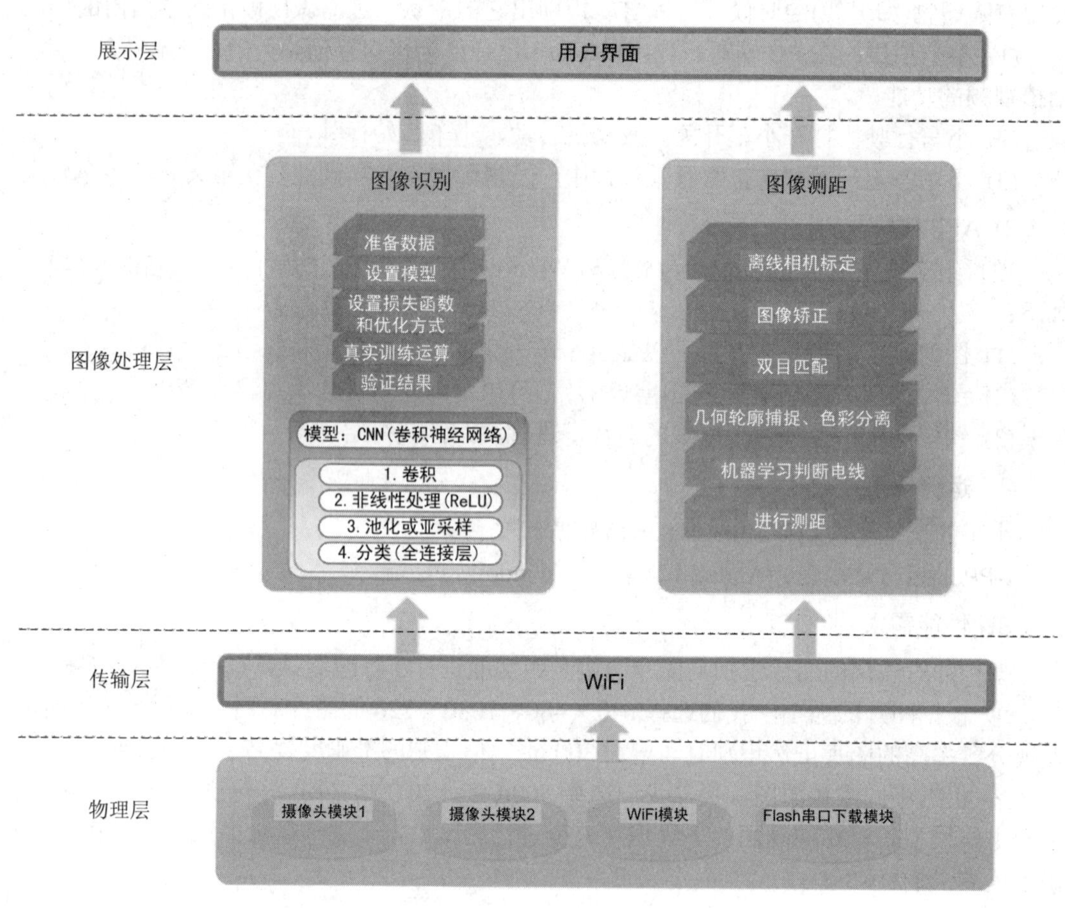

图 2-4 系统架构图

(4) 展示层：用户可见的软件界面，它有以下功能：

① 显示摄像头采集的图像；

② 识别障碍物；

③ 对障碍物进行测距。

扫地机器人避障导航的关键在于机器人可以正确识别出障碍物(以电线为例)，进而可以测距，最终实现避障、导航的功能。识别电线的过程是机器人将摄像头采集的图像信息传输到计算机硬件，经过一系列有关图像的解析、处理，最终得到对图像中物体的判断。计算机判断图像中存在电线，则计算其到摄像头(即机器人)的距离。在机器人到达电线安全距离时，机器人执行停止或转向的命令。解决方案总体架构图如图 2-5 所示。

实现避障导航的重点是如何提高机器人识别电线的正确率；难点是保证图像在传输过程中帧数的稳定性。项目组将从图像处理层中着手优化图像识别的算法，将图像识别的正确率提高到 95%以上，所以我们会提供一个电线图像的数据库以及其他对象的图像数据库来进行训练图像识别分类。

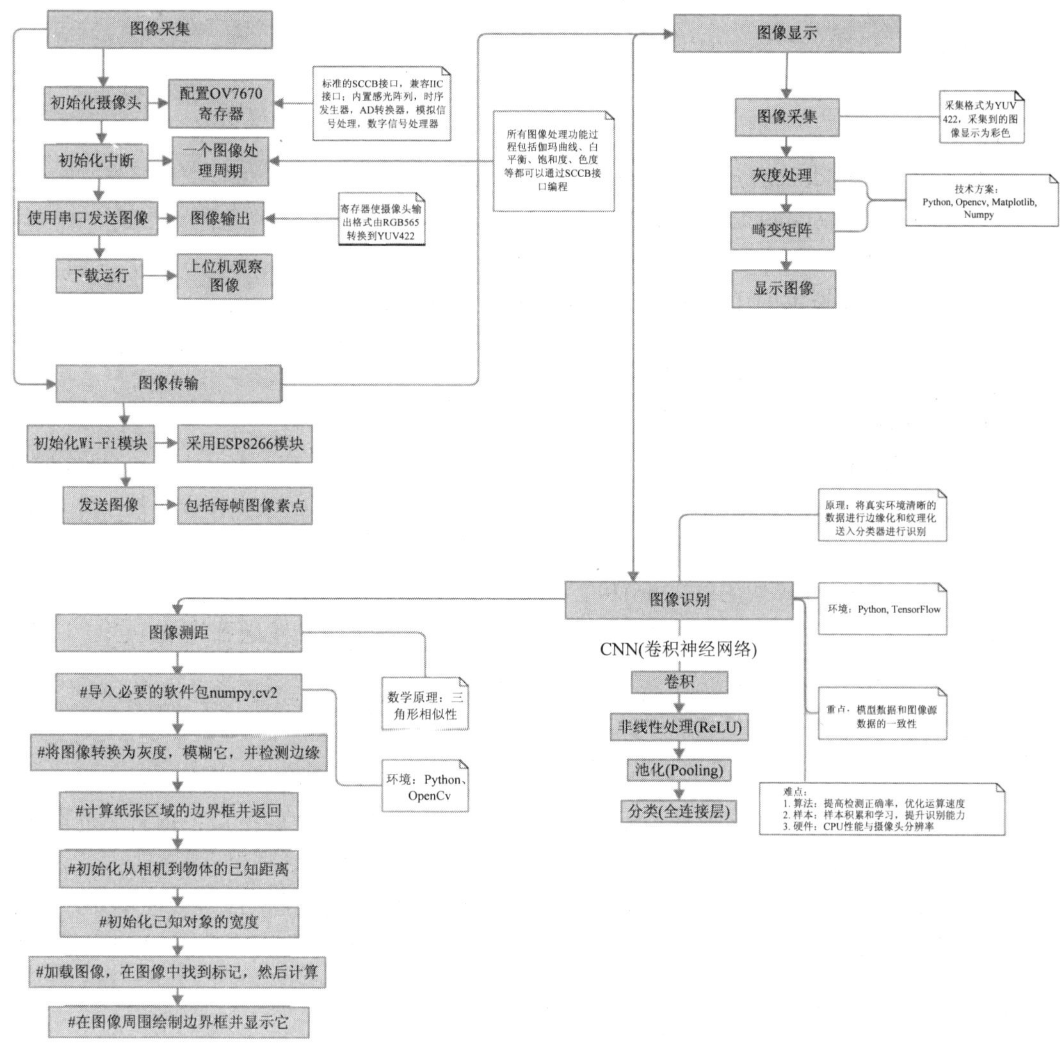

图 2-5　解决方案总体架构图

2．实现方案

1) 使用的相关工具

(1) 开发平台。

软件：macOS Sierra 10.13.4，Windows 10 Pro Insider Preview。

硬件：Stm32 f103 rct6 单片机。

(2) 开发工具。

软件：iTerm2，Vim 8.0，Sublime Text3。

硬件：Keli。

(3) 移动端、PC 端技术栈。

Python2.7，Kivy 1.9.1，Python2.7+OpenCv2.4.13.6+ TensorFlow1.7.0，PyInstaller3.3，Buildozer。

(4) 版本控制。

GitHub。

2) 使用的相关技术

(1) 用户界面。

使用 Kivy、Buildozer 进行 Android 平台界面的开发。

使用 Kivy、Pyinstaller 进行 Windows 平台页面开发。

(2) 图像识别。

建立基于 CNN 技术的 TensorFlow 框架的行电线识别的模型。

方法是下载专门用于图像识别的图片数据集，在基于 Python 的 TensorFlow 的程序中进行训练，获得电线识别模型。

(3) 图像测距。

使用基于 Python 的 OpenCV，对图像进行标定、矫正、匹配、轮廓捕捉，最终实现测距。

(4) 图像采集传输。

将装有 2 个 WiFi 模块(ESP8266)和 2 个单目摄像头(OV7670)(模拟双目)的单片机，通过摄像头对电线进行图像采集，使用 WiFi 的传输方式将图像信息发送到终端(PC)。

3．技术路线

1) 采集图像

(1) 原理说明。

OV7670 传感器：CMOS 器件；标准的 SCCB 接口，可兼容 I^2C 接口；内置感光阵列、时序发生器、模拟/数字转换器(ADC)，模拟信号处理，数字信号处理器。

工作过程：光照射到感光阵列产生相应电荷，传输到相应的模拟信号处理单元，再由 ADC 转换为数字信号，然后经由数字信号处理器插值到 RGB 信号，最后传输到屏幕。基本原理如图 2-6 所示。

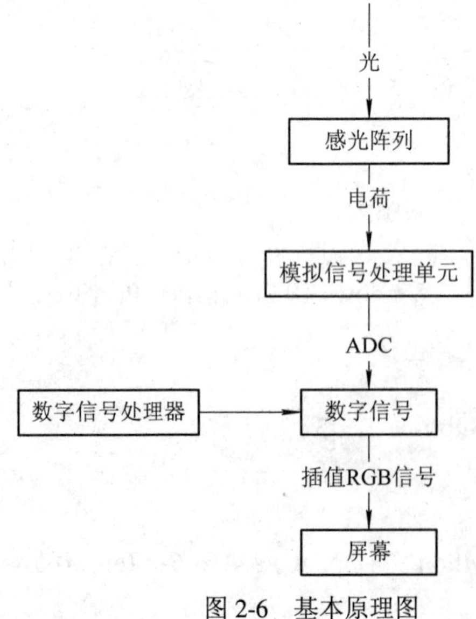

图 2-6　基本原理图

【摄像头型号】 OV7670 图像传感器，体积小、工作电压低，提供单片 VGA 摄像头和影像处理器的所有功能。通过 SCCB 总线控制，可以输出整帧、子采样、取窗口等方式的各种分辨率 8 位影像数据。该产品 VGA 图像最高达到 30 帧/秒，用户可以完全控制图像质量、数据格式和传输方式。所有图像处理功能过程包括伽玛曲线、白平衡、饱和度、色度等都可以通过 SCCB 接口编程。

【配置摄像头寄存器】 OV7670 接口时序包括两部分：SCCB 接口和图像数据输出接口。SCCB 接口用来配置摄像头的寄存器，以使摄像头工作在所需模式下，如配置寄存器使摄像头输出格式由 RGB565 转换到 YUV422。

RGB565 格式输出中，每两个字节组成一个像素的颜色(高字节在前，低字节在后)，这样每行输出总共有 640 × 2 个 PCLK 周期，输出 640 × 2 个字节。

在图 2-7 中，VSYNC 位高时产生一个帧同步信号，故当产生两个帧同步信号时，一帧数据输出完成。

注意：图 2-7 中的 HSYNC 和 HREF 其实是一个引脚产生的信号，只是在不同的场合下要使用不同的信号方式。

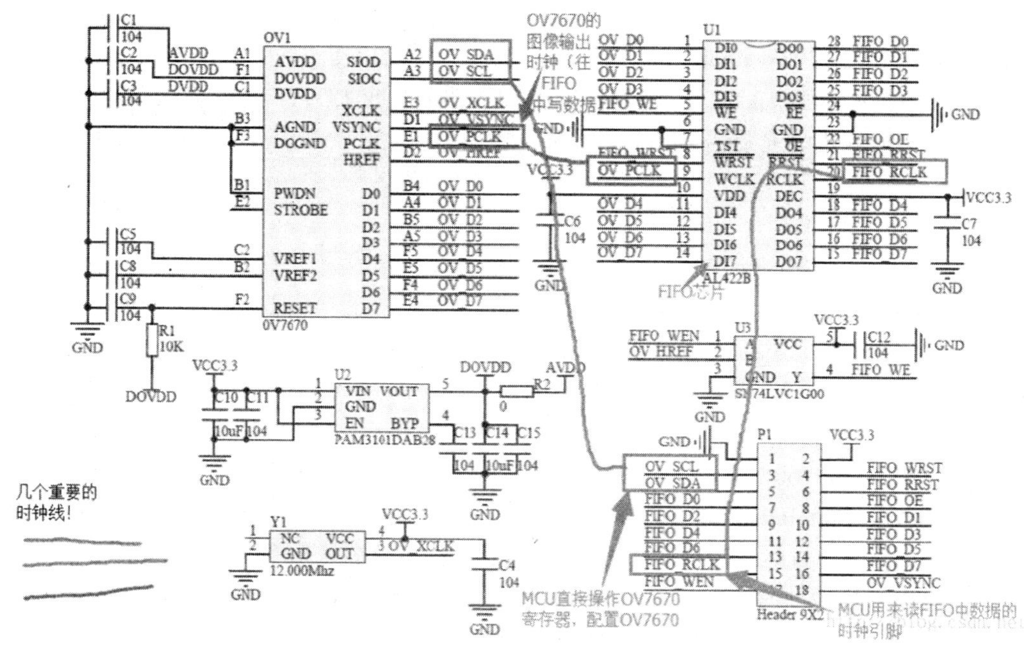

图 2-7　OV7670 帧模块原理图

(2) 编程实现。

① 初始化摄像头→配置 OV7670 寄存器。

② 初始化中断→一个图像处理周期。

③ 使用串口发送图像→图像输出。

④ 下载运行→上位机观察图像。

实现步骤：设计采用 OV7670 摄像头，其在此采集到图像后，该摄像头模块自带芯片来进行图像预处理，通过修改寄存器调整其分辨率为 640×480，由于其不带 FIFO，故数据无法储存，通过单片机立即采集进入单片机缓存，然后通过读取数据并将其发到 WiFi 模块的芯片。

2) 传输数据

WiFi 传输模块：采用 ESP8266 模块。

(1) 特性介绍。

① 价格低廉且易于购买：可使用 ESP8266-01 模块，也可以使用其他 ESP8266 模块。

② 使用简单：5V 和 3.3V 兼容屏蔽作为 UART 到 WiFi 桥接。它在配置的 IP 和端口上建立一个服务器，并且一旦连接就将数据传入和传出串行连接。在微型连接器中不需要库，只需串行(UART)连接，因此可用于任何具有串行端口的微处理器。它也可以修改配置与远程服务器建立客户端连接(可选登录)。

③ 配置简单：短接链路并为屏蔽上电，将其置于配置模式。在此模式下，它会创建一个安全的接入点，我们可以通过移动设备或计算机连接到该接入点。然后打开 http://10.1.1.1 提供了一个网页，可以在其中配置网络的名称和密码以及屏蔽应监听连接的 IP 和端口号。配置网页使用 HTML5 验证来检查用户的设置。

1N5819 二极管保护来自微处理器 5 V 输出的 ESP8266-01 RX 输入。如果微处理器的 D1 不小心输出，则 330 Ω(R6)电阻可以防止 ESP8266-01 TX 输出短路。

需要某种 3V3 电源。Arduino UNO 的 3V3 引脚不足以提供 ESP2866 模块。这里使用三端 5 V 至 3.3 V 稳压器 LD1117V33。10 μF 电容需要稳定 LD1117V33 稳压器，因此它尽可能靠近稳压器输出端安装。

(2) 配置步骤。

① WiFi-Shield 编程。

通过网页配置和串口转 WiFi 桥代码，WiFi Shield 只需编程一次，而不再次编程。按照 https://github.com/esp8266/Arduino 中给出的安装方法，使用 Boards Manager 进行安装。从 Tools→Board 菜单打开 Board Manager 并选择 Type Contributed 来安装 esp8266 平台。该项目使用 ESP8266 版本 1.6.4-673-g8cd3697 进行编译。随着平台的快速发展，后续版本会更好，但可能会有自己的错误。关闭并重新打开 Arduino IDE，现在可以从工具→主板菜单中选择“Generic ESP8266 模块”。还需要安装最新版本的 pfodESP8266BufferedClient 库，该库可与 ESP8266.com IDE 插件 V2.2 一起使用。如果以前安装过 pfodESP2866WiFi 库，可全部删除该库目录。将此 pfodESP8266BufferedClient.zip 文件下载到计算机，将其移动到桌面或其他可以轻松找到的文件夹中。然后使用 Arduino 1.6.5 IDE 菜单选项草图→导入库→添加库来安装它。(如果 Arduino 不允许用户安装它，因为库已经存在，可找到并删除旧的 pfodESP8266BufferedClient 文件夹，然后导入这个文件夹。)停止并重新启动 Arduino IDE，然后在文件→示例中，可以看到 pfodESP8266BufferedClient。

选择文件→上传或使用右箭头按钮来编译和上传程序。如果收到上传的错误消息，则检查电缆连接是否插入了正确的引脚，然后重试。编程完成后，从 FLASH_LINK 中删除短路链接。

② 设置配置访问点密码。

安装 pfodESP8266BufferedClient 库后，打开 Arduino IDE 并将此草图 ESP8266_WiFiShield.ino(如图 2-8 所示)复制到 IDE 中。在编程屏蔽之前，需要为配置访问点设置自己的密码。

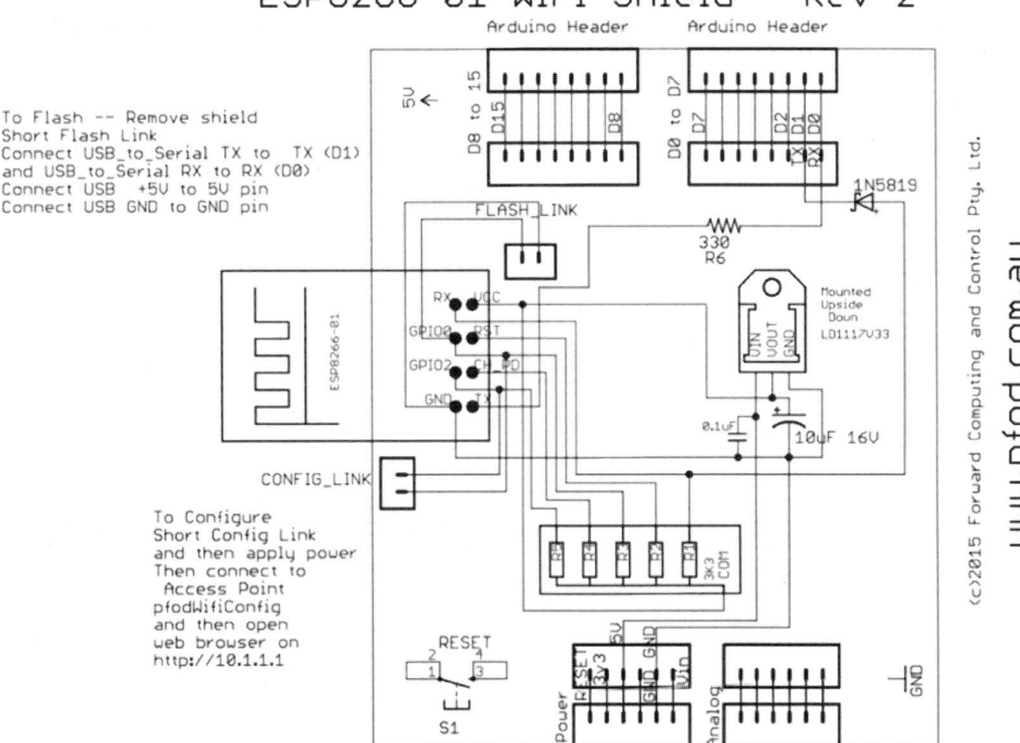

图 2-8　ESP8266 模块原理图

在配置模式下，WiFi Shield 设置一个名为 pfodWifiWebConfig 的安全接入点，其中的密码包含在屏蔽的 QR 码中。此安全连接可防止任何人在设置真实网络的 ssid 和密码时监听连接。用户应该为自己的盾牌生成自己的密码。一个 SecretKeyGenerator java 程序可以在这里产生随机的 128 位密钥并写出 QR.png 文件。另一种选择是使用 QR Droid Private(来自 Google Play)为自己选择的密码创建 QR 码。

无论哪种情况，用户都需要使用自己的密码更新草图顶部附近的#define。如果愿意，可以设置自己的配置接入点名称。

③ 配置 WiFi Shield。

任何 WiFi 屏蔽都需要使用本地网络的网络名称和密码进行配置。它还需要提供一个 IP 和端口号来监听连接。所有其他 WiFi 屏蔽在草图中都没有硬编码的 IP 和端口，要么对网络名称和密码进行硬编码，要么使用专有方法与专有应用程序连接到本地网络。当在一个不断发展的环境中有多个设备时，这是非常严格的。此 WiFi Shield 使用开源网页方法配置网络名称和密码以及 IP 地址和端口号。

ESP8266-01 的可用输出数量非常有限，只有 GPIO0 和 GPIO2。在此设计中，上电后，ESP2866-01 中的代码检查 GPIO2 是否接地，如果是，则将 ESP8266-01 设置为配置模式。但是，必须延迟 GPIO2 输入的接地，直到 ESP8266-01 完成加电为止。如果 GPIO2 在上电期间接地，ESP8266-01 模块不能正常启动。GPIO2 接地的延迟是通过使用 GPIO0 作为接地来实现的。在 ESP8266-01 启动后，setup 代码使 GPIO0 成为输出并将其设置为低电平。

如果 CONFIG_LINK 被短路，将接地 GPIO2。

该项目的前一版本使用额外的 Arduino 数字 I/O 来完成此接地，这需要 Arduino 草图中的额外代码。本版本修订版 2 不需要在 Arduino 草图中添加任何额外的代码，除非在 setup 的顶部有一个短暂的延迟来忽略 ESP8266 的调试输出。

要测试配置 ESP8266-01 WiFi Shield，只需将其插入 Arduino 板，将 CONFIG_LINK 短接，并为 Arduino 板上电。

3) 图像识别

图像识别功能路线如图 2-9 所示。

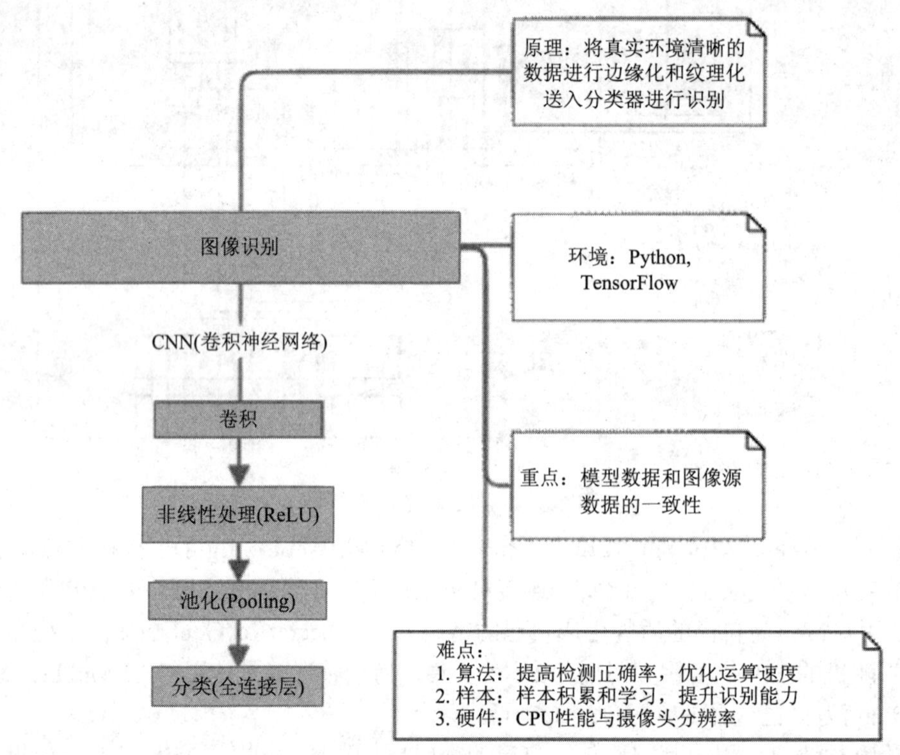

图 2-9　图像识别功能路线

(1) 图像显示。

扫地机器人定位使用的视觉传感器为普通 USB 摄像头。摄像头支持 UVC(USB Video Class)协化在 Mac 系统下使用时不需要安装驱动程序，只需要编写 V4L2 应用层程序即可实现对其控制。一般情况下，摄像头提供的可控参数有采集的视频流格式、采集的侦率以及采集图像像素的大小等。此外，利用其他传感器的信息(如陀螺仪)，通过 V4L2 编程来实现摄像头按需采集。

本项目用摄像头的采集格式为 YUV422，采集到的图像显示为彩色，在实际定位时，仅需处理灰度图像。通常将彩色图像灰度化后得到灰度图，但这费时且浪费资源。

一种有效的办法为按照 YUV422 在内存中的存储顺序，在 YUV422 视频流中抽取出 Y 分量来实现灰度视频采集，之后抽取出合适的图像进行灰度图像处理。扫地机器人有一定的跨越障碍物能力，在清扫的过程中，若遇到高度较小的障碍物会跨越过去。这段时间内摄像机与天花板不再是垂直关系，特征点在图像上的变化规律改变，此时定位失败。这种情况下，利用陀螺仪的数据来停止摄像机的视频采集，避免资源浪费。摄像头主要存在径向和切向这两种畸变，导致不满足线性成像模型。径向畸变由镜头的形状引起，摄像机组装时的任何偏差将带来切向畸变 PW。针化模型带来的主要偏差依靠摄像机标定来校正，摄像机标定后将得到摄像机的内参数矩阵和畸变矩阵。畸变矩阵用于消除拍摄图像的畸变，内参数矩阵反映像点与空间点的对应关系。使用 OpenCV 提供的标定函数实现摄像机的标定。摄像头配备的镜头为 55°，畸变不是很明显，在图像中的畸变可忽略，如果仅用这块区域的信息则不用进行摄像机标定。摄像机标定后能计算摄像机的其他参数如物理焦距、真实的视场角等。

(2) 图像识别。

整个流程包括样本的采集及标记，同时对标记的样本进行大范围训练来提取特征和模型，将模型作为实际图像数据进行分类识别。另外一个维度，我们需要保证图像源的质量，通过宽动态、强光抑制、降噪等技术来保证输入数据源的干净，将真实环境清晰的数据进行边缘化和纹理化送入分类器进行识别。同时，在这个环节我们要非常注重模型数据和图像源数据的一致性，即样本标记的数据和实际图像源要来自相同的镜头、图像传感器，以此来保证训练和实际的高匹配度。这部分是目前在实验室做数据时很难实现的，很多可能采用的是公开的样本库来训练。

图像识别难点：

① 算法：提高检测正确率，优化运算速度。

② 样本：样本积累和学习，提升识别能力。

③ 硬件：CPU 性能与摄像头。

④ 部署环境：TensorFlow 学习框架+ Python 运行环境。

4) *算法方案*

采用深度学习中流行的 CNN(卷积神经网络)的方法，通过大量的障碍物(电线)以及其他实体的图像作为数据集进行训练。

(1) 技术介绍。

TensorFlow 是 Google 开发的一款神经网络的 Python 外部的结构包，也是一个采用数据流图来进行数值计算的开源软件库。TensorFlow 让我们可以先绘制计算结构图，也可以称是一系列可人机交互的计算操作，然后把编辑好的 Python 文件转换成更高效的 C++，并在后端进行计算。

TensorFlow 无可厚非地被认定为神经网络中最好用的库之一。它擅长的任务就是训练深度神经网络。通过使用 TensorFlow 我们就可以快速的入门神经网络，大大降低了深度学习(也就是深度神经网络)的开发成本和开发难度。TensorFlow 的开源性，让所有人都能使用并且维护、巩固它，使它能迅速更新、提升。

(2) 算法原理。

传统的机器学习技术往往使用原始形式来处理自然数据，模型的学习能力受到很大的局限，构成一个模式识别或机器学习系统往往需要相当的专业知识来从原始数据中(如图像的像素值)提取特征，并转换成一个适当的内部表示。而深度学习则具有自动提取特征的能力，它是一种针对表示的学习。深度学习允许多个处理层组成复杂计算模型，从而自动获取数据的表示与多个抽象级别。

“表示学习”能够从原始输入数据中自动发现需要检测的特征。深度学习方法包含多个层次，每一个层次完成一次变换(通常是非线性的变换)，把某个较低级别的特征表示成更加抽象的特征。只要有足够多的转换层次，即使非常复杂的模式也可以被自动学习。对于图像分类的任务，神经网络将会自动剔除不相关的特征，例如背景颜色，物体的位置等，但是会自动放大有用的特征，例如形状。图像往往以像素矩阵的形式作为原始输入，那么神经网络中第一层的学习功能通常是检测特定方向和形状边缘的存在与否，以及这些边缘在图像中的位置。第二层往往会检测多种边缘的特定布局，同时忽略边缘位置的微小变化。第三层可以把特定的边缘布局组合成为实际物体的某个部分。后续的层次将会把这些部分组合起来，实现物体的识别，这往往通过全连接层来完成。对于深度学习而言，这些特征和层次并不需要通过人工设计：它们都可以通过通用的学习过程得到。

(3) 算法步骤。

① 卷积。

② 非线性处理(ReLU)。

③ 池化(Pooling)。

④ 分类(全连接层)。

卷积神经网络(CNN)通常被用来张量形式的输入，例如一张彩色图像对应三个二维矩阵，分别表示在三个颜色通道的像素强度。许多其他输入数据也是张量的形式，如信号序列、语言、音频谱图、3D 视频等等。卷积神经网络具有如下特点：局部连接，共享权值，采样和多层。

① 卷积。

从图 2-10 可以看到，原始图片是一张灰度图片，每个位置表示的是像素值，0 表示白色，1 表示黑色，(0，1)区间的数值表示灰色。对于这个 4 × 4 的图像，我们采用两个 2 × 2 的卷积核来计算。设定步长为 1，即每次以 2 × 2 的固定窗口往右滑动一个单位。

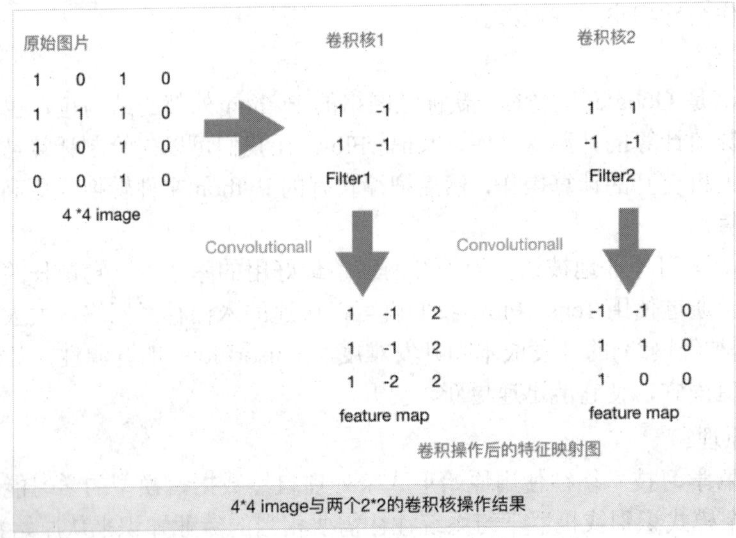

图 2-10　卷积示意图

如图2-11所示，一个典型CNN的结构可以被解释为一系列阶段的组合。最开始的几个阶段主要由两种层组成：卷积层(Convolutional Layer)和采样层(Pooling Layer)。卷积层的输入和输出都是多重矩阵。卷积层包含多个卷积核，每个卷积核都是一个矩阵，每一个卷积核相当于是一个滤波器，它可以输出一张特定的特征图，每张特征图也就是卷积层的一个输出单元。然后通过一个非线性激活函数(如ReLU)进一步把特征图传递到下一层。不同特征图使用不同卷积核，但是同一个特征图中的不同位置和输入图之间的连接均为共享权值。这样做的原因是双重的。首先，在张量形式的数据中(例如图像)，相邻位置往往是高度相关的，并且可以形成被检测到的局部特征。其次，相同的模式可能出现在不同位置，亦即如果局部特征出现在某个位置，它也可能出现在其他任何位置。在数学上，根据卷积核得到特征图的操作对应于离散卷积，因此而得名。

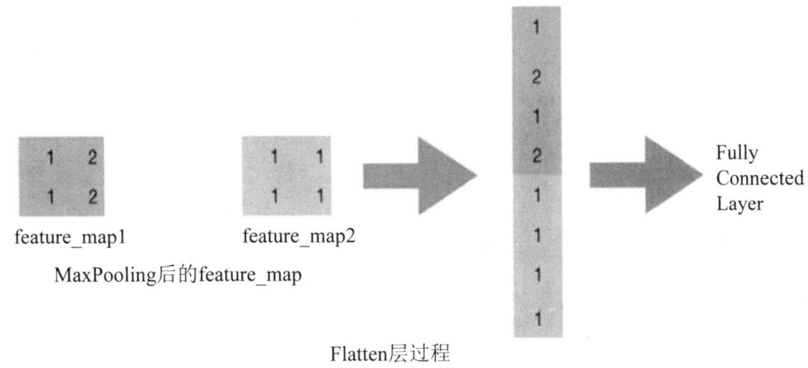

图2-11　Flatten过程图

② 池化。

通过上一层2×2的卷积核操作后，我们将原始图像由4×4的尺寸变为了3×3的一个新的图片。池化层(Pooling Layer)的主要目的是通过降采样的方式，在不影响图像质量的情况下，压缩图片，减少参数。简单来说，假设现在设定池化层采用MaxPooling，大小为2×2，步长为1，取每个窗口最大的数值，那么图片的尺寸就会由3×3变为2×2：(3−2)+1=2。作用是减小了feature map的尺寸，从而减少参数，达到减小计算量，却不损失效果的情况。

③ ReLU激活函数。

ReLU函数其实是分段线性函数，把所有的负值都变为0，而正值不变，这种操作被称为单侧抑制。在深度神经网络模型(如CNN)中，当模型增加N层之后，理论上ReLU神经元的激活率将降低2的N次方倍。ReLU实现稀疏后的模型能够更好地挖掘相关特征，拟合训练数据。对于线性函数而言，ReLU的表达能力更强，尤其体现在深度网络中；而对于非线性函数而言，ReLU由于非负区间的梯度为常数，因此不存在梯度消失问题(Vanishing Gradient Problem)，使得模型的收敛速度维持在一个稳定状态。

④ 全连接。

做完Max Pooling后，我们就会把这些数据“拍平”，丢到Flatten层(Flatten过程如图2-11所示)，然后把Flatten层的Output放到Full Connected Layer里，采用Softmax对其进行分类。

在搭建好一个CNN的架构之后，准备2000张障碍物(电线)的图片以及办公室中的其他对象的图片 2000 张，进行训练，用训练好的程序重新测试有电线的图片，得到图像识别率。

5) 图像测距

(1) 图像测距技术路线图如图 2-12 所示。

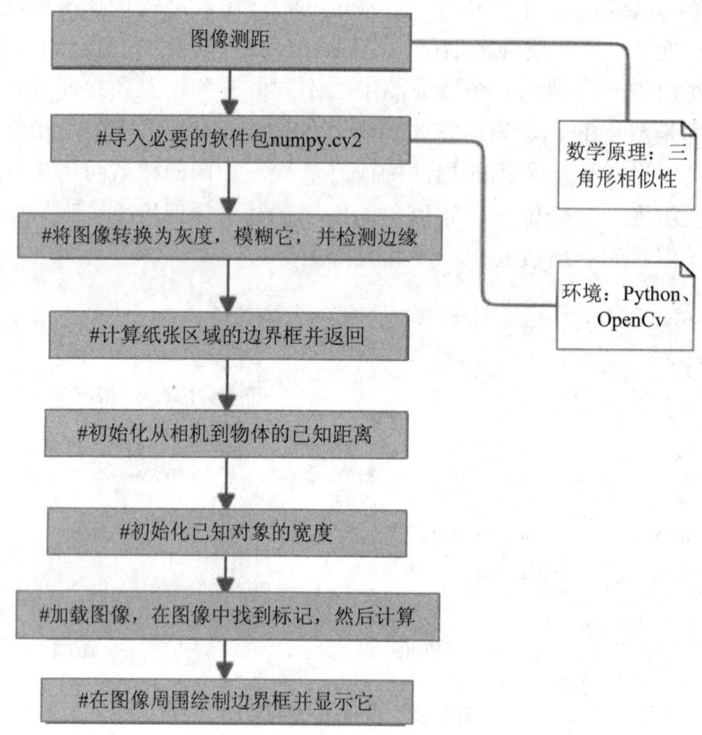

图 2-12 图像测距技术路线图

从两个或者多个点观察一个物体，获取在不同视角下的图像，根据图像之间像素的匹配关系，通过三角测量原理计算出像素之间的偏移来获取物体的三维信息。得到了物体的景深信息，就可以计算出物体与相机之间的实际距离，物体 3 维大小，两点之间实际距离。

双目测距主要是利用了目标点在左右两幅视图上成像的横向坐标直接存在的差异，与目标点到成像平面的距离 Z 存在着反比例的关系：Z=fT/d。在 OpenCV 中，f 的量纲是像素点，T 的量纲由定标板棋盘格的实际尺寸和用户输入值确定，一般是以毫米为单位(当然为了精度提高也可以设置为 0.1 毫米量级)，d=xl-xr 的量纲也是像素点。因此分子分母约去，Z 的量纲与 T 相同。

(2) 运行环境。Python2.7+OpenCv2.4.13.6。

(3) 整体方案。使用两个镜头获取到两张不同视角的图片再实时进行计算。

2.3.7 实施方案

1. 团队组建与角色分配

1) 团队职责

团队职责表见表 2-1。

表 2-1　团队职责表

姓名	角　色	职　　责
小王	项目经理	① 项目整体规划；② 项目策划设计；③ 项目范围管理； ④ 项目进度安排；⑤ 项目人员调整；⑥ 项目实践管理； ⑦ 项目沟通管理；⑧ 项目风险管理；⑨ 项目质量管理
段段	产品经理	① 根据 MRD 分析和定义 PRD 并设计解决方案； ② 竞品分析、外部数据收集，自我提出制定产品提升需求； ③ 规划产品的 Roadmap，制定版本计划； ④ 选定每个迭代的 Scope，对团队内澄清需求； ⑤ 与架构师配合，规划产品的技术改进
果果	系统架构师	① 产品的技术实现架构的设计； ② 技术方案设定； ③ 核心技术及方案； ④ 技术问题处理； ⑤ 控制本模块的开发进度； ⑥ 前端开发； ⑦ 指导开发成员的开发
帆帆	前后端工程师	① 开发协调，软硬件接口对接； ② 根据《系统详细设计说明书》进行代码实现； ③ 对自己代码进行复查，并进行简单测试； ④ 图像识别训练样本的采集
程程	硬件工程师	① 构建智能小车机械结构与运动模块； ② 智能小车摄像头电路的驱动以及其他外围电路的搭建； ③ 单片机及相关模块嵌入式控制程序的编写与调试； ④ 从图像采集到上传服务器的信息传输通道的搭建

2) 团队的协作

为了实现最终目标，团队成员达成一致。每周开展计划会、总结会。会议上，每位成员可以自主的表达各自的看法以及自己在该职位完成的内容和项目的进展。项目经理主要起着一个带头的作用，引领团队在沟通协作方面可以主动进行表达，以达到项目进展程度的最优化。

3) 团队的文化

(1) 我们团队成员来自于不同学院、不同专业、不同年级，团队以一种兼容并包、跨专业、跨领域的态度对待我们的项目。

(2) 团队组成的目的、发展方向是让所有人享受到便捷、舒适、干净的家庭卫生环境。每个团队成员都为此目标而不懈地奋斗着，勇于奉献。

(3) 从团队整体利益出发思考和处理问题，是每个队员必须具备的基本责任和意识，而团队意识和技能是可以通过学习来培养的。队员作为团队的一部分，所学知识对团队的奉献程度将决定我们在市场中的命运，我们的核心竞争力的形成固然有赖于队员个人能力的充分发挥，但真正的竞争优势却永远来自于团队集体智慧的共同努力。

(4) 建立无间隙的沟通方式：沟通是信息传达的基本方式，团队管理过程中信息的传达、反馈与互享是进行管理决策实施有效管理的依据和保障。

因此，可定期召开座谈会，同事间面对面的沟通，这是最有效的沟通方式，因为双方不仅能了解言语的意思，而且能够了解肢体语言的含义，比如手势和面部表情；举办一些户外活动和比赛能更进一步增进队员间的交流。

2. 项目管理

本项目开发经历了团队人员组织、可行性分析、需求分析、概要设计、详细设计、系统实现、测试、反馈维护阶段。团队人员组织，选择项目经理为团队创建的第一步，一名合格的项目经理应当具备广博的知识、丰富的经历、良好的协调能力、良好的职业道德、良好的沟通与表达能力、良好的领导能力等要求，接下来的整个项目开发阶段均依据项目经理的指示循序渐进，整个过程中，项目经理扮演的是“一把手”的角色，自始至终都发挥“一把手”的作用，定期进行汇报和交流，以获取支持、理解和资源的调配。可行性分析阶段主要从技术可行性、操作可行性、经济可行性等几方面对项目的可行性进行分析，并提出可行性方案，此项目开发是一个长期的、有风险的、耗时长的工程项目，因此在进行正式的系统开发之前，要从有益性、可能性和必要性三个方面对未来系统的经济效益、社会效益做初步分析，避免盲目投资、减少不必要的损失，最后编写可行性报告。需求分析阶段通过阅读需求文档，公司网站了解信息，查阅纸质及电子资料等多种途径了解需求信息。概要设计阶段根据需求分析获得的信息按照功能进行模块划分，建立模块的层级结构及调用关系、确定模块间的接口及人机界面等。详细设计阶段对概要设计进行细化，详细设计每个模块实现算法，所需的局部结构。

系统实现主要指搭建有双目摄像头的小车硬件的搭建以及软件编码与实现。硬件主要包含以下内容：构建智能小车机械结构与运动模块、智能小车摄像头电路的驱动以及其他外围电路的搭建、单片机及相关模块嵌入式控制程序的编写与调试、从图像采集到上传服务器的信息传输通道的搭建。软件实现部分包括图像信息的显示、图像的识别、图像测距功能的实现与UI界面的设计。

1) 项目进度管理

在项目研发过程中为了保证研发进度及研发产品的质量，会安排大量的评审活动，详见表 2-2。本项目在开发过程中通过项目评审作为项目管理的一部分来保障研发过程和产品质量。项目进度安排表见表 2-3，项目任务分解与进度安排见表 2-4。

表 2-2 评审记录表

工作产品	评审方式	评审时间	评审人员
可行性分析	正式	2018 年 1 月 10 日	全体成员及指导老师
需求说明书	正式	2018 年 1 月 16 日	全体成员及指导老师
资料查阅及收集	正式	2018 年 1 月 22 日	全体成员及指导老师
概要设计说明书	正式	2018 年 1 月 28 日	全体成员及指导老师
详细设计说明书	正式	2018 年 2 月 3 日	全体成员及指导老师
测试用例	正式	2018 年 2 月 9 日	全体成员及指导老师
系统功能评审	正式	2018 年 3 月 15 日	全体成员及指导老师
项目总结	正式	2018 年 4 月 14 日	全体成员及指导老师

表 2-3　项目进度安排表

序号	任务名称	开始时间	结束时间		2018-01-10			2018-04-01
					2018-01-10	2018-02-01	2018-03-01	2018-04-01
1	可行性分析	2018-01-10	2018-01-15	6.0 d.				
2	需求分析阶段	2018-01-16	2018-01-21	6.0 d.				
3	技术准备阶段	2018-01-22	2018-01-27	6.0 d.				
4	概要设计阶段	2018-01-28	2018-02-02	6.0 d.				
5	详细计划阶段	2018-02-03	2018-02-08	6.0 d.				
6	系统设计阶段	2018-02-09	2018-02-14	6.0 d.				
7	系统编码阶段	2018-02-15	2018-03-12	26.0 d.				
8	系统功能集成测试阶段	2018-03-13	2018-03-18	6.0 d.				
9	系统测试阶段	2018-03-19	2018-03-27	9.0 d.				
10	系统修正阶段	2018-03-28	2018-04-18	22.0 d.				

表 2-4　项目任务分解与进度安排

任务名称	开始时间	结束时间	参与人员	工作量(人/天)	工作成果
可行性分析	2018-01-10	2018-01-15	全体成员	30	可行性分析报告、团队分工
需求分析阶段	2018-01-16	2018-01-21	全体成员	30	项目管理计划、需求规格说明书
技术准备阶段	2018-01-22	2018-01-27	全体成员	30	编码规范、技术说明
概要设计阶段	2018-01-28	2018-02-02	全体成员	30	项目开发计划、概要设计说明书
详细计划阶段	2018-02-03	2018-02-08	全体成员	30	项目开发详细计划、质量保证计划、测试计划
系统设计阶段	2018-02-09	2018-02-14	全体成员	30	概要设计、数据库设计、详细设计、测试计划
系统编码阶段	2018-02-15	2018-03-12	开发团队	130	源代码、可执行与安装文件
系统功能集成阶段	2018-03-13	2018-03-18	全体成员	30	源代码、功能集成
系统测试阶段	2018-03-19	2018-03-27	全体成员	45	功能测试、集成测试、系统测试、非功能测试、测试文档、用户操作手册、安装说明
系统修正阶段	2018-03-28	2018-04-13	全体成员	110	源代码定稿、安装可执行与文件定稿、用户操作手册定稿

2) 项目过程管理

(1) 项目组制定项目开发计划，建立人员组织，并进行人员分配。

(2) 根据项目开发生命周期启动项目。

(3) 召开项目会议，一周一次大会，每天一次小会，并建立会议文档，保证项目过程出现问题的解决。

(4) 项目经理扮演项目监督的角色，对项目生命周期中的正常运行情况进行监督并对出现的问题进行处理。

3) 项目质量管理

(1) 客户关系的跟踪，对于客户的需求内容以及文化推广方面的考虑，客户经理需要对项目进行过程中是否围绕需求进行跟踪。

(2) 方案的批准、纠正、缺陷修复等措施需要明确的处理。

(3) 项目范围的保证，时刻根据需求把项目限定在准确的范围内进行开发。

2.3.8 可行性分析与风险控制

1. 可行性分析

1) 市场分析

近几年来，随着智能化产品的不断发展，人们对智能家居产品的需求度大大上升。2014年全球家务型机器人销售额达到12亿美元，同比增长20%以上。预计到2018年，销售额可累计达到134亿美元。2014年全球家务机器人销量达到330万台，预计到2018年的几年间，家务机器人的销售量将会呈现爆发式的增长，累计达到3000万台。简单统计分析，2015年中国扫地机器人市场零售规模在50亿元人民币左右，2017年将达到75亿元人民币，2018年可增长至120亿元人民币，智能扫地机器人未来的市场空间巨大，将会呈现大幅度增长态势。同时，扫地机器人市场新近品牌、单品数量逐渐增多，不少家电巨头纷纷跨界试水，进入扫地机器人市场，除最早的科沃斯、福玛特等老品牌外，美的、海尔、小米等也纷纷开始推出自家品牌的智能扫地机器人。根据最新的家电市场数据显示，由于各个品牌产品的纷纷加入，福玛特扫地机器人的价格开始呈现下降趋势，主流价格区间由开始的2000元以上，到目前的1000～1500元，且目前扫地机器人的销售约有八成来自于电商渠道。国内智能扫地机器人的领军品牌购在产品、价格、物流和服务上的优势，带给了消费者更好的购物体验，促进了福玛特扫地机器人线上销售的迅猛发展，再加上各大电商平台的各类大促活动，为扫地机器人的爆发带来了大好时机，成为了各大电商销售平台的新宠，销售量逐年攀升。不过，说到底，智能扫地机器人进入国内市场时间并不长，虽然福玛特等在专业研发制造扫地机器人方面已有近20年的历史，但是国内并没有出台专业的行业标准和数据指标，大部分消费者对这一新品并没有过于深入的了解，一些滥竽充数的杂牌子产品也对这一行业产生了不小的消极影响。随着扫地机器人近年来的发展越来越迅速，行业越来越规范，加之关于扫地机器人的报道越来越多，消费者对扫地机器人的了解也逐渐加深，品牌意识逐渐加强。

2) 政策分析

随着人们收入水平的不断提升，智能空调、智能冰箱、扫地机器人等智能家居将受到更多消费者的喜爱以及使用，智能家居也将席卷全球。在国家政策扶持之下，智能家居的普及将是大势所趋。

近年来，国家和地方政府多次出台相关扶持政策支持智能家居产业发展。政策推动物联网智能家居行业的导向十分明显。

(1) 智能家居行业政策标准不一。

在智能生态体系内，会涉及众多产业链，而无法统一的标准，也成了产业无法互联互通的最大诱因。而在标准的建立方面，更多的企业还是将目的放在了用户的争夺方面，因此，也影响了企业推动建立行业标准的积极性。一个真正的智能家居必须是在所有硬件的协议、标准一致的情况下，将各个设备的数据融合在一起，从而实现设备之间的自动对接。

(2) 首个智能家电标准发布。

标准缺失一直是制约我国家电智能化发展的一大瓶颈，不过，随着我国首个智能家电标准——智能空调标准的发布，这一状况或将得到改变。

家电业智能化发展最亟须的就是制定相应标准。日前，中国家电研究院发布国内首个智能空调的《房间空气调节器智能指数认证》的实时规则和技术规范。在新发布的智能标准中，明确提出了智能空调应该涉及智能功能、智能特性、智能效用三个方面。

这一新智能标准的发布，对于整个空调行业的未来发展起着很强的推动和指导。这一标准的发布，将从标准化层面为智能空调的发展扫清障碍，形成空调智能化良性健康的发展。同时，新标准的发布进一步推动了企业对智能空调的普及，实现普通用户对智能空调的认知。

(3) 政策扶持行业处于完善上升阶段。

国务院总理李克强在 3 月作政府工作报告时强调要实施“中国制造 2025”，坚持创新驱动、智能转型、强化基础、绿色发展，加快从制造大国转向制造强国。报告还指出新兴产业和新兴业态是竞争高地，提出制定“互联网+”行动计划，推动移动互联网、云计算、大数据、物联网等与现代制造业结合。通过对智能转型、大数据及物联网等的扶持，智能家居必然会借此获得更大的发展。所以，在国家政策扶持之下，智能家居的普及将是大势所趋。

(4) 人工智能被列入政府工作报告。

在十二届全国人大五次会议开幕会上，国务院总理李克强在政府工作报告中指出，要坚持中国制造 2025 战略，把传统产业的智能制造作为主攻方向，加快培育壮大新兴产业，全面实施战略性新兴产业发展规划。包括新材料、人工智能、集成电路、生物制药、第五代移动通信等在内的技术研发和转化要求提速，并做大做强产业集群。“人工智能”首次被列入政府工作报告，引发了多方的探讨。人工智能等战略性新兴产业的发展将带动智能制造迎来发展机遇期。

智能家居行业政策环境对于智能家居行业发展至关重要，政策导向能够为智能家居提供良好的指引方向，人工智能等相关产业的快速发展也能推进智能家居的发展。

3) 经济可行性

对于研发来说，要研发一款消费者喜爱的产品，研发投入肯定不少。小米的第一款机器人研发成本2000万，相对来说这个成本已经很高。当然，对于大公司来说，这些研发成本仍在预算范围内，但是对于一些创业型公司，要出色地完成项目研发必须找到大融资。

4) 技术可行性

随着互联网技术、工业技术、芯片技术的发展，开源力量的支持，机器视觉技术的崛起，如双目测距技术，机器人规避障碍物这一技术得到了长足的进步。机器学习算法使得机器人本身功能更加稳健，经历了多年发展，智能机器人的研发也越来越容易，研发的成果也越来越获得消费者的喜爱。AI技术的加持，万物互联，使得智能机器人不再是扫地这么简单，而是家庭生活的一道风景线。

5) 人员可行性

在我们的团队里，有负责算法设计的、软件编码的、硬件研发数据采集的，分工明确，各司其职，使项目实现有条不紊，整个扫地项目较可能实现。

6) 操作可行性

实现智能扫地机器人障碍物识别规避，我们可以利用现有的开源技术，算法，并加以优化改进，还是能简单实现障碍物识别规避的功能。

7) 法律可行性

项目中采用了开源技术，它是可以应用到商业领域的，这并未违背知识产权法。

2. 风险控制

完成一个基于深度学习的可以避障导航的扫地机器人，在开发过程中存在各种风险，如果我们对风险不加控制，将会严重影响整个项目。我们主要从技术风险、组织风险、控制进度风险、管理风险四个方面进行风险管理。

1) 技术风险

风险：项目技术涉及了流行的深度学习、图像识别、图像的传输。深度学习技术涉及较深奥的数学理论知识如傅里叶变换等，需要有较好的数学背景才容易理解。同时，深度学习的过程快慢受到计算机硬件的影响，需要提前配置好环境或者在服务器机组上进行学习过程。

控制：我们对项目涉及的技术进行学习研讨。在图像传输中，我们采用WiFi的方式进行无线传输，传输数据包较大，需要反复调试硬件器材及源代码以保证传输过程顺利进行。

风险负责人：程程。

2) 组织风险

风险：本项目是一个较为复杂的工程，包括系统分析、技术攻关、平台开发等工作，而我们需要在较短时间内完成，可能存在项目不能按期完成的风险。

控制：我们制定严格的项目开发标准、明确的接口定义、规范的测试流程、标准和工具。我们项目组利用好的工作模式和习惯，运用Git管理工具，实现源代码的共享，进行版本控制。

风险负责人：帆帆。

3) 控制进度风险

风险：项目自 2017 年 1 月初启动，直至 2017 年 4 月初旬截止，如果无法如期完成，则会使项目开发承担损失。

控制：为此，我们在项目启动之后，项目小组全体成员专门开会讨论了有关项目实施的计划，明确各阶段的任务和完成时间、项目分工后各模块的负责人根据总计划制定实施计划。在这里，每一个计划都要求明确各步完成的时间，并要求精确到每一天。同时为了保证进度，我们每天一小会，每周一大会。汇报项目进度情况，发现有超期的任务，分析原因，及时解决。

风险负责人：果果。

4) 管理风险

风险：项目只有为期 3 个月的时间，周期较短，同时，项目工作量包括软硬件以及软硬件直接的交互三个部分，项目组一共有 5 名成员。较大的工作量，较短的工作周期，以及较多的成员。这带来了一定的管理方面的压力。

控制：一方面，组长的工作能力较强，待人和善，有较强的威信，经常与小组成员沟通可以有效化解管理的松懈。另一方面，项目组有着较为完善的工作计划，清晰的组织方式(即分工明确)，组长积极地鼓励大家为了完成项目的目标而努力，使团队保持活力。

2.4　项目答辩 PPT

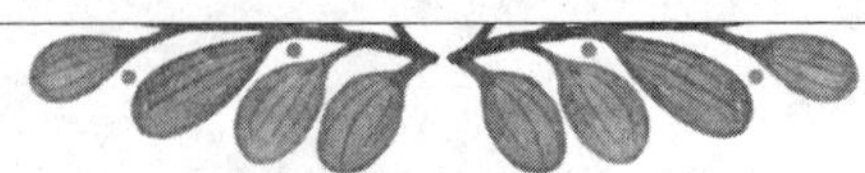

目录

CONTENTS

01

项目背景
市场与行业分析

项目背景分析

整体背景

由于近年来一些深度、立体相机的纷纷面世，人工智能视觉领域的新市场逐渐打开。

传统的激光 2D SLAM 无法满足机器人、无人车、无人机、辅助驾驶、ADAS 和 VR/AR 等领域的发展需求，于是，基于人工智能的视觉识别技术和 vSLAM 技术迅速引领了研究大势。

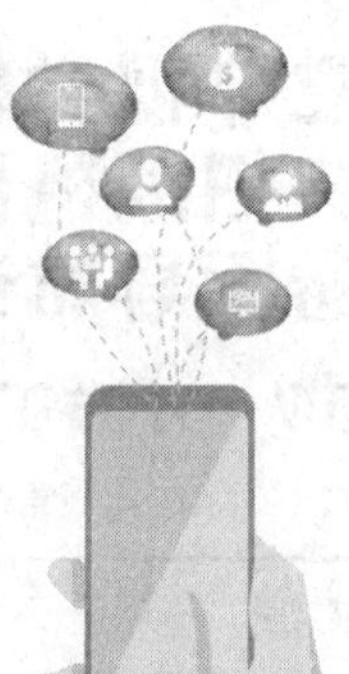

业务背景

目前主流扫地机器人是基于超声或者激光传感器进行避障，基于成本因素，这些激光传感器往往是基于二维平面的，所以，当遇到一些不在扫描平面内的障碍物时(比如散落的电线)，很有可能识别不到，这就会造成一定的误差，降低用户的使用体验。

市场分析

市场发展现状

扫地机器人是目前家务机器人中的主导品类，与其他类型家庭服务机器人相比，扫地机器人具有生产技术相对成熟、技术可实现性强、需求量大的特点。目前，随着消费者对扫地机器人的认知度上升，市场需求量逐步提高。

用户需求

① 高效清洁系统——*由清洁装置决定*

② 路径规划能力——*视觉探测能力是关键*

市场竞争

2010年后，以科沃斯、福玛特、海尔、美的为代表的内资企业，以及以iRobot、飞利浦、LG、戴森为代表的外资品牌不断发力国内扫地机器人市场。

截至2017年8月底，登录京东商场的扫地机器人品牌达到77个，在天猫商城可搜索到的品牌数量更是多达115个。随着扫地机器人近几年的高速发展，越来越多的企业进入到这一市场。

扫地机器人需求量呈明显上升趋势

盈利模式

产业链一体化

控制供应链的大部分或全部。这包括生产过程中的各种环节，从寻找原材料到生产和分配。这种控制能够改善经济规模和效率，带来盈利。

差异化服务

通过提供产品个性化定制服务，优化用户体验感受，增加销量，扩大市场。

忠诚度培养

与客户发展联系而且通过给予他们特别的优惠或折扣来培养客户的忠诚度。通过这种方式，客户会自愿地本产品进行“绑定”，这样会促使他们不去选择竞争者的产品和服务，这样就能保证收益。

特许经营模式

特营授权者向受权者销售使用它们商业模式的权利。这个系统能够让一家公司迅速地扩大商业规模，而不需要自己集合所有的资源或者承担所有的风险。

项目营销推广计划

目标顾客分析

1、高收入家庭，需要解放双手，节约劳动力。

2、智能化家居产品高的家庭，可以配套使用，概念普及容易

3、想要方便老年人使用，为老年人解决生活烦恼的爱心子女

推销目的

1、培养一批扫地机器人忠实用户，养成用户习惯；

2、增加福玛特扫地机器人的销量，提高市场占有率，扩大品牌效益。

推销前准备

1、物质准备：准备好产品相关资料（小册子、产品、名片收纳盒、表格），并准备介绍话以便向目标用户更好的介绍。

2、精神准备：对自己及产品充满信心，对待顾客积极主动。

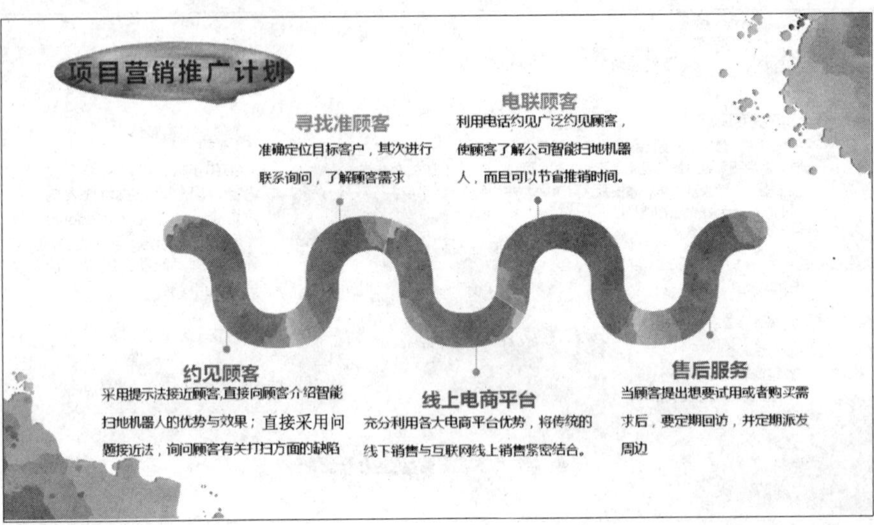
项目营销推广计划
寻找准顾客
准确定位目标客户，其次进行联系询问，了解顾客需求
电联顾客
利用电话约见广泛约见顾客，使顾客了解公司智能扫地机器人，而且可以节省推销时间。
约见顾客
采用提示法接近顾客,直接向顾客介绍智能扫地机器人的优势与效果；直接采用问题接近法，询问顾客有关打扫方面的缺陷
线上电商平台
充分利用各大电商平台优势，将传统的线下销售与互联网线上销售紧密结合。
售后服务
当顾客提出想要试用或者购买需求后，要定期回访，并定期派发周边

02
需求分析

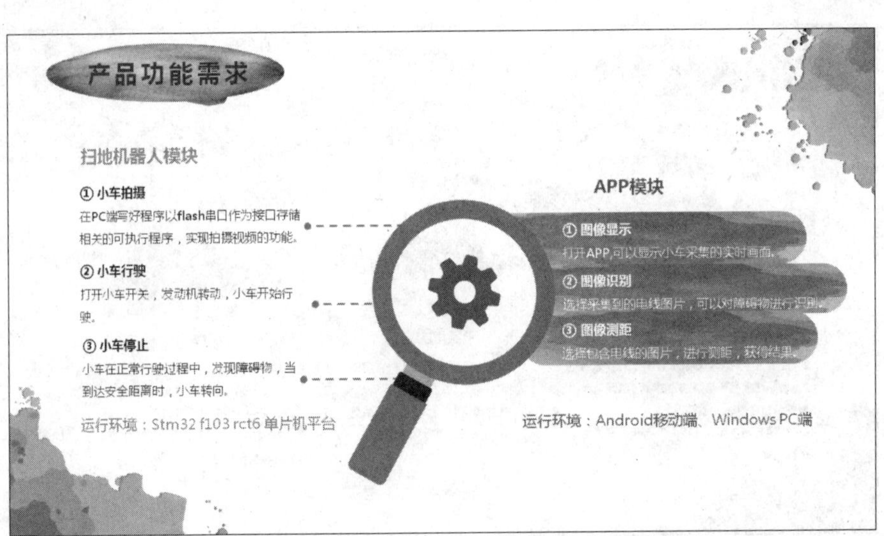
产品功能需求
扫地机器人模块
① 小车拍摄
在PC端写好程序以flash串口作为接口存储相关的可执行程序，实现拍摄视频的功能。
② 小车行驶
打开小车开关，发动机转动，小车开始行驶。
③ 小车停止
小车在正常行驶过程中，发现障碍物，当到达安全距离时，小车转向。
运行环境：Stm32 f103 rct6 单片机平台
APP模块
① 图像显示
打开APP,可以显示小车采集的实时画面。
② 图像识别
选择采集到的电线图片，可以对障碍物进行识别。
③ 图像测距
选择包含电线的图片，进行测距，获得结果。
运行环境：Android移动端、Windows PC端

非功能需求

性能需求

① 根据图片的大小，我们选择了640*480，1080*720的图片对同一个画面进行测试。**发现分辨率高的图片虽然识别时间增加300ms，但识别的准确度提高了2-5%。**

② 根据不同数量的图片集，我们选择了5000张、20000张图片分别进行训练，获得的识别电线模型，对相同画面的电线识别速度进行测试。**发现训练量大的识别模型获得的准确度高5-8%。**

安全需求

① 扫地机器人可以在正常的环境下行驶，同时也在情况复杂的路面行驶

② 扫地机器人可以自主实现避障的功能，满足用户在不同环境下对扫地机器人对安全性的一个保障。

03

解决思路

问题分析

情景一：

☆ ☆ ☆

未发现较低处物体

与低处障碍物相撞

情景二：

☆ ☆ ☆

未识别颜色相近的物体

与颜色接近地面 / 背景的障碍物相撞

问题：

1. 摄像头采集的图像可视角度较小，不能采集到高度很低或很高的物体图像
2. 图像识别采用光学几何原理建立测试对象时间坐标与图像像素坐标的几何关系，根据摄像头内外标定结果得到障碍物的距离，且需要存储大量实体的真实高度。
3. 标识别效果受环境影响较大，例如电线旁有相同颜色的凳子后识别率降低。

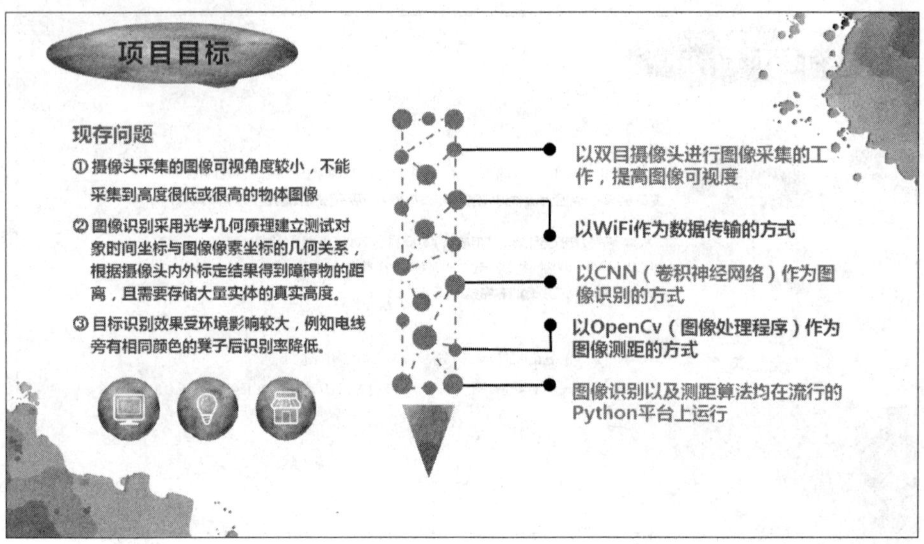
项目目标
现存问题
①摄像头采集的图像可视角度较小，不能采集到高度很低或很高的物体图像
②图像识别采用光学几何原理建立测试对象时间坐标与图像像素坐标的几何关系，根据摄像头内外标定结果得到障碍物的距离，且需要存储大量实体的真实高度。
③目标识别效果受环境影响较大，例如电线旁有相同颜色的凳子后识别率降低。
以双目摄像头进行图像采集的工作，提高图像可视度
以WiFi作为数据传输的方式
以CNN（卷积神经网络）作为图像识别的方式
以OpenCv（图像处理程序）作为图像测距的方式
图像识别以及测距算法均在流行的Python平台上运行

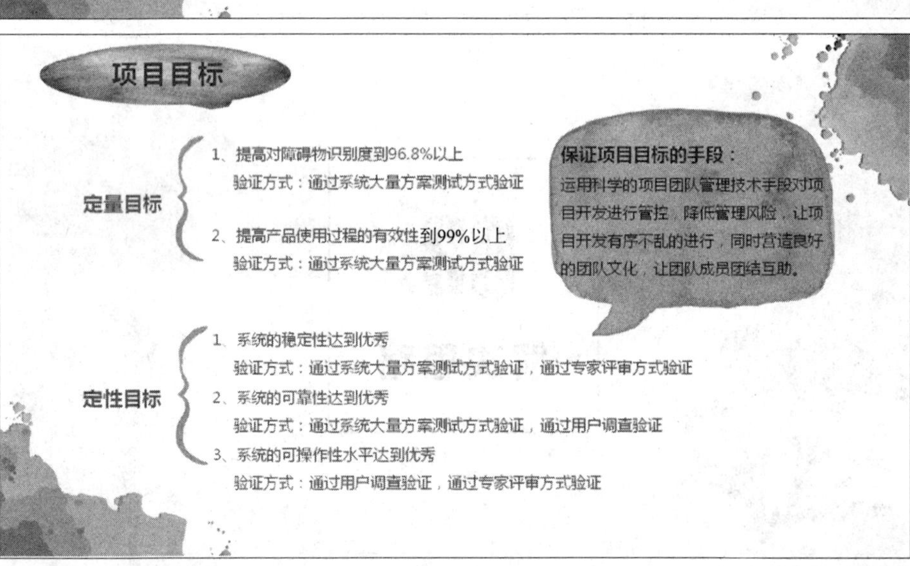
项目目标
定量目标
1、提高对障碍物识别度到96.8%以上
验证方式：通过系统大量方案测试方式验证
2、提高产品使用过程的有效性到99%以上
验证方式：通过系统大量方案测试方式验证
保证项目目标的手段：
运用科学的项目团队管理技术手段对项目开发进行管控，降低管理风险，让项目开发有序不乱的进行，同时营造良好的团队文化，让团队成员团结互助。
定性目标
1、系统的稳定性达到优秀
验证方式：通过系统大量方案测试方式验证，通过专家评审方式验证
2、系统的可靠性达到优秀
验证方式：通过系统大量方案测试方式验证，通过用户调查验证
3、系统的可操作性水平达到优秀
验证方式：通过用户调查验证，通过专家评审方式验证

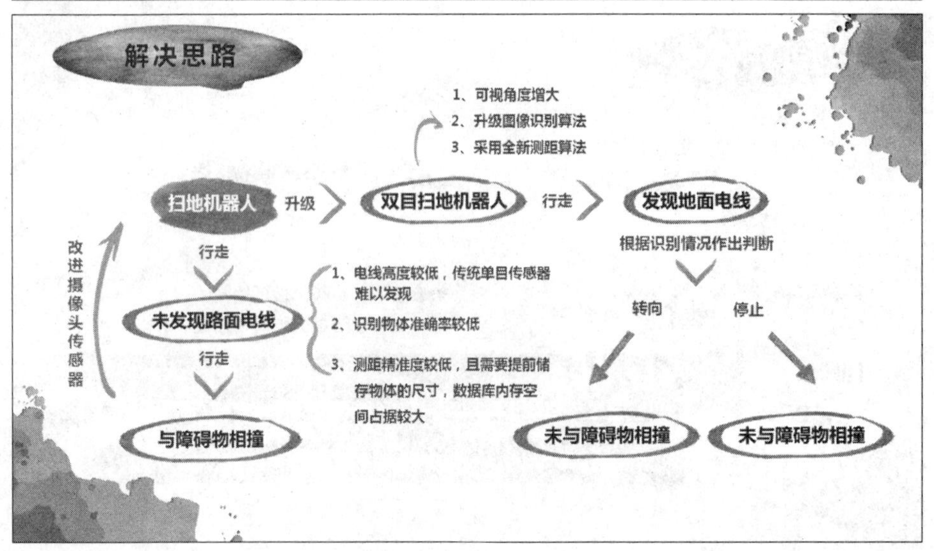
解决思路
1、可视角度增大
2、升级图像识别算法
3、采用全新测距算法
扫地机器人
升级
双目扫地机器人
行走
发现地面电线
根据识别情况作出判断
转向
停止
未与障碍物相撞
未与障碍物相撞
改进摄像头传感器
行走
未发现路面电线
行走
与障碍物相撞
1、电线高度较低，传统单目传感器难以发现
2、识别物体准确率较低
3、测距精准度较低，且需要提前储存物体的尺寸，数据库内存空间占据较大

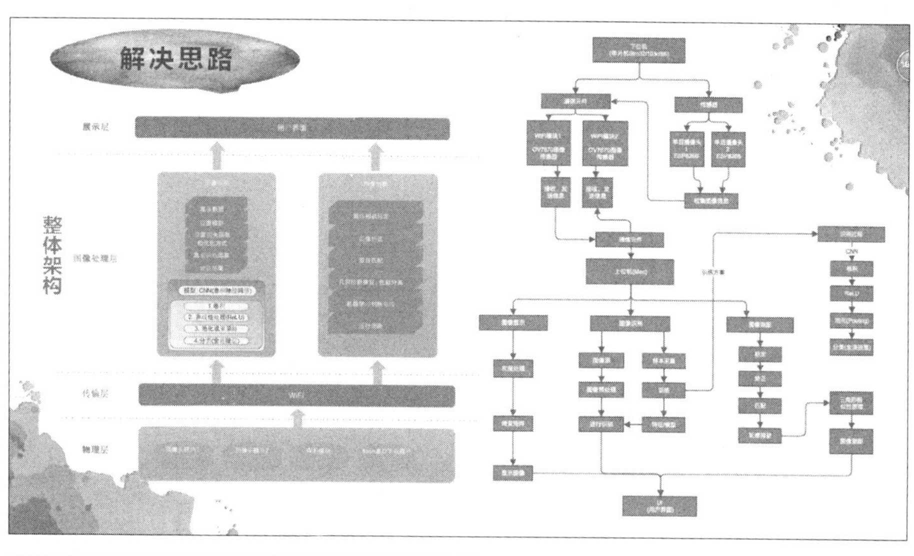
解决思路
整体架构
展示层
图像处理层
传输层
物理层
WiFi

04
技术实现与交付

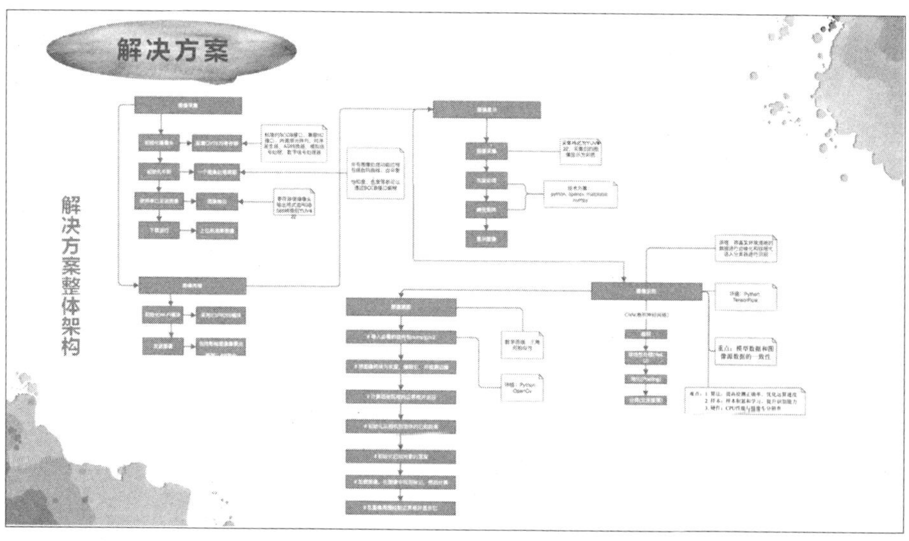
解决方案
解决方案整体架构

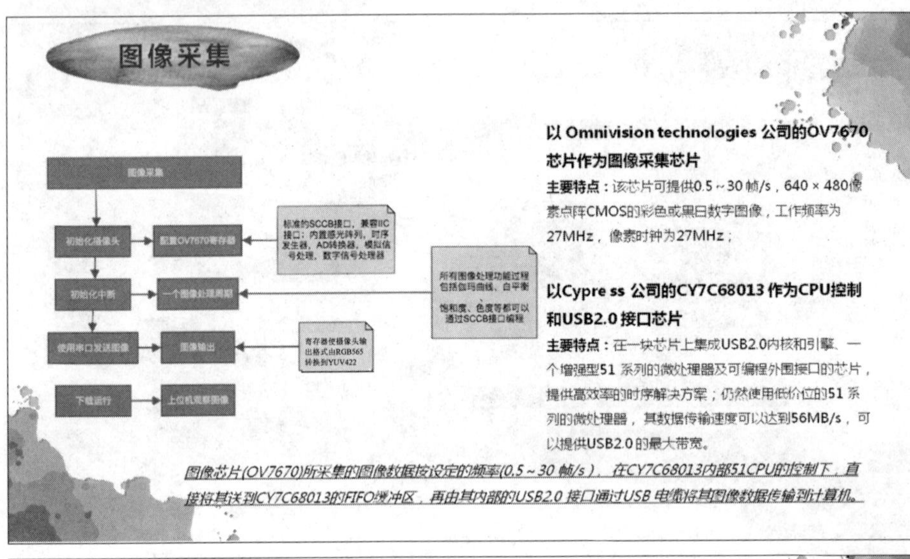

图像传输

WIFI视频传输方案

WIFI视频传输模块CCD摄像头视频信号输入，CVBS视频输入WIFI图传，AV视频输入WIFI图像传输。

特征/Feature尺寸大小：30 x 40 x 12mm（可根据客户需求定制模块）

输入视频信号：CVBS，

AV视频格式：H264输出视频格式：QVGA/VGA

空旷传输距离：<=100M

可视无遮挡工作电压：5-12V

宽电压通讯串口：支持1路透明串口，WIFI无线透传。波特率115200通讯命令，WIFI串口是否可以修改WIFI名和密码，支持修改测试软件。

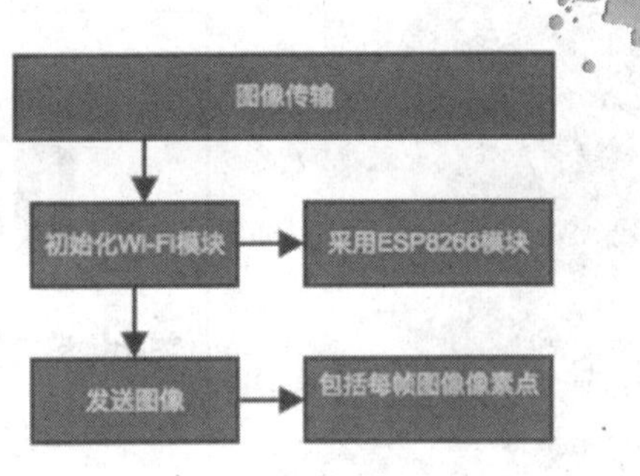

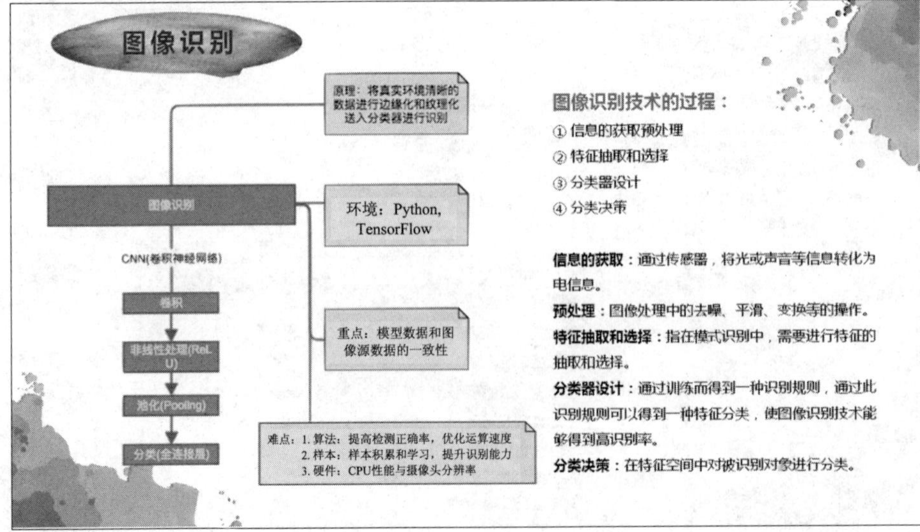

图像测距

双目测距实际操作分4个步骤

相机标定——双目校正——双目匹配——计算深度信息。

相机标定：双目摄像头定标不仅要得出每个摄像头的内部参数，还需要通过标定来测量两个摄像头之间的相对位置（即右摄像头相对于左摄像头的旋转矩阵R、平移向量t）。

双目校正：双目校正是根据摄像头定标后获得的单目内参数据（焦距、成像原点、畸变系数）和双目相对位置关系（旋转矩阵和平移向量），分别对左右视图进行消除畸变和行对准。

双目匹配：双目匹配的作用是把同一场景在左右视图上对应的像点匹配起来，这样做的目的是为了得到视差图。

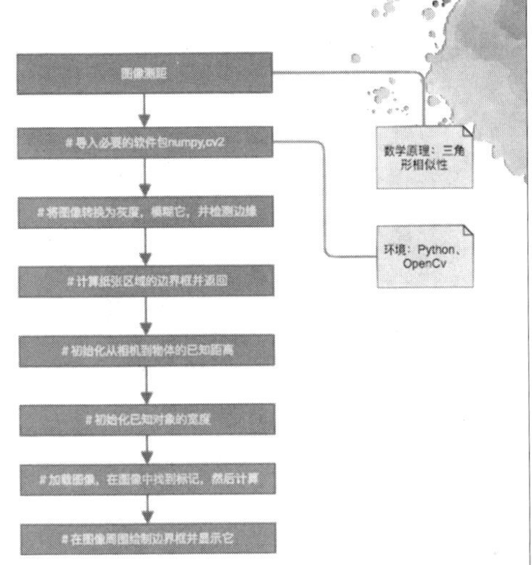

05

项目实施方案

可行性分析

市场分析：智能扫地机器人未来的市场空间巨大，将会呈现大幅度增长态势。

政策分析：国家和地方政府多次出台相关扶持政策支持智能家居产业发展。政策推动物联网智能家居行业的导向十分明显。

经济可行性：对于研发来说，要研发一款消费者喜爱的产品，研发投入必然不少。对大公司来说，研发成本还是有的，对于一些创业型公司，必须找到融资等。

技术可行性：随着互联网技术、工业技术、芯片技术的发展，机器视觉技术的崛起，如双目测距技术，可以很好的使机器人规避障碍物。

人员可行性：团队模式工作，使得项目分工明确，各司其职，从而使项目能够高效高质量地完成。

操作可行性：实现智能扫地机器人障碍物识别规避，我们可以利用现有的开源技术，算法，并加以优化改进，能够简单实现障碍物识别规避的功能。

法律可行性：采用开源技术，开源技术是可以应用到商业应用的，并不违背知识产权法。

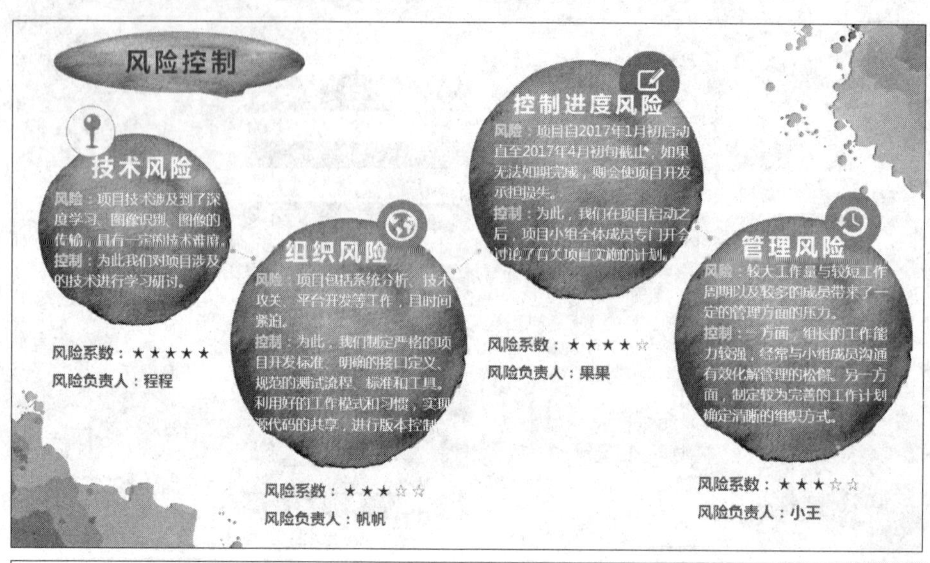

风险控制
技术风险
风险：项目技术涉及到了深度学习、图像识别、图像的传输，具有一定的技术难度。
控制：为此我们对项目涉及的技术进行学习研讨。
风险系数：★★★★★
风险负责人：程程
组织风险
风险：项目包括系统分析、技术攻关、平台开发等工作，且时间紧迫。
控制：为此，我们制定严格的项目开发标准、明确的接口定义、规范的测试流程、标准和工具。利用好的工作模式和习惯，实现源代码的共享，进行版本控制。
风险系数：★★★☆☆
风险负责人：帆帆
控制进度风险
风险：项目自2017年1月初启动直至2017年4月初旬截止，如果无法如期完成，则会使项目开发承担损失。
控制：为此，我们在项目启动之后，项目小组全体成员专门开会讨论了有关项目实施的计划。
风险系数：★★★★☆
风险负责人：果果
管理风险
风险：较大工作量与较短工作周期以及较多的成员带来了一定的管理方面的压力。
控制：一方面，组长的工作能力较强，经常与小组成员沟通有效化解管理的松懈。另一方面，制定较为完善的工作计划确定清晰的组织方式。
风险系数：★★★☆☆
风险负责人：小王

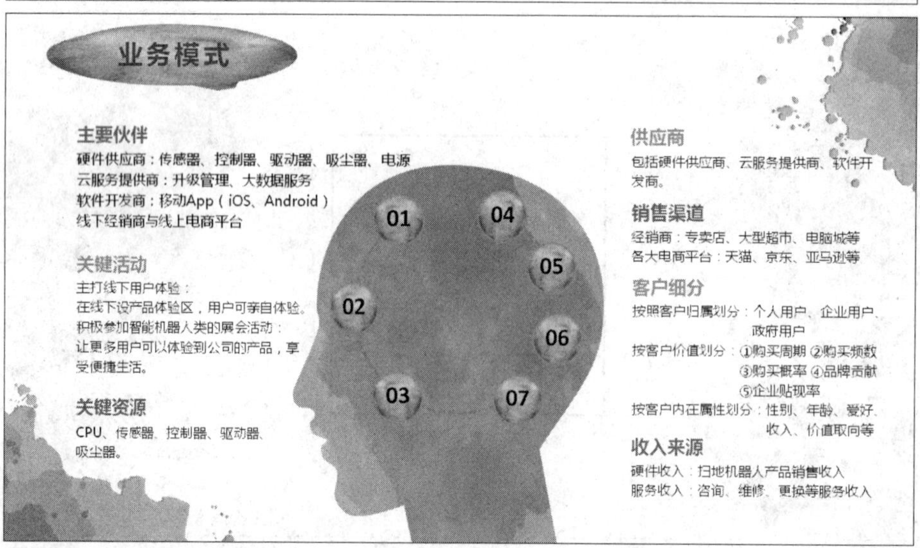

业务模式
主要伙伴
硬件供应商：传感器、控制器、驱动器、吸尘器、电源
云服务提供商：升级管理、大数据服务
软件开发商：移动App（iOS、Android）
线下经销商与线上电商平台
关键活动
主打线下用户体验：
在线下设产品体验区，用户可亲自体验。
积极参加智能机器人类的展会活动：
让更多用户可以体验到公司的产品，享受便捷生活。
关键资源
CPU、传感器、控制器、驱动器、吸尘器。
01
02
03
04
05
06
07
供应商
包括硬件供应商、云服务提供商、软件开发商。
销售渠道
经销商：专卖店、大型超市、电脑城等
各大电商平台：天猫、京东、亚马逊等
客户细分
按照客户归属划分：个人用户、企业用户、政府用户
按客户价值划分：①购买周期 ②购买频数 ③购买概率 ④品牌贡献 ⑤企业贴现率
按客户内在属性划分：性别、年龄、爱好、收入、价值取向等
收入来源
硬件收入：扫地机器人产品销售收入
服务收入：咨询、维修、更换等服务收入

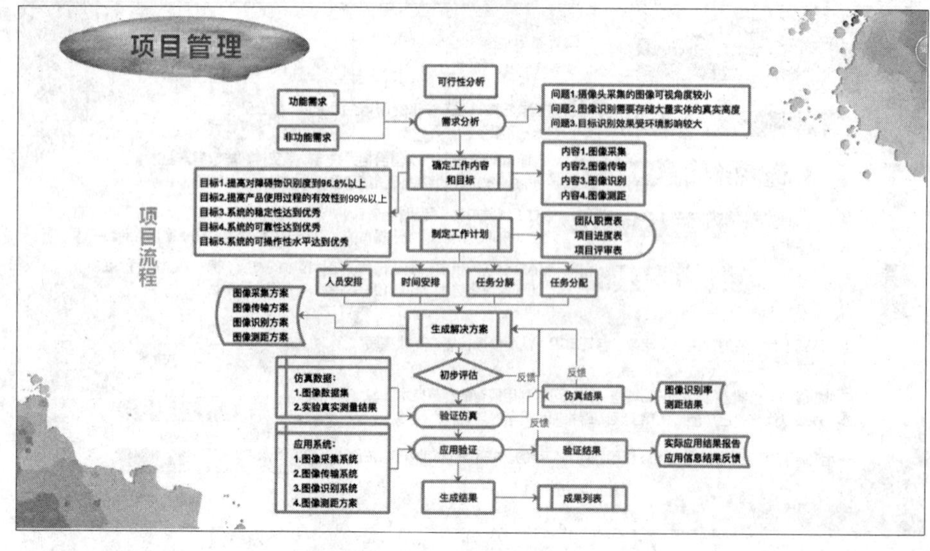

项目管理
项目流程
可行性分析
功能需求
非功能需求
需求分析
问题1.摄像头采集的图像可视角度较小
问题2.图像识别需要存储大量实体的真实高度
问题3.目标识别效果受环境影响较大
确定工作内容和目标
内容1.图像采集
内容2.图像传输
内容3.图像识别
内容4.图像测距
目标1.提高对障碍物识别度到96.8%以上
目标2.提高产品使用过程的有效性到99%以上
目标3.系统的稳定性达到优秀
目标4.系统的可靠性达到优秀
目标5.系统的可操作性水平达到优秀
制定工作计划
团队职责表
项目进度表
项目评审表
人员安排
时间安排
任务分解
任务分配
图像采集方案
图像传输方案
图像识别方案
图像测距方案
生成解决方案
初步评估
反馈
反馈
仿真数据：
1.图像数据集
2.实验真实测量结果
验证仿真
仿真结果
图像识别率
测距结果
反馈
应用系统：
1.图像采集系统
2.图像传输系统
3.图像识别系统
4.图像测距方案
应用验证
验证结果
实际应用结果报告
应用信息结果反馈
生成结果
成果列表

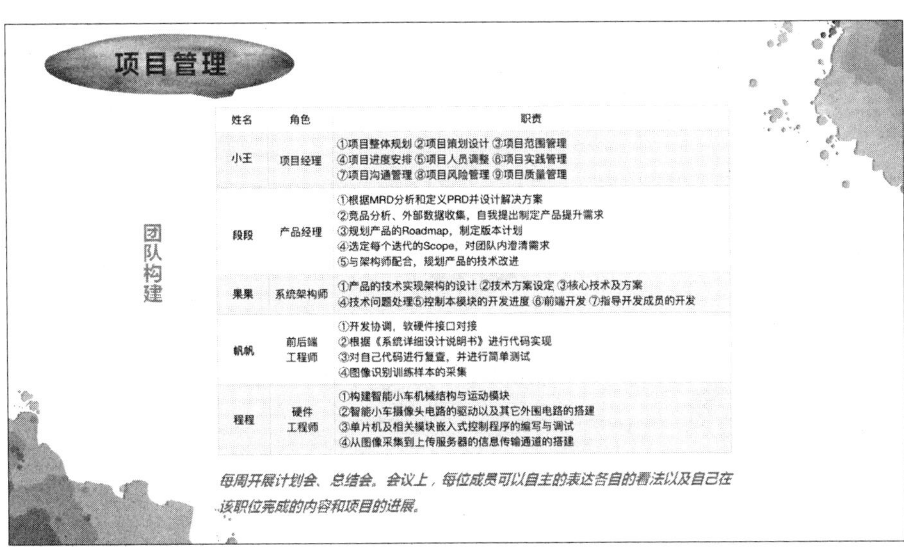

项目管理

团队构建

姓名	角色	职责
小王	项目经理	①项目整体规划 ②项目策划设计 ③项目范围管理 ④项目进度安排 ⑤项目人员调整 ⑥项目实践管理 ⑦项目沟通管理 ⑧项目风险管理 ⑨项目质量管理
段段	产品经理	①根据MRD分析和定义PRD并设计解决方案 ②竞品分析、外部数据收集，自我提出制定产品提升需求 ③规划产品的Roadmap，制定版本计划 ④选定每个迭代的Scope，对团队内澄清需求 ⑤与架构师配合，规划产品的技术改进
果果	系统架构师	①产品的技术实现架构的设计 ②技术方案设定 ③核心技术及方案 ④技术问题处理⑤控制本模块的开发进度 ⑥前端开发 ⑦指导开发成员的开发
帆帆	前后端工程师	①开发协调，软硬件接口对接 ②根据《系统详细设计说明书》进行代码实现 ③对自己代码进行复查，并进行简单测试 ④图像识别训练样本的采集
程程	硬件工程师	①构建智能小车机械结构与运动模块 ②智能小车摄像头电路的驱动以及其它外围电路的搭建 ③单片机及相关模块嵌入式控制程序的编写与调试 ④从图像采集到上传服务器的信息传输通道的搭建

每周开展计划会、总结会。会议上，每位成员可以自主的表达各自的看法以及自己在该职位完成的内容和项目的进展。

项目管理

项目进度

ID	Task Name	Start	Finish	Duration
1	可行性分析	2018-01-10	2018-01-15	6.0 d.
2	需求分析阶段	2018-01-16	2018-01-21	6.0 d.
3	技术准备阶段	2018-01-22	2018-01-27	6.0 d.
4	概要设计阶段	2018-01-28	2018-02-02	6.0 d.
5	详细计划阶段	2018-02-03	2018-02-08	6.0 d.
6	系统设计阶段	2018-02-09	2018-02-14	6.0 d.
7	系统编码阶段	2018-02-15	2018-03-12	26.0 d.
8	系统功能集成测试阶段	2018-03-13	2018-03-18	6.0 d.
9	系统测试测试	2018-03-19	2018-03-27	9.0 d.
10	系统修正阶段	2018-03-28	2018-04-18	22.0 d.

项目管理

项目评审记录

工作产品	评审方式	评审时间	评审人员
可行性分析	正式	2018年1月10日	全体成员及指导老师
需求说明书	正式	2018年1月16日	全体成员及指导老师
资料查阅、以及收集	正式	2018年1月22日	全体成员及指导老师
概要设计说明书	正式	2018年1月28日	全体成员及指导老师
详细设计说明书	正式	2018年2月3日	全体成员及指导老师
测试用例	正式	2018年2月9日	全体成员及指导老师
系统功能评审	正式	2018年3月15日	全体成员及指导老师
项目总结	正式	2018年4月14日	全体成员及指导老师

06

项目亮点

商业性亮点

价值主张

顾客为产品导向，提供智能扫地机器人，和舒适便捷的生活方式。

消费目标群体

主要面向都市群体，目的在于用智能化的方式解放双手，追求高品质生活质量。

分销渠道

采用专卖式商业模式和线上销售商业模式相结合。

客户关系

① 合作关系
② 优先供应关系
③ 战略联盟关系

技术性亮点

硬件部分

① 图像采集：传感器采集图像以双目摄像(因条件限制，用两个单目OV7670图像传感器模拟)的方式，视觉范围更加广泛，为实现图像识别提供了便利。

② 图像传输：采用WiFi模块ESP8266，图像信息传输速度快、稳定性好，与传统USB传输相比有更加优秀的便捷性。

软件部分

① 图像识别：使用Python环境下的TensorFlow机器学习框架进行图像识别训练。

② 图像测距：使用Python2.7环境下的OpenCV2.4.13.6图像处理方案。

③ 用户界面：采用Python环境下的Kivy开源库，用于快速开发利用创新用户界面的应用程序，如多点触控应用程序。

演示完毕

谢谢欣赏

团队：小布丁队

2.5 案例点评

服创大赛企业命题类赛题初赛阶段以“材料评审”方式为主，评审老师通过查看项目团队提交的项目概要介绍、项目详细方案、项目简介 PPT 和项目演示视频等作品材料，依据初赛评分表里的评分点进行打分。排名前 20%的作品有机会获得三等奖以上的奖项，排名前 5%的作品才有机会进入决赛阶段，角逐一、二等奖。

决赛阶段综合采用“现场答辩”、“作品展示”等方式组织评审工作，现场一般有 5 名评委老师。现场答辩时间为 15 分钟，其中讲解、作品演示 10 分钟，评委老师提问 5 分钟。最后评委老师依据决赛评分表打分，按照得分的高低决出一、二等奖的奖项。

2.5.1 初赛点评

1. 项目创意

本项目的创意描述为图像采集采用两个单目摄像头，图像识别采用 CNN 卷积神经网络算法，图像测距采用三角形相似性原理。创意描述清晰，该项目需软硬件技术结合，技术含量较高。从商业模式方面论述创新部分，比较有新意，极少有项目从这个角度去考虑，具备较好的商业价值。这部分内容能得到评委的高分，也容易得到出题企业的认可。

2. 市场及行业分析

关于市场及行业分析部分，赛题要求比较复杂。本项目从市场发展现状、市场竞争、用户需求和推广计划来描述，内容过于薄弱，并没有完全切合评分要求，缺乏用户、优劣势、行业、预测、定位等相关的论述，容易成为初赛评审的失分点。

3. 实施方案

本项目的团队角色分配和工作职责明确，团队成员来自不学院不同专业，专业特长比较明显，优势互补，值得提倡。项目管理对任务进行了合理的分解，对项目开发的工作量进行了评估与分配，加上项目的过程、质量管理，这部分内容基本能满足评分要求。

存在的问题是实施方案比较笼统，目标、周期、计划之间的关系并没有描述清楚。

4. 技术实现与交付

本项目的技术路线比较清晰明确，针对关键功能点进行了细致的描述，采用的工具也成熟可靠。技术方案描述非常详细，可实现性强，项目完成度好。但技术资源与经济成本控制内容缺乏，部分内容在实施方案里需要仔细阅读才能得到，关于项目需求匹配的论述，这部分内容并不是难点，可惜没有列明，容易造成失分。

5. 风险与控制

这部分内容比较完整，从可行性和风险控制方面对市场、政策、经济、技术、人员等方面进行论述，无论风险还是控制，内容上完备。存在的问题是内容太单薄，风险评估与控制方法停留在主观、简单的论述上，缺乏科学可靠的技术手段，容易失分。

6．项目展示

提交的项目概要、详细方案、PPT 和系统演示视频内容完整，文档结构清晰合理，跟打分点基本对应，容易让评委快速获得需要的信息。PPT 制作比较简洁，体现了项目的要点。项目详细方案文档编写不够规范，文笔上有一些青涩，口语化较多，也有一些用词不当的内容，但总体上论述完整。

2.5.2　决赛点评

在服创大赛决赛阶段，除了在初赛中提交的材料，项目答辩 PPT 是评委了解团队参赛项目最重要的渠道。如何在短短的 10 分钟内简明扼要、条理清晰、直观生动、重点突出地展示出项目的框架、内容以及亮点，PPT 的内容和设计起到了至关重要的作用。

在答辩现场，项目主讲人的演讲能力也非常关键，答辩环节是评委细致了解项目、考察项目完成情况及团队成员参与程度的重要环节，也是参赛团队展现理论实力、应变能力与表达能力，彰显团队综合水平的大好时机。一场精彩、成功的项目答辩，不仅可以让参赛团队充分展示出项目的闪光点，还可以引导评委深化对项目的认识、提升对项目的良好印象，为取得好成绩增光添彩。

本项目决赛阶段按大赛官方的评分要点点评如下：

1．项目成果是否符合赛题要求

赛题官方要求的成果包括：

(1) 技术路径：基于主流终端(安卓、PC)。

(2) 技术指标。

① 双目视频帧率最低要求：分辨率不低于 640 × 480；

② 移动端帧率不低于 5 fps，PC 端帧率不低于 10 fps；

③ 测量距离误差在厘米级别。

(3) 提交标准：请参赛者从底层开发者角度，设计一套满足上层开发需求的方案。

① 准确标出电线形状；

② 准确给出双目传感器距离电线距离。

(4) 任务清单。

① 可以正常安装的 apk 文件、exe 文件；

② 项目源代码。

项目团队按大赛要求提交了项目概要介绍、项目详细方案、项目简介 PPT 和系统演示视频，同时还完成了扫地机器人的原型样机及 APP 程序的开发。

决赛现场的展示要点：PPT 演讲相关页面列出了明确的成果内容清单，包括模型样机、实物照片、技术指标等，扫地机器人样机现场演示的同时在屏幕显示当前的技术指标跟提交标准的内容，并展示安装光盘，包括安装文件与项目源代码。

成果的清楚展示是本部分得分的关键，一定要在短暂的时间内让评委浏览到成果所有内容。

2. 对客户、市场及行业分析是否全面、透彻

决赛现场的展示要点：该部分内容放置在 PPT 演讲的前半部分，包括国家政策等宏观环境、市场发展现状与趋势、市场份额与特点、客户类型与特点、本项目的优势，PPT 页数在 2～3 页。

本部分内容演讲需要在短暂的 1 分多钟时间内让评委留下分析要点全面的印象，以及每部分都有充实的内容。

3. 创意是否独特新颖、符合实际

决赛现场的展示要点：PPT 列出详细的创意内容列表，并突出显示图像采集、图像识别、图像测距等创新的关键点，包括其详细的讲解，答辩完毕后采用创新创意作为结束停留画面，希望为评委留下深刻的印象。

创意是本项目的难点，按照赛题要求实现扫地机器人相关功能并没有太多可发挥的创意空间，详细方案里针对初赛内容从商业模式和技术创新角度论述，为 PPT 展示提供了足够的素材。

4. 工作路线是否清晰明确，方案是否具备较高可行性

决赛现场的展示要点：详细清楚的工作计划，包括人员分工、里程碑、解决的问题等，针对扫地机器人的硬件方案要有足够的测试时间。整体技术方案的架构图能体现技术要点与软硬件模块，针对多个关键技术有对应的页面说明，包括扫描算法、避障算法与测试用例。

本部分的要点是能展示清楚的工作计划、技术路线，关键技术有详细的技术方案图，既让评委看清楚思路，又能展示一定的深度。

5. 实现工具是否成熟可靠，项目有无完成

决赛现场的展示要点：通过 PPT 展示立体视觉、双目摄像头、机械模块、后台管理模块等软硬件功能，可引用成熟的商品举例其成熟可靠性，然后用 2～3 页 PPT 重点展示关键功能，再列出已实现的完整的项目功能。

本部分的要点是技术一定是成熟可靠的，功能一定是完全实现的。

6. 工作路线与项目需求是否匹配恰当，资源及成本控制是否合理

决赛现场的展示要点：工作路线可通过一张图展示整体思路，包括技术、管理、开发、实施等内容，软硬件可以分开各做 1 页 PPT 展示，然后再列出项目有关的人力、物力、财力资源，针对工作路线有恰当的配置。

本部分的要点是能让评委清楚看到工作步骤跟对应资源的合理匹配关系。

7. 能否在规定时间内高效、生动地完成项目展示

决赛现场的展示要点：主讲人的作用非常关键，围绕得分点，简单清楚明了的陈述相关内容，PPT 时间控制在 6 分钟，模型展示控制在 3 分钟，软件穿插其中花 1 分钟时间。

本部分的要点是主讲人要有较强的表达能力，又要有对整个扫地机器人项目解决方案的全面了解，还要有机智的应变能力。

8. 团队是否具备项目所需的行业经验和专业背景、技术能力

决赛现场的展示要点：通过 PPT 详细列出项目所需的人员配置，包括需要的技术、管

理、研究、市场等角色及工作职责。通过 1 页 PPT 显示团队成员的专业，实习经历，项目经验，已掌握哪些相关技术，未掌握的技术需要提供学习计划。

本部分的要点是多层次、多角度详细描述项目团队各成员的优势，及完成本项目的技术力量保证。本项目的人员配置比较合理，项目团队有来自计科、软件工程、经济管理专业，男女同学搭配的 5 名成员组成。

9．通过实物、视频以及可执行的程序于大赛决赛期间展示参赛项目的理念、功能及服务

决赛现场的展示要点：有扫地机器人样机的现场演示，有可操控的手机 APP 对扫地机器人样机进行现场操作。通过家庭主妇、运营商的角度描述产品的市场价值、功能与服务，演示过程具有生动的场景展现。

本部分的要点是让评委感觉到项目团队的技术能力和营销能力，判断出产品的市场价值。鉴于大赛市场导向的指导思想，具备市场价值的产品会具有更大的优势，能够获得评委的高分。

第三章

案例2：基于NLP、ASR及TTS技术的智能语音机器人如何在电话服务系统中应用

开发团队：我们能赢
奖　　项：第九届中国大学生服务外包创新创业大赛企业命题类团体二等奖

3.1 赛题描述

3.1.1 赛题信息

赛题名称：基于NLP、ASR及TTS技术的智能语音机器人如何在电话服务系统中应用
赛题编号：A02
命题企业：中科汇联
命题方向：人工智能
题目类别：应用类

3.1.2 背景说明

【整体背景】

目前市场上的人工智能技术涵盖多个领域，语音识别、语义理解、语音合成作为人工智能技术中的重要技术方向，在商业化落地和市场需求上均有着广阔的控件，针对传统呼叫中心而言，日益增长的服务需求和不断上升的人工成本成为企业提升服务品质的核心矛盾，运用人工智能技术替代人工语音服务，提升客服效率成为目前迫切的需求，人机对话技术日渐成熟，如何基于ASR、NLP及TTS帮助企业的呼叫中心节省人工成本，提升企业效率，满足包括电销、催收、服务等相关场景，是AI技术落地的重要方向。

【公司背景】

中科汇联成立于1999年，成立19年来专注于网站建设、内容管理、搜索引擎等相关领域，公司在2012年转型人工智能，基于搜索推出以自然语义理解为基础，ASR和TTS相结合的语音语义技术服务，成立深脑研究院专注于基于NLP技术的相关产品及应用，目前公司拥有NLP相关专利15项，是国家火炬计划成员，通过ISO27001质量监督体系认证，

并且拥有包括爱客服、NAO.AI 等多个智能客服方向的人工智能产品，其中爱客服将结合全渠道智能客服系统为企业提供多方位的服务，并包括智能电话客服系统的服务，公司将立足 NLP 技术，全面拓展产品线，专注于智能客服及语音客服领域，提供整体的 ToB 解决方案，因此以此方向为命题，契合公司发展方向。

【业务背景】

公司已上线爱客服智能客服系统平台(www.aikf.com)，线上拥有两万余家企业客户，此系统兼容在线客服、人工客服、机器人客服及语音客服，语音客服系统目前正在研发当中，包括机器人语音问答、机器人导购、机器人消息收集、机器人调查问卷、机器人电商引导、机器人售后服务等多个场景，此问题是要求同学基于对 ASR、NLP、TTS 技术的理解，思考如何将技术落地到具体的商业场景当中(如语音 IVR、政务咨询、信息采集等)，如业务场景科学合理，公司将在智能呼叫中心系统的项目及产品中进行结合。

3.1.3 项目说明

【问题说明】

基于 NLP、ASR 及 TTS 技术的智能语音机器人如何在电话服务中应用？现有的机器人会话一般基于用户一问一答模式，而在实际应用中，用户和后台(用户不知道是人还是机器人)的对话过程，经常出现的是多问一答，或者多问多答模式。比如用户说：你好，我是**，我昨天购买了你们**产品(停顿几秒)我想咨询***。

在机器人的问答模式中，如科大讯飞的语音识别。首先识别出你好，我是**，我昨天购买了你们**产品。然后提交智能问答系统，问答系统即可返回答案。这个过程存在两个问题，一是用户不希望说话被打断，二是用户希望得到的答案是最后说的想咨询的内容。即实际会话中的多问多答(多答的情况更多的是反问用户，确认定位用户真实需求，如用户说的购买产品，具体反问哪一款，购买的渠道等等可能和答案相关的问题)。

在实际人工会话中，存在大量的多问多答的咨询，选手需结合自然语言理解，知识图谱等技术栈构建基于多问多答的对话记录的机器学习机制。

【用户期望】

实现多问多答的对话效果，实现基于人工对话记录的多问多答学习机制。

3.1.4 任务要求

【技术路径】

支持连续实时语音识别，与 TTS、NLP 系统一起可实现全双工智能机器人语音交互。智能客服系统技术主要包括词法分析、依存句法分析、文本检索、词汇纠错与敏感信息识别、语义相似度计算、指代消解、省略恢复、实体关系抽取、文本相似度、情感分析、语义分析、语义关联、知识图谱计算、意图识别、要素提取、深度学习、对话状态维护、业务系统对接。

【技术指标】

实时语音识别；语音识别的准确率不低于 95%，识别延时效率不高于 2 秒(语音流延时 2 秒识别完毕)，基于深度神经网络的机器学习算法，结合中文分词、词性标注、命名实体识别、句法分析、语义分析等自然语言处理技术，在语义理解的基础上实现智能识别。

命名实体提取准确率不低于 95%。词汇纠错率不低于 90%。情感分析准确率不低于 90%。多轮会话的意图识别(要素提取)不低于 95%。

TTS 引擎，发声自然。语音识别合成时间延时效率不高于 2 秒(语音流延时秒识别完毕)。

【提交标准】

通过 MRCP 协议支持主流 ASR 系统的接入；知识图谱能从文档、数据库中提取实体和关系，储存在知识图谱中，将用户的提问解析成知识图谱查询操作，查询到结果后将实体属性和可视化图谱展示给用户；实现基于多轮会话的用户意图识别的问答系统建立；通过 MRCP 协议支持主流 TTS 系统的接入。

【任务清单】

(1) 中科汇联提供电话信号到数字信号的转换；

(2) 实时语音解析(参考科大讯飞开放平台)；

(3) 选手提供场景化的知识图谱构建；

(4) 选手提供语义相似度计算；

(5) 选手提供意图识别算法；

(6) 选手提供特定领域词汇纠错；

(7) 选手提供实体关系抽取；

(8) 中科汇联提供智能问答接口；

(9) 中科汇联提供实时语音合成。

3.1.5 参考信息

【参考工具】

科大讯飞开放语义平台 ASR、TTS 相关 SDK：http：//www.xfyun.cn/services/voicedictation；

百度大脑 ASE、TTS 相关 SDK：https：//ai.baidu.com/tech/speech/asr；

基于多轮会话的语义解析平台：http：//nao.ai/；

上述三个 SAAS 平台需要选手自行注册，平台上有详细的开发者文档，请自行阅读。

【参考资料】

无。

【数据接口】

http：//www.aikf.com/；

SAAS 平台需要选手自行注册，平台上有详细的开发者文档，请自行阅读。

http：//www.xfyun.cn/；

讯飞开放平台；

选手提供定义程序接口。

3.2 项目概要介绍

随着人工智能技术的不断发展，其设计的领域逐渐涉及方方面面。其中，在语音语言处理的方向也随之产生一系列新技术。语音机器人，智能语音客服等技术应运而生，相关企业也随之产生。但是现有的对于自然语言的处理还不够准确。对于语音的自然语言处理更是会增加其识别失败率。目前市场上还未产生一款能够识别各领域的所有自然语言的智能，智能针对于某一特定的领域进行识别率的提升。而我们所开发的即是基于客户分流与情境判断的适用于电话系统的智能语音客服。

3.2.1 创意描述

(1) 基于科大讯飞智能语音及语音分析技术开发，采用最新语音识别引擎，准确率高。对于用户的语音先识别成文字反馈给用户，确认语音识别文字模块无误，提高最后的自然语言识别率。

(2) 定义多种客户类型与具体通话情境，通过语聊收集分析实现客户类型与具体情境定位，采用不同情境话术知识库。用户群体的划分使得不用建立各领域的全面知识图谱而只需分别建立单独领域的知识图谱即可满足各类用户需求。

(3) 学习过程中可以进行自我调整，并且根据客户与情境类型来匹配不同的处理方式。支持多种语言和方言。

(4) 设置简单易调试服务模板，让用户修改关键参数即可完成后台话术设置。为每位用户制定用户词典，使智能语音客服针对于不同用户有针对性的对话。

(5) 自然语义分析反应客户满意度，实现情感分析。

(6) 可自动生成工单任务报表，全文字记录客户与客服通话信息，方便后期统计与客户管理。客户录音上传“云”，随时随地可导出。

3.2.2 整体架构

项目的整体架构图如图 3-1 所示。

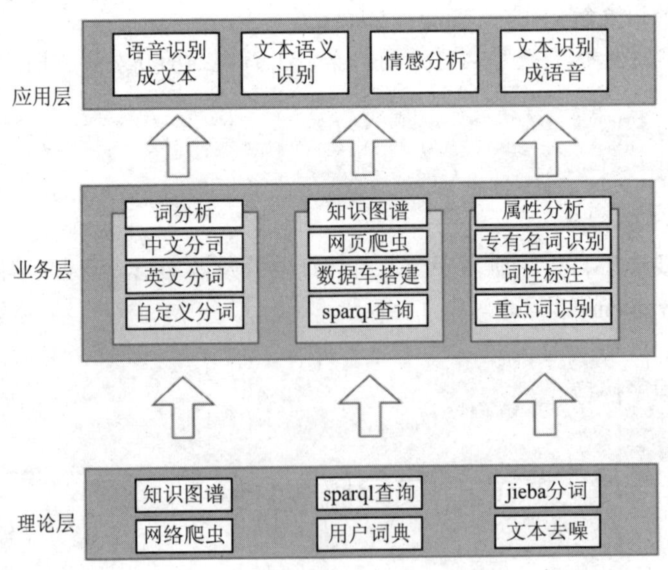

图 3-1 项目的整体架构图

3.2.3 功能介绍

(1) 提供可使用的API；
(2) 将用户输入语音转化为文本并反馈给用户；
(3) 进行文本语义分析并从知识图谱中找出相应回答；
(4) 将回答转化为语音；
(5) 对于不同用户建立对应用户词典。

3.2.4 特色综述

1. 操作层次

(1) 操作简单而又可以准确识别用户两句话之间的空隙；
(2) 注重用户体验，设计人性化；
(3) 定义客户类型与具体通话情境，通过语聊收集分析实现客户类型与具体情境定位。

2. 技术层次

(1) 采用爬虫自建知识图谱，在特定领域详尽且完善图谱；
(2) 采用深度学习的框架Tensorflow。

3. 功能层次

(1) 含有多功能词性标注；
(2) 对文本特征词进行提取。

3.2.5 开发工具与技术

1. 开发工具

开发工具：Eclipse。

2. 开发技术

(1) 采用基于Python的轻量级中英文分词包jieba进行分词，并对无法正确分词的特定词汇进行人工调配。同时具备高速处理能力和高精度分词能力。

(2) 利用Python将自然语言转化为SparQl查询语言，再通过Fuseki交互实现查询功能。SparQl在人工智能语义分析之分词查询领域中有着独一无二的地位，其方便快捷的特性成为当今主流，也对智能语音客服的处理速度有很大帮助。

(3) 运用机器学习的Tensorflow框架对用户的特有词汇进行学习，从而做到识别用户群体及情感分析等功能。

(4) 运用tts(文本转语音)的技术，使得智能语音客服后台生成的文本应答能迅速转化为语音反馈给用户。

(5) 运用asr(语音转文本)的技术，使得用户在进行语音输入后能够转化为文本信息，方便后台进行快速准确的文本语义解析。

3. 应用对象

该智能语音客服面向的受众群体很广。由于具备用户群体划分的特性，使得各个领域都可运用该智能语音系统。且该系统还支持多国语言及方言等功能，将受众群体扩充到几乎所有有买卖需求的人。另外，由于该系统具有语音识别加上高精度的特性，对于不会打字的老人儿童依然有效。

3.3 项目详细方案

3.3.1 项目概述

1. 项目背景及意义

电话系统由于其具备的双向信息沟通渠道、强兼容性和快速直接服务于客户的特点，促进了社会生产力的大幅度提高。现在电话客服系统也成为众多中小企业用于开拓市场的主要方式，在各种大大小小的企业当中，客服是很重要的一个角色，他们是承载着客户投诉、订单业务受理、获取参与客户调查、与客户直接联系的一线业务受理人员，可以说客服在很大程度上影响公司的营业绩效。

服务系统是企业与客户之间重要的沟通渠道，通过信息交互完成业务服务。从目前行业发展现状看，占比最大的信息交互方式依然是语音，多媒体交互方式正在逐步发展壮大中。通过逸创云客服在 2017 年发布的客服行业数据可以看出，电话呼叫中心依然是行业最受客户欢迎的客户服务方式，也是目前企业使用率最高的客服系统。因为电话服务的方式具有即时性，而且传统企业还处在不断互联网化的进程中，因此呼叫中心在传统行业中依旧占有较高的比例。电话服务的方式能让客户最快地接触到企业，并能对紧急的事情进行快速处理。

目前的电话系统客服还存在着很多问题，比如客服将所有的客户一视同仁，没有分类；客服回复死板、单一没有新意；客服不知客户的心理需求，不能带给客户更好的服务体验等。我们针对以上问题，设计出广泛适用于电话系统的智能语音客服，帮助电话系统客服更好地服务客户。

由于语音信息的非结构化特点，导致由语音信息转换到结构化信息仍然需要人工完成，人工的低效率造成了大量信息不能及时关联分析处理，不能有效提高客户服务水平。要解决这一问题，需要实现对语音信息的智能化和自动化处理，将原来主要由人工完成的工作交给系统自动完成，人工只需要进行辅助处理，这样既能减少人力资源的投入，又能提高客服系统处理效率和智能化程度，改善客户体验。因此，对语音信息进行识别、分类和研究，提高自然语言处理的正确率已经成为降低企业成本和促进我国经济发展的迫切要求，它具有重要的现实意义。

2. 项目价值

虽然智能客服在过去几年中取得了很多的研究成果，并且在诸多领域中得到了成功的应用，但是日常生活中所产生的语音信息正以指数形式飞速增长，而当前语音信息处理的能力仍然未能满足应用的需要。

语音信息分类面临着自然语言理解方面，如语义、语法和语用等包含的复杂的关系和结构，以及机器学习方法中的非线性问题、数据集偏斜、标注瓶颈、多层分类和算法的可扩展性等方面的挑战。一款出色的客服语音系统需要综合使用本地语音采集、云端语音识别、本地执行语音指令及离线语音分析、关联分析等功能，其核心是实现实时语音助手的功能。与此同时，语音合成研究的突破将为信息处理的发展带来巨大贡献，正因如此，它受到了很多研究者的重视而成为智能语音处理领域研究的焦点问题之一。

随着互联网的迅猛发展，电商、媒体、论坛等平台，开始出现求助、反馈、投诉等大量语音数据资源。对于网站的这些海量信息资源，管理起来是一项既耗时又耗力的工作，而且新内容增长的速度远远超过人工审核的速度。如果出现一款智能语音应答工具，具有语音识别、声纹识别、语音合成及自然语言理解能力，可以与客户进行基于自然语音或文字的交互，智能引导客户并响应客户需求，这样就能提高企业电话客服系统的应答效率，同时又节省人力资源。

基于电话系统客服无法有效回复的市场环境，针对上述问题，我们团队研发了一款智能语音系统。它主要用于支持电话系统的客户服务与管理，根据不同情境，提供智能个性化语音回复。通过网站爬虫，建立起专有的话术知识库，通过实时聊天不断抓取关键词并且智能分析长短句，从而精确定位客户类型与对话场景，在整个聊天过程之中，能够比较准确地把握客户的心理活动，进而带给客户更加完善的通话服务体验，减轻电话系统客服工作量。即首先定义客户类型与具体通话情境，通过语聊收集分析实现客户类型与具体情境定位，然后通过自然语义分析反应客户满意度，通过机器的深度学习，实现智能语音自动回复，并可通过客服界面对具体对话实现可视化，具体数据与录音上传云，辅助客服主管后期统计工作并丰富话术知识库。

3. 国内外研究现状

1) 自然语言处理NLP

自然语言处理又叫做自然语言理解(Natural Language Understanding，NLU)，也称为计算语言学(Computational Linguistics)。一方面它是语言信息处理的一个分支，另一方面它是人工智能(Artificial Intelligence，AI)的核心课题之一。此领域探讨如何处理及运用自然语言；自然语言认知则是指让电脑“懂”人类的语言。自然语言生成系统把计算机数据转化为自然语言。自然语言理解系统把自然语言转化为计算机程序更易于处理的形式。

自然语言处理大体是从20世纪50年代开始，虽然更早期也有作为。1950年，图灵发表论文“计算机器与智能”，提出现在所谓的“图灵测试”作为判断智能的条件。

1954年的乔治城实验涉及全部自动翻译超过60句俄文成为英文。研究人员声称三到五年之内即可解决机器翻译的问题。不过实际进展远低于预期，1966年的ALPAC报告发现十年研究未达预期目标，机器翻译的研究经费遭到大幅削减。一直到20世纪80年代末期，统计机器翻译系统发展出来，机器翻译的研究才得以更上一层楼。

20世纪60年代发展特别成功的NLP系统包括SHRDLU——一个词汇设限、运作于受限如“积木世界”的自然语言系统，以及1964—1966年约瑟夫·维森鲍姆模拟“个人中心治疗”而设计的 ELIZA——几乎未运用人类思想和感情的信息，有时候却能呈现令人讶异地类似人与人之间的互动。“病人”提出的问题超出 ELIZA 极小的知识范围之时，可能会得到空泛的回答。例如问题是“我的头痛”，回答是“为什么说你头痛？”

20 世纪 70 年代，程序员开始设计“概念本体论”(Conceptual Ontologies)的程式，将现实世界的资讯，架构成电脑能够理解的资料。实例有 MARGIE、SAM、PAM、TaleSpin、QUALM、Politics 以及 PlotUnit。许多聊天机器人在这一时期写成，包括 PARRY、Racter 以及 Jabberwacky。

一直到 20 世纪 80 年代，多数自然语言处理系统是以一套复杂、人工制定的规则为基础。不过从 20 世纪 80 年代末期开始，语言处理引进了机器学习的算法，NLP 产生革新。成因有两个，一是运算能力稳定增加(参见摩尔定律)，二是乔姆斯基语言学理论渐渐丧失主导(例如转换-生成文法)。该理论的架构不倾向于语料库—机器学习处理语言所用方法的基础。有些最早期使用的机器学习算法，例如决策树，它是硬性的，又如“如果-则”规则组成的系统，类似当时既有的人工订定的规则。不过词性标记将隐马尔可夫模型引入 NLP，并且研究日益聚焦于软性的、以机率做决定的统计模型，基础是将输入资料里每一个特性赋予代表其分量的数值。许多语音识别现今依赖的快取语言模型即是一种统计模型的例子。这种模型通常足以处理非预期的输入数据，尤其是输入有错误(真实世界的数据总免不了)，并且在整合到包含多个子任务的较大系统时，结果比较可靠。

许多早期的成功属于机器翻译领域，尤其归功 IBM 的研究，渐次发展出更复杂的统计模型。这些系统得以利用加拿大和欧盟现有的语料库，因为其法律规定政府的会议必须翻译成所有的官方语言。不过，其他大部分系统必须特别打造自己的语料库，一直到现在这都是限制其成功的一个主要因素，于是大量的研究致力于从有限的数据中进行更有效地学习。

近来的研究更加聚焦于非监督式学习和半监督学习的算法。这种算法，能够从没有人工注解理想答案的资料里学习。大体而言，这种学习比监督学习困难，并且在同量的数据下，通常产生的结果较不准确。不过没有注解的数据量极其巨大(包含了万维网)，弥补了较不准确的缺点。

近年来，深度学习技巧纷纷出炉，在自然语言处理方面获得了最尖端的成果，例如语言模型，语法分析等等。

2) 语音识别 ASR

语音识别(Speech Recognition)技术也被称为自动语音识别(Automatic Speech Recognition，ASR)、电脑语音识别(Computer Speech Recognition)或是语音转文本识别(Speech To Text，STT)，其目标是以电脑自动将人类的语音内容转换为相应的文字。与说话人识别及说话人确认不同，后者尝试识别或确认发出语音的说话人而非其中所包含的词汇内容。

语音识别技术的应用包括语音拨号、语音导航、室内设备控制、语音文档检索、简单的听写数据录入等。语音识别技术与其他自然语言处理技术如机器翻译及语音合成技术相结合，可以构建出更加复杂的应用，例如语音到语音的翻译。

语音识别技术所涉及的领域包括信号处理、模式识别、概率论和信息论、发声机理和听觉机理、人工智能等等。

早在计算机发明之前，自动语音识别的设想就已经被提上了议事日程，早期的声码器可被视作语音识别及合成的雏形。而20世纪20年代生产的“RadioRex”玩具狗可能是最早的语音识别器，当这只狗的名字被呼唤的时候，它能够从底座上弹出来。最早的基于电子计算机的语音识别系统是由AT&T贝尔实验室开发的Audrey语音识别系统，它能够识别10个英文数字。其识别方法是跟踪语音中的共振峰。该系统得到了98%的正确率。到20世纪50年代末，伦敦学院(College of London)的Denes已经将语法概率加入到了语音识别中。

20世纪60年代，人工神经网络被引入了语音识别。这一时代的两大突破是线性预测编码(Linear Predictive Coding，LPC)及动态时间规整Dynamic Time Warp技术。

语音识别技术最重大的突破是隐含马尔科夫模型(Hidden Markov Model)的应用。从Baum提出相关数学推理，经过Rabiner等人的研究，卡内基梅隆大学的李开复最终实现了第一个基于隐马尔科夫模型的大词汇量语音识别系统Sphinx。此后严格来说语音识别技术并没有脱离HMM框架。尽管多年来研究人员一直尝试将“听写机”推广，语音识别技术在目前还无法支持无限领域，无限说话人的听写机应用。

3) 语音合成TTS

文字转语音(Text-to-Speech，TTS)系统则是将一般语言的文字转换为语音，其他的系统可以描绘语言符号的表示方式，就像音标转换至语音一样。语音合成是将人类语音用人工的方式产生。若是将电脑系统用在语音合成上，则称为语音合成器，而语音合成器可以用软/硬件实现。而合成后的语音则是将数据库内的许多已录好的语音连接起来。系统则因为存储的语音单元大小不同而有所差异，若是要存储Phone以及Diphone的话，系统必须提供大量的存储空间，但是在语义上或许会不清楚。而用在特定的使用领域上，存储整字或整句的方式可以达到高质量的语音输出。另外，包含了声道模型以及其他的人类声音特征参数的合成器则可以创造出完整的合成声音输出。

早在17世纪就有法国人研发机械式的说话设备。直到19世纪，贝尔实验室对于电子语音合成技术的研究，才打开近代语音合成技术的大门。贝尔实验室在1939年制作出第一个电子语音合成器VODER，是一种利用共振峰原理所制作的合成器。

1960年，瑞典语言学家G.Fant则提出利用线性预测编码技术(LPC)来作为语音合成分析技术，并推动了日后的发展。

20世纪80年代MoulinesE和CharpentierF提出新的语音合成算法PSOLA，此技术可以合成比较自然的语音。

3.3.2　市场与行业分析

1. 需求分析——客服市场稳步增长

以中国移动通信集团公司(以下简称“中国移动”)为例。数据显示，2017年11月份，中国移动的移动用户净增301.2万户，用户总数达8.4亿户。传统的智能客服系统客服中心以以人工服务为基础的呼叫中心为主，中国移动的10086客服团队负责面向8亿规模的移动通信客户全体提供集中化的呼叫服务，任务艰巨而繁重。但随着移动互联网与智能终端的不断普及，以及社交渠道与应用软件功能的多元化，传统客服面临着急剧增加的业务服务需求量和更为碎片化、多元化的客户服务场景，这导致电话系统的传统客服面临诸多现实困难：

(1) 人工客服易受时间影响与制约，难以保证提供 7×24h 全天候服务；

(2) 人工客服业务操作繁琐、业务水平存在差异，响应速度和服务质量的一致性难以保证，容易影响客户满意度；

(3) 业务知识更新速度加快，对服务人员的培训成本增加；

(4) 为满足增大的业务量和提高并发度，需要增加服务人员或者加班时间，导致人力成本高昂；

(5) 客服过程衍生信息难以及时保存与分析，导致知识无法共享、增加重复劳动，限制了服务的灵活性。

在传统客服面临的现实困境和巨大的市场容量的矛盾突显的情况下，迫切需要基于语言智能处理技术的智能客服来突破发展瓶颈——如何基于语言智能处理技术构建智能客服系统，是电话客服系统亟须解决的关键问题。智能客服系统能够改善用户满意度、降低人工客服成本，其精准语义分析、多语处理以及智能问答的能力将为客服领域的发展做出巨大贡献，是智能客服系统在实现客户体验与服务价值“双重提升”道路上完成“加法”和“减法”的必然选择。

1) 加法：改善客服质量，提高客户满意度

智能客服的自动问答、智能营销、内容导航等功能，能够提升响应速度和服务质量，进而全方位提高客服服务水平、提高客户满意度、增强客户关怀。此外，智能客服能够提高用户感知，为企业的在线客服、新媒体客服等提供统一智能的自助服务支撑，实时收集用户诉求和行为数据，支撑产品迭代优化升级。同时，目前国内科大讯飞平台提供的语言智能处理可以从技术层面有效支撑这一需求。

2) 减法：解放人工客服，节约人力成本

智能客服能够缩短咨询处理时限，分流传统人工客服压力、节省服务成本、减少重复劳动。在当前客服市场需求巨大以及专业知识更新快的情况下，能够避免或者缓解由于增加客服人员数量或者加班时间而带来的高昂人力成本开销，以及对客服人员的培训成本开销。此外，客户服务环节复杂、操作繁琐、工作强度大，客服人员时常需要面对用户的各种诉求和抱怨或者枯燥无味的重复性机械式操作，如果能够让没有情感的机器来承担这项辛苦而繁重的工作，无疑是对人力主观能动性的一种有效解放。

2. 用户分析

1) 目标市场细分

用户的具体需求也是划分市场重要的因素，不同的企业用户，其客服系统的需求也千差万别。目前客服市场按企业的需求、维护成本和顾客体验等特征可将客服系统类别大致分为：传统呼叫中心系统；在线客服系统；智能语音客服系统三大类，如图 3-2 所示。此外不同种的客服系统之间按照比重不同又可细分出呼叫中心系统的智能语音客服、呼叫中心系统的在线客服以及在线客服系统智能语音客服等多种细分市场。下文将针对基础的三大类客服细分市场展开具体分析。

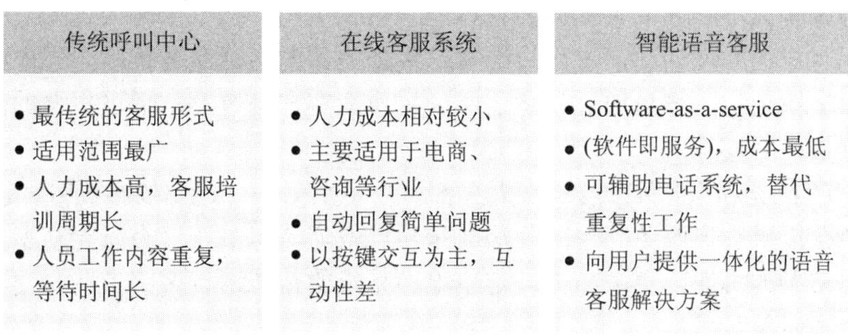

图 3-2　目标市场细分图

(1) 传统呼叫中心系统。最传统的客服形式，适用于大多数行业，是企业适用范围最广、目前使用率最高的客服系统；但其需投入的人力成本高，客服培训周期较长，人员工作内容重复，顾客等待时间长。

(2) 在线客服系统。人力成本相对较小，分网页端和移动端，主要适用于电子商务、信息咨询、金融等领域；能自动回复简单问题，但不能根据上下文分析语境，实现智能交互；主要以按键交互为主，与顾客的互动性较差。

(3) 智能语音客服。Software-as-a-service(软件即服务)，人力成本最低，可辅助甚至取代呼叫中心系统，通过深度学习替代重复性工作；向企业用户提供一体化的语音客服解决方案。

2) 目标市场选择

(1) 劣势分析。

① 起步晚——只抓最痛点——尽量放弃在线客服系统市场。

作为新起步的公司，在资金、市场知名度方面都处于弱势，自身整体实力也非常地有限，面对那些“前辈”企业们，我们要做的，就是尽量避开他们最强势的业务，从他们较为薄弱甚至空白处的业务入手，层层递进，逐步建立起自己的优势。

② 资源相对匮乏——集中精力——回避非电话系统的智能语音客服市场。

相对于已经有一定积累的公司，我们的可利用资源非常有限，显然，不可能广泛涉猎各个市场，必须战略性地放弃一部分市场。非电话系统的智能语音客服市场，可视为未来发展的现在进入市场之一，但在目前我团队应集中精力，做好最关键的市场，将电话系统的智能语音客服系统做到极致。

(2) 优势分析。

① 全方位的客服外包服务——客户服务管理一体化——主抓传统呼叫中心的电话系统客服市场。

我们的产品主要支持传统呼叫中心的电话系统客服，根据不同情境，提供智能个性化语音回复，大幅度降低企业人力成本，具体数据与录音上传云，辅助客服主管后期统计工作，真正意义上为企业实现了客户服务管理一体化。

② 定义客户类型与具体通话情境——回复针对性强、正确率高——主抓电话系统的智能语音客服市场。

实时语音聊天不断抓取关键词并且智能分析长短句，在整个聊天过程之中，能够比较准确地把握客户的心理活动，进而带给客户更加完善的通话服务体验，同时收集分析客户类型与具体情境定位，然后通过自然语义分析反应客户满意度，通过机器的深度学习，实现智能语音自动回复。

③ 没有“巨无霸”垄断市场——人人都可以是主角——建立核心优势、走小而美路线。

虽然现在提供客户服务外包的公司数量与日俱增，但是还没有巨无霸型的企业出现。我们要抓住市场的机遇，集中精力，定位电话系统的智能语音客服市场，建立起自己的核心优势，走小而美路线。

(3) 目标市场选择。

由对自身优劣势以及市场取舍的分析可知，本公司需尽量回避在线客服系统市场与非电话系统的智能语音客服市场，而我们的产品全方位一体化的智能语音客服系统优势集中体现于传统呼叫中心的电话系统客服这个细分市场，并且在电话系统的智能语音客服市场上具有得天独厚的技术优势。

综上所述，可以明确我们的目标市场：以传统呼叫中心的电话系统客服细分市场为主，以电话系统的智能语音客服细分市场为辅。

3) 产品定位

支持电话系统的客户服务与管理，根据不同情境，提供智能个性化语音回复；建立起专有的话术知识库，通过实时聊天不断抓取关键词并且智能分析长短句，从而精确定位客户类型与对话场景；准确把握客户的心理活动与对话走向，进而带给客户更加完善的通话服务体验。由以上自身产品优势并结合上述市场分析，我们可以得出以下产品定位最终结果：基于客户分流与情境判断的适用于电话系统的智能语音客服机器人。

3．业务分析

目前，将语言智能处理技术应用于智能客服所面临的业务难点与挑战，主要表现在领域知识匮乏、用户意图复杂、会话口语化严重、多语需求迫切等方面。

1) 问句领域性强、知识资源匮乏

是否存在共有知识，决定了“人-机”对话能否顺利进行。用户的咨询或者提问往往具有很强的领域相关性，智能客服需要强大的领域知识作为支撑，然而目前在各个行业领域客服系统相关的知识在资源种类和数量方面均存在明显短板，严重限制了智能客服的自动化、智能化、专业化发展。

此外，业务知识更新速度快，如何对已构建的知识资源进行动态更新与迭代，是智能客服迫切需要解决的问题。

2) 用户意图复杂、上下文相关性强

用户的咨询意图通常比较复杂，甚至在问询的时候并没有形成准确的咨询意图，所以需要智能客服对用户内心真实咨询意图进行有效甄别，甚至在必要的时候需要引导用户找到真实意图。因此，用户往往会基于初始提问反馈的结果，进行二次(甚至多次)咨询，构成多轮会话，在这种“交互式问答”情况下，用户所提出的问题存在紧密的上下文相关性(例如，追问问句的提出可能是基于前文已给出的信息)，为多轮会话协同关联推理、保障语义分析的鲁棒性和连贯性提出挑战。

3) 问题多样、指代缺失、口语化严重

针对同一查询内容，不同用户可能会使用不同的词语来表述相同的话题或者概念，例如用户在进行余额查询的时候，“余额够不够啦”、“我还有多少钱”等均是常见的表述方式。特别地，在用户时常无法使用专业词汇准确表述自身需求的情况下，这种“词表不匹配”的问题尤为突出，严重制约智能客服对问句的理解。此外，由于人机交互过程近似聊天过程，所以口语化现象十分严重，用户所提出的问题往往缺乏标准和完整的句法结构，经常出现指代缺失、语义重复、语句不规范、句子成分词序颠倒等问题，都为准确把握用户需求提出了挑战。

4) 国际化发展、多语言需求迫切

随着中国的国际化发展战略，国内主要企业纷纷布局国际业务，相应国家号召“走出去”。以中国移动为例，已与200多个国家和地区(其中包括“一带一路”沿线64个国家和地区)的400多家运营商开展了国际通信漫游业务合作，智能客服对多语种信息处理能力有着很高的要求。然而互联网语言的弱规范性、资源稀缺语种语料匮乏，为面向口语的多语机器翻译提出了新的挑战。

4．项目目标

为了满足项目发包方改善客服质量、提高客户满意度、解放人工客服、节约人力成本等业务需求，计划开发一款基于自然语言学习的智能语音系统，实现以下三个层面的目标。

1) 操作层次

(1) 操作简单而又可以准确识别用户两句话之间的空隙。

(2) 注重用户体验，人性化设计。

(3) 定义客户类型与具体通话情境，通过语聊收集分析实现客户类型与具体情境定位。

2) 技术层次

(1) 采用爬虫自建知识图谱，在特定领域详尽且完善图谱。

(2) 采用深度学习的框架Tensorflow。

3) 功能层次

(1) 含有多功能词性标注。

(2) 对文本特征词进行提取。

5．可行性分析

1) 市场可行性

中国软件产业区域分布呈现分散集中格局，中心城市成为行业发展聚集点。中国重点城市软件产业整体呈现“一带一轴一三角”特征，即产业集中于北起环渤海地区、东至长三角地区、南到珠三角地区的“东部沿海带”，北起河北、南至湖南，包括了众多中部地区省市的“中部发展轴”，以及成都、重庆、西安这3个西部重镇组成的“西三角”。未来软件产业空间演变将呈现出三大趋势：产业空间布局整体将呈现“以点带面，扩散发展”的演变趋势；东部地区纵深发展，形成以一线城市为龙头、二三线城市差异化协同发展的梯度布局；中西部地区呈现以中心城市为代表的点状空间布局。

作为促进国民经济和社会发展的基础性、先导性和战略性产业，软件和信息技术服务业对促进我国信息化与工业化融合，提升国家竞争力，具有十分重要的意义。国内外经济形势仍存在诸多不确定因素，面临一定下行压力，我国软件产业在内外需市场开拓方面可能出现较大困难，产业发展走势存在走弱的风险。与此同时，软件产业发展面临着信息化投资加速、信息消费需求旺盛、软件服务化转型加快、新兴领域发展势头强劲等重要发展机遇，有望实现逆势增长。

大数据时代，智能语音客服系统可以帮助企业聆听到来自用户和市场的声音。目前语音分析、语义分析、深度学习等技术已经在包括通信、电商、金融、医疗、传媒在内的多个行业得到广泛应用，企业从海量的互联网和企业内部数据，包括文本、音频、视频等结构化和非结构化数据中提取那些能提高决策质量的有用信息和情报。

但是，语义分析与语音合成技术依然处于成长期，在一些领域，例如数据分析和市场研究方面的应用还只是刚刚起步，而在相对成熟的领域，例如用户体验、社交聆听和用户互动方面，还有很大的提升空间。

总之，基于自然语言学习的智能语音机器人依然有很大的创新和成长空间，对于新进入者和现有的企业来说都是如此，以下是对市场发展趋势的预测：

(1) 语言多样化。目前文本语义分析与语音合成技术还是以英语为主，但是自然语言学习和机器翻译技术的成长可以帮我们扩展到多语言分析，并使之成为常态。

(2) 智能客服获得重视。智能客服是客户体验、市场研究、用户调查以及数据分析和媒体测量的关键解决方案，这个领域的供应商竞争很激烈，总的趋势是“量化定性”，而且会有越来越多的针对企业的解决方案出现。

(3) 自然语言学习、统计与语言工程并存。未来属于深度学习，也就是递归神经网络之类的技术，但就今天而言，历史悠久的语言工程方法(例如语法分析、词条语义网络、句法规则系统等)依然会是主流方案。当前是传统与创新并存，百花齐放的阶段，不仅要拥抱自然语言学习，还应该将传统和创新结合为卖点。

(4) 语音翻译更加成熟。人们都想拥有类似星际迷航中的宇宙万能翻译器，但遗憾的是，虽然早在20世纪50年代研究者就宣称机器翻译将在三五年内达成，但是半个多世纪过去了，机器翻译依然不太靠谱。ACM Queue的文章“站在人工智能和人机界面十字路口的机器翻译”一文，有助于我们了解机器翻译的现状。得益于大数据和自然语言学习技术的突飞猛进，未来一两年语音机器翻译将能够胜任大多数场合和任务的需求。

(5) 语音分析将爆发，视频分析紧随其后。首席营销官们热衷于讨论多渠道分析，最常挂在嘴边的词是“用户画像”。如今社交媒体渠道中的语音和视频数据越来越多，这些非文本数据有着不同的分析元素，例如语调、语速、声高等都有其含义。2017年，不仅仅是客服中心，更多的营销人士、出版商和市场研究分析人士都将开始拥抱语音分析技术，语音分析还是打造准确性极高的对话界面的关键技术。

(6) 情感分析的扩张。广告主们深知情绪对消费者的购买决策起着至关重要的作用，但是，长久以来广泛系统的情感研究难以开展。随着情感分析技术的成熟，这一局面有望改变。创业公司们开发的情感分析技术能够从图像、视频、文本和语音中分析面部表情或用户情绪反应。

(7) 网络与内容结合的图谱分析(Graph Analytics)。网络关系是对话的基础结构，而内容挖掘则能够获取有效信息，只有把内容分析和网络关系节点的分析结合起来，才能挖掘出深度的情报。因此对于分析者来说，需要在工具箱中增加图谱数据库(Graph Database)和网络可视化工具。这也是为什么Neo4j、js和Gephi这几个开源项目大受欢迎的原因。

(8) 机器撰写内容将越来越多。机器撰写内容的技术被称之为自然语言生成(NLG)，可以让计算机撰写短信、邮件、翻译，甚至撰写长篇文章。NLG特别适用于海量且重复性高的内容，例如金融、体育、天气预报等。

2) 政策可行性

软件和信息技术服务业是引领科技创新、驱动经济社会转型发展的核心力量，是建设制造强国和网络强国的核心支撑。建设强大的软件和信息技术服务业，是我国构建全球竞争新优势、抢占新工业革命制高点的必然选择。“十二五”以来，我国软件和信息技术服务业持续快速发展，产业规模迅速扩大，技术创新和应用水平大幅提升，对经济社会发展的支撑和引领作用显著增强。“十三五”时期是我国全面建成小康社会决胜阶段，全球新一轮科技革命和产业变革持续深入，国内经济发展方式加快转变，软件和信息技术服务业迎来更大发展机遇。

(1) 以数据驱动的“软件定义”正在成为融合应用的显著特征。一方面，数据驱动信息技术产业变革，加速新一代信息技术的跨界融合和创新发展，通过软件定义硬件、软件定义存储、软件定义网络、软件定义系统等，带来更多的新产品、服务和模式创新，催生新的业态和经济增长点，推动数据成为战略资产。另一方面，“软件定义”加速各行业领域的融合创新和转型升级。软件定义制造激发了研发设计、仿真验证、生产制造、经营管理等环节的创新活力，加快了个性化定制、网络化协同、服务型制造、云制造等新模式的发展，推动生产型制造向生产服务型制造转变；软件定义服务深刻影响了金融、物流、交通、文化、旅游等服务业的发展，催生了一批新的产业主体、业务平台、融合性业态和新型消费，引发了居民消费、民生服务、社会治理等领域多维度、深层次的变革，涌现出分享经济、平台经济、算法经济等众多新型网络经济模式，培育壮大了发展新动能。

(2) 发展关键应用软件和行业解决方案。支持软件企业与其他行业企业深入合作，搭建关键应用软件和行业解决方案的协同创新平台，研发大型管理软件、嵌入式软件等软件产品，提升融合发展能力。面向重点行业领域，布局发展面向云计算、大数据、移动互联网、物联网等新型计算环境的关键应用软件和行业解决方案，构建行业重大集成应用平台。

3) 经济可行性

本智能客服系统比传统呼叫中心系统使用更便捷，成本更低，统计更方便，并且具有集成性高，稳定性好，操作简单，使用方便等优点，可以适用于有电话系统的公司。本项目开发所需成本仅为项目开发需要的基础设备，包含开发耗材使用、购买参考书等学习资料、与企业沟通差旅费以及其他杂项支出。而教育部及学校项目创新创业计划经费的资助，足够维持本项目的运作。由以上分析可知效益>成本，因此经济可行。

4) 技术可行性

本组成员都有一定的组织编程开发项目经验，并且具有较强的自学能力和团队协作能力。本项目涉及自然语言学习、语音合成、语义分析等技术。虽然项目建设期只有1～2个月，工作量较大，有的技术对完成该项目有一定的困难，但通过开发人员的技术攻关和良好的协调安排，我们有信心也有能力在比赛限定时间内完成项目。因此本项目在技术上可行。

另外我们项目可以应用到电话系统的客服领域，运用面向对象的编程语言实现，这些都是目前比较成熟的技术：

(1) 系统的总体架构将采用三层架构模型(表示层、业务层、逻辑层)，即系统至少分为三个大的模块，一个模块负责前端设计，一个模块负责业务计算，另一个模块负责核心算法的设计。为了更好地展现出作品的效果，我们将通过前端页面来展示整个分词到分类的过程。

(2) Java EE：Java EE 平台由一整套服务(Services)、应用程序接口(APIs)和协议构成，它对开发基于 Web 的多层应用提供了功能支持，Java EE 核心是一组技术规范与指南，其中所包含的各类组件、服务架构及技术层次，均有共同的标准及规格，让各种依循 Java EE 架构的不同平台之间，存在良好的兼容性，可移植性高。Java EE 支持异构环境，具有可伸缩性，为更好地完成外包项目管理系统提供了可能。

(3) TensorFlow 是谷歌基于 DistBelief 进行研发的第二代人工智能学习系统，其命名来源于本身的运行原理。Tensor(张量)意味着 N 维数组，Flow(流)意味着基于数据流图的计算，TensorFlow 为张量从流图的一端流动到另一端的计算过程。TensorFlow 是将复杂的数据结构传输至人工智能神经网中进行分析和处理过程的系统。

(4) “语言云”以哈工大社会计算与信息检索研究中心研发的“语言技术平台(LTP)”为基础，为用户提供高效精准的中文自然语言处理云服务。使用“语言云”非常简单，只需要根据 API 参数构造 HTTP 请求即可在线获得分析结果，而无需下载 SDK、无需购买高性能的机器，同时支持跨平台、跨语言编程等。2014 年 11 月，哈工大联合科大讯飞公司共同推出“哈工大-讯飞语言云”，借鉴了讯飞在全国性大规模云计算服务方面的丰富经验，显著提升“语言云”对外服务的稳定性和吞吐量，为广大用户提供电信级稳定性和支持全国范围网络接入的语言云服务，有效满足包括中小企业在内开发者的商业应用需要。

5) 人员可行性

指导老师：指导老师都是计算机专业教师，有着丰富的工作经验，具备较强的教学改革和科研水平，曾主持或参与多项课题，具备较强的项目组织和指导经验，能对本项目实施的各环节给予全程指导。

小组成员：项目组成员来自多个学院，专业知识全面，前期已参与了很多指导教师相关项目的开发，对项目的完成有较大的信心。同时，队长拥有一定的理论知识和系统设计实践经验，能够负起重任。

6) 操作可行性

本项目的设计使用了较新的技术和当前流行的结构框架，系统易用性和稳定性高、运行速度快，整个系统的开发，团队本着以用户为中心的宗旨，以用户能更好地掌握为原则进行开发。用户使用只需一部智能手机或一台装有基本的浏览器的计算机，便可登录系统，整个系统操作简单，流程清楚明了。用户只需熟悉基本界面即可使用。本项目能带来良好的使用体验，为用户所接受。另外本系统采用流行的 B/S 模式与手机端 C/S 模式相结合的方式也使本系统的管理维护变得简洁方便。

7) 法律可行性

本系统完全遵守国家及国际发布的法律法规，遵照中国颁布的《中华人民共和国著作权》与《计算机软件保护条例》中的内容，绝无侵权行为，坚决支持正版。使用网页版报表设计系统，需要使用正版的操作系统软件，避免为此发生法律纠纷。因此本系统可以放心使用。

3.3.3　解决方案

1. 项目框架

项目框架图如图3-3所示。

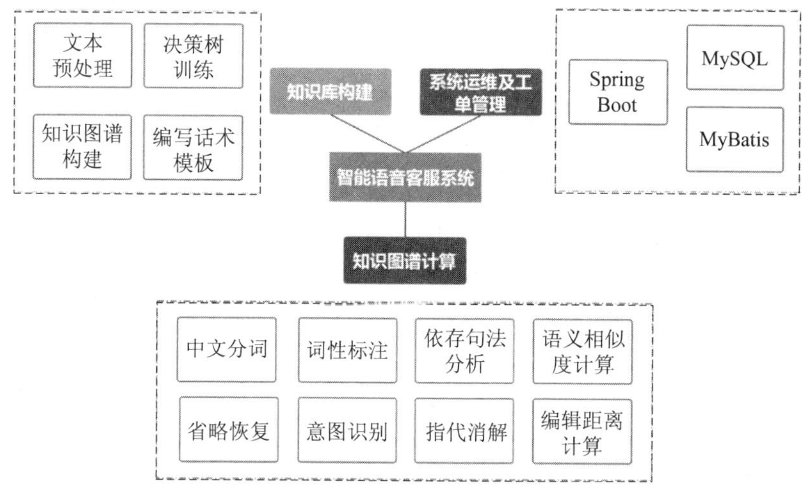

图3-3　项目框架图

2. 构建知识库

在智能语音客服系统中，当用户发起查询时，系统会借助知识图谱的帮助对用户查询的关键字进行解析和推理，进而将其映射到知识图谱中的一个或一组概念之上，然后根据知识图谱中的概念层次结构，向用户返回图形化的知识结构(其中包含指向资源页面的超链接信息)。在深度问答应用中，系统同样会首先在知识图谱的帮助下对用户使用自然语言提出的问题进行语义分析和语法分析，进而将其转化成结构化形式的查询语句，然后在知识图谱中查询答案。对知识图谱的查询通常采用基于图的查询语句(如SparQL)，在查询过程中，通常会基于知识图谱对查询语句进行多次等价变换。例如，如果用户提问："如何判断是否感染了埃博拉病毒？"，则该查询有可能被等价变换成"感染埃博拉病毒的症状有哪些?"，然后再进行推理变换，最终形成等价的三元组查询语句，如(埃博拉，症状，?)和(埃博拉，征兆，?)等，据此进行知识图谱查询得到答案。深度问答应用经常会遇到知识库中没有现成答案的情况，对此可以采用知识推理技术给出答案。如果由于知识库不完善而无法通过推理解答用户的问题，深度问答系统还可以利用搜索引擎向用户反馈搜索结果，同时根据搜索的结果更新知识库，从而为回答后续的提问提前做出准备。

1) 网络爬虫

网络爬虫是一个自动提取网页的程序，它是搜索引擎从万维网上下载的网页，是搜索引擎的重要组成部分。传统爬虫从一个或若干初始网页的URL开始，获得初始网页上的URL，在抓取网页的过程中，不断从当前页面上抽取新的URL放入队列，直到满足系统的一定停止条件。聚焦爬虫的工作流程较为复杂，需要根据一定的网页分析算法过滤与主题无关的链接，保留有用的链接并将其放入等待抓取的URL队列。然后，它将根据一定的搜索策略从队列中选择下一步要抓取的网页URL，并重复上述过程，直到达到系统的某一条件时停止。从特定的页面获取的信息，便能组织成知识图谱所需的三元组数据。

网络爬虫的主要模块：

(1) URL 管理器。管理待抓取 URL 集合和已抓取 URL 集合。防止重复循环抓取死循环。

(2) 网页下载器。网页下载器是可以模拟用户请求，并发送网页请求的工具。可以快速并批量的下载网页文件。

(3) IP 代理池。用于网页下载时，解决 IP 访问限制，利用 IP 代理来完成网页下载的管理 IP 代理管理池。

(4) 网页解析器。网页解析器是一个可以从 HTML 或 XML 文件中提取数据的工具。它能够通过你喜欢的转换器实现惯用的文档导航、查找、修改文档的方式，从非结构化网页数据获取需要的结构化的三元组数据。

(5) 数据库管理器。连接数据库，并完成对数据库的录入，是知识图谱构建的最后环节。

2) 文本预处理

文本预处理主要是从文本中提取关键词来表示文本的处理过程。文本预处理的效果直接影响到文本分类的准确度，是文本分类过程中的关键因素之一。一般情况下，计算机处理的文本不仅包含表达内容的文字，还包含功能性的标签，如控制外观及显示样式的网页标签等。这些标签对于文本内容和属性的判断是没有实际意义的，属于文本分类的噪音，应在分类操作之前就予以删除。对比在文本分类领域发展相对先进的英文文本分类，中英文文本分类方法的主要区别就体现在预处理部分。在英文分词中，可以利用空格作为词的分隔符，而中文只是字、句和段可以通过分解符划分，而词没有固定的形式来分割。主要的处理步骤如下：

(1) 中英文混合分词的目的是将连续的字序列按照一定的规范重新组合成词序列。在此处我们采用基于词典匹配的分词方法。基于词典匹配的分词方法又称为机械分词方法，是按照一定的策略将带分析的字符串与词典中的词条进行匹配，若在词典中找到某个字符串，则匹配成功，即识别出一个词、按照扫描方向的不同，匹配分词方法可以分为正向匹配、逆向匹配和双向匹配；按照不同长度优先匹配的情况，可以分为最大匹配和最小匹配；按照切分出的词的多少，可以分为最小切分(使每一句中切出的词数最小)和最大切分；按照是否与词性标注过程相结合，又可以分为单纯分词方法和分词与标注相结合的一体化方法。由于我们所针对的分词文本只是小型的文本，所以基于词典的分词还是较为适应的，同时为了避免遇到类似于“和服务器”这种分词时的困难，采用双向匹配的方法，从而避免产生信息的缺失或者是信息的误导。

(2) 过滤文本中的停用词。一个文本中的内容主要通过名词、动词和形容词等实体词来体现，虚词记忆在各种文本里经常出现的部分高频词对分类并无意义，这些无意义的字或词就是需要去掉的部分。一般去掉的词为广泛应用的词，这些词大多数都不含有不同于其他词的词性，没有区分类别的能力。其次是副词、介词、连接词等一些虚词，虽然语气词也属于虚词，但是语气词将在一定程度上影响语句的情感表示，所以需要保留。

3) 决策树训练

统计学，数据挖掘和机器学习中的决策树训练，使用决策树作为预测模型来预测样本的类标。这种决策树也称做分类树或回归树。在这些树的结构里，叶子节点给出类标而内部节点代表某个属性。

在决策分析中，一棵决策树可以明确地表达决策的过程。在数据挖掘中，一棵决策树表达的是数据而不是决策。

ID3算法(Iterative Dichotomiser 3)又称迭代二叉树3代，是一个由Ross Quinlan发明的用于决策树的算法。

这个算法是建立在奥卡姆剃刀的基础上：越是小型的决策树越优于大的决策树(简单理论)。尽管如此，该算法也不是总是生成最小的树形结构，而是一个启发式算法。奥卡姆剃刀阐述了一个信息熵的概念：

$$I_{\mathrm{E}}(i)=-\sum_{j=1}^{m} f(i,j)\,\mathrm{lb}\, f(i,j)$$

这个ID3算法可以归纳为以下几点：

(1) 使用所有没有使用的属性并计算与之相关的样本熵值。

(2) 选取其中熵值最小的属性。

(3) 生成包含该属性的节点。

4) 知识图谱构建

在知识图谱构建的整个过程中，我们将原本不规则、无序的语句进行要素提取，从而获得规范化的、由句子中词组及其词性、词组间依存关系一一对应的数据处理单元——“多元组”，使用多元组建立决策树。由此构建的知识图谱有着简洁而高度结构化的优点。当用户提出新的问题，只要我们同样进行如上的操作，将决策树中对应的内容取出，作为回答即可。

3. 知识图谱计算

1) 分词处理

(1) 依存句法分析。依存语法(Dependency Parsing，DP)通过分析语言单位内成分之间的依存关系揭示其句法结构。直观来讲，依存句法分析识别句子中的“主谓宾”、“定状补”这些语法成分，并分析各成分之间的关系。其分析结果如图3-4所示。

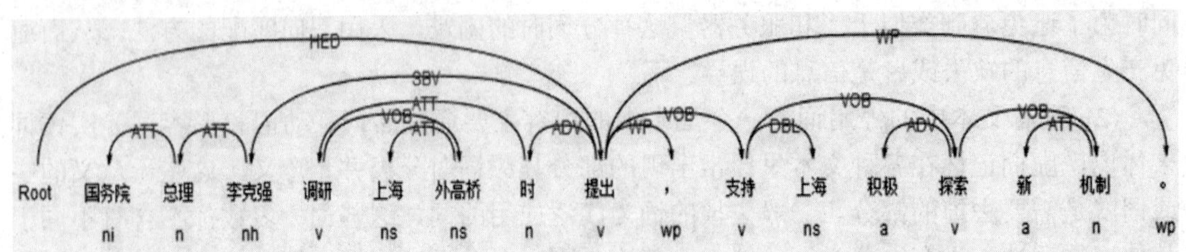

图 3-4　依存句法分析结果图

从分析结果中我们可以看到，句子的核心谓词为“提出”，主语是“李克强”，提出的宾语是“支持上海……”，“调研……时”是“提出”的(时间)状语，“李克强”的修饰语是“国务院总理”，“支持”的宾语是“探索新机制”。有了上面的句法分析结果，我们就可以比较容易地看到，“提出者”是“李克强”，而不是“上海”或“外高桥”，即使它们都是名词，而且距离“提出”更近。通过主谓宾等分词关系便能构建三元组。

(2) 语义角色标注。语义角色标注(Semantic Role Labeling，SRL)是一种浅层的语义分析技术，标注句子中某些短语为给定谓词的论元(语义角色)，如施事、受事、时间和地点等。其能够对问答系统、信息抽取和机器翻译等应用产生推动作用。仍然是上面的例子，语义角色标注的结果如图 3-5 所示。

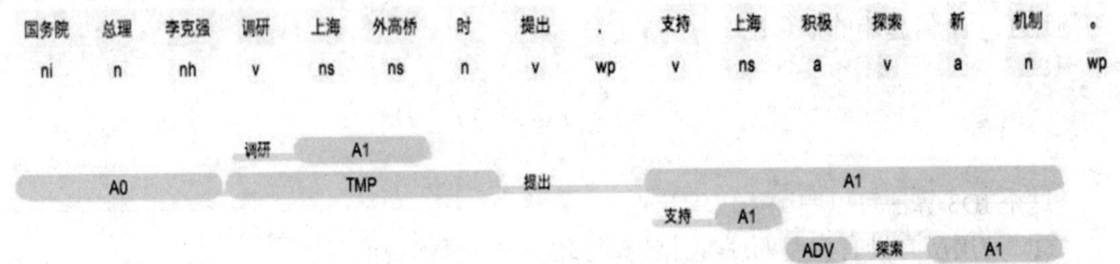

图 3-5　语义角色标注结果图

其中有三个谓词：“提出”，“调研”和“探索”。以“探索”为例，“积极”是它的方式(一般用 ADV 表示)，而“新机制”则是它的受事(一般用 A1 表示)。

核心的语义角色为 A0～A5 六种，A0 通常表示动作的施事，A1 通常表示动作的影响等，A2～A5 根据谓语动词不同会有不同的语义含义。其余的 15 个语义角色为附加语义角色，如 LOC 表示地点，TMP 表示时间等。根据深层的语义角色标注便能完成实体属性相关的三元组。

2) 文本信息检索

文本信息检索模型是一种处理用户的检索词表示和文档表示，进而以特定的相似度衡量方法产生排序结果集的一种框架。模型以产生测量查询与文档集之间相似度排序函数为目标，可抽象为一个四元组，其中，D 为文档集表示方法；Q 为检索需求的表示方法；F 为文档表示与查询表示的相关度模型框架；S 为查询 q_i 和文档 d_j 相似度的计算。

文本信息检索模型有两个核心任务：构建文档集和检索的表示方法；基于检索设计有效的文档排序函数。流程图如图 3-6 所示。

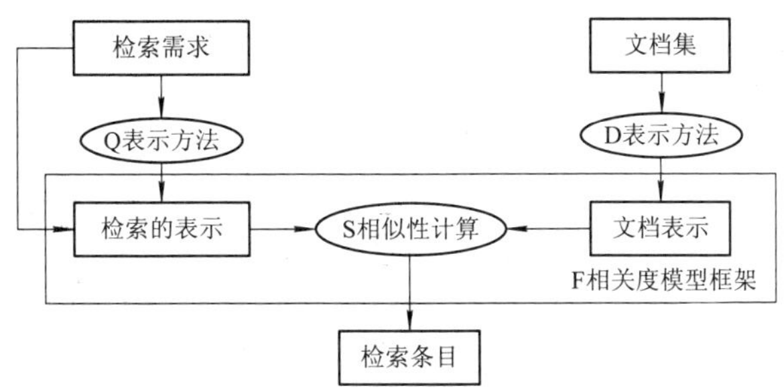

图 3-6　文本信息检索流程图

传统基于文档集表达机制的异同，将文本信息检索模型分为三类，如图 3-7 所示。

(1) 基于集合论的文本信息检索模型，运用布尔逻辑、集合论以及模糊集理论，将文本和检索需求以单词或短语的形式表示参与相似度运算。

(2) 基于代数的文本信息检索模型，将文本和检索表示成向量、矩阵或元组，采用空间量度进行相似度计算。

(3) 基于概率论的文本信息检索模型，将概率推理引入文本检索过程，采用概率相关性表达检索需求与文本的相似度。

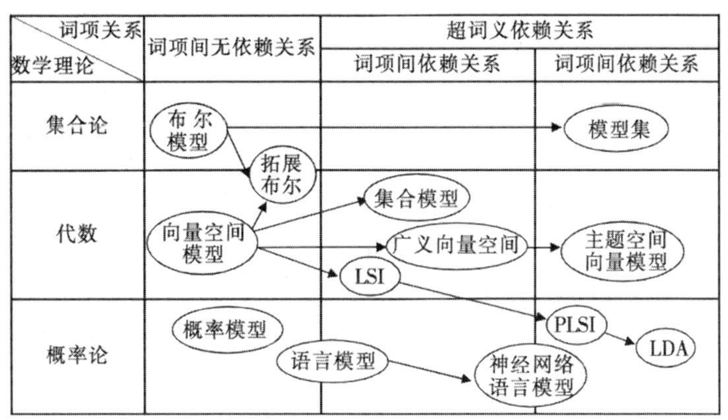

图 3-7　文本信息检索模型

扩展布尔模型(Extended Boolean Model，EBM)加入词项权重将文档向量化，并基于检索词项的布尔值建立坐标系，采用一种到达最合理点距离的方法作为相似度计算的度量如图 3-8 所示。对于两个检索词项，(0，0)、(1，1)分别为最佳描述点和最差描述点。因此，OR 操作(∨)、AND 操作(∧)分别可通过到达(0，0)、(1，1)的距离描述。

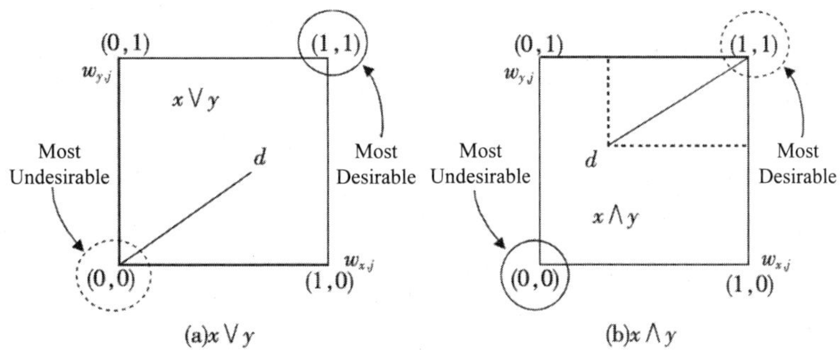

图 3-8　扩展布尔模型

采用欧氏空间 Lp 矢量泛化距离概念，提出 P-norm 模型，将相似度计算拓展到 n 维，其中，(t_1，t_2，t_3，…，t_n)是检索词项在对应文本 d_j 的权重，w_{t_i}、d_j、n 为检索词项数量。

$$\mathrm{sim}(q_{\mathrm{or}_i}, d_j) = \left(\frac{w^p_{t_1,q} w^p_{t_1,d_j} + w^p_{t_2,q} w^p_{t_2,d_j} + \cdots + w^p_{t_n,q} w^p_{t_n,d_j}}{w^p_{t_1,q} + w^p_{t_2,q} + \cdots + w^p_{t_n,q}} \right)^{\frac{1}{p}}$$

$$\mathrm{sim}(q_{\mathrm{or}_n}, d_j) = 1 -$$

$$\left(\frac{w^p_{t_1,q}(1 - w^p_{t_1,d_j}) + w^p_{t_2,q}(1 - w^p_{t_2,d_j}) + \cdots + w^p_{t_n,q}(1 - w^p_{t_n,d_j})}{w^p_{t_1,q} + w^p_{t_2,q} + \cdots + w^p_{t_n,q}} \right)^{\frac{1}{p}}$$

EBM 通过向量距离方式解释布尔操作，其优点在于既有布尔逻辑的快速匹配，又将词项权重加入检索，表达语义关系，提高了检索准确度；同时，灵活调整参数 p，控制布尔逻辑符号的功能强度，使 p 值介于 1(向量空间模型)～∞(布尔模型)变动，不同的逻辑符号可设置不同强度的 p 值，以达到更好的查询效果。根据用户输入词项的主题，通过二叉词项匹配树自动化地生成 EBM 词项的布尔表达式，从而改变了在实际 EBM 检索系统中单使用 AND 操作或 OR 操作现状。同时，加入了语义的检索，拓展检索词项范围，提高了检索准确度。

3) 语义相似度计算

一般来说，语义相关度涵盖语义相似度，语义相似度是指两个概念间的相似程度，通常指两个概念本身之间具有某些共同特性；而语义相关度是指两个概念间的相关程度，这两个概念间可能不存在相似关系，但可以通过某些其他关系相关联形成相关关系。语义相似度是语义相关度的一种特例。Resnik 用轿车、汽油和自行车的例子解释了两者之间的区别："轿车依赖于汽油作为燃料，显然它们之间的相关性比轿车与自行车更为紧密，但人们却普遍认为轿车与自行车之间的相似性大于轿车与汽油。这个例子表明，相关性不能等同于相似性。即使轿车与汽油是紧密相关的，但由于这两者之间没有共同的特性，人们不会认为它们是相似的。而轿车和自行车都是交通工具，都有轮子并且可以载人，因此它们是相似的。"相似性与相关性不是互斥关系，Resnik 认为相似性可以被视为一种特殊的相关性，即对象间基于蕴涵关系的相关性。在本体结构中，通常由"is a"关系关联的两个概念间存在相似关系，由其他关系关联的(例如"part of")两个概念间存在相关关系。需要说明的是，语义相似或相关是基于一定的视角或上下文的，在某个角度相似或相关的概念在另一个角度可能不相似或不相关。

基于树状本体结构的相似度算法：

所谓基于树状本体结构的相似度算法是指在相似度计算过程中主要基于上下位相连的关系，例如 WordNet 中的"is a"关系。而以树为主体的图结构是指上下位关系作为主要关系连接概念节点，同时除了上下位关系，还有少量其他类型的关系编织于概念之间。这些算法在进行语义相关度计算时，不仅考虑了上下位关系，还考虑了其他类型的关系。例如 WordNet 中除考虑"is a"关系外，还要考虑"part of"关系等。

4) 指代消解

指代作为一种常见的语言现象，广泛存在于自然语言的各种表达中。

中文的指代主要有以下三种典型的形式：

(1) 人称代词。【李明】怕高妈妈一人待在家里寂寞，【他】便将家里的电视搬了过来。

(2) 指示代词。【很多人都想创造一个美好的世界留给孩子】，【这】可以理解，但不完全正确。

(3) 有定描述。【贸易制裁】似乎成了【美国政府在对华关系中惯用的大棒】。然而，这【大棒】果真如美国政府所希望的那样灵验吗?

一般代词消解和早期的指代消解指的是对显性代词消解算法的研究，再后来指代消解包含并开始侧重于共指(也称同指)消解的研究，之后指代消解又添加了零代词的内容。本项目的研究重点可能是问答系统中的指代消解，所以侧重于显性代词和零代词消解，对共指划分只做简单介绍。

显性代词消解是指当前的照应语与上下文出现的词、短语或句子(句群)存在密切的语义关联性，指代依存于上下文语义中，在不同的语言环境中可能指代不同的实体，具有非对称性和非传递性。

零代词消解是恢复零代词指代前文语言学单位的过程，有时也被称为省略恢复。

共指消解主要是指两个名词(包括代名词、名词短语)指向真实世界中的同一参照体，这种指代脱离上下文仍然成立。

(1) 显性代词消解。所谓显性代词消解，就是指在篇章中确定显性代词指向哪个名词短语的问题，代词称为指示语或照应语，其所指向的名词短语一般被称为先行语，根据二者之间的先后位置，可分为回指与预指，其中，如果先行语出现在指示语之前，则称为回指，反之则称为预指。

(2) 零代词消解。所谓零代词消解，是代词消解中针对零指代现象的一类特殊的消解。在篇章中，用户能够根据上下文关系推断出的部分经常会省略，而省略的部分(用零代词表示)在句子中承担着相应的句法成分，并且回指前文中的某个语言学单位。零指代现象在中文中更加常见，近几年随着各大评测任务的兴起开始受到学者们的广泛关注。

(3) 共指消解。所谓共指消解，是将篇章中指向同一现实世界客观实体的词语划分到同一个等价集的过程，其中被划分的词语称为表述或指称语，形成的等价集称为共指链。在共指消解中，指称语包含普通名词、专有名词和代词，因此可以将显性代词消解看做是共指消解针对代词的子问题。

共指消解与显性代词消解不同，它更关注在指称语集合上进行的等价划分，评测方法与显性代词消解也不尽相同，通常使用MUC、B-CUBED、CEAF和BLANC评价方法。

指代消解的研究方法大致可以分为基于启发式规则的、基于统计的和基于深度学习的方法，目前看来，基于有监督统计机器学习的消解算法仍然是主流算法。

5) 省略恢复

省略现象在对话中十分普遍，它的存在导致了语句成分的缺失。问答系统往往不能正确理解这些缺省的表述，这样就会产生错误的问答结果，所以，省略恢复在问答系统中是十分必要的。省略恢复通常分为零代词类别恢复、零代词指代消解两个步骤，已有工作主要是将二者顺序执行，因此会造成错误的累加。为了克服上述问题，提出了一种零代词类别恢复和零代词指代消解联合模型的方法，旨在通过联合模型融合省略恢复的两个步骤，进而提高恢复效果。实验结果表明，相比较已有的方法，引入联合模型后，省略恢复的性能得到了显著的提升。

具体研究方法：

基于联合模型的省略恢复系统，我们将省略恢复分为零代词类别恢复和零代词指代消解两个部分，这两个部分是顺序执行的，即先进行零代词类别的恢复工作，然后根据零代词的恢复结果将其恢复成具体成分，也就是零代词的指代消解工作。为了避免顺序执行两个部分带来的错误累加，提升系统整体的效果，在将两个部分结合的过程中，我们创新地采用了联合模型的方法。

联合模型是一种将多个顺序执行的部分融合在一起的方法，它能够从结合的整体出发，使整体中的每个部分达到更好的效果，进而提升整体的效果。联合模型的一个典型应用是用其融合分词和词性标注过程。分词就是将句子 s 分解成词的集合 $w=\{w_1, w_2, \cdots, w_n\}$，其中 w_1，w_2，…，w_n 表示分解的 n 个词。分词时，确定 W 的过程是使目标函数 $\text{score}_1=f(s, w)$ 达到最大值的过程，即能使 score_1 的值达到最大的 w 为最后的分词结果。词性标注是将分好词的一句话(s, w)按照 $T=(t_1, t_2, \cdots, t_n)$来标注，其中 t_1，t_2，…，t_n 表示 n 个词的词性。词性标注确定 T 的过程就是使得目标函数 $\text{score}_2=g(s, w, T)$达到最大值的过程，即能使 score_2 的值达到最大的 T 为最后的词性标注结果。考虑将两个过程合并，一种方法是将两个过程简单地顺序叠加，每个阶段得到的结果只需要保证使各自阶段的函数值达到最大即可。这种方法的优点是合并过程简单、直观；但其存在一个明显的弊端，即第一个阶段的错误结果可能会对第两个阶段的结果造成很大影响，从而使最后的结果出现较大的偏差，使用联合模型方法能够避免这种问题。联合模型方法是将这两个阶段视为一个整体，从整体考虑，通过寻找使分词、词性标注的整体结果达到最优的解来决定分词、词性标注的结果。

6) 意图识别

(1) 数据集。意图识别离不开数据，搜索领域的意图识别用到的数据通常就是用户的搜索日志了。一般一条搜索日志记录会包括时间-查询串-点击 URL 记录-在结果中的位置等信息。

(2) 数据清洗。拿到日志数据，一般是不能直接用的，里面会包含很多的噪声数据、无用信息，我们都需要把它给清洗掉。

(3) 查询扩展。上面提到，意图识别可以看成是文本分类的问题，但是只依赖查询串是肯定不行的，提供的信息太少，所以常做的就是考虑利用先前的搜索日志信息，例如历史查询串对应的标题、时间、近义词等信息。有的场景下还会加入地点信息，例如地图搜索。

一些可以用来扩展的信息有：

(1) 点击标题。通常在搜索日志中，会以一个 Session 为单位，一个 Session 中保存的是一个时间段内的相关搜索信息，我们可以用的信息字段是查询串-点击标题-点击次数-时间等，在不同 Session 的同一查询可能对应的点击记录不一样，我们可以把它们合并起来，将标题放到查询文档中；

(2) 相似查询串。同样，同一点击记录的不同查询也可以拿来使用；

(3) 此外，同义词词林、利用 Word2vec 得到的近义词集合都可以扩展进来。

这样我们就可以得到一个信息比较丰富的查询文档了。值得注意的是，同一 Session 下的不同查询，如果有递增关系，说明用户在根据搜索结果进行修正查询，那么新增的词应该对意图分类作用很大。

(4) 特征工程。把上面扩展得到的查询文档利用TF-IDF向量化，就可以得到一个特征向量，一般情况下，这个特征向量维度会非常高，我们可以利用词频、卡方、互信息等方法进行特征选择，保留更有用的特征信息。

我们还可以加入一些数字特征在里面，例如：

① Query 的长度；

② Query 的频次；

③ Title 的长度；

④ Title 的频次；

⑤ BM-25；

⑥ Query 的首字、尾字等。

一些统计特征也可以考虑，例如不同页面点击数DPCN(Different Page Click Number)、异源页面点击数PCNS(Page Click Number without Subpage)等，其中：

① 不同页面点击数DPCN，表示用户对查询串的返回结果的点击情况统计，因为作者统计发现对于导航类查询，用户目标很明确，通常只点击一两个网页就完成查询了，而对应信息事务型则点击的不同页面数目比较多，例如作者统计显示当不同页面点击数不大于7时，查询串中有导航意图的占66.7%，大于7时，有信息事务意图的占83%。

② 异源页面点击数PCNS，表示查询串的返回结果中，以点击频次最高的网页为基准，不同页面点击数与其子页面数量的差值。例如对于某个查询串W，不同页面点击数DPCN为17，而点击频次最高的网页的子网页出现了15次，那么异源页面点击数就为17−15 = 2，这样做的目的是为了消除将同一网页的子页面算成不同页面的情况。

(5) 分类器训练。在完成特征任务后，接下来就是选择合适的分类器进行训练了，因为意图识别可以看做是一个多分类任务，所以通常可以选择SVM、决策树等来训练分类器。

4．运营维护

运营维护架构如图3-9所示。

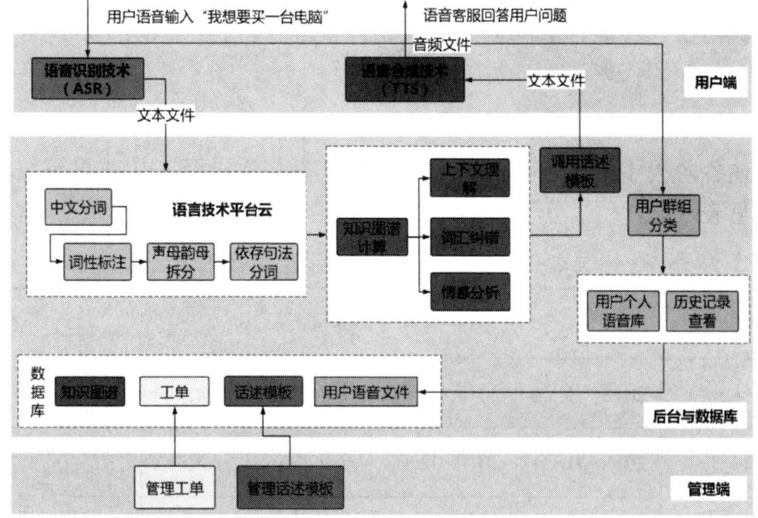

图3-9　运营维护架构图

3.3.4 项目管理

1. 项目生命周期与组织

1) 项目生命周期

本项目开发经历了团队人员组织、可行性分析、需求分析、概要设计、详细设计、系统实现、测试、反馈维护阶段。

团队人员组织：选择项目经理为团队创建的第一步，一名合格的项目经理应当具备广博的知识、丰富的经历、良好的协调能力、良好的职业道德、良好的沟通与表达能力、良好的领导能力等要求，接下来的整个项目开发阶段均依据项目经理的指示循序渐进，在整个过程中，项目经理扮演的是“一把手”的角色，自始至终都发挥“一把手”的作用，定期进行汇报和交流，以获取支持、理解和资源的调配。

可行性分析阶段：主要从技术可行性、操作可行性、经济可行性等几方面对项目的可行性进行分析，并提出可行性方案，此项目开发是一个长期的、有风险的、耗时长的工程项目，因此在进行正式的系统开发之前，要从有益性、可能性和必要性三个方面对未来系统的经济效益、社会效益做初步分析，避免盲目投资、减少不必要的损失，最后编写可行性报告。

需求分析阶段：通过阅读需求文档，公司网站了解信息，查阅纸质及电子资料等多种途径了解需求信息。

概要设计阶段：根据需求分析获得的信息按照功能进行模块划分，建立模块的层级结构及调用关系、确定模块间的接口及人机界面等。

详细设计阶段：对概要设计进行细化，详细设计每个模块实现算法，所需的局部结构。系统实现主要指软件系统的编码与实现。

2) 项目组织

项目组成员对不同的角色做了相应的分析，从而做到了项目制作的规范化管理，也从自身项目的管理进一步了解项目组要做出的项目的业务逻辑流程。

结合小组成员擅长技能、兴趣爱好等因素，以混合方案组织团队，进行角色和职责细化安排。制定人员配置管理计划。

2. 任务分解

分阶段描述各阶段主要工作任务、时间范围、参与人员及工作成果等。项目任务分解与进度安排表见表 3-1。

表 3-1 项目任务分解与进度安排表

阶段	任务名称	开始时间	结束时间	参与人员	工作量(天)	工作成果
分析立项阶段	可行性分析	2018-01-26	2018-01-30	全体成员	25	可行性分析报告、团队分工
	需求分析	2018-01-31	2018-02-02	全体成员	25	项目管理计划、需求规格说明书
	技术准备	2018-02-03	2018-02-06	全体成员	25	编码规范、技术说明

续表

阶段	任务名称	开始时间	结束时间	参与人员	工作量(天)	工作成果
系统设计阶段	概要设计	2018-02-07	2018-02-20	全体成员	100	项目开发计划、概要设计说明书
	详细计划	2018-02-21	2018-02-28	全体成员	100	项目开发详细计划、质量保证计划、测试计划
	系统设计	2018-03-01	2018-03-15	全体成员	25	概要设计、数据库设计、详细设计、测试计划
编码集成阶段	系统编码	2018-03-16	2018-03-20	全体成员	20	源代码、可执行与安装文件
	系统功能集成	2018-03-20	2018-03-28	全体成员	20	源代码、功能集成
测试修正阶段	系统测试	2018-03-28	2018-03-30	全体成员	25	功能测试、集成测试、系统测试、非功能测试、测试文档、用户操作手册、安装说明
	系统修正	2018-03-31	2018-04-10	全体成员	30	源代码定稿、安装可执行与文件定稿、用户操作手册定稿

3. 工作进度计划

项目工作进度计划表如图 3-10 所示。

ID	Task Name	Start	Finish	Duration	2018-01-10			2018-04-01
					2018-01-10	2018-02-01	2018-03-01	2018-04-01
1	可行性分析	2018-01-26	2018-01-30	5.0 d.				
2	需求分析阶段	2018-01-31	2018-02-02	3.0 d.				
3	技术准备阶段	2018-02-03	2018-02-06	4.0 d.				
4	概要设计阶段	2018-02-07	2018-02-20	14.0 d.				
5	详细计划阶段	2018-02-21	2018-02-28	8.0 d.				
6	系统设计阶段	2018-03-01	2018-03-15	15.0 d.				
7	系统编码阶段	2018-03-16	2018-03-19	4.0 d.				
8	系统功能集成测试阶段	2018-03-20	2018-03-28	9.0 d.				
9	系统测试测试	2018-03-29	2018-03-30	2.0 d.				
10	系统修正阶段	2018-03-31	2018-04-10	11.0 d.				

图 3-10　项目进度安排表

4. 团队分工

人员角色分配与职责表见表 3-2。

表 3-2 人员角色分配与职责表

姓名	角色	过往经历	专业技能	承担责任
航哥	产品经理	物联网实验室(农产品电商平台)	Spring Boot，Java/SQL	后台搭建与数据库设计；项目架构设计
瑶瑶	项目经理	网易游戏和跨境电商 Wish China 运营经历；曾任大创国家级项目产品经理	项目管理与市场运营，需求分析	项目整体规划与进度安排；项目实践管理；项目沟通管理；项目风险管理
鹏鹏	数据挖掘师	ACM 集训队队员、校赛一等奖	Hadoop，Python，MySQL	数据挖掘，数据库的设计及搭建
老金	语义分析师	图形图像实验室(自动商品售货系统)	Python, Tensorflow, DNN	语义分析；自然语言文本生成
小傅	Android 工程师	移动开发实验室学习(高校校园导游系统)	Android 开发，Java/C++	移动端开发、UI 设计

3.3.5 风险管理

我们要完成一个智能语音系统，在开发过程中存在各种风险，这些风险如果不加以控制，将会严重影响整个项目。开发组由 5 人组成，实施风险分析表明：

(1) 我们的团队具有极强的风险意识和对未来可能面临的风险准备防范的能力；

(2) 我们将通过事前防御的方式降低不确定性带来的成本；

(3) 我们通过管理风险调控资源的分配。

我们项目组力求通过做好风险管理起到真正降低风险或风险影响等目的。根据产品服务特点，提出了以下几种风险以及相应对策：

风险管理框架纵览图如图 3-11 所示。

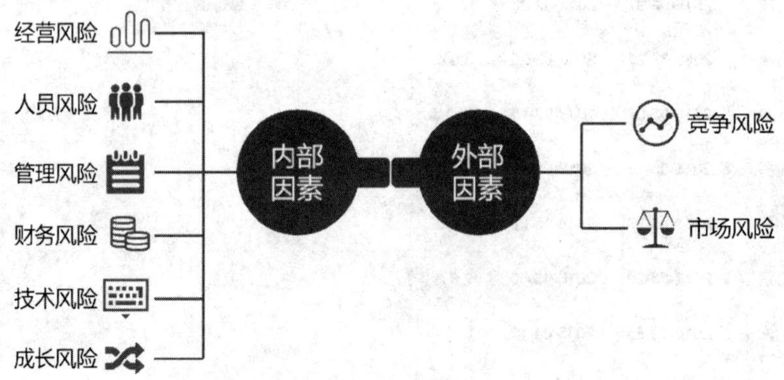

图 3-11 风险管理框架纵览图

1. 外部风险

1) 竞争风险

(1) 风险。

由于智能语音系统运营模式容易被复制，知识产权保护相对困难，在推广的后期可能会出现类似产品来与我们竞争。同时，也有可能出现替代产品。

(2) 对策。

① 首先，进行一段时间的试运营，在总结分析各项数据后，再结合之前的市场调研、用户反馈情况和专家分析，最后确定我们是否进入目标市场。

② 以“顾客至上”为原则，关心发包商的后续体验，站在企业用户的角度上，开发有针对性的客户服务知识库，加强品牌的口碑，提高专业度和用户信赖度。

③ 建立及时有效的信息反馈渠道，随时了解市场动态。面对智能客服市场，我们要建立长远目光，认清形势，对市场发展的变化趋势做出及时、正确的判断。

2) 市场风险

(1) 风险。

尽管智能客服市场前景良好，但目前市场尚未发展成熟，不规范经营、不正当竞争的现象比较普遍。同类产品竞争激烈是在市场推广进程中不得不面对的困难。而且目前我国对这类产品服务商的监管与标准还很缺乏，这引起了市场的不确定性。我们的项目要想在这样的市场环境中生存发展，可谓“机遇与挑战并存。”

(2) 对策。

① 抓住国家的政策机遇。浙江省是一个互联网高度发达与普及的省份，作为G20峰会主办城市的杭州在互联网行业的影响力更是全国领先。合理利用国家在政策方面的支持，与政府进行交流合作，将互联网+、物联网、大数据、云计算等理念转变为技术与应用，使其落地开花，更好地服务于大众。

② 加大推广力度。充分利用新媒体的宣传优势，提高群众的接受度，增加企业知名度。

2. 内部风险

1) 经营风险

(1) 风险。

作为一个学生创业团队，缺乏实际运营经验，对市场的分析和把握能力有限，在决策过程中将面临许多难题。初期人员少，但工作量大，且对于移动社交产品而言，掌握优秀的研发技能人才和项目管理人才是团队的核心竞争力。我们需要通过强化核心竞争力来提升产品本身的不可复制性。另外，团队的组织架构是否适合团队长期发展、管理机制是否健全、人力资源管理制度是否合理、发展战略的制定是否有效等问题都会给团队带来风险。

(2) 对策。

① 加强团队建设。对成员进行专业培训，并营造良好的工作环境和团队氛围，提升团队成员的专业度和凝聚力，加强成员之间的合作精神，培养高效、高质的团队。

② 强化自身内部管理机制，设计科学有效的管理制度。建立合理的赏罚制度、绩效考核制度，给予队员合理、公平的回报，提高队员的工作积极性。

2) 人员风险

(1) 风险。

① 缺乏合理的激励措施，队员士气低下，降低整体工作效率。

② 缺乏必要的人事规范，增加工作失误，重复工作，降低工作质量。在项目开发过程中，由于工作的繁重乏味，可能会导致人员的离职。

③ 智能语音系统开发结束前，关键技术成员离开项目组。

(2) 对策。

① 制定一套有效的激励机制是关键：为了使开发过程不显一味的枯燥，我们让项目组所有开发人员在轻松的氛围下交流，调节项目开发带来的压力；开发过程注重氛围，作为客户关系经理，在不影响开发的前提下，尽量使开发能够在一个轻松愉快的环境下进行；项目启动当日就明确了项目完成后的奖励，在物质上对开发人员造成吸引。

② 加强文档管理建设。考虑到在初期，每位队员在团队中都充当着比较重要的角色，如果中途发生离职等问题，在新队员接手之后，可能无法快速上手工作，而且随着项目的进一步发展，项目资料也会越来越多，所以建立完善的文档管理制度是非常有必要的。通过搭建文档管理体系与团队知识库，系统地将文档和知识进行分类，能用于新队员的培训以及团队知识体系的管理，提高工作效率。

3) 管理风险

(1) 风险。

① 削减预算打乱项目计划。

② 仅由项目经理进行技术决策，导致进度延长。

③ 非技术的第三方的工作(如采购硬件设备、合作方的协商)比预期要长。

(2) 对策。

上述问题的出现从根本上来说，是项目经理没有协调好成员之间的工作而造成的。管理人员应具有全局性的观念，充分了解软件开发的难度和功能的可行性，在做出相关决策之前与技术部门工作人员沟通商讨，使决策、计划更合理。运用科学的管理理念和一些管理工具平衡好技术与市场之间的工作，使团队的运作达到最佳的状态。应该为所有队员确立同一个目标，强调内部的团结合作，鼓励队员协力达成这个目标。

4) 财务风险

(1) 风险。

项目开发成本较高，但作为大学生创业团队，资金实力不够，同时，在运营过程中，公司获得的资金收入有限，因此要考虑如何在有限的资金条件下保证产品的正常推广运营，并且不断做大。若出现资金短缺，采取何种手段和措施才能保证公司的持续运营。

(2) 对策。

① 在公司创业初期，利用大学生创业的政策优惠寻求政府、大学生创业基金、风险投资人、天使投资等的帮助。同时，移动医疗颇受政府、爱心人士的关注和支持，因此可以寻求这些组织帮助，进行网站推广，可减轻公司初期的资金压力。

② 发展中期寻求融资。当公司产品具有一定的知名度和品牌口碑后可以尝试进一步融资，吸引大公司的投资，向银行借款或增设新股东，保证公司资金链的完整性，确保公司

的正常运营。

5) 技术风险

(1) 风险。

① 团队对于一些专业理论知识还不是很熟悉，在开发智能语音系统时或多或少都会遇到一些问题，要通过和其他科研人员进行沟通与学习，这将大大增加开发周期。

② 智能语音系统功能设计过于简单，考虑不仔细，不全面，导致重新设计。

③ 分别开发的模块无法有效集成，需要重新设计和实现。

④ 机器学习过程的快慢会受设备影响，所以需要提前配好环境甚至是在服务器机组上进行学习过程。

⑤ 智能语音系统界面与操作人机交互性不强，影响用户体验。

(2) 对策。

① 由于智能手机平台下开发应用软件是当今新兴的潮流，本项目技术涉及了较为先进的机器学习部分，要在团队中营造出学习、钻研的氛围，每位成员都尽自己的最大可能，并且需要付出大量的时间来补习基础性知识，从而更好地进行项目的开发。项目经理鼓励大家积极攻克技术难关，安排好学习和休息的时间，不至于使队员压力过大。

② 在软件开发的前期，收集、研究一些已经开发成功的智能语音系统案例，分析案例中用户界面的设计，智能语音系统功能的设计等关键点，为软件规划和设计做好准备，过程中，反复推敲功能设置的合理性并考虑用户体验，同时注意程序的运行效率和智能语音系统的可扩展性。

③ 设计方案的全面决定了后期的编程能顺利进行，所以负责技术开发的主管应当给予设计阶段充分的重视，进入智能语音系统开发阶段后，主管还应当追踪每个模块的工作进程，及时发现存在的问题。

6) 成长风险

(1) 风险。

公司正处于成长阶段，如果不能利用网络技术快速发展，实行同心化战略，市场趋于饱和时，将会严重影响公司资金周转，财务业绩及研发计划，进一步影响公司整体运营。

(2) 对策。

① 在技术开发上投入大量的资金，不断对产品进行改善，尤其注重新网络市场的开发，使其尽快增长，降低单一市场的经营风险。

② 积极营造良好的工作环境和科研环境，改善福利待遇，建立良好的人力资源管理体系，吸引高素质人才来公司工作。

3.3.6 创意与亮点

(1) 支持情感分析判断客户满意度，预测对话走向，实现一问多答与多问多答；

(2) 交互页面实时将语音识别成文字反馈给用户，确保识别无误，准确率高；

(3) 实现客户类型与具体情境定位，建立单独领域知识图谱，采用个性化话术知识库；

(4) 后台用户词典简单易设置，修改关键参数即可完成个性化话术设置；

(5) 采用最新语音识别引擎，支持多种语言和方言，适用面广；

(6) 自动生成工单任务报表，数据上传“云”，方便后期统计与客户管理。

3.4 项目答辩 PPT

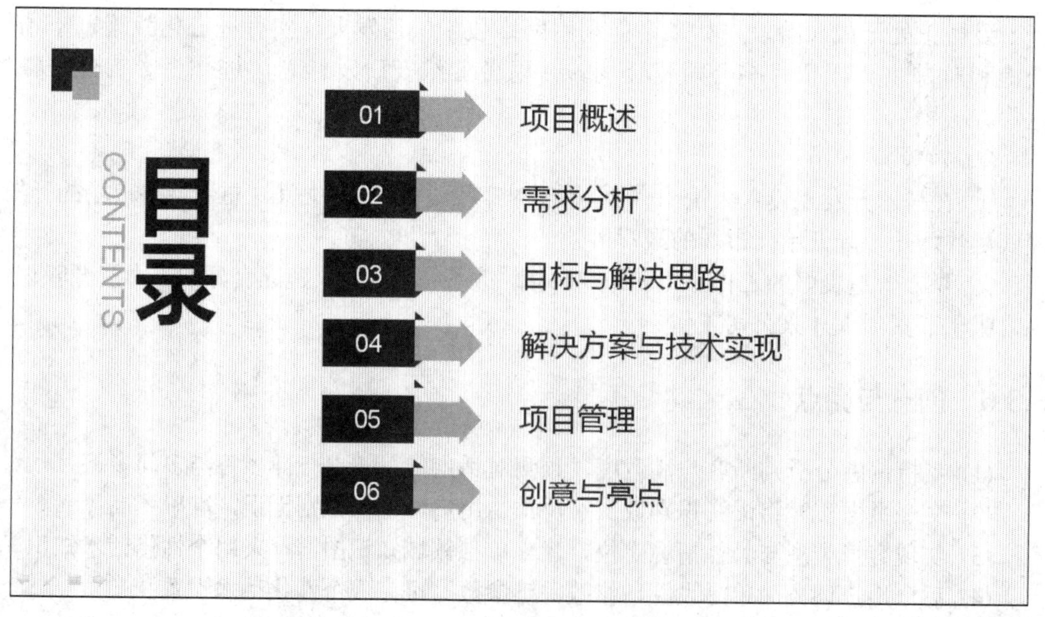

前言

Introduction

电话服务系统是企业与客户之间重要的沟通渠道，通过语音信息交互完成业务服务。随着自然语言处理、语音识别等技术的不断进步，智能语音应答技术及系统日臻成熟。智能语音机器人可以快速处理应答，提高业务处理效率，并大部分替代传统人工客服，降低企业成本。

项目概述

客服语音系统需要综合使用本地语音采集、云端语音识别、本地执行语音指令及离线语音分析、关联分析等功能，其核心是**实现实时语音助手**的功能。

我们的智能语音机器人基于科大讯飞智能语音及语音分析技术，具有语音识别、声纹识别、语音合成及自然语言理解能力，可以与客户进行基于自然语音或文字的交互，智能引导客户并响应客户需求。

需求分析

可行性分析

市场可行性

新兴业务的涌现使得传统的软件服务方式也发生了悄然的变化。

人员可行性

指导老师都是计算机专业教师，有着丰富的工作经验，具备较强的教学改革和科研水平

技术可行性

本组成员都有一定的组织编程开发项目经验，并且具有较强的自学能力和团队协作能力

政策可行性

国务院研究部进一步鼓励软件产业和集成电路产业发展的政策措施

操作可行性

本系统采用流行的B/S模式与手机端C/S模式相结合的方式也使本系统的管理维护变得简洁方便

经济可行性

具有集成性高，稳定性好，操作简单，使用方便等优点，效益>成本，因此经济可行

法律可行性

本系统完全遵守国家及国际发布的法律法规

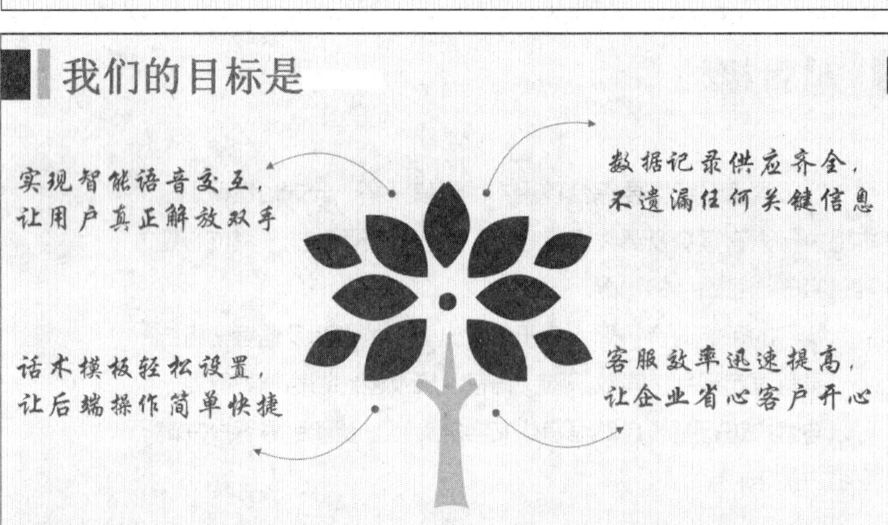

解决方案

	问题		方案
01	按键输入，服务体验差	→	采用语音识别、语音合成技术，让通话过程中无需按键输入
02	用户意图识别不正确，缺乏上下文语义理解	→	采用最新语音识别引擎，准确率高；深度学习，不断扩大后台数据集
03	历史信息储存困难，后期难以统计	→	全文字记录客户通话信息，客户录音上传“云”
04	话术设置困难，语言应用场景建立慢	→	人性化界面显示，让用户修改关键参数即可完成话术设置
05	无法服务口音特殊或方言的客户，质量管控及时性差	→	实时监控，增设提示功能，人工与智能客服无缝衔接

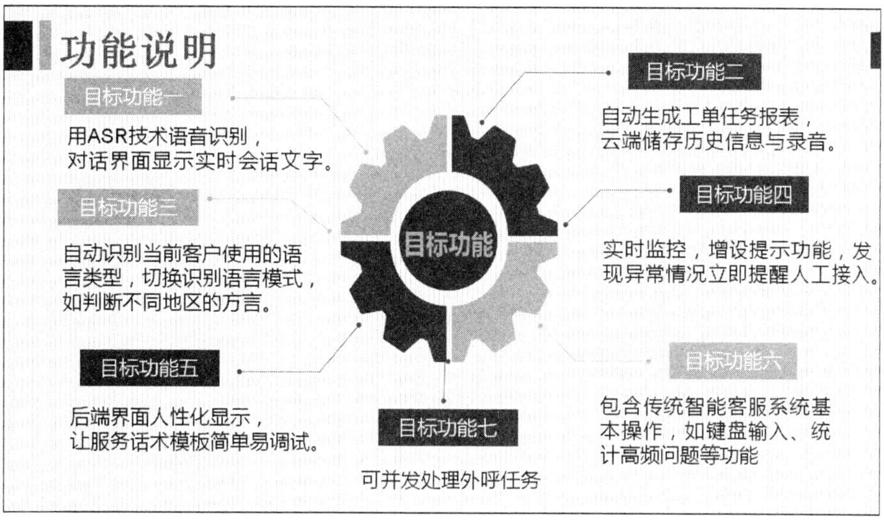

功能说明

目标功能

目标功能一
用ASR技术语音识别，
对话界面显示实时会话文字。

目标功能二
自动生成工单任务报表，
云端储存历史信息与录音。

目标功能三
自动识别当前客户使用的语言类型，切换识别语言模式，
如判断不同地区的方言。

目标功能四
实时监控，增设提示功能，发现异常情况立即提醒人工接入。

目标功能五
后端界面人性化显示，
让服务话术模板简单易调试。

目标功能六
包含传统智能客服系统基本操作，如键盘输入、统计高频问题等功能

目标功能七
可并发处理外呼任务

项目框架

模块	相关问题	相关技术要点	实现架构
语言客服	准确回答	依存句法分析	语言技术平台云
	实时会话	指代消解	B-CUBED 评价方法
	客户分流	省略恢复	联合模型
	问答引导	意图识别	基于决策树的分类器&特征工程
	方言系统	语音识别	科大讯飞 ASR引擎
	人工监管	对话状态维护	前端：Android 后端：JAVA 后台框架：Spring Boot 版本控制：Github
知识库	话术模板	业务系统对接	
	知识图谱	语义相似度计算	WordNet
	结构化知识管理	数据库信息管理	MySQL MyBatis
工单管理	工单生成	文本检索	EBM 扩展布尔模型
app	键盘输入	词汇纠错与敏感信息识别	
	语音输入		
	语音输出	语音合成	科大讯飞 TTS引擎

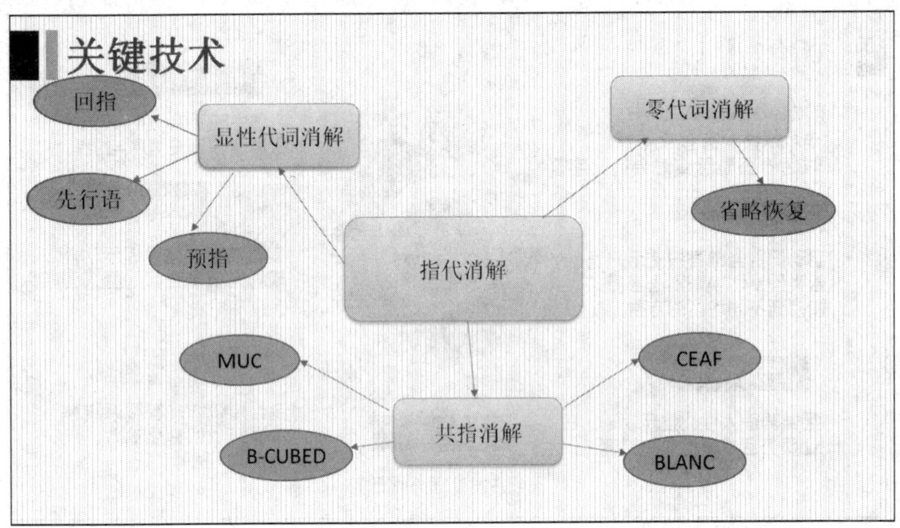
关键技术
回指
显性代词消解
零代词消解
先行语
省略恢复
预指
指代消解
MUC
CEAF
共指消解
B-CUBED
BLANC

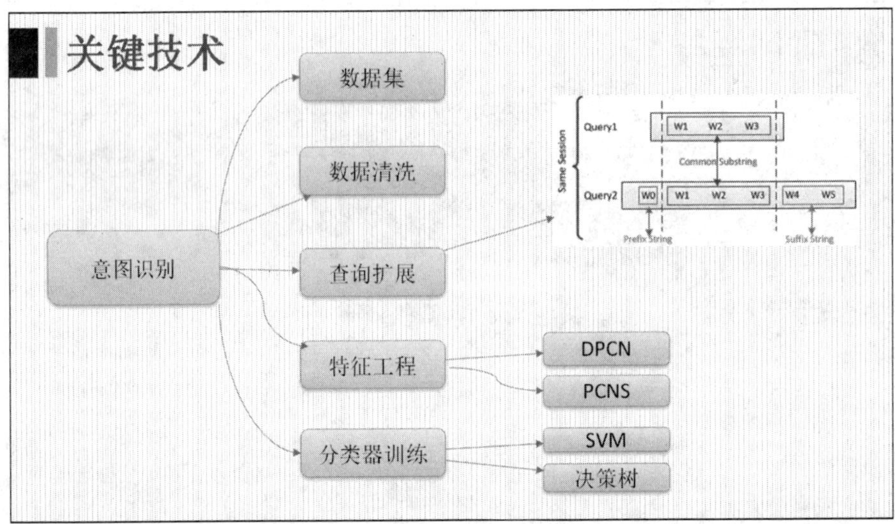
关键技术
数据集
数据清洗
意图识别
查询扩展
特征工程
DPCN
PCNS
分类器训练
SVM
决策树
Query1
Query2
Same Session
Common Substring
Prefix String
Suffix String

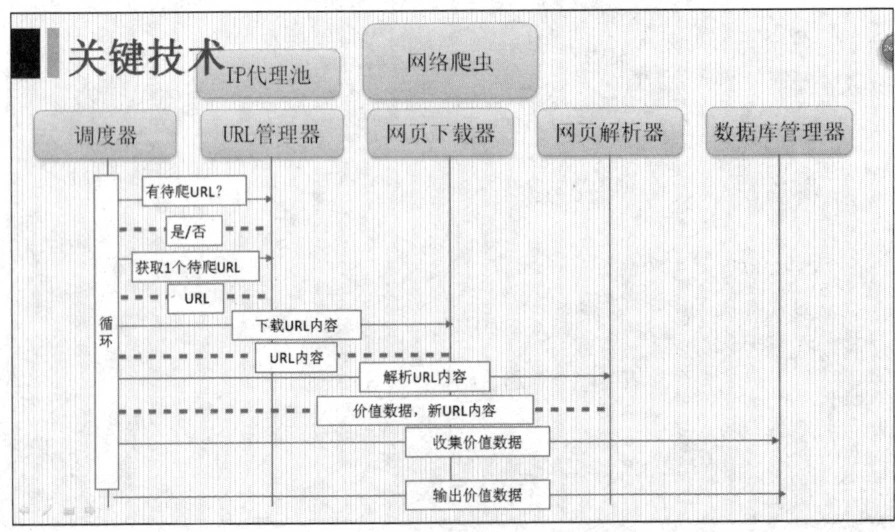
关键技术
IP代理池
网络爬虫
调度器
URL管理器
网页下载器
网页解析器
数据库管理器
有待爬URL?
是/否
获取1个待爬URL
URL
循环
下载URL内容
URL内容
解析URL内容
价值数据，新URL内容
收集价值数据
输出价值数据

项目管理 经济可行性

客户服务资源短缺、人工成本高一直以来都是企业难以逾越的一大障碍。

以当下市场上的几个主要智能客服为例，网易七鱼称可以为企业节省超过85%人力客服成本，淘宝在双十一期间超500万次查询仅有6%人工介入，而京东更是公布"创建工单的流程，可节省近15个小时的客服处理时间……每月节省上千万的人力成本"

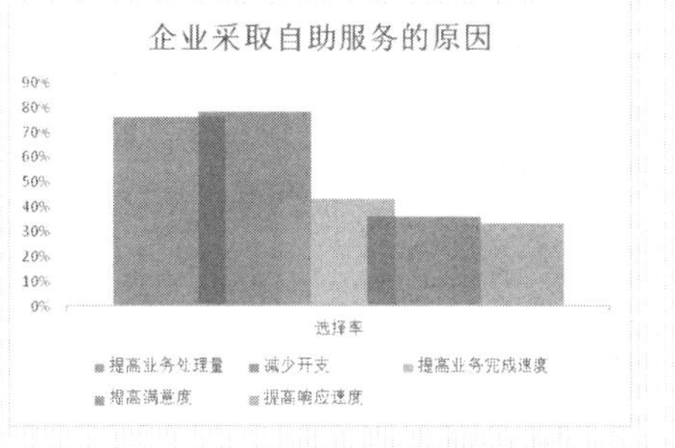

由此可见，智能客服的使用将大大降低人工成本。它将重复性操作系统化，实现了人力分配的精细化，避免了人力资源的浪费。

项目管理 技术可行性

企业不选择智能机器人的原因

100%

50%

0%

选择率

操作复杂 回答准确率低 增加开支 无法监管

当下企业不选择智能机器人的主要原因还是集中在操作复杂与回答准确率低上，而本系统采取语音识别技术，以前没有利用价值的语音一旦变成文字之后，我们可以用于很多方面。此外，通过不断训练系统，内部数据与互联网数据共用，可以最大程度提高回答准确率。

自然语言理解

问答引擎

基于知识库的问答

基于知识图谱的问答

开放式聊天

知识挖掘

模型训练

内部数据

互联网数据

项目管理 工作流程

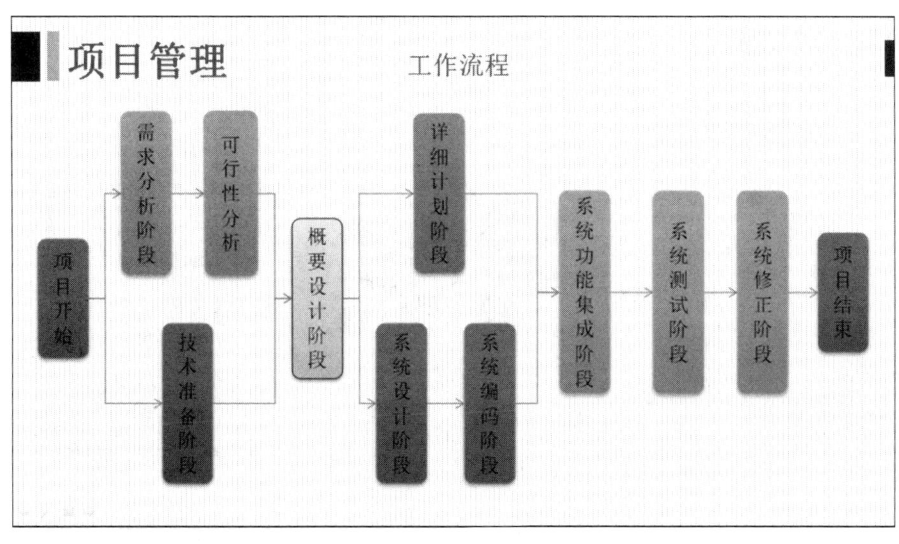

项目管理

任务分工

成员	负责内容	个人经验
语音语义分析师 老金	语音分析、语义合成分析	图形图像实验室 （自动商品售货系统）
软件架构师 航哥	软件架构设计、开发、测试、部署等	物联网实验室 （农产品电商平台）
数据挖掘师 鹏鹏	项目开发、数据挖掘	ACM校赛一等奖 集训队队员
前端设计师 小傅	前端实现、代码编写	前端开发；代码编写
项目经理 瑶瑶	项目管理、人员管理	上海薇仕网络科技有限公司 （电商运营）

项目管理

项目风险管理

将风险认定建立在项目组成员认可的基础上并限定在可控范围内，风险监控由项目经理主要负责。

项目过程管理

项目组制定项目开发计划，建立人员组织，并进行人员分配根据项目开发生命周期启动项目。

项目质量管理

项目范围的保证，时刻根据需求，把项目限定在准确的范围内进行开发。

项目沟通管理

召开项目会议，一周一次大会，每天一次小会，并建立会议文档，保证项目过程中出现问题的解决。

项目里程碑管理

每个阶段结束后责任人会生成相应的文档来确定进入下一阶段。

项目亮点

实现智能语音交互 让用户解放双手

智能客服采用最新语音识别引擎，准确率高。通话过程中无需按键输入，与真人对话无差别，服务体验更好。

供应齐全数据记录 不漏掉任何关键信息

自动生成工单任务报表，全文字记录客户通话信息，方便后期统计。客户录音上传“云”，随时随地可导出。

后端操作简单 话术模板设置

设置简单易调试服务模板，让用户修改关键参数即可完成话术设置。

提高服务效率 自动呼出，降低客服成本

可同时并发处理外呼任务，一天可处理上万条外呼任务，大量减少人工成本，同时提高企业客户服务效率。

3.5　案例点评

3.5.1　初赛点评

1. 项目创意

本案例是基于 ASR、NLP、TTS 技术的智能语音机器人的设计与应用，实现基于多轮会话的用户意图识别的问答系统。赛题本身就有着较高的技术含量和技术难度，赛题要求的任务清单也很多，对于开发团队有很大的挑战。本项目的功能实现能帮助企业的呼叫中心运用人工智能技术降低人工服务成本，提升企业效率，有很好的商业价值和社会应用价值。

在独特性方面，项目列出了六个亮点，从满足用户需求的角度提出了较好的解决方案，也采用了一些新技术，能够在项目创意部分得到较高的分数。

2. 市场及行业分析

本项目市场及行业分析的论述非常清晰，从业务需求、用户分析、产品优劣势、定位、迫切需求，再形成项目目标，虽然每部分内容缺乏深度，但作为学生作品而言，这样的论述能切合评分要求，可以保证能超过大部分同类作品。

3. 实施方案

本项目通过项目生命周期管理与团队角色分配及工作职责来保证解决方案的可执行性，各个阶段的工作目标清晰，难点明确，实施方案基本可行。可以得到评审老师的认可。

4. 技术实现与交付

本项目的技术内容比较多，每部分都需要有足够的技术功底去实现，这对本科生作品来说具有巨大的难度，尤其是亮点的内容，做起来都不容易。项目框架能清楚列出所需的技术要点，并且对每个要点进行论述，总体逻辑上是比较清楚的，但具体的内容比较杂乱，也有一些错误，更多的是简单论述概念，并不是可行性的方案，只能满足基本评分要求。

存在的主要问题是没有生成一张清晰的总体技术路线图，然后对几个核心技术进行详细论述。由于团队的能力和时间因素，对于这个难度较大的项目很难面面俱到，思路与关键技术的实现是进入决赛的关键。

5. 风险与控制

这部分内容描述了本项目存在的技术风险、管理风险、竞争风险、市场风险、人员风险、财务风险等风险内容，并提出所有风险的应对策略。存在的问题是内容太单薄，风险评估与控制方法停留在主观、简单的论述上，缺乏科学可靠的技术手段。显然这部分内容较难得到高分。

6. 项目展示

提交的项目概要介绍、项目详细方案、PPT 简介和系统演示视频内容完整，文档结构清晰合理，跟打分点基本对应，容易让评委快速获得需要的信息。PPT 制作尚可，体现了项目展示的要点。项目详细方案内容充实，但文档编写不够规范，插图有些杂乱，文笔不够简练。

3.5.2 决赛点评

1. 项目成果是否符合赛题要求

赛题官方要求的成果：

(1) 技术路径：支持连续实时语音识别，与 TTS、NLP 系统一起可实现全双工智能机器人语音交互。智能客服系统技术主要包括：词法分析、依存句法分析、文本检索、词汇纠错与敏感信息识别、语义相似度计算、指代消解、省略恢复、实体关系抽取、文本相似度、情感分析、语义分析、语义关联、知识图谱计算、意图识别、要素提取、深度学习、对话状态维护、业务系统对接。

(2) 技术指标：实时语音识别；语音识别的准确率不低于 95%，识别延时效率不高于 2 秒(语音流延时 2 秒识别完毕)，基于深度神经网络的机器学习算法，结合中文分词、词性标注、命名实体识别、句法分析、语义分析等自然语言处理技术，在语义理解的基础上实现智能识别。

命名实体提取准确率不低于 95%。词汇纠错率不低于 90%。情感分析准确率不低于 90%。多轮会话的意图识别(要素提取)不低于 95%。

TTS 引擎，发声自然。语音识别合成时间延时效率不高于 2 秒(语音流延时 2 秒识别完毕)。

(3) 提交标准：通过 MRCP 协议支持主流 ASR 系统的接入；知识图谱能从文档、数据库中提取实体和关系，储存在知识图谱中，将用户的提问解析成知识图谱查询操作，查询到结果后将实体属性和可视化图谱展示给用户；实现基于多轮会话的用户意图识别的问答系统建立；通过 MRCP 协议支持主流 TTS 系统的接入。

(4) 任务清单。

① 中科汇联提供电话信号到数字信号的转换；
② 实时语音解析(参考科大讯飞开放平台)；
③ 选手提供场景化的知识图谱构建；
④ 选手提供语义相似度计算；
⑤ 选手提供意图识别算法；
⑥ 选手提供特定领域词汇纠错；
⑦ 选手提供实体关系抽取；
⑧ 中科汇联提供智能问答接口；
⑨ 中科汇联提供实时语音合成。

本项目取得的成果基本达到了赛题要求。

决赛现场的展示要点：通过 PPT 展示和现场模拟演示智能语音机器人的客服功能，同时在屏幕上展示项目的技术路径、技术指标及提交标准的内容，列出出题企业任务清单的完成情况。

本部分的关键是要在短暂的时间内让评委留下清晰的印象，本项目功能、技术点非常多，要想完整展示是非常困难的，对学生来说完全实现也难以做到，所以围绕几个核心技术点来讲解清楚使用过程，比单纯罗列内容更加重要。

2．对客户、市场及行业分析是否全面、透彻

决赛现场的展示要点：将客户、市场及行业分析内容放置在PPT演讲的前半部分，包括业务流程、用户特点、目标市场、产品定位、业务类型等，然后再导出项目目标，PPT页数在3～4页。

本部分内容演讲需要在短暂的1分多钟时间内让评委留下分析要点全面的印象，一定要展示清晰的思路，让评委感受到对客户、市场及行业分析是到位的。

3．创意是否独特新颖、符合实际

决赛现场的展示要点：通过PPT列出项目的实现内容，以及采用的技术路径和技术关键，并突出显示创意描述内容，对每条创意进行讲解。功能性的创意用户界面通过现场演示展示使用过程，技术性的创意用图示展开。

本项目的创意内容有6点，过于多且缺乏独特性，很难给评委留下深刻的印象。需要简化成3个，重点放在情感分析、爬虫自建知识图谱、实时语音解析上面，这样容易得高分。

4．工作路线是否清晰明确，方案是否具备较高可行性

决赛现场的展示要点：项目详细清楚的工作计划，包括人员分工、进度、每个阶段解决的问题等。针对项目是智能语音客服系统的特点，需要特别说明数据样本的来源，从现实的角度可采用学生数据，数据量最好能有万级以上的量，数据样本满足正态分布要求。项目的测试应该举例实际的客服应用，如果能够提供测试验证报告就能得到更高的分数。

本部分的关键是能展示清楚的工作计划和技术路线，关键技术有详细的技术方案图，既让评委看清楚思路，又能展示一定的深度。突出点就是数据量跟实际应用的验证。

5．实现工具是否成熟可靠，项目有无完成

决赛现场的展示要点：用1页PPT展示技术路线图，包括文本处理、知识图谱、语法分析、数据库、情感分析等所有内容，以及这些模块对应的技术，可引用市场上智能语音系统商品软件列举该项目的成熟可靠性，然后用2～3页PPT重点展示关键功能，再列出已实现的功能列表。

本部分的关键是采用了成熟可靠的技术，赛题要求的内容基本实现。否则将难以得到评委的高分。

6．工作路线与项目需求是否匹配恰当，资源及成本控制是否合理

决赛现场的展示要点：工作路线可通过1页PPT展示整体思路，包括技术、管理、开发、实施等内容，然后再介绍项目团队拥有力、物力、财力资源，现有的资源满足项目需求的可能性。

本部分的关键是能让评委清楚看到工作路线与项目需求的合理匹配关系，资源及成本控制合理性。

7．能否在规定时间内高效、生动地完成项目展示

决赛现场的展示要点：主讲人的作用非常关键，围绕得分点，简单清楚明了的陈述相关内容，PPT 时间控制在 7 分钟，智能语音客服系统演示控制在 3 分钟，针对智能语音客服系统的特点，项目展示采用角色扮演的形式进行。

本部分的要点是主讲人要有较强的表达能力，又要全面了解智能语音客服系统的解决方案，还要有机智的应变能力。系统现场演示的效果也很重要。

8．团队是否具备项目所需的行业经验和专业背景、技术能力

决赛现场的展示要点：团队成员在答辩现场的精神风貌是留给评委老师的第一印象，主讲人通过 PPT 尽可能展示团队成员的专业、特长、实习经历、项目经验、技术能力等团队的优势，通过 PPT 详细列出项目所需的角色配置及各个角色的工作职责。

本部分的关键是多层次多角度展示团队的优势和技术能力，让评委老师了解到本项目团队是一支能够胜任工作任务的队伍。

9．通过实物、视频以及可执行的程序于大赛决赛期间展示参赛项目的理念、功能及服务

决赛现场的展示要点：演示智能语音客服系统的所有功能，最好能和评委老师互动，或由评委老师来操作，这样更具有说服力。演示的内容与人工客服的内容相一致，演示效果能达到赛题要求。

本部分的要点是让评委体会到智能语音客服系统具有实用价值，有广阔的市场前景，这样才能得到评委的高分。

第四章

案例 3：智能外包管理平台

开发团队：要做个仙女队
奖　　项：第九届中国大学生服务外包创新创业大赛企业命题类团体二等奖

4.1 赛题描述

4.1.1 赛题信息

赛题名称：智能外包管理平台
赛题编号：A10
命题企业：虹软集团
命题方向：其他
题目类别：应用类

4.1.2 背景说明

【整体背景】

随着公司业务的发展以及在 AI 和人工智能领域的持续深入，需要把部分工作外包。外包可以更加有效地利用社会资源，优化资源利用率。但在外包实践中，我们遇到诸如任务跟踪，人员管理，资源访问控制的问题，我们希望能够有一套众包管理平台，更好地管理人员和任务。

【公司背景】

虹软公司是一家专注于影像和多媒体软件的技术公司。1994 年成立，为 OEM 制造商提供非常先进的应用软件、为电信从业者以及消费性电子产品公司提供基础建设解决方案。在研发或市场营销领域一直都是产业前瞻领导者。公司提供适用于数码相机、个人电脑、外设、移动终端设备的多媒体嵌入式软件产品以及消费电子固件方案。

【业务背景】

虹软公司是基于多媒体软件技术的一家公司，与世界上各大移动设备生产商有十分紧密的合作关系，为他们提供优秀的图形图像解决方案。随着虹软更多地在 AI 和人工智能方面的深入，需要大量的素材，这些素材的收集、整理、归类需要大量的人力，公司引入外包的形式来解决人力紧缺的问题。

4.1.3 项目说明

【问题说明】

我们在外包的过程中，主要遇到了如下问题：

(1) 外包人员来源比较广泛，通常一个任务会有不止一个接包公司承担，如何登记和管理这些人员是一个比较大的难题。

(2) 外包人员工作时间千差万别，有些工作的工作时间并不确定，如何对这些人员进行考勤也是一个问题。

(3) 外包人员工作内容的安排没有系统记录，存在不方便查找、归类、统计的问题。

(4) 如何防止工作资料、工作成果被未授权人员访问也是一个比较大的难题。

因此，我们需要开发一套外包人员管理平台，来帮助我们解决这些问题，以方便我们更好地利用外包资源，完成任务。

【用户期望】

我们期望外包平台能够同时提供 PC 端、手机端访问，以方便我们的外包人员可以随时参与到外包任务，并及时反馈工作进度，最重要的是我们希望我们的资源能够被授权访问，我们的工作素材、工作成果都严格保密，具体来说，我们希望能够具有下面的功能：

1) 人员管理

系统需要对这些人员提供下面的管理功能：

(1) 外包人员信息登记；

(2) 外包人员各项保密协议，合同签订情况登记；

(3) 人员信息的查询和维护。

2) 人员考勤

我们希望系统能够提供下面的功能：

(1) 每个外包人员的开始工作时间、结束工作时间被记录；

(2) 希望可以很方便地知道在一个时间区间内，我们外包的各项工作的大致完成情况；

(3) 在考勤时，系统需要对当前的用户进行必要的身份验证。

3) 任务管理

我们希望系统能够在外包任务管理方面，提供下面的功能：

(1) 可以以项目的方式被管理，发包人员可以制定项目实施计划，指定参与人员，确定项目安全等级。

(2) 接包人员可以登录到系统，通过人员识别验证后，查看分配到自己的任务，选择任务，开始工作。

(3) 在任务完成之后，提交工作成果。

(4) 任务的发包人员可以在系统上看到各个分发出去的任务状态，及时跟进各个任务的完成情况。

4) 安全平台

虹软公司是一家高科技公司，对于工作内容具有严格的保密级别要求，任何资源的访问都需要具有相应的授权，高级别的安全仅能供指定的人在指定的时间，指定的地点(比如可通过网络 IP 段限定方式)才能访问。我们希望平台包含安全检测功能，在以下场合可以使用：

(1) 接包人员在登录系统开始工作时，安全平台自动启动，在后台不定时的检测当前的用户是否为授权的用户。

(2) 在登录时检查登录人员是否与人脸特征库中的人脸信息相匹配。如果不匹配就不能登录系统。

(3) 在访问高安全等级的资源和任务时，需要在访问期间没有第三方人脸(也就是除了指定的操作人脸外，不允许有第二个人脸)的介入，如果有，就暂停资源的显示。

4.1.4 任务要求

【技术路径】

需要通过实地调研，了解服务外包过程中遇到的具体问题，比如说人员管理问题，资料和任务分发，业务成果提交过程中具体遇到的困难。并给出针对性的解决方案。

【技术指标】

(1) 系统为 CS 结构，主要功能运行在服务器端，客户端可以为 PC 和 Android；

(2) 服务器和客户端的接口采用 Rest API 的形式，方便调试和扩展；

(3) 使用方便，客户端不能占用太多的系统资源和内存；

(4) 服务端需要能够满足多人(20～50)同时在线使用和查看而没有明显的卡顿。

【提交标准】

(1) 需提交任务调研需求报告，形成可行性研究报告；

(2) 需要对业务需求进行分析，形成需求规格说明书；

(3) 需要提交详细设计文档，包括主要业务流程设计说明；

(4) 需要提交可以运行的程序，程序需要包括 PC 端和 Android APP 端。

【任务清单】

(1) 需求调研，并形成需求规格说明书；

(2) 系统架构设计，形成详细设计文档；

(3) 程序开发，包括 PC 端程序和 APP 端程序开发。

4.1.5 参考信息

【参考工具】

业务外包的原型可以参考市场上现有众包平台的设计思路。

【参考资料】

虹软公司提供人脸检测和识别的 API，具有人脸检测，人脸跟踪，人脸识别，性别年龄检测等功能，可供开发者下载使用。所有的 SDK 均提供了全平台支持，只需要从虹软官网下载获取 ArcFace 引擎应用开发包，及其对应的激活码(App_id，SDK_key)，就可以将开发包导入到应用中。更多信息，请访问 http：//www.arcsoft.com.cn/ai/arcface.html。

【数据接口】

无。

4.2　项目概要介绍

4.2.1　前言

随着经济全球化和世界产业结构的进一步调整，企业产业结构多样化，服务外包企业蓬勃发展，逐渐成为全球经济发展新的增长点和重要的推动力。外包服务方式是经济发展与技术进步的结果，这种方式可以在一定程度上降低企业的营运成本，利于使用企业自身没有的资源，集中全部精力去做自身擅长的核心业务，进一步增加企业的市场竞争力。

因此，如何开发出一个安全、透明化的外包平台是本项目的重点关注内容。既能满足一系列项目外包的需求，提供方便快捷的外包交易平台；又能方便外包人员随时参与到外包任务，对接包人员进行考勤管理并及时反馈工作进度、授权接包方访问资源，从而达到保密工作成果、及时在可控范围内完成服务外包的目的具有重要的现实意义。

4.2.2　创新描述

智能外包管理平台针对现有服务外包平台安全性低、项目过程管理缺失、软件外包信任关系问题以及外包行业的规范制度尚不完善的现状，开发一款能够清晰系统地管理整个外包过程，保障用户机密文件安全使用防止泄密，维护接包者知识产权，并建立一个透明的外包信用体系的软件。

本平台通过自定义外包流程的方法，来解决外包过程复杂或有多个接包者状态下的外包进程的有序管理；通过人脸识别与安全检测算法结合的方法，通过定期或不定期检测接包者工作状态来防止有第三人或非接包者本人的文件操作而导致的泄密。通过多点共识监督的区块链技术来完成用户的信用和工作记录监督，从而建立不可更改并且真实可靠的外包信用体系，加强接包方、发包方、平台之间的信任关系。

本平台具备全面管理项目开发进程，追踪进度，通过人脸识别安全检测保障用户资源保密安全，多方可信赖的能力，将区块链技术、人脸识别、多方密钥等计算机前沿技术与外包服务行业结合来开发一款智能外包管理平台。

4.2.3　功能简介

本平台主要分为四个功能模块，分别为人员管理、项目管理、保密管理和人员考勤。人员管理模块主要针对外包人员的考勤、工作状况进行管理和评估；项目管理模块是针对发包方项目的开发过程的规范化管理，提高工作效率；保密管理模块，则是对发包者、接包者的资源管理，文件保密的管理部分；人员考勤模块包括开始工作时间、结束工作时间、项目进度等。

4.2.4 特色综述

1. 流程化过程管理

智能外包管理平台将使用人员考勤，进度追踪，流程化外包过程的方式来规范外包过程。每次接包者开始工作就会记录开始和结束时间，工作进度能够及时记录，反馈给发包方，从而保证项目的开发进程在发包者的可控范围内。发包接包双方可以通过平台具体交流项目要求和内容，保证消息的及时传递流通。对接包者的工作质量、信用度进行记录，能形成个人的工作报告，方便接包者和发包者在竞标选择时获得更完善的信息。

2. 基于区块链与多方密钥协商的文件保密传输

本项目通过结合区块链技术和多方密钥的协商协议来实现私有保密资料的少部分人传输。使用人脸识别系统，通过安全检测平台，实时监控反馈给发包方，以降低在项目开发进程中，有他人操作泄密的可能性，增强机密资源和工作成果的安全性和保密性。区块链技术和多方密钥的协商协议如图 4-1 所示。

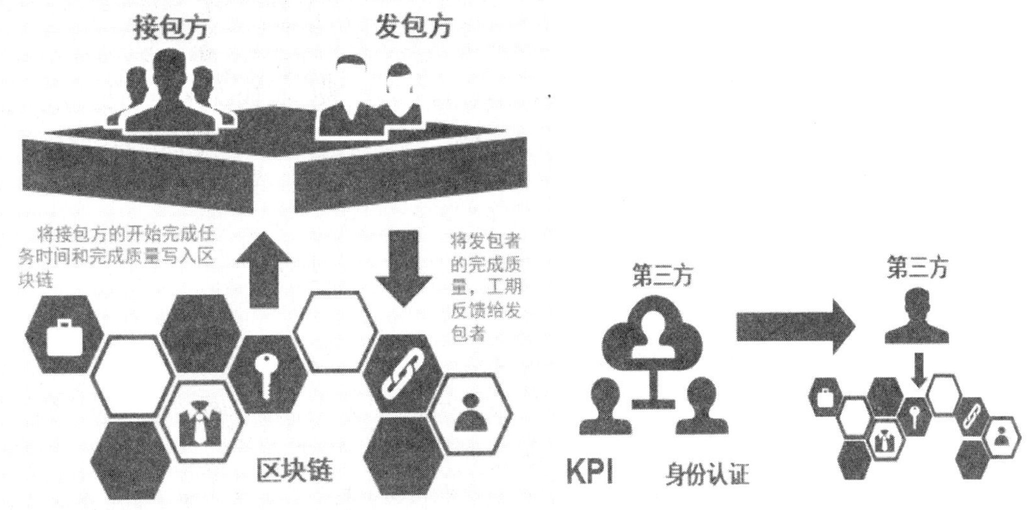

图 4-1　区块链技术和多方密钥的协商协议

3. 深度学习人脸识别的安全性检测

高于人脸识别的机器学习算法。人脸识别能够方便发包方对接包方进行身份认证，防止资料泄露。但除认证之外，我们可通过机器学习，使得系统能够辨识出通过摄像头识别出的人脸，返回系统进行身份校验，如果摄像头前出现无授权访问用户，则控制系统停止资料访问。与单一的人脸识别技术相比较，这样一来，系统可实时监控，避免了初次人脸识别认证通过之后的一段时间内发生资料泄露，最大程度保障了资料的安全性。

4.2.5 开发工具及技术

1．Go 语言

可直接编译成机器码，不依赖其他库，可以充分地利用多核，很容易地使用并发，支持垃圾回收，有丰富的标准库。表达能力强大，支持大多数特性：继承、重载、对象等。

2．Go Ethereum

Go Ethereum 是以太坊协议的三个原始实现之一。它是用 Go 编写的，完全开放源代码并在 GNU LGPL v3 下获得许可。Go Ethereum 可以作为独立的客户端 Geth 使用，可以将其安装在任何操作系统上，也可以作为可以嵌入 Go，Android 或 iOS 项目的库。

3．Node.js

采用事件驱动、异步编程，为网络服务而设计。JavaScript 的匿名函数和闭包特性非常适合事件驱动、异步编程。而且 JavaScript 也简单易学，很多前端设计人员可以很快上手做后端设计。

Node.js 非阻塞模式的 IO 处理给 Node.js 带来在相对低系统资源耗用下的高性能与出众的负载能力，非常适合用作依赖其他 IO 资源的中间层服务。

Node.js 轻量高效，可以认为是数据密集型分布式部署环境下的实时应用系统的完美解决方案。

4．Material Design

Material Design 的设计规范包含很多方面，它可以细分为大量的具体概念和处理办法。Google 制定出的是一套如何创建动画，样式，布局，部件，图案及可用性的详细规范。

这些规范源于 Material Design 提出的对基本物理特性、形变特征和运动特点的理解。其指导理论是将材料元素置于基于现实的、近似的 3D 空间内。从美学角度来说，Material Design 介于扁平与拟物之间。拥有支持库 Android Design Support Library。

4.2.6 应用对象

在软件外包行业中，通过网络平台进行的外包项目存在诸多不确定的因素，外包过程管理困难，知识产权不明确，外包人员管理混乱，安全性不高，信息不对称等问题使外包管理平台陷于窘境。本项目旨在建立一个透明安全的智能外包管理平台，通过平台简化线上线下外包项目的管理工作，适用于多人参与的企业与个人、企业与团队、团队与团队之间的外包项目管理，也适用于线下交易、线上管理，或纯线上交易管理的外包活动。

4.2.7 运行环境

1) Android 客户端

硬件：基于 Android 操作系统的智能手机。

版本：Android 7.0 以上的版本。

2) 服务器端

内存：2 G 以上。

CPU：主频 2 G 以上。

操作系统：Windows Server 2003。

硬盘：120 G 以上。

3) 客户端

内存：512 M 以上。

CPU：主频 1.6 G 以上。

操作系统：Windows 7。

浏览器：Internet Explorer 6.0 以上。

4.2.8 结语

本产品希望通过结合区块链技术的去中心化、多点共识、不易篡改的特性，构建一个真实透明的服务外包信用体系，加强外包从业者对软件外包的信任度，促进外包行业发展以及相关政策规范的实施。通过流程化的过程管理，让外包项目的每一步都清晰可见有条理，从而减轻项目开发过程中发包者对项目进度的担忧，同时也能够让项目更高效地完成。

4.3 项目详细方案

4.3.1 项目背景

1. 整体背景

外包服务是一种经济活动，在这一活动中企业将自己产业或者价值链条中，非关键核心的基础业务，通过承包给第三方的方式来完成。承包外包服务的提供商需要具备一定的资质，同时，在整个外包服务的过程中，所有业务内容都是借助互联网计算机等技术工具与方式来进行完成，包括外包服务订单的获取与最后的相关服务费用的结算。

随着经济全球化和世界产业结构的进一步调整，企业产业结构多样化，服务外包企业蓬勃发展，逐渐成为全球经济发展新的增长点和重要的推动力。外包服务方式是经济发展与技术进步的结果，这种方式可以在一定程度上降低企业的营运成本，利于使用企业自身没有的资源，集中全部精力去做自身擅长的核心业务，进一步增加企业的市场竞争力。

服务外包是指企业价值链中原本由自身提供的具有基础性的、共性的、非核心的 IT 业务和基于 IT 的业务流程剥离出来后，外包给企业外部专业服务提供商来完成的经济活动。因此，服务外包应该是基于信息网络技术的，其服务性工作(包括业务和业务流程)通过计算机操作完成，并采用现代通信手段进行交付，使企业通过重组价值链、优化资源配置，降低了成本并增强了企业核心竞争力。数据显示，2010 年以来 IT 服务支出的年均增速保持在 3.5%左右，2011 年全球服务支出约为 8400 亿美元。

国内服务外包企业发展迅速，在企业规模、人员、资质认证、业务结构等各方面均取得了很大提升，同时产业领域不断延伸，业务逐步成熟和完善，但在服务外包管理方面，却仍有较大提升空间。所以我们想通过搭建一个外包管理平台，对外包人员及项目进行跟踪管理，并对外包资源访问进行控制。目前外包平台存在以下弊端：

1) 集聚效应滞后

产业集聚通过产生外部性，知识溢出使企业收益，此外产业集聚还能够降低成本，增加企业收益。服务外包也应讲究规模效应，但目前我国服务外包还不够集中，尚未形成明显的积聚效应，随之造成承接与开发大型服务外包项目能力不足。其中制约和影响外包行业发展的一个重要原因就是缺乏有影响力的、能真正代表国家服务外包企业利益的行业组织。由于缺乏行业协会的组织和领导，外包企业无法共享资源、形成凝聚力，无法与政府进行有效沟通，制定品牌战略，无法在国际上统一开展品牌建设和宣传活动。如印度 NASSCOM 对印度成为世界软件外包中心发挥着重要作用，而中国正缺乏这样的行业组织。

2) 人员登记管理困难

服务外包涉及的业务范围非常广泛，从最基本的信息输入到复杂的财务核算，从简单的电脑日常维护到高端的软件开发、程序设计，所涉及的环节越来越复杂，对从业人员的登记和管理相对困难。

3) 外包传统模式

目前大多数外包过程从以下几方面实施：

(1) 评价选择外包方。要确保外包过程的结果满足规定的要求，必须选择合格的外包方。可参照评价选择采购产品的供方的准则，评价外包方有无完成外包过程的能力(包括质量保证能力、过程的能力、设备的能力、人员的能力等)，选择合格的外包方。

(2) 与外包方签订合同或协议。为了明确外包过程双方的职责，组织应与外包方签订外包合同或协议，在合同或协议中，应明确对外包方的要求。对外包方的要求应与外包方进行沟通，并明确各方的职责及有关问题的协调、处理的要求。

(3) 验证外包过程的结果。应按合同或协议的规定，验证外包过程的结果是否满足规定的要求。验证可以在组织内部进行，也可以在外包方处进行。验证的要求及方法应在合同或协议中做出规定。应保持外包过程验证记录。

(4) 对重要的外包过程，进行现场监控。对于某些重要的外包过程，组织应到外包方进行现场监控，以确保外包过程按照要求实施。

以上这一流程，在一些不必须进行现场监控的外包行业中，均可通过线上沟通方式进行，不仅节约了人力物力，在时间和空间上也避免了一定的局限性。但在不同行业中，外包人员工作性质千差万别，有些工作进行的时间并不确定，人员考勤工作的进行有一定难度；再者，外包人员工作内容的安排没有系统记录，存在不方便查找、归类、统计的问题。

4) 资料及成果保护措施不力

知识产权问题作为制约服务外包发展的重要因素，一直没有得到妥善的解决。服务外包具有高技术、高知识特性，外包业务涉及大量的信息技术交易，发包方对接包方的信息安全、数据保密以及双方的知识产权界定尤为严格，服务外包项目中往往含有商业机密和软件版权，国外发包企业对知识产权保护尤为关注。知识产权是权利人专有的，企业在业务外包的过程中，有时会牵涉各种专利问题，如产品的商标、生产的技术等归属不明的问题或者自身核心技术相关的内容易被他人剽窃。虽然中国目前有针对这方面的法律规范，但法律条文内容比较滞后，难以满足快速发展的服务外包的需求，再加上执法力度不够，工作资料、工作成果保密性监管也是一个比较大的难题。

除此之外，企业在实际服务外包的实施中，往往会遇到因信息不对称等造成的问题。企业将业务外包出去后，对于那些业务的完成情况并不能完全掌握，加大了企业自身的管理难度。

因此，如何开发出一个安全、透明化的外包平台是本项目重点关注的内容，既能满足一系列项目外包的需求，提供方便快捷的外包交易平台；又能方便外包人员随时参与到外包任务，对接包人员进行考勤管理并及时反馈工作进度、授权接包方访问资源，从而达到保密工作成果、及时在可控范围内完成服务外包的目的具有重要的现实意义。

2．市场分析

1) 服务外包相关政策

2018年是“十三五”规划承上启下的关键一年，商务部在《国际服务外包产业发展‘十三五’规划》中提到：在“十二五”期间，面对错综复杂的国际环境和艰巨繁重的国内改革发展稳定任务，各地区各部门在党中央、国务院的坚强领导下，抓住全球服务外包较快发展的机遇，顽强拼搏，开拓创新，推动我国服务外包产业快速发展，承接离岸服务外包规模稳居世界第二位，对稳增长、调结构、促就业的作用不断增强。

早在温家宝总理任职期间，他就在《政府工作报告》中指出：大力承接国际服务外包。服务外包的有关内容还被列入了国家“十一五”规划。在2006年的《公告》中，中国商务部实施了服务外包“千百十工程”，与有关部门共同制订了一系列支持政策，确定了1个国家级示范基地和11个基地城市。在2007年的《公告》中又将服务外包列为“中国国际投资贸易洽谈会”的主要活动之一。有关地方也制订了许多支持政策。

2) 服务外包产业社会环境分析

在刚过去的2017年中，我国服务外包产业实现高质量增长，在向智力投入转变，向高技术含量、高附加值业务拓展中迈出坚实步伐，成为新常态下产业升级、外贸转型的有利支撑。

增速显著提升。据商务部统计，2017年全年中国共签订服务外包合同金额1807.5亿美元，同比增长25.1%；完成服务外包执行金额1261.4亿美元，同比增长18.5%。其中，离岸服务外包合同签约金额、执行金额分别为1112.1亿美元、796.7亿美元，同比分别增长16.7%、13.2%，增长速度领先服务贸易出口速度，是新兴服务业出口的核心。

结构持续优化。服务外包企业向高附加值业务环节拓展势头显现，2017年中国企业承接国际IT解决方案业务同比增长367.1%，企业逐渐具备面向最终客户提供项目咨询设计、实施执行及运营维护等全流程服务的综合能力。同时，企业积极融合新一代信息技术提升外包价值，全年承接国际电子商务平台服务、互联网营销推广服务、数据分析服务执行额分别比前一年增长226.4%、73.8%、51.9%。基于云计算的交付模式变革、基于大数据的业务升级、基于人工智能的平台搭建更加普及。

服务外包监管被提上日程。不断出现的“外包交付周期超出预期”“定制开发产品束之高阁”“外包预算上涨”等现象引发对外包价值的新一轮反思及对外包风险进一步监控的需求。近年来，“一行三会”加大对金融机构外包的监管力度，《中国人民银行关于加强银行卡收单业务外包管理的通知》要求严格规范与外包服务机构业务合作，《中国保监会关于专业网络保险公司开业验收有关问题的通知》规定保险公司应具有完善的外包业务管理制度。2018 年对服务外包的监管、信息安全的风险防范将成为重中之重。

3) 服务外包产业为发展“十三五”重点领域

在 2017 年发布的《国际服务外包产业发展‘十三五’规划》中提到：云计算服务、软件研发及开发服务、集成电路和电子电路设计服务、供应链管理服务、电子商务平台服务、大数据分析服务、工业设计服务、工程技术服务、管理咨询服务、医药和生物技术研发服务、信息技术解决方案服务、文化创意服务共十二项内容作为服务外包产业发展“十三五”重点领域。

4) 行业前沿技术发展

近年来，比特币价格暴涨，使得作为最早支持比特币的底层技术——区块链引起了金融行业的大量关注和探索。区块链是按照时间顺序将数据区块以顺序相连的方式组合成一种链式数据结构，并以密码学方式保证不可篡改和不可伪造的分布式账本。区块链技术是利用块链式数据结构来验证与存储数据，利用分布式节点共识算法来生成和更新数据，利用密码学的方式保证数据传输和访问的安全，利用由自动化脚本代码组成的智能合约来编程和操作数据的一种全新的分布式基础架构与计算方式。区块链的去中心化、多点共识等特性，能够帮助我们构建一个透明、公开、公平、公正的外包信用体系。

人脸识别技术是指利用分析比较的计算机技术识别人脸。人脸识别是一项热门的计算机技术研究领域，其中包括人脸追踪侦测、自动调整影像放大、夜间红外侦测、自动调整曝光强度等技术。人脸识别技术属于生物特征识别技术，是利用生物体(一般特指人)本身的生物特征来区分生物体个体。人脸识别应用于信息安全，如计算机登录、电子政务和电子商务。在电子商务中交易全部在网上完成，电子政务中的很多审批流程也都搬到了网上。而当前，交易或者审批的授权都是靠密码来实现，如果密码被盗，就无法保证安全。但是使用生物特征，就可以做到当事人在网上数字身份和真实身份的统一，从而大大增加电子商务和电子政务系统的可靠性。

密钥协商协议是在公开的信道上，两个或者多个参与者之间进行的共享密钥机制，以保证通信安全和对敏感信息的加密。通信主体需要相互信任，并且需要一个可信中心对彼此身份进行认证，以安全进行密钥协商。为防御针对中心进行攻击或者中心以权谋私，在区块链系统下的多方密钥协商协议，利用区块链存储数据只能增加不能删除与更改的特性，使得协议具有更高的安全性。

3. 行业分析

1) 服务外包相关软件现状

我们调研市场上已有的各类服务外包管理平台，诸如解放号、快包、码市等，以及多个 Android 端外包 APP，发现大多数的外包管理平台的基本流程为发布需求、接包方竞标、开始项目、资金托管、客户验收，整体流程更加偏重于交易性、对接性，更多关注的是发包方和接包方之间的联系和交易，而对具体的外包过程管理所涉不多，因此发包方如何控制外包进度，保证资源保密安全依旧是个大问题。

这些外包平台的需求发布管理参差不齐，缺乏筛选管理，存在不少需求不清晰、规划不完整的项目，如何保证外包项目真实可信，如何保证外包项目的完成质量，这是我们关注的重点之一。

2) 市场份额分析

2017 年，中国完成服务外包执行金额 1261.4 亿美元，但通过外包网站或者软件进行的外包项目总额却是极小的一部分。Android 端的外包软件下载量不超过 2000 人，区域性强。在网页外包平台上，注册人数较多，但真正参与外包项目的工作者较少。对于网络平台的外包项目，从业者主要持观望态度，对外包项目的交易安全性、公平性有所担忧。因此，外包市场目前还有较大的发展空间。

3) 现阶段我国服务外包产业的发展特点与趋势

在全国深化改革开放、加快转变经济发展方式的大背景下，中国服务外包进入了创新发展的阶段，产业发展取得了不俗的成就。2018 年是“十三五”规划承上启下的关键一年，是举国上下贯彻落实十九大精神的开国之年，是改革开放 40 周年，同时也是决胜全面建成小康社会的关键之年。现阶段，我国服务外包具有以下特点：

(1) 发展空间更加广阔。世界经济进入服务经济时代，服务业跨国转移成为经济全球化新特征，服务外包日渐成为各国参与全球产业分工、调整经济结构的重要途径。据国际权威机构预测，到 2020 年，全球服务外包市场规模有望达到 1.65 万亿美元至 1.8 万亿美元，其中离岸服务外包规模约为 4500 亿美元。“中国制造 2025”、“互联网+”将释放服务外包新需求，国内在岸市场规模将进一步扩大，为服务外包产业离岸在岸协调发展提供了有力支撑。

(2) 跨界融合日益明显。信息技术发展成为服务外包产业的技术基础，数字交付成为服务外包交付的重要方式。信息技术外包(ITO)已由软件编码和测试等拓展到软件平台开发和数据中心运维服务。业务流程外包(BPO)和知识流程外包(KPO)也正在为更多的行业提供专业服务，ITO、BPO 和 KPO 的边界不断被打破，逐步互相融合，服务外包向技术更智能、领域更广泛、价值链更高端的趋势发展。

(3) 创新成为核心驱动力。大数据、物联网、移动互联、云计算等信息技术的应用，既创造着广泛服务需求，又带来技术模式和交付模式的新变革。传统的以人力资源为关键要素的人工服务时代逐步进入智能服务时代，服务效率不断提升。发包企业主要关注从降低成本向获取专业服务拓展，对接包企业信息技术和专业服务能力的要求越来越高。劳动密集型的外包将平稳增长，高技术、高附加值的综合性服务外包将快速增长。

(4) 市场竞争日趋激烈。美欧日等发达经济体服务发包规模仍将继续增长。为争取更多市场份额，并抢占全球价值链高端环节，全球 70 多个国家(地区)均将承接国际服务外包确立为战略重点，并不断加大对企业能力建设的政策支持力度。印度、爱尔兰等国仍将努力维持服务外包竞争优势地位，马来西亚、墨西哥、越南、菲律宾等国的承接能力正快速提升。

综合判断，虽然我国服务外包产业面临的国际市场环境严峻复杂，但发展基础和条件依然坚实，空间广阔，仍将处于大有作为的重要战略机遇期。

4. 竞争优势

1) 规范化

国际外包和国内外包产业的稳定发展，我国服务外包的交易金额不断增加，国家鼓励发展服务外包行业的政策等因素，对服务外包管理的要求也逐步提高。但当前的服务外包行业规范尚未形成，而各类外包项目交易平台的服务质量和模式存在较大差异，大部分基于互联网的外包平台更加注重在网络平台进行外包项目的交易，而对外包项目的过程管理没有细化，无法规范行业从业者的行为。

本项目希望通过建立透明的信用体系，通过模式化的项目进程管理，来保证项目的进度和质量，促进行业规范制度的制定和推进。

2) 安全性

如何保证发包者的机密资料不被除接包者之外的人获取，如何保证接包者的工作成果不被他人窃取，是智能外包平台需要考虑的重要问题。许多外包行业从业者对互联网外包平台的观望态度，也是因为担心网络泄密等问题。本项目通过结合区块链技术和多方密钥的协商协议来实现私有保密资料的少部分人传输。使用人脸识别系统，通过安全检测平台，实时监控反馈给发包方，以降低在项目开发进程中，有他人操作泄密的可能性，增强机密资源和工作成果的安全性和保密性。

3) 便捷管理

针对外包平台注重交易行为及双方的需求匹配，而缺少对具体外包过程项目开发部分的管理，我们的智能外包管理平台将使用人员考勤，进度追踪，流程化外包过程的方式来规范外包过程。每次接包者开始工作就会记录开始和结束时间，工作进度能够及时记录，反馈给发包方，从而保证项目的开发进程在发包者的可控范围内。发包接包双方可以通过平台具体交流项目要求和内容，保证消息的及时传递流通。对接包者的工作质量、信用度进行记录，能形成个人的工作报告，方便接包者和发包者在竞标选择时获得更完善的信息。

5. 问题分析

1) 业务流程

智能外包管理平台的业务流程如图 4-2 所示。首先，发包方通过平台发布具体项目需求，制定项目实施计划，确定项目安全等级。发布项目需求后接包人员可通过平台查询当前可接项目，申请参与项目，发包方能指定人员参与项目开发。完成项目竞标后，双方签订保密协议或合同，接包人员可以开始工作。在工作期间，平台会将接包人员的工作起止时间、工作进度等信息反馈给发包方；同时安全检测自启动后就能够定期或不定期地检测当前用户是否为授权用户，是否有第三人在附近，以保障项目进行的安全性。当接包人员完成项目任务后提交任务，发包方验收工作成果，并对接包人员的工作质量进行评估。

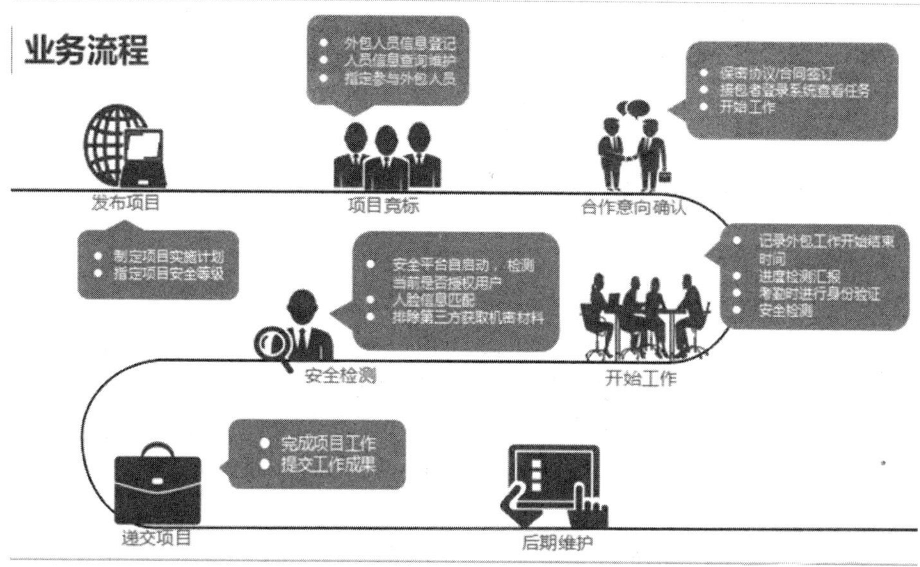

图 4-2　智能外包管理平台的业务流程图

2) 用户分析

作为发包方，更加注重以下方面：

(1) 接包方的能力。接取项目的工作者能否按时且高质量地完成我方的项目任务，是否存在信用问题等。能否信任接包人员的工作效率，保障项目能够按照计划完成。需要一些接包人员的资料，能够直观看到其信用、能力等方面的信息，作为考量依据。

(2) 安全性。访问权限的授权管理，是否能保证外包项目所需的我方资料的安全性，防止外泄。能否确保接包人员无法进行资料外泄。

(3) 管理的便捷性。除了希望能够详细了解接包人员的信息，我们希望在项目进行过程中能够及时了解接包方的进度和质量，能够系统地进行管理，并能够及时跟进监督，以便按照计划完成外包项目。

(4) 及时沟通。如果项目出现突发情况，需要中途补充材料或更改内容，我们能否及时有效和接包者们沟通，信息传达是否畅通，能否高效地解决问题。

作为接包方，更加注重以下方面：

(1) 工作内容。我方应该明确需要我们完成的部分，何时开始，何时结束，具体要求，目标成果等，以便更好地开始项目工作。

(2) 安全性。我方的工作成果是否会泄密，如何保障我们的工作成果不被他人剽窃，希望能够对工作成果、核心技术等进行保护，处理好专利、知识产权问题。

(3) 及时沟通。如果出现问题，我们能否及时有效和发包方以及其他接包者们沟通，解决问题。

(4) 利益保障。如何保障我方完成计划工作内容后能够获得酬劳。

4.3.2　项目目标

1. 用户期望

我们期望外包平台能够同时提供 PC 端、手机端访问，以方便我们的外包人员可以随时参与到外包任务，并及时反馈工作进度，最重要的是我们希望我们的资源能够被授权访问，我们的工作素材、工作成果都严格保密。具体来说，我们希望能够具有下面的功能：

人员管理系统需要对人员提供下面的管理功能：

(1) 外包人员信息登记；

(2) 外包人员各项保密协议，合同签订情况登记；

(3) 人员信息的查询和维护。

人员考勤我们希望系统能够提供下面的功能：

(1) 每个外包人员的开始工作时间、结束工作时间被记录；

(2) 希望可以很方便地知道在一个时间区间内，我们外包的各项工作的大致完成情况；

(3) 在考勤时，系统需要对当前的用户进行必要的身份验证。

任务管理我们希望系统能够在外包任务管理方面，提供下面的功能：

(1) 可以以项目的方式被管理，发包人员可以制定项目实施计划，指定参与人员，确定项目安全等级。

(2) 接包人员可以登录到系统，通过人员识别验证后，查看分配到自己的任务，选择任务，开始工作。

(3) 在任务完成之后，提交工作成果。

(4) 任务的发包人员可以在系统上看到各个分发出去的任务状态，及时跟进各个任务的完成情况。

我们希望平台包含以下安全检测功能：

(1) 接包人员在登录系统开始工作时，安全平台自动启动，在后台不定时的检测当前的用户是否为授权的用户。

(2) 在登录时检查登录人员是否与人脸特征库中的人脸信息相匹配。如果不匹配就不能登录系统。

(3) 在访问高安全等级的资源和任务时，需要在访问期间没有第三方人脸(也就是除了指定的操作人脸外，不允许有第二个人脸)的介入，如果有，就暂停资源的显示。

2. 整体目标

智能外包管理平台针对现有服务外包平台安全性低、项目过程管理缺失、软件外包信任关系问题以及外包行业的规范制度尚不完善的现状，开发一款能够清晰系统地管理整个外包过程，保障用户机密文件安全使用防止泄密，维护接包者知识产权，并建立一个透明的外包信用体系的软件。

本平台通过自定义外包流程的方法，来解决外包过程复杂或有多个接包者状态下的外包进程的有序管理；通过人脸识别与安全检测算法结合的方法，通过定期或不定期检测接包者工作状态来防止有第三人或非接包者本人的文件操作而导致的泄密。通过多点共识监督的区块链技术来完成用户的信用和工作记录监督，从而建立不可更改并且真实可靠的外包信用体系，加强接包方、发包方、平台之间的信任关系。

本平台具备全面管理项目开发进程，追踪进度，通过人脸识别安全检测保障用户资源保密安全，多方可信赖的能力，将区块链技术、人脸识别、多方密钥等计算机前沿技术与外包服务行业结合来开发一款智能外包管理平台。

3．功能目标

本平台主要分为四个功能模块，分别为人员管理、项目管理、保密管理和人员考勤。人员管理模块主要针对外包人员的考勤、工作状况进行管理和评估；项目管理模块是针对发包方项目的开发过程的规范化管理，提高工作效率；保密管理模块，则是对发包者、接包者的资源管理，文件保密的管理部分；人员考勤模块包括开始工作时间、结束工作时间、项目进度等。

4．性能目标

1) 权限管理更准确

流程化的项目工作计划，能够更清晰地区分各节点接包人员可访问的材料，不同节点的接包人员可以有不同的权限，访问不同的文件。实现更加准确细化的权限管理。

2) 用户行为更真实

接包人员开始工作、结束工作的时间、工作的质量等内容能够利用区块链技术多点共识机制来记录，保证了接包人员工作记录的真实性，不容易篡改，并且能够真实记录到用户的信用档案和个人信息中。

3) 安全检测更智能

用户可以自定义安全检测频率，可以实时检测是否为接包人员本人操作，根据项目设置的安全等级设置不同频率的安全检测，结合机器学习增强人脸识别的准确性，使安全检测更加智能化。

4) 人员管理更全面

将用户发布过的项目或接取过的项目，列清单做报表。可以查询完成的项目、进行中的项目等，能根据用户的使用情况生成周报或月报等。可公开的信用信息能够更好地规范外包从业者的行为规范。

4.3.3 解决方案

系统功能模块图如图 4-3 所示。

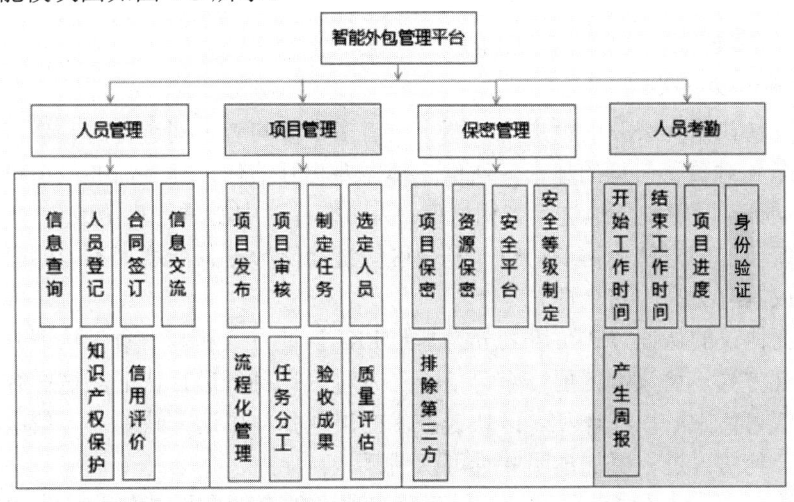

图 4-3　系统功能模块图

1) 区块链的人员管理

区块链具有去中心化，去信任，集体维护，可靠数据库的特点，能够建立透明的信用系统。将区块链应用于智能外包管理平台能够有效解决软件外包信任关系问题。通过各个节点对单笔交易的特殊认证以及核实，将该笔交易信息添加到区块链中去，形成一个新的区块。因为有多个节点的集体维护，使得交易不可逆，篡改成本高昂，能够增强外包交易信息的真实性，可靠性，使发包方与接包方之间建立信任关系，有利于外包项目的发展。通过对外包从业人员的工作信息记录，能够反映一个从业者的信用等级，从而使外包交易更加便捷无忧。

一家发包公司发出外包需求，他可以通过平台查询到各接包者的工作能力，外包交易笔数，从而判断此人是否可靠，可以将工作交给他完成。因为区块链技术能极大地提高信息的真实性，而无法轻易篡改，因此，发包方可以信任来自区块链的数据，从而选择可靠的接包人员，而接包方也可以通过区块链获得发包方的信用等级评价，保证自己付出的劳动能得到相应回报。区块链技术能建立透明的信用体系，建立双方在平台上的信任，从而实现人员管理。区块链人员管理示意图如图 4-4 所示。

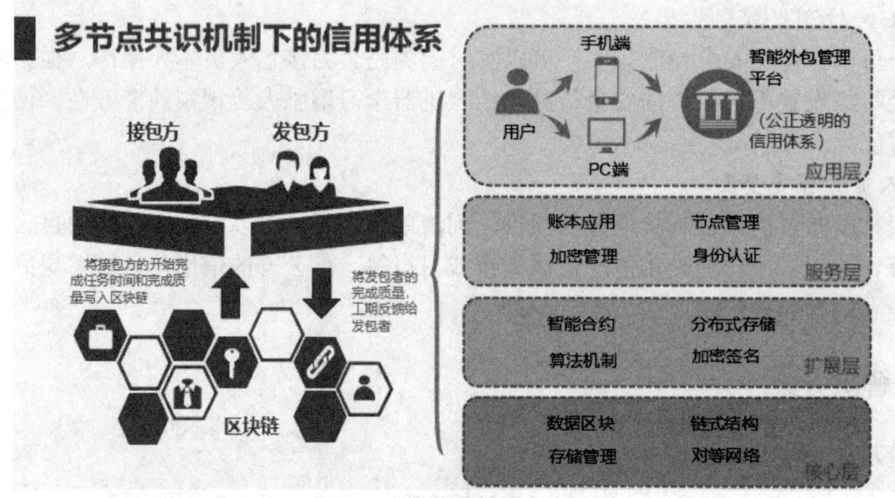

图 4-4　区块链人员管理

2) 多方密钥协商协议

密钥协商协议是在公开的信道上，两个或者多个参与者之间进行的共享密钥机制，以保证通信安全和对敏感信息的加密。通信主体需要相互信任，并且需要一个可信中心对彼此身份进行认证，以便安全地进行密钥协商。为防御针对中心进行攻击或者中心以权谋私，在区块链系统下的多方密钥协商协议，利用区块链存储数据只能增加不能删除与更改的特性，使得协议具有更高的安全性。

密钥协商协议的认证方式可以划分为基于 PKI 认证方式和基于身份认证方式。但无论基于何种认证方式，协议都需要一个可信第三方对用户身份进行认证，这样容易造成针对中心的攻击或可信中心以权谋私。区块链技术的出现弥补了这一缺陷，可信中心只负责公私钥的分发，使协议过程更加透明并且可以溯源。

(1) 联盟链。采用区块链联盟链，针对外包服务的企业和以外包业务为主的团队、工作室、企业，每个块的生成由所有的预选节点共同决定，其他接入节点可以参与交易，但不过问记账过程，记录可以通过该区块链开放的 API 进行限定查询。公共链是完全对外开放的，任何人都可以加入进来，但是作为外包管理平台，又需要兼顾安全性和保密性，公共链并不适用。私有链，针对少部分人使用，例如企业内部使用。

(2) 非对称加密算法。非对称加密算法是指使用公私钥对数据存储和传输进行加密和解密。公钥可公开发布，用于发送方加密要发送的信息，私钥用于接收方解密接收到的加密内容。常用的非对称加密算法有 RSA 和 ECC。

在通信双方，如果使用非对称加密，一般遵从这样的原则：公钥加密，私钥解密。同时，一般一个密钥加密，另一个密钥就可以解密。因为公钥是公开的，如果用来解密，那么就很容易被不必要的人解密消息。因此，私钥也可以被认为是个人身份的证明。如果通信双方需要互发消息，那么应该建立两套非对称加密的机制(即两对公私钥密钥对)，发消息的一方使用对方的公钥进行加密，接收消息的一方使用自己的私钥解密。

(3) 数字签名。数字签名技术是将摘要信息用发送者的私钥加密，与原文一起传送给接收者。接收者只有用发送者的公钥才能解密被加密的摘要信息，然后用 HASH 函数对收到的原文产生一个摘要信息，与解密的摘要信息对比。如果相同，则说明收到的信息是完整的，在传输过程中没有被修改，否则说明信息被修改过，因此数字签名能够验证信息的完整性。

区块链系统下的多方密钥协商协议的安全性，短私钥的暂时性，攻击者无法知道当前密钥、完美前向保密性、密钥不可控制性、抵抗密钥泄露攻击、密钥共享可知性。

3) 人脸识别

基于人脸识别的机器学习算法。人脸识别能够方便发包方对接包方进行身份认证，防止资料泄露。但除认证之外，我们可通过机器学习，使得系统能够辨识出通过摄像头识别出的人脸，返回系统进行身份校验，如果摄像头前出现无授权访问用户，则控制系统停止资料访问。

与单一的人脸识别技术相比较，系统可实时监控，避免了初次人脸识别认证通过之后的一段时间内发生的资料泄露，最大程度保障了资料的安全性。

人脸识别身份验证具体流程如图 4-5 所示。

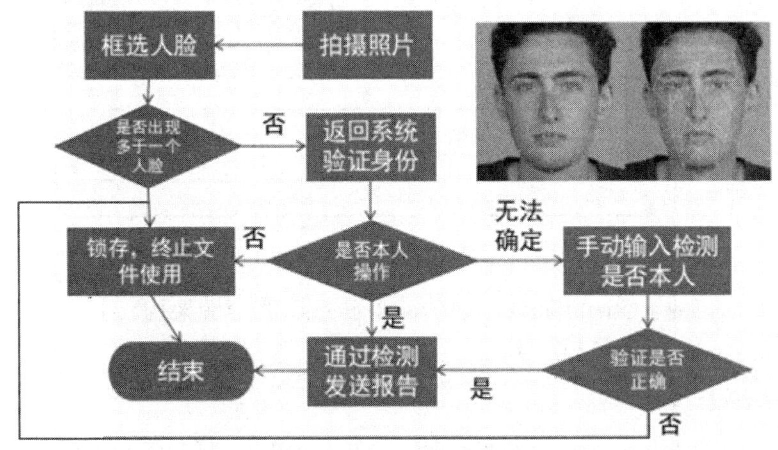

图 4-5　人脸识别身份验证流程

首先，通过摄像头拍摄照片，框选图片上的人脸。如果出现多于一个人脸的情况，系统将锁存当前使用的文件，并产生报告返回给发包方。如果只有一个人脸时，利用深度学习的分析算法，分析人脸特征返回系统进行匹配检测，若成功匹配则完成验证，解锁文件，向发包方发送验证成功的信息，接包者继续工作。若验证失败则锁存文件。若出现无法辨识或辨识度不高时，通过手动验证的方法再次验证，例如输入双方达成共识的密钥等，若多次验证错误则锁存文件，并向发包方发出警报。

4.3.4 系统架构和设计

1. 系统架构

本项目的系统架构如图 4-6 所示。

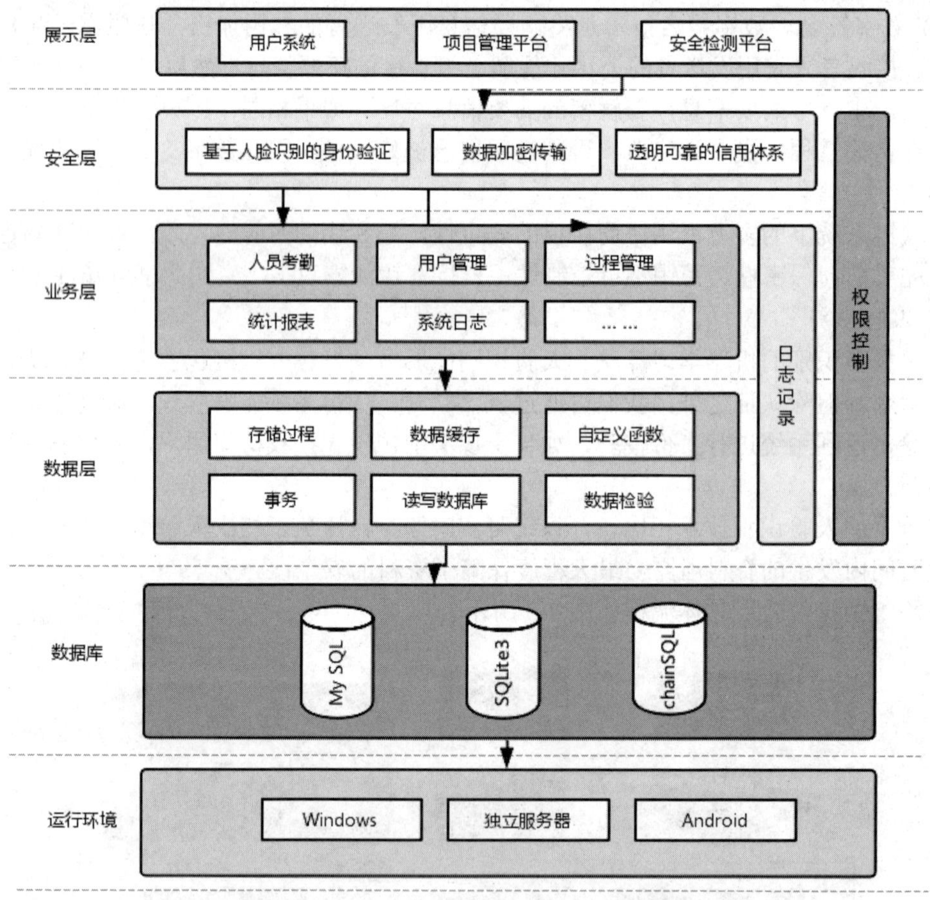

图 4-6 系统架构

本系统采用 CS 结构(Client/Server 架构)，即服务器/客户端架构。主要功能运行在服务器端，客户端为 Android 端和 PC 端。

2. 数据库表设计

数据库字典表设计见表 4-1，用户信息表设计见表 4-2，项目信息表设计见表 4-3，剩余表见项目需求规格说明书。

表 4-1　数据库字典表

序号	注　释	字典表名称
1	用户信息表	tbusers
2	用户信息找回密码问题表	tbpasswordquestion
3	项目类别表	tbprojectclass
4	项目信息表	tbproject
5	管理日志信息表	tb_log
6	发包信息表	tbpostproject
7	接包信息表	tbgetproject
8	人才供求信息表	tbjob
9	人才供求信息技能类别表	tbcraftsmanshipclass
10	人才供求信息技能表	tb_craftsmanship
11	自动审核表	tbothe
12	新闻信息表	tbnews
13	新闻类别表	tbnewsclass
14	上传文件信息表	tbgpisetng
15	流量统计当前访问	IPtbcountIP
16	流量统计访问统计表	tbcounterlnfo
17	友情链接表	tblink
18	版权信息表	tbBottom

表 4-2　用户信息表

序号	列名	数据类型	主键	允许空	字段说明
1	id	int(4)	是		用户 D
2	name	nvarchar(200)			登录名称
3	password	nvarchar(100)			密码
4	queston	int(4)			找回密码问题
5	answer	nvarchar(100)			找回密码答案
6	name_cn	nvarchar(200)		是	中文、英文名称至少有一项
7	name_en	nvarchar(200)		是	中文、英文名称至少有一项
8	address	nvarchar(200)		是	地址
9	telephone	nvarchar(200)			电话
10	email	nvarchar(200)			邮箱
11	company	nvarchar(60)		是	所属公司
12	aboutus	nvarchar(160)		是	关于我们
13	power	int(4)			用户属性：0—普通用户，1—单位用户，2—管理员，3—超级管理员，4—未审核
14	class	int(4)			0—个人，1—接包单位，2—发包单位
15	enable	int(4)			状态：0—停用，正常
16	redatetime	datetime(4)			注册日期

表 4-3 项目信息表

序号	列名	数据类型	主键	允许空	字 段 说 明
1	id	int(4)	是		
2	lassid	int(4)			项目类别
3	userid	int(4)			发包用户 ID
4	projectname	nvarchar(100)			项目名称
5	postdatetime	datetme(8)			发包时间
6	enddatime	datetime(8)			截止时间
7	caftsmanship	nvarchar(200)			技能
8	cyele	int(4)			开发周期，天
9	budget	money(8)			
10	currency	nvarchar(20)			
11	summary	nvarchar(400)			概述
12	compeestate	int(4)			竞标状态，竞标中 0/流标 1/失败 2/成功 3
13	auditingstate	int(4)			审核状态，待审 0 不通过 1/通过 2

3. 开发工具及技术

开发工具：Idea+VS2017。

技术：JAVA(SpringBoot，Mybatis)，C#(WinForm)，MySQL，人脸技术。

1) Spring Boot

Spring Boot 是由 Pivotal 团队提供的全新框架，其设计目的是用来简化新 Spring 应用的初始搭建以及开发过程。该框架使用了特定的方式来进行配置，从而使开发人员不再需要定义样板化的配置。Spring Boot 可以支持快速地开发出 Restful 风格的微服务架构自动化方便，单一 Jar 包部署和管理都非常方便。我们的开发人员竭力做到系统架构设计合理，后期加上 Nginx 负载均衡，轻松实现横向扩展，给我们的智能外包管理系统的升级维护带来了很大的灵活性。

Spring Boot 的特点：

① 创建独立的 Spring 应用程序；

② 嵌入的 Tomcat，无需部署 WAR 文件；

③ 简化 Maven 配置；

④ 自动配置 Spring；

⑤ 提供生产就绪型功能，如指标、健康检查和外部配置；

⑥ 绝对没有代码生成且对 XML 没有要求配置。

基于 SpringBoot 的优点，我们采取 SpringBoot 来构建后端，给桌面端以及移动端提供 Restful 风格的 API，以及采用 MyBatis 组件来连接我们的数据库，MyBatis 给我们的开发人员提供了编写操作数据库的 SQL 语句的自由，使我们能够编写出更适合系统优化的 SQL 语句。

2) C#+Winform

C#是一种安全的、稳定的、简单的、优雅的编程语言。在继承C和C++强大功能的同时去掉了一些复杂特性。综合了VB简单的可视化操作和C++的高运行效率，以其强大的操作能力、优雅的语法风格、创新的语言特性和便捷的面向组件编程的支持成为.NET开发的首选语言。Windows窗体提供了一套丰富的控件，并且开发人员可以定义自己有特色的新的控件。包含在.NET Framework中的Windows窗体类旨在用于GUI开发。您可以轻松创建具有适应多变的商业需求所需的灵活性的命令窗口、按钮、菜单、工具栏和其他屏幕元素。

3) 人脸技术(ArcFace)

虹软公司这二十年来一直是人脸相关技术的行业先驱。他们投入大量人力，在人脸技术上不断挖掘，形成了一整套人脸相关技术，及衍生案例解决方案。形成了百万级的各类图像云大数据，并通过深度计算不断地自学习，在增强检测率与识别率上双提升，并且错误率小，稳定性高。所以，我们采用了虹软提供的解决方案ArcFace。虹软人脸技术拥有以下特性：高准确率，高智能，高性能，低功耗，易整合。其中包括：

人脸检测：利用深度学习算法，基于大量素材的机器学习，在摄像头视频源中，能够快速准确识别人脸。

人脸识别：虹软人脸识别技术能够自动识别视频中的人物身份。其应用领域广泛，在VIP识别、安防边检、人脸登陆、银行安全、照片分类等等都有不俗表现。

比如，团队的开发人员利用了ArcFace的人脸比对(1∶1)用来分析用户注册人脸与验证时摄像人脸的相似度，来实现身份验证。结果会得到一个相似度的分数以及相应的阈值，用以判断当前验证用户是否是本人。

4.3.5 项目管理

1. 工作计划

本项目工作进度计划使用甘特图表示，如图4-7所示。

编号	活动名称	2017.12				2018.1-2018.2				2018.3				2018.4		
		1	2	3	4	5	6	7	8	9	10	11	12	13	14	15
1	用户/业务分析															
2	需求分析															
3	确定工作内容目标															
4	制定工作计划															
5	产生解决方案															
6	初步评估															
7	仿真数据															
8	仿真结果															
9	工作成果															
10	项目收尾															

图4-7 项目工作进度计划

2. 成本管理

外包服务管理平台的软件开发成本指软件开发过程中所花费的工作量及相应的代价，主要是人的劳动的消耗——直接人工工资。同时，软件没有一个明显的制造过程，它的开发成本是以一次性开发过程所花费的代价来计算的。因此，软件开发成本，是从软件计划、需求分析、设计、编码、单元测试、集成测试到认证测试，整个开发过程所花费的各种费用。

研发成本分为直接成本和间接成本。直接成本为项目组在项目开发过程中的直接开销，间接成本为项目开发过程中与项目无关的一些开销费用如水电费、场地租用费等。

3. 风险控制

所谓风险，就是指在一个特定的时间内和一定的环境条件下，人们所期望的目标与实际结果之间的差异程度。在我们团队开发、推广和维护该服务外包管理平台的过程中以及企业在使用该平台去实现其目标的经营活动中，会遇到各种不确定性事件，这些事件发生的概率及其影响程度是无法事先预知的，这些事件将对经营活动产生影响，从而影响团队目标实现的程度。

风险管理目的是在问题发生之前识别潜在的问题，以便策划风险处理活动，在项目或产品生命周期全过程中一旦需要就可启动风险处理活动以缓解对目标实现的不利影响。

我们在研发、推广和维护服务外包管理平台的过程中，肯定会遇到各类问题，如何有效进行分析管理，实现在问题发现之前即能使之消灭在萌芽状态，这是本项目组所要解决的一个重要事项。

结合风险管理体系(包括风险识别、风险估计、风险监控等一系列活动)，本项目组制定了一套风险管理及内控体系并在不断完善，试达到避免风险、减轻风险、转移风险等目的，以保证在研发、推广和维护过程中项目能顺利成功地运行。

本团队制定的风险控制体系详情如下：

风险识别：团队在前期应先对开发、推广、维护、使用该平台的整个生产经营过程进行全面分析，对其中各个环节逐项分析可能遭遇的风险，找出各种潜在的风险因素。

风险估计：识别出可能存在的风险以后，在制定年度计划或项目计划的同时，必须进行风险估计、风险分析以及风险策划，针对首要风险明确风险责任，确定风险应对策略，制定风险应对行动计划。

风险监控：项目组应建立风险跟踪制度，跟踪风险和风险管理计划，定期(或事件驱动)验证风险管理活动相对于风险管理计划的符合性。

风险统计：在每周或每月的例会上应报告风险，并在每月或每季的里程碑会议上评审风险。每个项目组应重视经验积累和共享，建立并维护风险数据库。

4. 团队建设

1) 团队建设目标

提高项目团队成员的个人技能，以提高他们完成项目活动的能力。

提高项目团队成员之间的信任感和凝聚力，以通过更好的团队合作提高工作效率。

2) 团队建设过程

团队成员有共同的工作目标，成员需要协同工作。优秀团队的建设并非一蹴而就，要经历几个阶段，分别为形成期、震荡期、正规期、表现期。

形成期时，团队中的个体成员转变为团队成员，开始形成共同目标，团队往往会沉浸在对未来的美好期待中。之后，团队成员开始分配任务，一般会遇到超出预想的困难，希望被现实打破，个体之间开始争执，互相指责，此时进入了震荡期。经过一段时间的磨合，团队成员之间熟悉了解，矛盾基本解决，进入正规期。最后，随着相互之间的默契配合和对项目经历的信任，积极工作，努力实现目标，这个阶段为表现期。

3) 团队角色分配及职责

项目团队角色分配和职责表见表4-4。

表4-4　项目团队角色分配和职责表

昵称	角　色	职　　责
WANG	项目经理	(1) 确保团队成员都能理解并遵循项目开发的流程和规范； (2) 负责监督整个项目进程，调整项目计划，保证开发过程按计划进行； (3) 促进团队中不同角色的成员间充分交流和沟通，保证团队良好的协作和自组织； (4) 为项目的进行扫清障碍，屏蔽外界对开发团队的干扰； (5) 组织每日/每周会议，确认项目进度
FENG	产品经理	(1) 从多方面收集信息，确定产品的功能； (2) 编写用户需求(用户故事)，给出一份明确的、可度量的、合理的产品需求列表(Product Backlog)； (3) 参与每次的开发会议； (4) 编写相关文档
LI	软件架构师	(1) 根据系统需求分析，进行系统开发； (2) 开发软件平台，前后端编程，测试，部署，规划； (3) 与其他开发人员即时沟通交流
WU	Android 工程师	(1) 根据系统需求分析，进行页面设计； (2) 参加每次的开发会议，报告工作情况； (3) 进行APP开发
DING	项目顾问	(1) 从多方面收集信息，保证产品顺利研发； (2) 发现并提出问题，完善产品； (3) 参加并主持会议

4.4 项目答辩 PPT

智能外包管理系统
INTELLIGENT OUTSOURCING MANAGEMENT PLATFORM
要做个仙女队

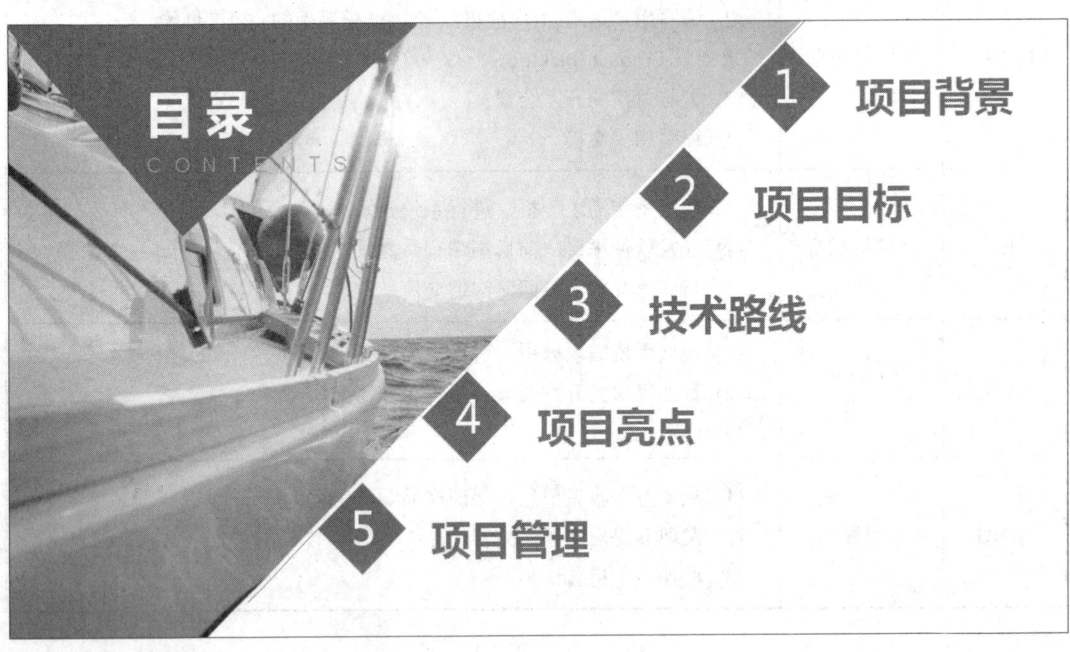
目录
CONTENTS
1 项目背景
2 项目目标
3 技术路线
4 项目亮点
5 项目管理

PART 1

项目背景

项目背景 行业分析 用户分析 竞争力分析 业务流程

项目背景

随着经济全球化和世界产业结构的进一步调整，企业产业结构多样化，服务外包企业蓬勃发展，逐渐成为全球经济发展新的增长点和重要的推动力。

国家政策	"十三五"规划	《政府工作报告》	"千百十工程"
社会环境	增速显着提升	结构持续优化	服务外包监管提上日程
技术发展	区块链技术	人脸识别技术	密钥传输

行业分析

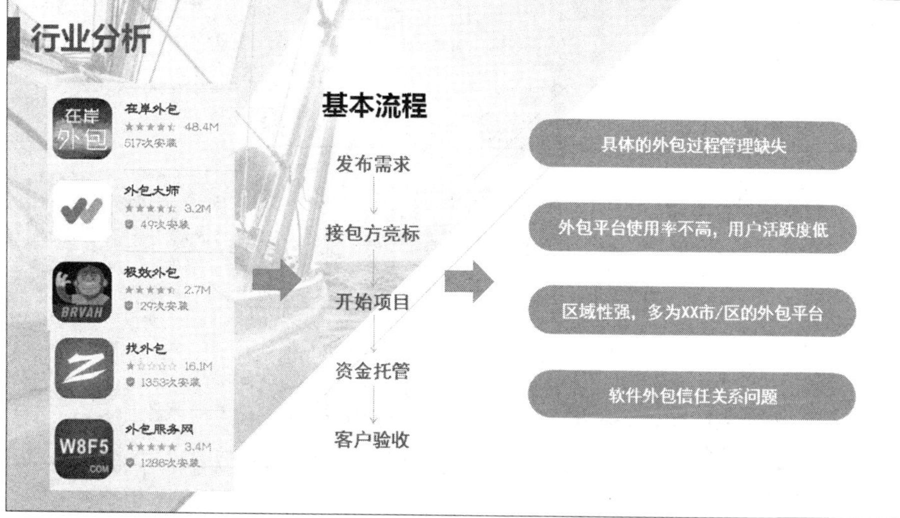

用户分析

作为发包方
更加注重以下方面：

1 高效高质量完成项目任务

2 机密资料不泄露，提高安全性

3 及时了解项目进度，便捷管理项目过程

4 及时沟通，解决问题

作为接包者
更加注重以下方面：

1 明确工作内容和具体要求

2 工作成果不泄密，知识产权的归属

3 及时沟通，解决问题

4 利益保障

竞争力分析

规范化

- 建立透明的信用体系
- 符合国家标准及行业规范
- 模式化项目进程管理

安全性

- 实现私有保密资料的少部分人传输
- 安全检测，增强安全性和保密性

便捷管理

- 人员考勤
- 进度追踪
- 流程化外包过程
- 个人报表

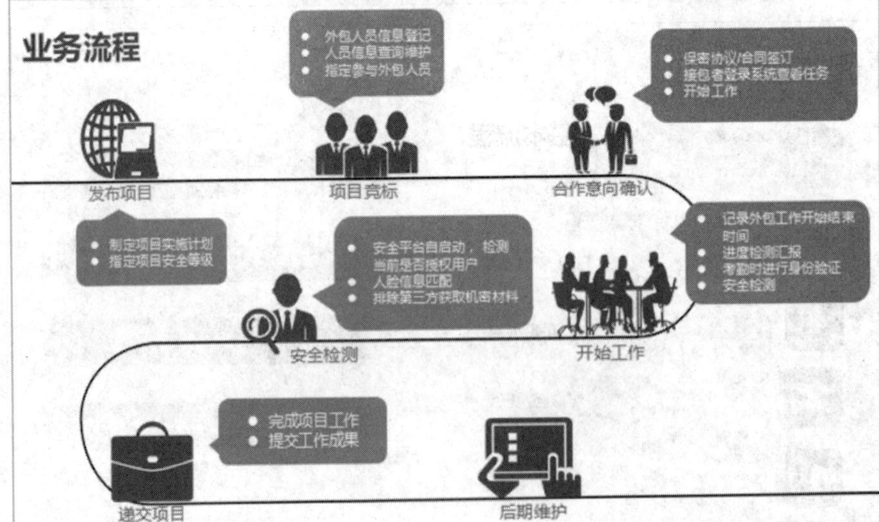

功能目标　性能目标　解决思路

功能目标

智能外包管理平台

- 人员管理
  - 信息查询
  - 人员登记
  - 合同签订
  - 信息交流
  - 知识产权保护
  - 信用评价
- 项目管理
  - 项目发布
  - 项目审核
  - 制定任务
  - 选定人员
  - 流程化管理
  - 任务分工
  - 验收成果
  - 质量评估
- 保密管理
  - 项目保密
  - 资源保密
  - 安全平台
  - 安全等级制定
  - 排除第三方
- 人员考勤
  - 开始工作时间
  - 结束工作时间
  - 项目进度
  - 身份验证
  - 产生周报

性能目标

权限管理更准确

流程化的项目工作计划，能够更清晰地区分各节点接包人员可访问的材料，不同节点的接包人员可以有不同的权限，访问不同的文件，实现更加准确细化的权限管理

用户行为更真实

接包人员开始结束工作的时间，工作的质量等内容能够利用区块链技术多点共识机制来记录，保证了接包人员工作记录的真实性，不容易篡改，并且能够真实记录到用户的信用档案和个人信息中

安全检测更智能

用户可以自定义安全检测频率，可以实时检测是否为接包人员本人操作，根据项目设置的安全等级设置不同频率的安全检测，结合机器学习增强人脸识别的准确性，使安全检测更加智能化

人员管理更全面

将用户发布过的项目或接取过的项目，列清单做报表。可以查询完成的项目，进行中的项目等，能根据用户的使用情况生成周报或月报等。可公开的信用信息能够更好得规范外包从业者的行为规范

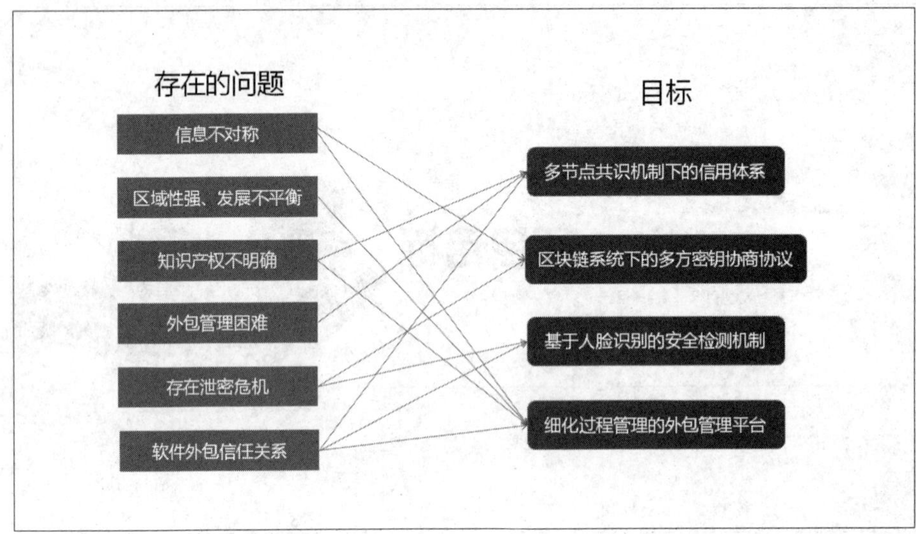
存在的问题
目标
信息不对称
区域性强、发展不平衡
知识产权不明确
外包管理困难
存在泄密危机
软件外包信任关系
多节点共识机制下的信用体系
区块链系统下的多方密钥协商协议
基于人脸识别的安全检测机制
细化过程管理的外包管理平台

PART
3
技术路线
系统架构
技术实现

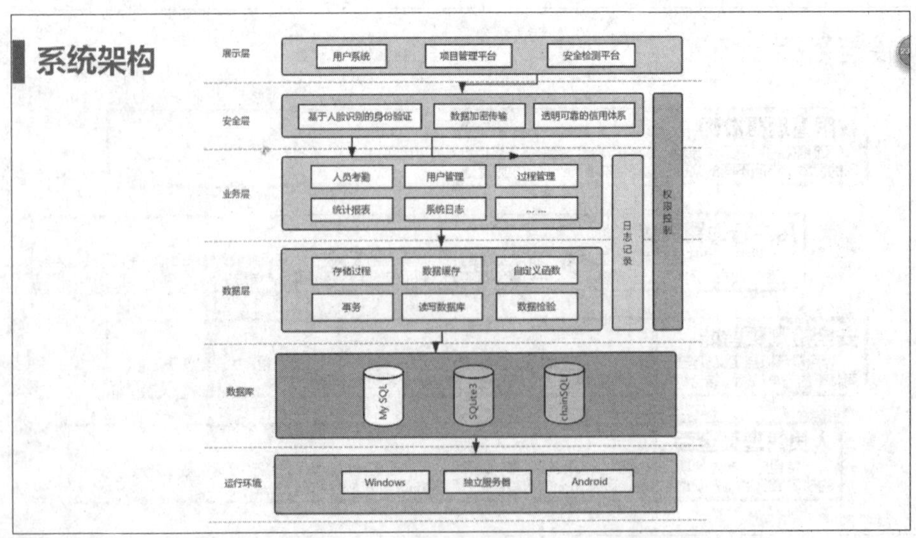
系统架构
展示层
用户系统
项目管理平台
安全检测平台
安全层
基于人脸识别的身份验证
数据加密传输
透明可靠的信用体系
业务层
人员考勤
用户管理
过程管理
统计报表
系统日志
数据层
存储过程
数据缓存
自定义函数
事务
读写数据库
数据检验
日志记录
权限控制
数据库
My SQL
SQLite3
chainSQL
运行环境
Windows
独立服务器
Android

技术实现

开发工具：Idea + VS2017

Spring Boot

ArcFace

Spring Boot	C# + Winform	ArcFace
采用MyBatis组件连接数据库		高准确率 高性能 易整合
提供Restful风格的API	继承C和C++强大功能	人脸检测
创建独立的Spring应用程序	面向组件编程的支持	人脸识别

项目亮点

区块链　　加密传输　　人脸识别　　过程管理

多节点共识机制下的信用体系

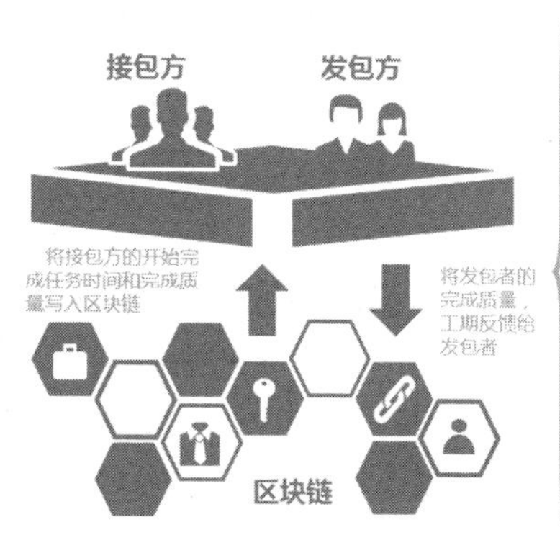

账本应用	节点管理	服务层
加密管理	身份认证	
智能合约	分布式存储	扩展层
算法机制	加密签名	
数据区块	链式结构	核心层
存储管理	对等网络	

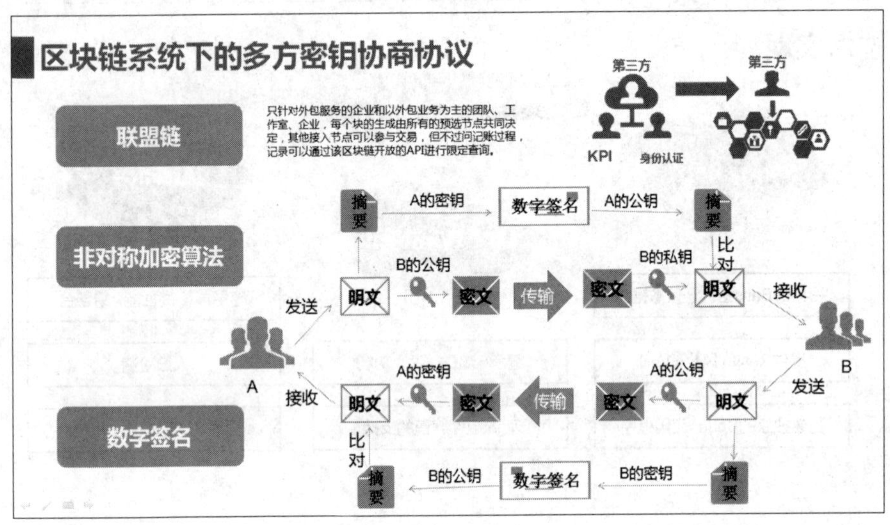
区块链系统下的多方密钥协商协议
联盟链
只针对外包服务的企业和以外包业务为主的团队、工作室、企业，每个块的生成由所有的预选节点共同决定，其他接入节点可以参与交易，但不过问记账过程，记录可以通过该区块链开放的API进行限定查询。
第三方
KPI
身份认证
非对称加密算法
数字签名
摘要
A的密钥
A的公钥
比对
B的公钥
B的私钥
明文
密文
传输
发送
接收
A
B
A的密钥
A的公钥
B的公钥
B的密钥

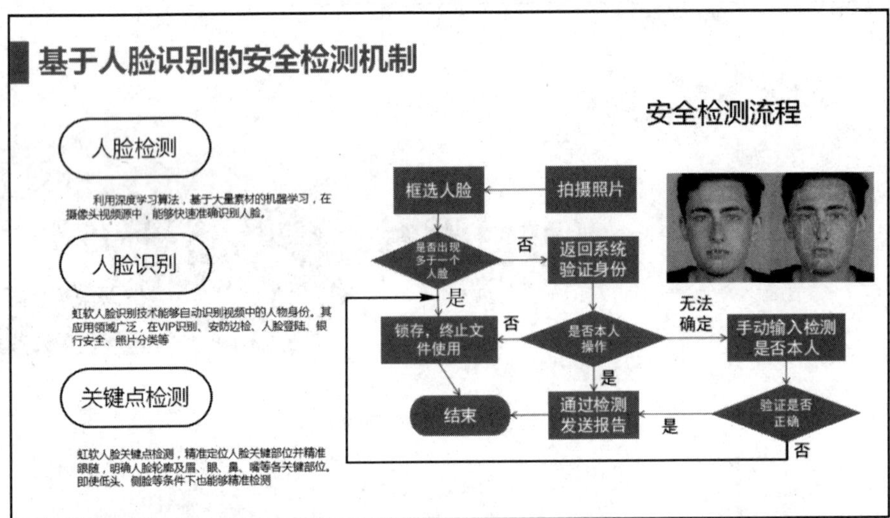
基于人脸识别的安全检测机制
人脸检测
利用深度学习算法，基于大量素材的机器学习，在摄像头视频源中，能够快速准确识别人脸。
人脸识别
虹软人脸识别技术能够自动识别视频中的人物身份。其应用领域广泛，在VIP识别、安防边检、人脸登陆、银行安全、照片分类等
关键点检测
虹软人脸关键点检测，精准定位人脸关键部位并精准跟随，明确人脸轮廓及眉、眼、鼻、嘴等各关键部位。即使低头、侧脸等条件下也能够精准检测
安全检测流程
拍摄照片
框选人脸
是否出现多于一个人脸
否
返回系统验证身份
是
锁存，终止文件使用
是否本人操作
无法确定
手动输入检测是否本人
结束
通过检测发送报告
验证是否正确

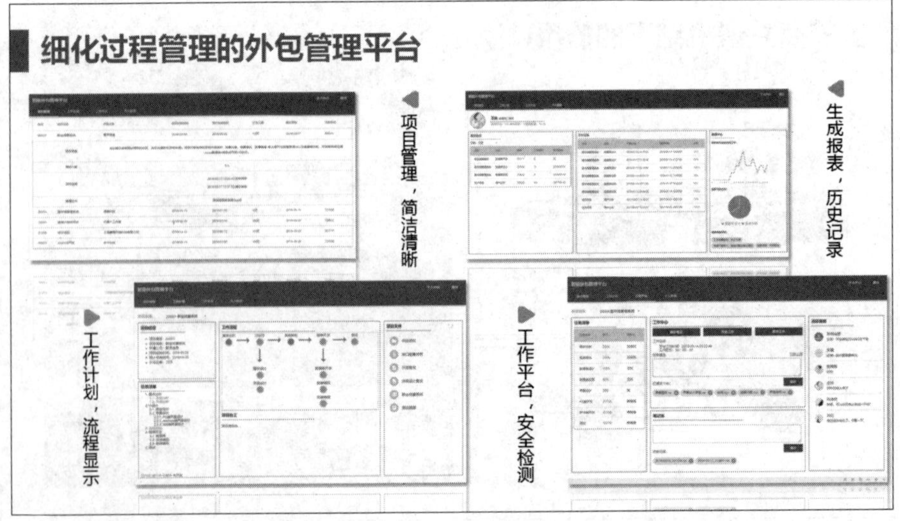
细化过程管理的外包管理平台
项目管理，简洁清晰
生成报表，历史记录
工作计划，流程显示
工作平台，安全检测

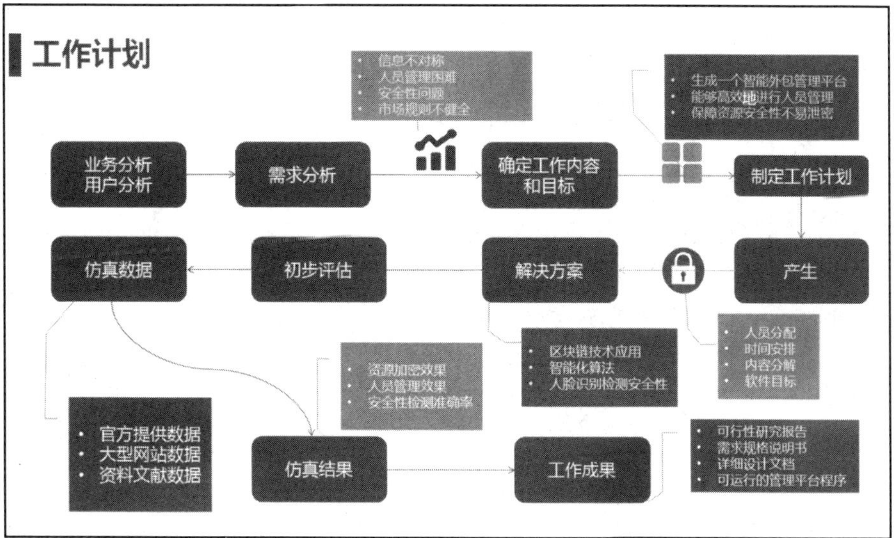

可行性分析

市场

- 针对人员考勤管理与项目进度管理以及隐私管理
- 具有针对性，弥补不足

技术

- 区块链应用+多方密钥加密传输
- 人脸识别安全检测
- PC端+Android端同步

法律

- 政策性支持并鼓励发展服务外包产业
- 国家政策红利持续发力

经济

- 目前外包管理平台发展不成熟，市场前景较好，盈利可观
- 在较短的时间内收回首期投资

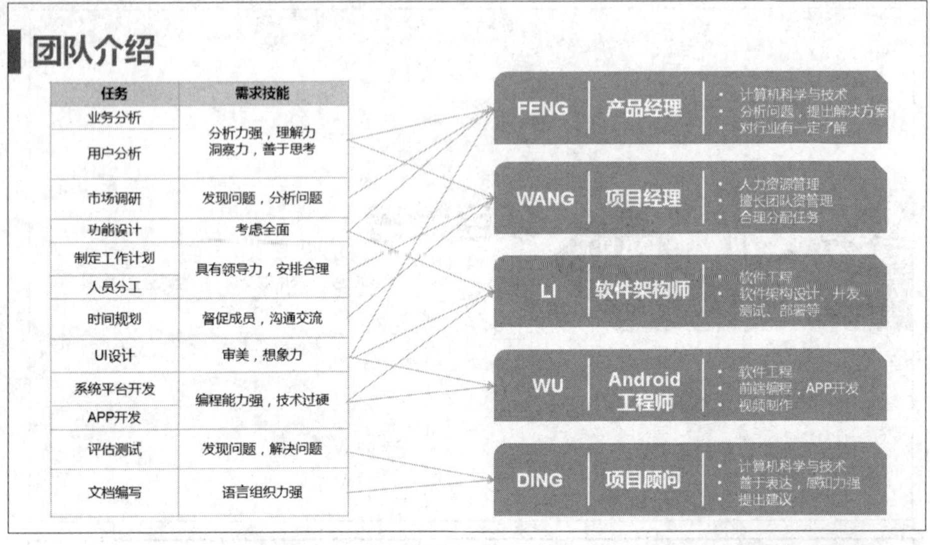

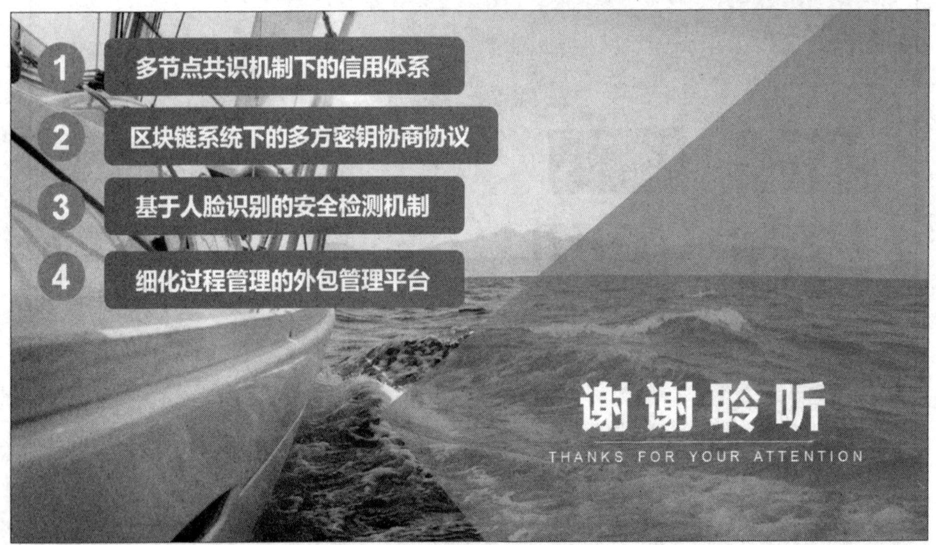

4.5 案例点评

4.5.1 初赛点评

1. 项目创意

本案例运用区块链、人脸识别、多方密钥技术开发智能外包管理平台是项目最显著的创意。项目通过结合区块链技术和多方密钥的协商协议来实现私有保密资料传输。使用人脸识别技术验证接包人员的身份，增强机密资源和工作成果的安全性和保密性。本项目创意描述详细、清晰，技术含量较高，有很好的商业价值，这部分内容能得到评委的高分，也容易得到出题企业的认可。

2．市场及行业分析

本项目的市场分析采用 SWOT 分析法，从优势、劣势、机会、威胁等角度进行论述，虽然分析的深度不足，有些地方只是点到为止，但是论述逻辑上比较清晰，能够对市场竞争及自身优劣势有清楚的认识。市场需求性分析方面，分析了市场相关软件的整体情况，市场份额，以及市场发展趋势，满足项目评分要求，比较容易拿到基本的分数。

存在的主要问题是内容深度不足，市场与行业分析并没有涉及核心部分，停留在表面的介绍，这是学生竞赛作品常见的现象。但论述的内容涉及面已经满足得分的基本要求。

3．实施方案

本项目通过问题的分析，提出了清楚的项目目标，包括用户的期望、功能目标、性能目标等，针对这些目标进行工作计划安排，但内容过于简单，各阶段的工作目标不够清楚，重点也没有明确。在成本管理方面，项目针对成本构成进行分析，获得了详细的成本列表。

存在的主要问题是实施方案过于简单，没有项目特色，不具有明显的优势。

4．技术实现与交付

本项目的技术路线最重要的是系统架构是否清楚，以及几个关键功能点的技术方案是否明确、可靠。其中系统架构图比较简单与笼统，技术体现不足，停留在一般认知的基础上。赛题要求的软件工程文档内容不够规范，数据库设计内容过于简单。技术资源及经济成本方面并没有建立关联，成本管理与技术实现只是分开说明，缺乏跟项目需求的匹配。关键技术的说明比较详细，这是本部分的亮点。

存在的主要问题是针对评分点描述不够清楚，有些内容缺乏，没有足够的说服力能够得到评委的高分，仅在关键功能点的介绍比较详细，与同类赛题作品比较，没有明显的优势。

5．风险与控制

本部分对风险进行了较详细的说明，包括风险识别、风险评估、风险监控、风险统计，以及针对具体风险的应对策略都比较全面。虽然从专业角度描述有些笼统，但能满足得到基本分数的要求。

存在的主要问题是风险种类不足，分类比较笼统，实施过程有一定困难，总体来看在学生竞赛作品中这部分内容完成得较好。

6．项目展示

提交的项目概要介绍、项目详细方案、项目简介 PPT 和系统演示视频内容完整，文档结构清晰合理，跟打分点基本对应，容易让评委快速获得需要的信息。PPT 制作比较清爽，体现了项目展示的要点。项目详细方案文档编写不够规范，文笔上有一些青涩，口语化较多，也有一些用词不当的内容，但总体上能够清楚论述。

4.5.2　决赛点评

1．项目成果是否符合赛题要求

赛题官方要求的成果：

(1) 技术路径。

需要通过实地调研，了解服务外包过程中遇到的具体问题，比如说人员管理问题，资料和任务分发，业务成果提交过程中具体遇到的困难。并给出针对性的解决方案。

(2) 技术指标。

① 系统为 CS 结构，主要功能运行在服务器端，客户端可以为 PC 和 Android；

② 服务器和客户端的接口采用 Rest API 的形式，方便调试和扩展；

③ 使用方便，客户端不能占用太多的系统资源和内存；

④ 服务端需要能够满足多人(20～50)同时在线使用和查看而没有明显的卡顿。

(3) 提交标准。

① 需提交任务调研需求报告，形成可行性研究报告；

② 需要对业务需求进行分析，形成需求规格说明书；

③ 需要提交详细设计文档，包括主要业务流程设计说明；

④ 需要提交可以运行的程序，程序需要包括 PC 端和 Android APP 端。

(4) 任务清单。

① 需求调研，并形成需求规格说明书；

② 系统架构设计，形成详细设计文档；

③ 程序开发，包括 PC 端程序和 APP 端程序开发。

项目团队按大赛要求提交了项目概要介绍、项目详细方案、项目简介 PPT 和系统演示视频，也提交了赛题要求的可行性分析报告、需求规格说明书。但缺少详细设计文档。

决赛现场的展示要点：通过系统功能模块图展示本项目实现的功能，对人员管理、外包项目管理、保密管理、考勤管理的子功能进行描述，关键的功能辅以业务流程图说明。

本部分的关键是项目成果的完整展示，一定要在短时间内让评委浏览到成果的所有内容，并且项目成果是符合赛题要求的。

2．对客户、市场及行业分析是否全面、透彻

决赛现场的展示要点：通过 SWOT 分析法，从优势、劣势、机会、威胁角度分析客户、市场及行业情况，论述逻辑要清晰，对客户的需求、市场竞争、市场机遇及自身的优劣势要有清楚的阐述。

本部分演讲内容要让评委体会到项目团队的市场分析能力很强，分析思路很清晰，让评委感受到项目团队对客户、市场及行业分析是全面、透彻、到位的。

3．创意是否独特新颖、符合实际

决赛现场的展示要点：重点展示将区块链技术应用于智能外包管理平台，有效解决软件外包信任关系的机制，这是一项新颖的创意。强调区块链具有去中心化，去信任，多个节点维护的特点，使交易不可逆，不可篡改，能够增强外包交易信息的真实性，可靠性，能够满足众包管理平台的技术要求，有很好的商业价值和社会价值。

本项目的创意内容比较新颖，可以通过技术方案和关键业务流程分析内容让评委了解该创意的独特之处。

4．工作路线是否清晰明确，方案是否具备较高可行性

决赛现场的展示要点：重点展示解决方案运用区块链、人脸识别、智能算法等先进技术，强调项目管理方案的完整性，使用甘特图制订工作进度计划，团队角色分配及工作职责明确，能确保智能外包管理平台实施方案的可行性。

本部分的关键是展示实施方案的可行性，关键技术的先进性，工作进度计划的可执行性。

5．实现工具是否成熟可靠，项目有无完成

决赛现场的展示要点：通过展示系统架构图，描述智能外包管理平台采用的分层技术架构和技术实现，从而体现使用的开发工具和开发技术的先进性和可靠性。

本部分的关键是使用的开发工具和开发技术是成熟可靠的，出题企业要求的提交清单基本完成。否则难以得到评委的高分。

6．工作路线与项目需求是否匹配恰当，资源及成本控制是否合理

决赛现场的展示要点：工作路线可通过工作计划图展示整体思路，包括技术、管理、开发、实施等内容，然后列出项目有关的人力、物力、财力资源，按工作路线分配项目团队的资源。

本部分的关键是让评委了解项目团队拥有的资源优势，能够满足项目功能需求和技术实现的可能性。本项目团队的资源相对比较薄弱，人力资源优势不明显。

7．能否在规定时间内高效、生动地完成项目展示

决赛现场的展示要点：主讲人的作用非常关键，必须在规定时间内完成项目目标与解决思路、问题分析与解决方案、技术路线及技术实现方案、业务模式、人员组织框架及可行性分析等内容。陈述要简单明了，重点突出，控制节奏。

本部分的要点是主讲人要有较好的表达能力，又要有对智能外包管理平台的详细方案全面了解，还要有机智的应变能力。

8．团队是否具备项目所需的行业经验和专业背景、技术能力

决赛现场的展示要点：团队成员在答辩现场的精神风貌是留给评委老师的第一印象，主讲人通过 PPT 尽可能展示团队成员的专业、特长、实习经历、项目经验、技术能力等团队的优势，通过 PPT 详细列出项目所需的角色配置及各个角色的工作职责。

本部分的关键是重点展示团队的优势和技术能力，让评委老师了解到本项目团队是一支能够胜任工作任务的团队。

9．通过实物、视频以及可执行的程序于大赛决赛期间展示参赛项目的理念、功能及服务

决赛现场的展示要点：最好能演示项目的原型系统，区块链、人脸识别等关键技术能在原型系统中体现出来，并能与评委老师进行互动。

本部分内容分值虽然只有 3 分，但也要每分必争，重点是通过原型系统的演示让评委体会到项目的市场价值。

第五章

案例 4：人工智能在企业培训中的应用

开发团队：我想吃鸡团队

奖　　项：第九届中国大学生服务外包创新创业大赛企业命题类团体三等奖

5.1 赛题描述

5.1.1 赛题信息

赛题名称：人工智能在企业培训中的应用

赛题编号：A26

命题企业：睿泰集团

命题方向：人工智能

题目类别：商业类

5.1.2 背景说明

【整体背景】

随着人工智能的不断发展，其重要性已渐渐成为全球共识。2017 年 3 月，国务院总理李克强在全国两会上指出要加快培育壮大包括人工智能在内的新兴产业，“人工智能”也首次被写入了全国政府工作报告。目前，人工智能正逐步为企业培训行业注入一股强盛的新动能，在课程体系规划、精确搜索范围、数据分析及项目运营等多领域被重点关注应用。

【公司背景】

上海睿泰数字科技有限公司作为国内专业的知识服务提供商与学习技术领导者，始终坚持客户为先、重视服务价值的有效传递与持续交付，致力于为企业提供专业高效的新型人才培养服务模式。

上海睿泰业务范围包含全方位的平台服务、专业化的咨询服务、多领域的课件服务、高品质的版权云服务，并拥有创新的运营思维、领先的开发能力、高效的交付能力及丰富的专业知识，涵盖目前企业 E-Learning 行业极大化需求，以专注负责、客户为先的服务品质，在金融、汽车、零售连锁行业领域深耕多年，成就了上海睿泰专业服务品牌。迄今为止，上海睿泰已获得大量著名跨国企业和国有企业客户，签约客户包括中国银行、中信银行、兴业银行、中国平安、华为、中国核电、梅赛德斯-奔驰、北汽集团、丝芙兰等等。

目前，上海睿泰正在不断深入人工智能与企业培训的应用。上海睿泰的“在线学习解决方案”涵盖在线学习平台、设计培训体系、定制数字课件三大主要服务，同时整合睿泰课程云内容，帮助组织提升培训效率，降低成本，形成智能化辅助系统，并综合大数据应用，通过对学习者行为数据的收集和分析，让系统成为每个人的学习顾问，实现差异化、个性化的学习路径选择。

【业务背景】

客户需要将人工智能与企业培训相结合进行综合应用，准确抓取员工日常行为数据，如检索内容、兴趣课程、实际应用需求等，精确实现根据员工个人能力、岗位要求、工作要求或者 CheckList 细项主动推送员工应该做的事或者应该学习的内容。客户希望能够拥有更加高效便捷、智能运营的服务体验，并通过两者综合应用服务，提升员工培训效率，促进企业可持续发展。

5.1.3　项目说明

【问题说明】

要求通过收集完整的学习与行为历程数据、将内容细分并赋予多元属性、算法建模等方式，帮助用户规划学习路径，推荐与其自身能力及兴趣相关的学习内容。

【用户期望】

(1) 学习路径智能规划。要求设计一种针对企业员工某一种能力的测评模型，比如适应能力、创造力、应变能力、协调沟通能力等等，让用户通过该能力模型测试，可及时获得一份个人针对该能力的测评报告，知晓自己处于哪个水平层次，而如何做才能不断提升该能力。此时需系统根据此前的测评结果以及能力各等级对应的知识自动为该员工推荐相关的学习路径，帮助其提升在这一领域的能力。

(2) 学习内容智能推荐。要求设计用户学习行为分析模型，能够根据学员曾经经历的学习、工作、生活等数据，获知他曾去过哪儿、看过什么、读过什么(数据请根据生活实际情况模拟)，将这些数据经过整理、归纳、分析，得到该用户近期的学习需求和兴趣，为其选取真正适合他的内容，提供多元和个性化的学习体验。

(3) 参赛人员可根据所掌握知识范畴自行设定一种学习规划。

5.1.4　任务要求

【技术路径】

语言：Java 开发，前端采用 Angular JS；数据库：MySQL。

【技术指标】

页面响应速度小于等于 2 s；浏览器支持 IE9 以上。

【提交标准】

(1) 系统能够正常运行；

(2) 安装部署文件及相关部署说明；

(3) 其他相关文档:《需求设计文档》、《概要设计说明书》、源代码、《使用操作说明书》。

【任务清单】

完成以上“学习路径规划”或“学习内容推荐”中的任意一种。

5.2 项目概要介绍

5.2.1 前言

员工培训作为教育领域中特殊的一块，越来越受到各类企业的重视。知识更新速度不断加快，人员流动也在加速，企业规模、业务范围和分支机构也在加速扩张，员工间知识水平、职场技能、学习习惯、思维方式、工作地点等存在诸多不同，采取传统的面授培训模式很难对每位员工“照顾得到”。

于是，“智能化”学习技术的发展正为培训行业注入一股新动能。

5.2.2 项目目标

本项目致力于提供一个基于人工智能的企业培训平台，可以让员工通过该平台进行能力测试，根据该测试结果以及员工自身职业规划智能推荐课程以及培训计划，使员工都能找到适合自己的学习资源。并且，科学量化企业培训标准，通过学习数据可视化，方便员工和企业查看及掌握学习情况。企业还可以根据不同岗位查看员工实时能力测评报告，随时跟踪和考核每位学员的学习效果。

5.2.3 创意描述

1. 多方面能力测评模型

使用国际上较为权威的能力测评模型，为企业员工进行能力测评，形成个性化能力测评报告，针对不同员工不同结果则有不同的智能计划推荐。

2. 科学量化企业职位培训标准

企业制定各个职位达成目标的各项能力数据指标，为企业员工提供较为清晰准确的培训目标，使培训能更好地适应短小快速的特点。

3. 个人职业规划

企业员工通过个人职业规划，为其制订个性化培训计划和智能推荐学习资料及课程。

4. 学习资料及课程智能推荐

根据员工的学习记录、职位规划及能力测评结果等信息，智能化地向不同员工推送个性化课程。

5. 可视化的数据分析

可以生成导出员工能力测评报告，以及相关职位的成就达成者各项能力指标数据，便于管理员和学员对学习情况的查看与分析。

5.2.4 功能简介

智能化企业培训管理系统功能模块图如图 5-1 所示。

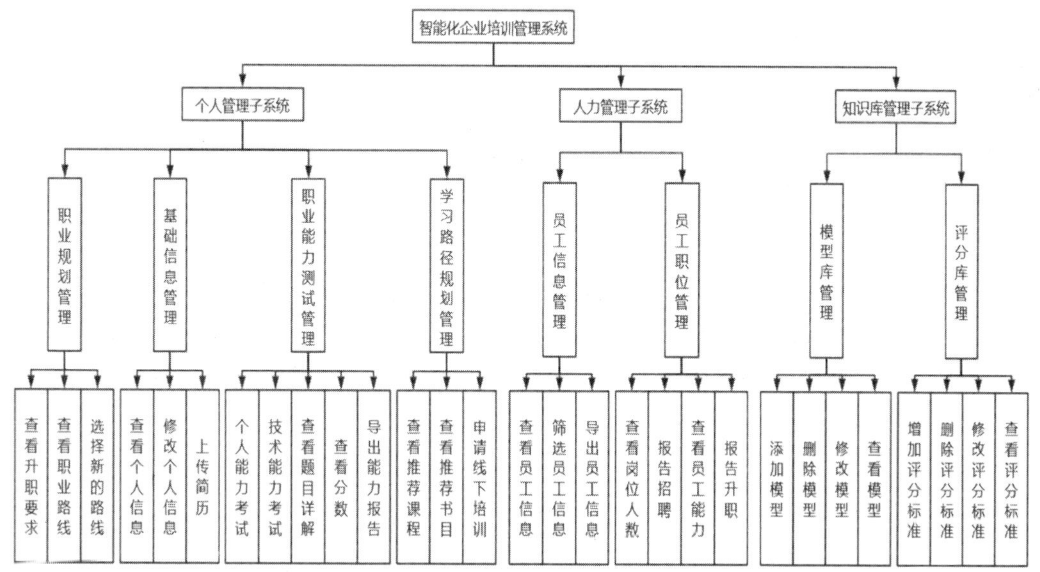

图 5-1 智能化企业培训管理系统功能模块图

1. 个人管理子系统

个人管理子系统包括职业规划管理、基础信息管理、职业能力测试管理和学习路径规划管理四个模块。

(1) 职业规划管理：企业员工可以查看或更改当前职业路线、升职所需条件。

(2) 基础信息管理：企业员工在该模块可以对个人信息及简历进行查看和更新。

(3) 职业能力测试管理：企业员工可以通过该模块对自己的职业能力进行测试并查看详情，同时可以导出个人能力报告。

(4) 学习路径规划管理：企业员工在该模块选择线上或者线下学习弥补不足，系统智能推荐学习内容。

2. 人力管理子系统

人力管理子系统包括员工信息管理和员工职位管理两个模块。

(1) 员工信息管理：人力管理员可以对员工信息进行查看、筛选或导出。

(2) 员工职位管理：人力管理员通过该模块查看职位人数，并向上级申请招聘，或者通过查看员工能力选择是否报告升职。

3. 知识库管理子系统

知识库管理子系统包括模型库管理和评分库管理两个模块。

(1) 模型库管理：知识库管理员在该模块为员工能力测试的模型进行增删改查。

(2) 评分库管理：知识库管理员在该模块对评判员工升职的评分标准进行增删改查。

5.2.5 特色综述

(1) 多方面能力测评模型。
(2) 科学量化企业职位培训标准。
(3) 个人职业规划。
(4) 学习资料及课程智能推荐。
(5) 可视化的数据分析。

5.2.6 开发工具与技术

1．开发工具

(1) 浏览器：Firefox、Chrome、IE8～IE11 等主流浏览器。
(2) 服务器：Node 搭建的服务器。
(3) 数据库：MySQL 5.5.19。
(4) 运行环境：主流浏览器。
(5) 开发工具：WebStorm、Intelli JIDEA、Eclipse、Git。

2．开发技术

1) 前端技术
(1) Node.js 8.4.0。
(2) NPM 5.3.0。
(3) Angular/CLI：1.5。
(4) TypeScript 2.4.2。
(5) ES6。
(6) Element 组件。
2) 后台技术
(1) Spring MVC。
(2) MyBatis。
(3) Maven。

5.2.7 应用对象

本系统面向两类用户：企业员工和管理员。其中企业员工可以利用该平台上的资源进行学习以及相关能力测试，他们是平台的使用者，管理员可以通过后台管理系统对平台进行管理，是平台资源、信息的管理者，包括对员工进行管理及对知识库进行管理。

5.2.8 应用环境

本系统原理上可以支持所有主流浏览器(如 IE、Chrome、FireFox 等)。

5.2.9　结语

总之，人工智能是基于大数据的，因此收集完整的学习与行为历程数据、将内容细分并赋予多元属性、完善算法建模等工作，通过机器学习并通过移动互联网传播知识，让企业以区别于传统培训的模式，“智能化”这条路才能走得顺利。

5.3　项目详细方案

5.3.1　项目的目标与解决思路

1. 项目背景

随着企业业务的扩大以及业界知识更新和迭代的速度加快，员工的知识和技能也需要随之提高，企业对于员工个人素质的提高和业务能力提升尤为重视。

然而，企业目前采用的主要培训形式是线下培训，对学习的时间要求比较高，必须保证完整的时间段，使得很多想要培训但又抽不出完整时间的员工没法参加；由于线下培训所采集到的数据有限，因此培训监管和后期学习计划的制订比较难以进行，从而不能提供良好的监管和针对性的后期服务。并且，目前的企业培训并没有一套十分准确的评定标准，容易导致员工培训成果得不到确切评估，无法得知员工的培训效果。当然，企业也迫切希望员工可以更好地利用碎片化的时间，充实自己的知识、完善自己的技能，同时也希望将员工学习效果可视化，为员工制订更为科学的学习计划。员工自身也希望通过一个系统科学地规划自己的培训生涯，高效地提升自己的学习效率以及专业技能。

员工培训作为教育领域中的特殊一块，越来越受到各类企业的重视。知识更新速度不断加快，人员流动也在加速，企业规模、业务范围和分支机构亦在加速扩张，员工间知识水平、职场技能、学习习惯、思维方式、工作地点等存在诸多不同，采取传统的面授培训模式很难对每位员工“照顾周到”。

于是，“智能化”学习技术的发展正为培训行业注入一股新动能。在学习环境中，与传统学习管理平台注重管理与记录不同的是，智能化辅助系统会提供给学习者个性化的反馈。学习者参加完测验后，可以更好地了解自己的弱项，进一步获取相关的学习资源及后续所建议的学习路径。智能化辅助系统扮演了助教的角色，有效指导并促进学习者的学习。在工作环境中，智能化辅助系统可以依照角色或流程等属性，即时给任务执行者提供个性化且适量的内容，扮演了教练的角色，加速了问题解决并提升了工作成效。

在学习的过程中，学习数据也不会只停留在以往 SCORM 课件阅读的记录模式，而是可以实现学习历程数据的集中。过去单纯的学习记录也可以上升到预警及预测的层次，甚至通过数据收集与深度分析，提供学习者如何建构所学内容的意义、如何形成理解以及学习过程中所做决策的报告。

总之，人工智能是基于大数据的，因此收集完整的学习与行为历程数据、将内容细分并赋予多元属性、完善算法建模等工作，通过机器学习并通过移动互联网传播知识，让企业以区别于传统培训的模式，满足员工的发展需求，“智能化”这条路才能走得顺利。人工智能总有一天会改变人类的生活习惯及工作方式。企业培训行业也会受其影响，这也是不断发展的一种机遇。

2．项目目标

本项目致力于提供一个基于人工智能的企业培训平台，可以让员工通过该平台进行能力测试，根据该测试结果和员工自身职业规划智能推荐课程及培训计划，使员工都能找到适合自己的学习资源。并且，科学量化企业培训标准，通过学习数据可视化，方便员工和企业查看及掌握学习情况。企业还可以根据不同岗位查看员工实时能力测评报告，随时跟踪和考核每位学员的学习效果。最终整体提高员工个人素质和业务能力，继而提高企业的核心竞争力。

3．解决思路

1) 合作方式

项目采用团队合作的方式完成，通过指导老师的指导，所有的任务都围绕一个共同的目标展开。团队成员各自独立完成工作，遇到问题相互合作，实行任务分解策略，每个成员有自己独自的任务，成员需要将任务精益求精；深入分析项目需求、理解项目目标、评估解决方案，包括技术平台、语言、交付进度等，保证项目的顺利执行。

2) 分析方法

采用软件工程分析方法和设计方法，把在软件计划期间建立的软件可行性分析求精和细化，分析各种可能的解法，并且分配给各个软件元素。从需求分析、需求提出、需求评审、需求建模到开发原型系统，通过结构化分析策略，采用“自顶向下，逐步求精”的技术对系统进行划分。

5.3.2 问题分析与解决方案

1．需求调研

本项目通过阅读需求文档、向企业人员调研、网上查找数据等多种途径了解需求信息。

通过需求调研我们发现，企业培训目前正面临以下几个问题：

(1) 培训形式单一，缺乏有针对性、合理的培训计划。企业目前采用的主要培训形式是线下培训，是对所有员工进行课程培训，课程内容是大众化的，没有很好的针对性，无法个性化生成适合员工自己的培训计划。

(2) 培训计划定制与管理困难。目前，公司虽然针对员工制订了培训和发展的计划，但由于线下培训所采集到的数据有限，而且这部分计划也没有一个系统进行管理，因而不能提供良好的监管和针对性的后期服务等，员工本人也无法在任何平台查询这些计划。

(3) 培训记录和资料分享困难。员工无法查询自己的培训记录，系统已经录制完成的培训视频和资料分享以邮件的形式发送，不方便统一查询、整理和进行后续回顾。

(4) 培训效果反馈机制不健全，培训效果缺乏实时有效的评估与追踪。公司难以对每位学员的培训情况进行跟踪，学习数据难以统计，对培训的效果也难以及时得到反馈。

(5) 自我能力认识不够，职业规划认知缺乏。员工以及企业管理层没有对员工自身技能及能力有一定的认识，从而容易导致员工选择的培训计划不适合，效率低下。

(6) 培训需求分析机制不完善，培训项目和内容脱离实际需求，培训层次较低，不符合市场需求。培训内容没有针对性，培训内容与员工个人实际需求不符，企业无法做到针对每个员工进行一个培训计划，容易脱离员工个人实际情况。

(7) 缺乏完善的考核晋升机制，培训效果评估难以量化，缺乏说服力。没有一个系统的考核晋升机制，无法科学地评估员工培训的实际效果。

(8) 企业内的培训部门未能将职业培训标准化，使评定工作存在问题。企业对于职业培训的能力要求没有一个较为科学量化的标准，有些职业要求仅仅只是针对一个主观看法，没有实际的数据要求，使得企业员工容易在培训中选择错误的培训计划。

针对目前企业培训存在的弊端，我们提出以下应对策略：

(1) 多方面能力测评模型。使用国际上较为权威的能力测评模型，为企业员工进行能力测评，形成个性化能力测评报告，针对不同员工不同结果则有不同的智能计划推荐。

(2) 科学量化企业职位培训标准。企业指定各个职位达成目标的各项能力数据指标，为企业员工提供较为清晰准确的培训目标，使培训能更好地适应短小快速的特点。

(3) 个人职业规划。企业员工通过个人职业规划，为其制订个性化培训计划和智能推荐学习资料及课程。

(4) 学习资料及课程智能推荐。根据员工的学习记录、职位规划及能力测评结果等信息，智能化地向不同员工推送个性化课程。

(5) 可视化的数据分析。可以生成导出员工能力测评报告，以及相关职位上的成就达成者各项能力指标数据，便于管理员和学员对学习情况的查看与分析。

2. 功能性需求

1) 功能简介

项目平台分为个人管理子系统、人力管理子系统及知识库管理子系统。该平台功能模块图如图 5-1 所示。

2) 功能模块划分

功能模块划分表见表 5-1。

表 5-1　功能模块划分表

子系统	模　块	功能项	业 务 说 明
个人管理子系统	职业规划管理	查看升职要求	员工可以查看企业录入的各个职位的能力数据要求
		查看职业路线	员工可以查看自己选择的职业路线
		选择新职业路线	员工可以更改自己的职业规划，并且确定下一个职位目标
	基础信息管理	修改个人信息	员工可以更改自己的基础信息
		查看个人信息	员工可以查看自己的基础信息
		上传简历	员工可以上传自己的简历

续表

子系统	模　块	功能项	业 务 说 明
个人管理子系统	职业能力测试管理	技术能力测试	员工通过系统的相关技术能力测试模型进行个人技术能力测试，评定出相关水平，为企业做一个入职参考
		通识能力测试	员工通过系统的相关个人能力测试模型进行个人通识能力测试，评定出相关水平，为企业做一个入职参考
		查看测试详情	员工可以查看测试的详细情况
		查看分数	员工可以查看自己能力测试报告的分数
		导出能力报告	员工可以导出自己实时的能力测评报告，为接下来的培训计划选择做一个参考，实时观察自己的能力水平以及相关培训效果
	学习路径规划管理	申请线下培训	员工如果有需要，可以申请线下培训，由系统告知相关企业管理员
		学习智能推荐	系统根据员工的职业规划以及相关能力测评报告，通过对比企业录入的职业能力评分标准，为员工智能化推荐个性定制的学习路径
人力管理子系统	员工信息管理	筛选员工信息	管理员可以按条件查看相关员工信息
		查看员工信息	管理员可以查看员工相关信息，包括员工基本信息以及能力信息
		导出员工信息	企业人力管理员可以导出员工个人的能力测评报告以及其他相关的一些基础信息
	员工职位管理	报告升职	管理员可以看见目前该职位上的其他培训人员的基本情况以及相关测试数据，若员工满足上一级职位的要求，并该职位缺人，即可向上级报告升职请求
		查看岗位人数	管理员可以查看满足当前岗位要求的求职人数
		查看员工能力	管理员可以查看员工详细能力测试报告数据
		报告招聘	若该职位缺人，并没有满足这一职位的员工，即可报告相关部门进行一定的招聘活动
知识库管理子系统	模型库管理	模型添加	企业相关管理员可以在该系统添加相关职位需要的能力测试模型
		模型删除	企业相关管理员可以在该系统删除相关职位需要的能力测试模型
		模型修改	企业相关管理员可以在该系统修改相关职位需要的能力测试模型
		模型查看	企业相关管理员可以在该系统查看相关职位需要的能力测试模型
	评分库管理	评分标准修改	企业相关管理员可以在该系统为相关职位进行评分标准的录入，选择模型以及相关权重比分等等
		评分标准添加	企业相关管理员可以在该系统为相关职位进行评分标准的修改
		评分标准删除	企业相关管理员可以在该系统为相关职位进行评分标准的删除
		评分标准查看	企业相关管理员可以在该系统为相关职位进行评分标准的查看

3) 系统用例分析

个人管理子系统用例分析图如图 5-2 所示。

个人管理子系统包括职业能力测试管理、职业规划管理、基础信息管理和学习路径规划管理四个模块。

(1) 个人职业能力测试管理用例分析。个人职业能力测试管理用例图如图 5-3 所示，个人职业能力测试管理用例表见表 5-2。

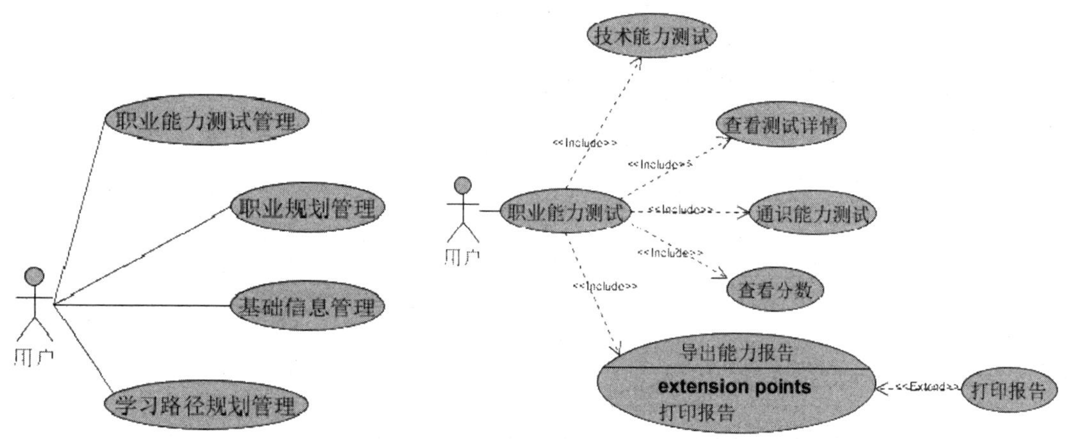

图 5-2 个人管理子系统总用例图　　　　图 5-3 个人职业能力测试管理用例图

表 5-2 个人职业能力测试管理用例表

用例名称	个人职业能力测试管理用例图	
简要说明	企业员工可以测试职业能力并导出能力报告	
事件流	基本事件流 1	(a) 企业员工向系统发出“技术能力测试”请求
		(b) 系统保存测试结果，更新分数
	基本事件流 2	(c) 企业员工向系统发出“通识能力测试”请求
		(d) 系统保存测试结果，更新分数
	基本事件流 3	(e) 企业员工向系统发出“查看测试详情”请求
		(f) 系统保存个人简历
	基本事件流 4	(g) 企业员工向系统发出“查看测试详情”请求
	拓展事件流	(g1)企业员工向系统发出“打印能力报告”请求
非功能需求	无	
前置条件	企业员工登录系统	
后置条件	更新相关能力信息	
扩展点	无	

(2) 个人职业规划管理用例分析。个人职业规划管理用例图如图 5-4 所示，个人职业规划管理用例表见表 5-3。

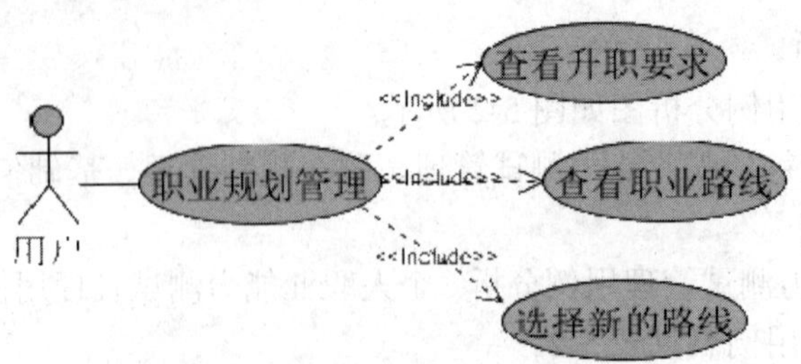

图 5-4 个人职业规划管理用例图

表 5-3 个人职业规划管理用例表

用例名称	个人职业规划管理用例图	
简要说明	企业员工可以管理职业路线	
事件流	基本事件流 1	(a) 企业员工查看升职要求
	基本事件流 2	(b) 企业员工查看职业路线
	基本事件流 3	(c) 企业员工向系统发出“更改职业路线”请求
		(d) 系统保存新的职业路线，更新职业路线
	拓展事件流	(c1) 更改职业路线失败，系统提示
非功能需求	无	
前置条件	企业员工登录系统	
后置条件	更新相关职业路线	
扩展点	无	

(3) 个人基础信息管理用例分析。职业规划基础信息管理用例图如图 5-5 所示，个人基础信息管理用例表见表 5-4。

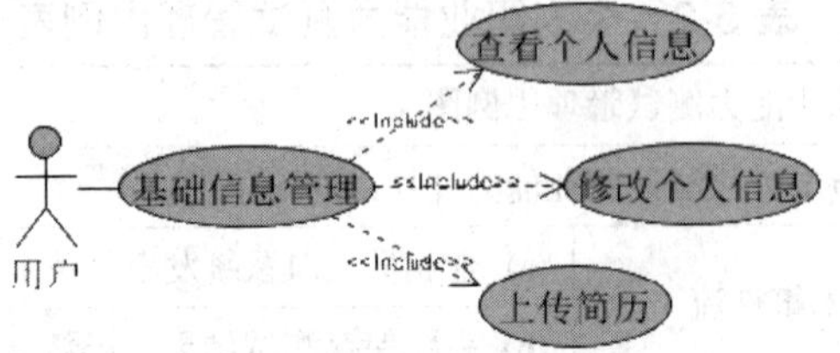

图 5-5 职业规划基础信息管理用例图

表 5-4 个人基础信息管理用例表

用例名称	个人基础信息管理用例图	
简要说明	企业员工可以管理个人信息并更新简历	
事件流	基本事件流 1	(a) 企业员工查看个人信息
	基本事件流 2	(b) 企业员工向系统发出“修改个人信息”请求
		(c) 系统保存新的个人信息，更新信息
	基本事件流 3	(d) 企业员工向系统发出“上传简历”请求
		(e) 系统保存新的简历，并更新
	拓展事件流	(c1) 更改个人信息失败，系统提示
		(e1) 更新简历失败，系统提示
非功能需求	无	
前置条件	企业员工登录系统	
后置条件	更新相关个人信息及简历	
扩展点	无	

(4) 个人学习路径规划管理用例分析。个人学习路径规划管理用例图如图 5-6 所示，个人学习路径规划管理用例表见表 5-5。

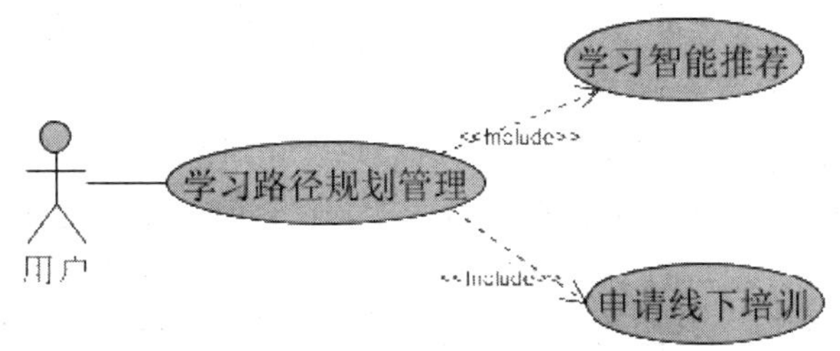

图 5-6　个人学习路径规划管理用例图

表 5-5　个人学习路径规划管理用例表

用例名称	个人学习路径规划管理用例图	
简要说明	企业员工可以规划个人学习路径	
事件流	基本事件流 1	(a) 企业员工向系统发出“学习智能推荐”请求
		(b) 系统智能检索员工相关信息，推荐内容
	基本事件流 2	(c) 企业员工向系统发出“申请线下培训”请求
		(d) 系统向相关人员发出申请邮件
非功能需求	无	
前置条件	企业员工登录系统	
后置条件	无	
扩展点	无	

由于篇幅原因，人力管理子系统和知识库管理子系统用例分析省略。

3. 非功能性需求

1) 性能需求

(1) 时间性需求。① 响应时间要求：对于用户浏览网页端首次访问响应时间小于 5 s，非首次访问响应时间小于 3 s；② 更新处理时间要求：用户输入数据后，对于该用户输入的数据的处理时间应该是毫秒级的，页面处理时间小于 3 s；③ 数据传输时间和转换时间：页面数据传输时间和转换时间小于 3 s。

注：考虑到设备、环境的问题(如计算机性能、网络带宽等)，其时间特性有所不同。这里我们以正常、稳定的设备、环境为准。

(2) 并发需求。本系统在不影响用户体验的前提下，能接受 1000 人次的并发访问。当并发访问人数在 1000 人以下时，系统响应时间如上述所示，当并发访问人数大于 1000 人时，响应时间会有所增加。

(3) 系统的可扩展性。在该系统的开发过程中，还应分析未来用户很可能提出来的要求，比如界面的结构、新增功能、数据结构等等，让该系统具有可扩充性。

(4) 系统的易用性和易维护性。系统的人机界面友好，设计的用户操作力求简便且具有准确性，用户只需要具备计算机和手机基本常识即可使用本系统。

(5) 数据的完整性、准确性、安全性。① 该系统录入数据均需满足关系型数据库的要求，数据之间的关系需有一定的约束机制；② 页面权限：在安全保密方面，根据不同的用户设置了相应的权限(即正常显示和无权访问两种)；③ 数据保密：由于涉及企业内部机密及企业个人隐私，防止被意外获取，可以对这些数据进行加密及授权访问。

(6) 输入输出需求。用户登录、搜索、录入将输入数据分为三类：用户(包含管理员)登录时输入用户名、密码，系统将分配给其相应的权限；用户(包含管理员)在搜索时，输入用户(包含管理员)所需要的相应内容的查询，系统输出相应的列表；用户修改个人基本信息、能力测试数据输入、管理员录入模型以及相关评分标准等。

2) 系统设计原则

(1) 可靠性原则。本系统为企业在线学习系统，该系统主要操作人员为企业内部员工以及相关管理者，系统的作业环境相对保密，对系统安全性要求较高，系统正式运作前需要经过多次严密的测试，以保证企业内部资料不被外部窃取。

(2) 可管理性原则。整个系统应易于管理、维护，界面美观、人性化，操作简单、易学、易用，便于进行报表设计等操作，在安全性、数据完整性、性能等方面得到很好的监视和控制。

(3) 系统出错处理需求。系统应具有一定的容错能力，能检测到用户的错误输入并给出友好且简洁的错误提示，能检测到用户的操作错误，并提供帮助窗口指导用户操作等。可能出现的错误见表5-6。

表5-6 可能出现的错误表

可能出现的错误	系统输出信息形式	系统输出信息含义	处理方法
人工操作出错	系统出现大量错误数据	系统数据出现错误	备份还原操作恢复前一段时间的数据
病毒故障	用户设备运行过慢，出现死机等现象	用户设备可能受到病毒的入侵，导致数据错误或丢失	备份还原操作恢复前一段时间的数据
系统打开故障	系统不能正常打开	系统启动出现问题	提供7×24×365不间断服务
平台显示错误信息	显示与实际不符的信息	数据转换错误	重新登录本平台

4．特色综述

(1) 多方面能力测评模型；

(2) 科学量化企业职位培训标准；

(3) 个人职业规划；

(4) 学习资料及课程智能推荐；

(5) 可视化的数据分析。

5.3.3 技术路线及实现方案

1. 技术路线

1) 系统体系结构

我们将整个系统分为表示、安全、逻辑、数据四个层次，降低了模块之间的耦合性。四个层次的简要介绍如下：

(1) 表示层。系统用户通过表示层进行需求的操作，表示层提供用户输入的接口，同时把系统处理的数据结果提供到表示层进行展示。

(2) 安全层。表示层的操作需提交给安全层进行统一的过滤，需要安全层对用户的身份、用户所拥有的权限以及用户所请求的事物进行验证，验证通过后可提交给逻辑层进行处理。

(3) 逻辑层。逻辑层是系统所需的业务处理的主要业务逻辑关系的处理层，是系统的核心模块，通过统一的接口分到对应的模块，并且进行相应的运算以后，再通过安全层返回到表示层进行显示。逻辑层所需要的数据以及往数据层存储的数据，均需满足数据层的统一要求。

(4) 数据层。数据层是系统提供数据服务的基础部分，系统产生的所有跟数据库有关的数据均需通过数据层的过滤，这保证了数据的完整性与一致性，以及更好地向关系型数据库读取数据。

智能化企业培训系统体系框架如图 5-7 所示。

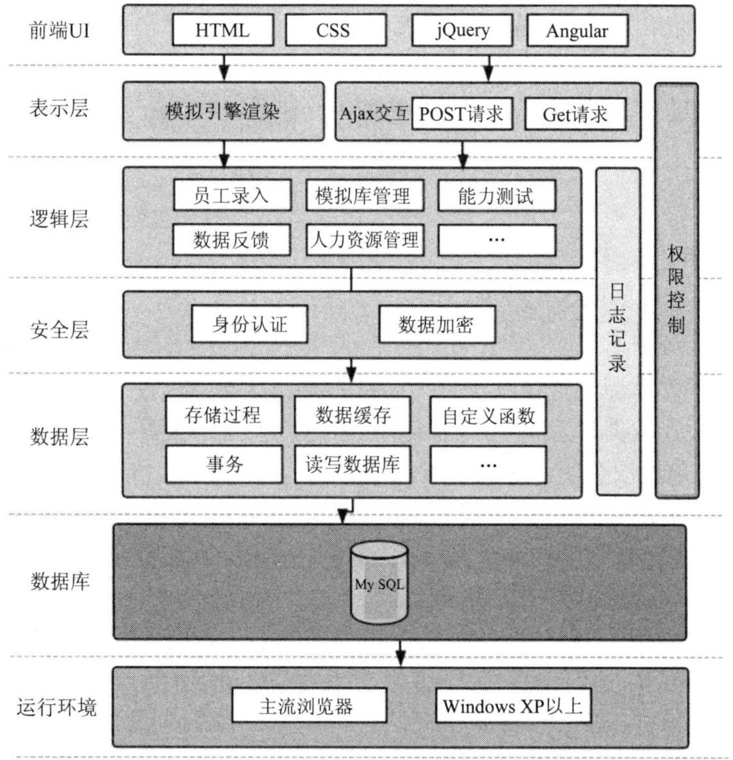

图 5-7　智能化企业培训系统体系框架图

2) 系统技术框架

智能化企业培训系统网站基于三层应用开发模式，采用了 SSM(Spring+Spring MVC + MyBatis)框架实现。

(1) 前端技术。

① NPM5.3.0：NPM 为 JavaScript 开发者提供了一个很好的分享重用的方式，同时提供了一个很好的方式来更新用户的代码。

② Angular/cli:1.5：Angular CLI 是一个命令行接口(Command Line Interface)，用于实现自动化开发工作流程。

③ TypeScript2.4.2：TypeScript 是 JavaScript 类型的超集，它可以编译成纯 JavaScript。TypeScript 可以在任何浏览器、任何计算机和任何操作系统上运行。

④ Element Angular：Element Angular 是一套基于 Angular 的组件，可以在很大程度上加快开发速度。

(2) 后台技术。

① Spring MVC：在 Web 模型中，MVC 是一种很流行的框架，通过把 Model、View、Controller 分离，把较为复杂的 Web 应用分成逻辑清晰的几部分，达到了简化开发、减少出错的目的，而且也是为了组内开发人员之间的配合。总之，MVC 是一种分层工作的办法。

② MyBatis：MyBatis 是一款优秀的持久层框架，它支持定制化 SQL、存储过程以及高级映射。MyBatis 避免了几乎所有的 JDBC 代码和手动设置参数以及获取结果集。MyBatis 可以使用简单的 XML 或注解来配置和映射原生信息，将接口和 Java 的 POJOs(Plain Old Java Objects)，即普通的 Java 对象映射成数据库中的记录。

③ Maven：Maven 是一个项目管理和综合工具，它为开发人员提供了一个完整的生命周期框架，开发团队可以自动完成项目的基础工具建设。Maven 使用标准的目录结构和默认构建生命周期。

2. 实现方案

1) 系统数据库 ER 图

系统数据库 ER 图如图 5-8 所示。

2) 数据库设计原则

数据库设计的基本原则是在系统总体信息方案的指导下，各个库应当为它所支持的管理目标服务，在设计数据库系统时，应当重点考虑以下几个因素：

(1) 数据库必须层次分明，布局合理。

(2) 数据库必须高度结构化，保证数据的结构化、规范化和标准化，这是建立数据库和进行信息交换的基础。数据结构的设计应该遵循国家标准和行业标准，尤其要重视编码的应用。

(3) 在设计数据库的时候，一方面要尽可能地减小冗余度，减小存储空间的占用，降低数据一致性问题发生的可能性，另一方面，还要考虑适当的冗余，以提高运行速度和降低开发难度。

(4) 必须维护数据的正确性和一致性。在系统中，多个用户共享数据库，由于并发操作，可能影响数据的一致性。因此必须用“锁”等办法保证数据的一致性。

(5) 设定相应的安全机制，由于数据库的信息、对特定的用户有特定的保密要求，安全机制必不可少。

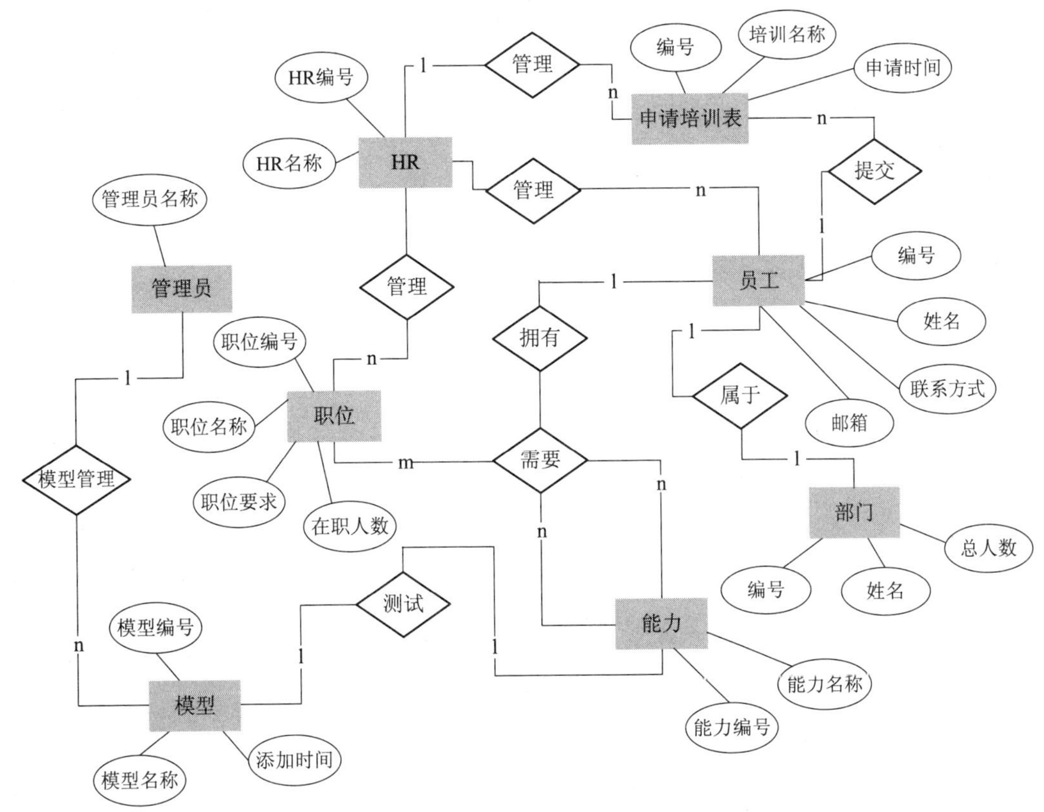

图 5-8　系统数据库 ER 图

3) 数据库性能

在给定的系统硬件和系统软件条件下，提高数据库系统运行效率的办法是：

(1) 在逻辑设计阶段降低范式，适当增加冗余。

(2) 在物理设计阶段，少用触发器，多用存储过程。服务器如果有多个磁盘，应该将表分开放在不同的盘上，从而提高速度。

(3) 发现某个表的记录太多，例如超过 1000 万条，则要对该表进行水平分割。水平分割的做法是，以该表主键 PK 的某个值为界线，将该表的记录水平分割为两个表。若发现某个表的字段太多，例如超过 80 个，则垂直分割该表，将原来的一个表分解为两个表。

(4) 对数据库管理系统 DBMS 进行系统优化，即优化各种系统参数，如缓冲区个数。

(5) 在使用面向数据的 SQL 语言进行程序设计时，尽量采取优化算法。

总之，要提高数据库的运行效率，必须从数据库系统级优化、数据库设计级优化、程序实现级优化这三个层次上同时下工夫。

3. 技术难点实现

1) 智能算法设计

(1) 基于员工的协同过滤算法。

基于员工的协同过滤算法主要包括两个步骤：① 找到和目标员工兴趣相似的集合；② 找到这个集合中员工喜欢的，且目标员工没有听说过的学习内容推荐给目标员工。步骤①的关键就是计算两个员工的兴趣相似度。这里，协同过滤算法主要利用行为的相似度计算兴趣的相似度。给定员工 u 和员工 v，令 $N(u)$表示员工 u 曾经有过正反馈的学习内容集合，令 $N(v)$为员工 v 曾经有过正反馈的学习内容集合。那么，可以通过如下的 Jaccard 公式简单地计算 u 和 v 的兴趣相似度：

$$w_{uv} = \frac{|N(u) \cap N(v)|}{|N(u) \cup N(v)|}$$

或者通过余弦相似度计算：

$$w_{uv} = \frac{|N(u) \cap N(v)|}{\sqrt{|N(u)||N(v)|}}$$

下面以员工行为记录为例，举例说明 UserCF 计算员工兴趣相似度的例子。在该例中，员工 A 对学习内容$\{a, b, d\}$有过行为，员工 B 对学习内容$\{a, c\}$有过行为，员工学习内容相似度计算示意图如图 5-9 所示，利用余弦相似度公式计算员工 A 和员工 B 的兴趣相似度为

$$w_{AB} = \frac{|\{a,b,d\} \cap \{a,c\}|}{\sqrt{|\{a,b,d\}||\{a,c\}|}} = \frac{1}{\sqrt{6}}$$

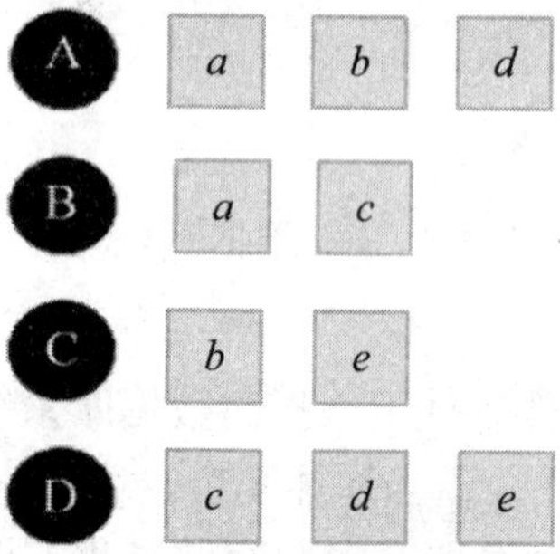

A	a	b	d
B	a	c	
C	b	e	
D	c	d	e

图 5-9　员工学习内容相似度计算示意图

同理，可以计算出员工 A 和员工 C、D 的相似度为

$$w_{AC} = \frac{|\{a,b,d\} \cap \{b,e\}|}{\sqrt{|\{a,b,d\}||\{b,e\}|}} = \frac{1}{\sqrt{6}}$$

$$w_{AD} = \frac{|\{a,b,d\} \cap \{c,d,e\}|}{\sqrt{|\{a,b,d\}||\{c,d,e\}|}} = \frac{1}{3}$$

事实上，很多员工相互之间并没有对同样的学习内容产生过行为。上面的算法将很多时间浪费在了计算这种员工之间的相似度上。如果换一个思路，以首先计算员工的(u, v)，然后再对这种情况除以分母。为此，可以首先建立学习内容到员工的倒查表，对于每个学习内容都保存对该学习内容产生过行为的员工列表。那么，假设员工 u 和员工 v 同时属于

倒查表中 K 个学习内容对应的员工列表，就有 $C[u][v]=K$。从而，可以扫描倒查表中每个学习内容对应的员工列表，将员工列表中的两两员工对应的 $C[u][v]$加 1，最终就可以得到所有员工之间不为 0 的 $C[u][v]$。同样以员工行为为例解释上面的算法。首先，需要建立学习内容——员工的倒排表(如图 5-10 所示)。然后，建立一个 4×4 的员工相似度矩阵 $\boldsymbol{W}$，对于学习内容 a，将 $\boldsymbol{W}[A][B]$和 $\boldsymbol{W}[B][A]$加 1，对于学习内容 b，将 $\boldsymbol{W}[A][C]$和 $\boldsymbol{W}[C][A]$加 1，以此类推。扫描完所有学习内容后，可以得到最终的 $\boldsymbol{W}$ 矩阵。这里的 $\boldsymbol{W}$ 是余弦相似度中的分子部分，然后将 $\boldsymbol{W}$ 除以分母可以得到最终的员工兴趣相似度。

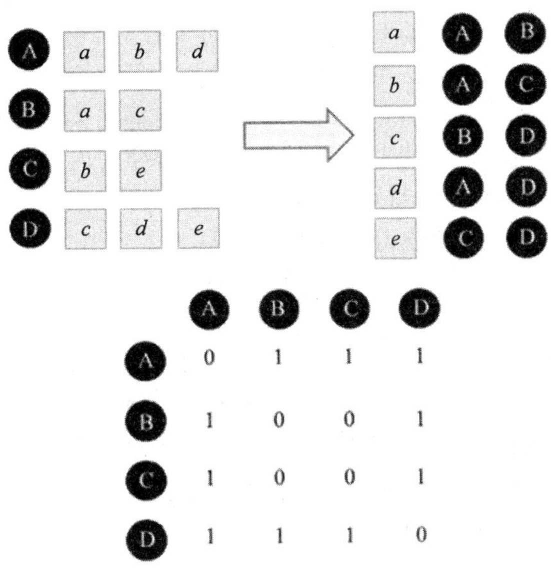

图 5-10　学习内容——员工倒排表

得到员工之间的兴趣相似度后，UserCF 算法会给员工推荐和他兴趣最相似的 K 个员工喜欢的学习内容。如下的公式度量了 UserCF 算法中员工 u 对学习内容 i 的感兴趣程度：

$$p(u,i)=\sum_{v\in S(u,K)|N(i)} w_{uv}r_{vi}$$

其中，$S(u，K)$包含和员工 u 兴趣最接近的 K 个员工，$N(i)$是对学习内容 i 有过行为的员工集合，w_{uv} 是员工 u 和员工 v 的兴趣相似度，r_{vi} 代表员工 v 对学习内容 i 的兴趣，因为使用的是单一行为的隐反馈数据，所以所有的 r_{vi}=1。选取 K=3，员工 A 对学习内容 c、e 没有过行为，因此可以把这两个学习内容推荐给员工 A。

Random 算法每次都随机挑选 10 个员工没有产生过行为的学习内容推荐给当前员工，Most Popular 算法则按照学习内容的流行度给员工推荐他没有产生过行为的学习内容中最热门的 10 个学习内容。这两种算法都是非个性化的推荐算法，但它们代表了两个极端。Most Popular 算法的准确率和召回率远远高于 Random 算法，但它的覆盖率非常低，结果都非常热门。可见，Random 算法的准确率和召回率很低，但覆盖度很高，结果平均流行度很低。

(2) 基于学习内容的协同过滤算法。

基于员工的协同过滤算法在一些网站(如 Digg)中得到了应用，但该算法有一些缺点。

首先，随着网站的员工数目越来越大，计算员工兴趣相似度矩阵将越来越困难，其运算时间复杂度和空间复杂度的增长和员工数的增长近似于平方关系。其次，基于员工的协同过滤很难对推荐结果作出解释。因此，我们还采用了另外一种基于学习内容的协同过滤算法。

基于学习内容的协同过滤算法(简称 ItemCF)给员工推荐那些和他们之前喜欢的学习内容相似的学习内容。比如，该算法会因为你购买过《数据挖掘导论》而给你推荐《机器学习》。不过，ItemCF 算法并不利用学习内容的内容属性计算学习内容之间的相似度，它主要通过分析员工的行为记录计算学习内容之间的相似度。该算法认为，学习内容 A 和学习内容 B 具有很大的相似度是因为喜欢学习内容 A 的员工大都也喜欢学习内容 B。

基于学习内容的协同过滤算法可以利用员工的历史行为给推荐结果提供推荐解释，比如给员工推荐《算法导论》的解释可以是因为员工之前喜欢《算法基础入门》。

基于学习内容的协同过滤算法主要分为两步：计算学习内容之间的相似度；根据学习内容的相似度和员工的历史行为给员工生成推荐列表。

我们可以用下面的公式定义学习内容的相似度：

$$w_{ij}=\frac{|N(i)\cap N(j)|}{|N(i)|}$$

这里，分母$|N(i)|$是喜欢学习内容 i 的员工数，而分子是同时喜欢学习内容 i 和学习内容 j 的员工数。因此，上述公式可以理解为喜欢学习内容 i 的员工中有多少比例的员工也喜欢学习内容 j。上述公式虽然看起来很有道理，但是却存在一个问题。如果学习内容 j 很热门，很多人都喜欢，那么 w_{ij} 就会很大，接近 1。因此，该公式会造成任何学习内容都会和热门的学习内容有很大的相似度，这对于致力于挖掘长尾信息的推荐系统来说显然不是一个好的特性。为了避免推荐出热门的学习内容，可以用下面的公式：

$$w_{ij}=\frac{|N(i)\cap N(j)|}{\sqrt{|N(i)||N(j)|}}$$

这个公式惩罚了学习内容 j 的权重，因此减轻了热门学习内容会和很多学习内容相似的可能性。从上面的定义可以看到，在协同过滤中两个学习内容产生相似度是因为它们共同被很多员工喜欢，也就是说每个员工都可以通过他们的历史兴趣列表给学习内容“贡献”相似度。这里面蕴涵着一个假设，就是每个员工的兴趣都局限在某几个方面，因此如果两个学习内容属于一个员工的兴趣列表，那么这两个学习内容可能就属于有限的几个领域，而如果两个学习内容属于很多员工的兴趣列表，那么它们就可能属于同一个领域，因而有很大的相似度。

输入的员工行为记录，每一行代表一个员工感兴趣的学习内容集合。然后，对于每个学习内容集合，我们将里面的学习内容两两加一，得到一个矩阵。最终将这些矩阵相加得到上面的 $\boldsymbol{C}$ 矩阵。其中 $\boldsymbol{C}[i][j]$记录了同时喜欢学习内容 i 和学习内容 j 的员工数。最后，将 $\boldsymbol{C}$ 矩阵归一化可以得到学习内容之间的余弦相似度矩阵 $\boldsymbol{W}$。

在得到学习内容之间的相似度后，ItemCF 通过如下公式计算员工 u 对一个学习内容 j 的兴趣：这里 $N(u)$是员工喜欢的学习内容的集合，$S(i, K)$是和学习内容 i 最相似的 K 个学习内容的集合，w_{ji} 是学习内容 j 和 i 的相似度，r_{ui} 是员工 u 对学习内容 i 的兴趣。(对于隐反馈数据集，如果员工 u 对学习内容 i 有过行为，即可令 $r_{ui}=1$。)该公式的含义是，和员工历史上感兴趣的学习内容越相似的学习内容，越有可能在员工的推荐列表中获得比较高的排名。例如，员工喜欢《C++Primer 中文版》和《编程之美》两本书，ItemCF 会为这两本书分别找出和它们最相似的 3 本书，然后根据公式的定义计算员工对每本书的感兴趣程度。比如，ItemCF 给员工推荐《算法导论》，是因为这本书和《C++Primer 中文版》相似，相似度为 0.4，而且这本书也和《编程之美》相似，相似度是 0.5。考虑到员工对《C++Primer 中文版》的兴趣度是 1.3，对《编程之美》的兴趣度是 0.9，那么员工对《算法导论》的兴趣度就是 1.3×0.4+0.9×0.5=0.97，如图 5-11 所示。

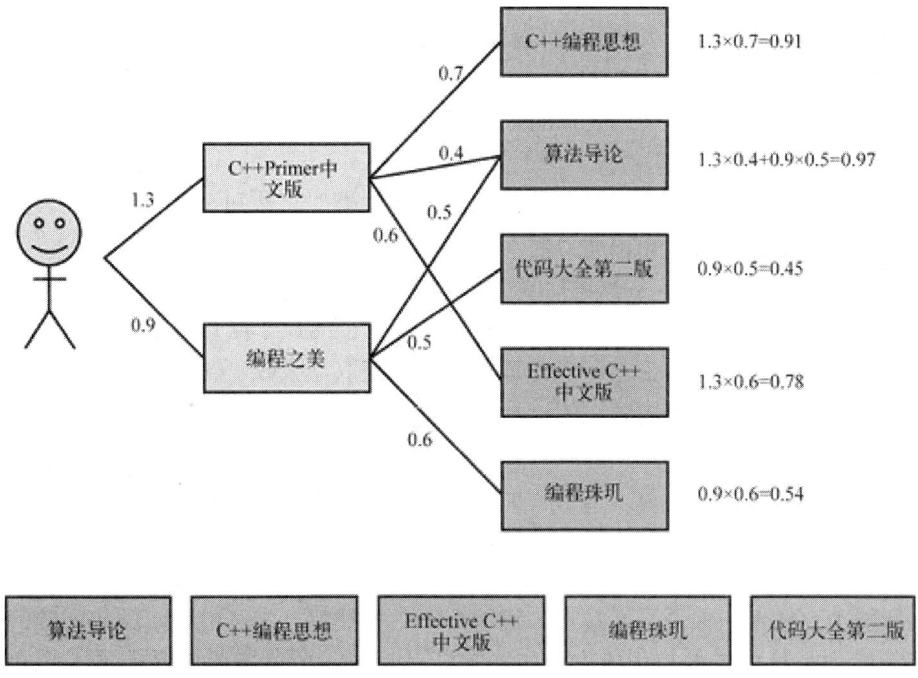

图 5-11　兴趣度计算方法

从这个例子可以看到，ItemCF 的一个优势就是可以提供推荐解释，即利用员工历史上喜欢的学习内容为现在的推荐结果进行解释，可以看到 ItemCF 推荐结果的精度也是不和 K 成正相关或者负相关的，因此选择合适的 K 对获得最高精度是非常重要的。流行度和 UserCF 不同，参数 K 对 ItemCF 推荐结果流行度的影响也不是完全正相关的。随着 K 的增加，流行度会逐渐提高，但当 K 增加到一定程度，流行度就不会再有明显变化。覆盖率 K 增加会降低系统的覆盖率。

2) 模型设计

我们通过专业且权威的测试模型对企业中的员工进行准确的能力量化，根据不同的参数以及参数所占的权重，对员工的某项能力进行建模，通过模型参数变化得出员工知识能力对相应企业带来的绩效影响。我们将采用模拟场景，对现代制造单元企业对员工的知识能力进行建模。(模型出处：重庆大学机械工程学院论文：现代制造单元员工知识能力模型研究)

建模步骤：分析能力构成以及能力要素→分析知识能力间相互作用→根据得到的参数对知识能力建模。

(1) 员工知识能力构成。

知识能力是指知识拥有者具有的以知识为核心的各种能力的综合，是由知识所形成的内在的、个体的和内涵的稳定的能力。本文根据知识能力的时间属性、来源属性和行为属性结合制造背景，将制造单元员工知识能力划分定义为基础知识能力、技术知识能力和知识表达能力。将员工知识能力中在从事生产工作之前就具备的，在学习生活中所吸收和积累的通用基础知识所产生的基本能力定义为基础知识能力。在从事生产工作之后形成的，通过从事相同或相关工作内容所积累和培养的技能及经验定义为技术知识能力。另外，知识能力的行为表现取决于个人的素质、与能力发挥相配套的条件及各种内外在因素的驱动，如心理素质、生产环境(照明、温度等)、相关措施(压力、激励)和意外因素等，将属于员工自身的、影响知识能力正常运用发挥的知识能力称做知识表达能力。

(2) 员工知识能力要素。

知识能力分为隐性知识能力和显性知识能力两种类型，从知识能力的显性、隐性两个方面，对现代制造单元员工知识能力要素进行了综合分析和获取。

① 基础知识能力要素：主要包括学历、学习能力、适应能力和团队工作能力。其中学历为显性知识能力，学习能力、适应能力和团队工作能力属于隐性基础知识能力。学习能力指员工对生产知识如加工工艺、操作规程等进行获取、吸收、转化和总结的能力。适应能力指员工对自身生产工作内容、生产环境变化及对制造团队成员的适应能力。制造单元是针对多品种小批量的产品生产模式，产品、工艺过程变化大，对员工的适应能力要求较高。团队工作能力主要是指员工的沟通能力和协作能力，制造单元是一种团队生产方式，需要员工在生产过程当中与其他员工进行合作交流，并协作共同完成生产任务。

② 技术知识能力要素：主要包括技术职称、生产技能、生产经验、解决问题的能力和工作创新能力。技术职称是显性技术知识能力，生产技能、生产经验、解决问题的能力、生产创新能力是隐性技术知识能力。生产技能是指员工所具备的生产技术水平和熟练程度，包括工作方式、工作诀窍、生产技能、工具类技术、工作研究能力等。生产经验是指员工长期从事生产工作所积累的一切与生产相关的操作经验。解决问题的能力是员工在其工作技能的基础上、生产经验的积累上所产生对生产过程中问题的洞察力、迅速发现及顺利解决问题的能力。工作创新能力指生产过程中具有开拓性和创新性，能不断优化改进工作方法、工作流程等从而提高工作效率的能力。

③ 知识表达能力：主要包括身体素质、心理素质和工作素质。身体素质是显性知识表达能力，包括性别、年龄、体质、生产负荷限度、对生产环境知应力、对疾病的抵抗能力等特征。心理素质和工作素质属于隐性知识表达能力，心理素质包括自我认知、情绪控制力、直觉判断力、意志品质、抗压能力等个性品质诸方面，工作素质指员工的工作态度、工作责任心、工作积极性。

(3) 员工知识能力间的相互作用关系。

基础知识能力与技术知识能力之间存在相互作用关系。一方面，基础知识能力对于技术知识能力的形成和提高具有一定影响作用，如学习能力影响到生产技能形成、生产经验积累，而解决问题的能力和工作创新能力受到学习能力、适应能力、团队协作能力等的综合影响。另一方面，技术知识能力会对基础知识能力产生一定影响作用，如生产技能和解决问题的能力影响到适应能力及团队合作能力。其详细作用关系如图 5-12 所示。

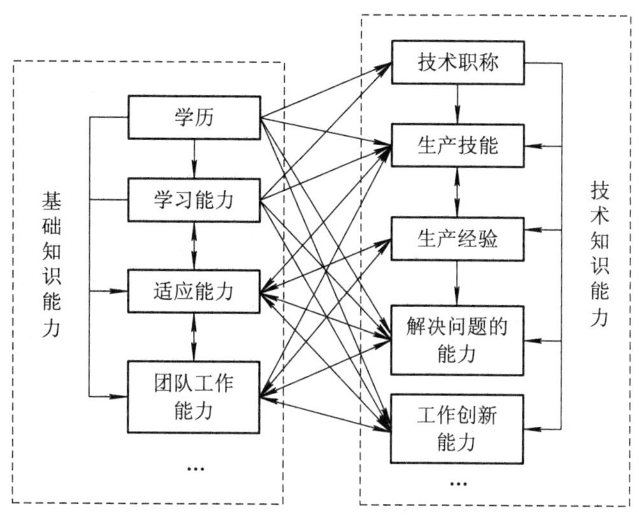

图 5-12 基础知识能力与技术知识能力的作用关系

基础知识能力和知识表达能力之间存在相互作用关系。一方面，基础知识能力对知识表达能力具有影响作用，如好的学习能力、适应能力会增加自信从而提高心理素质。另一方面，知识表达能力对基础知识能力具有影响作用，影响到基础知识能力的正常表现和发挥。其详细作用关系如图 5-13 所示。

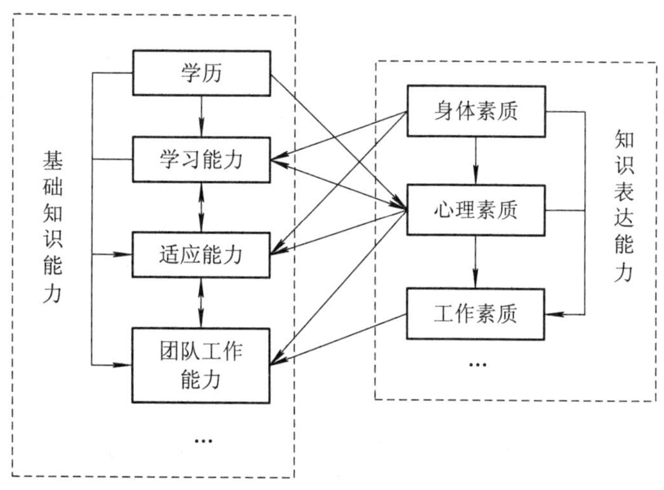

图 5-13 基础知识能力与知识表达能力的作用关系

技术知识能力和知识表达能力直接存在相互影响关系。一方面，技术知识能力对知识表达能力具有影响作用，如好的生产技能和工作创新能力会增加自信从而影响心理素质。另一方面，知识表达能力对技术知识能力具有影响作用，影响到基础知识能力的正常表现和发挥。其详细作用关系如图 5-14 所示。

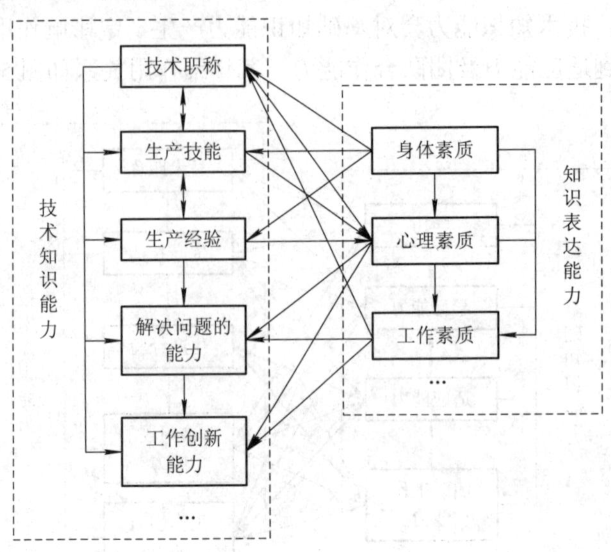

图 5-14　技术知识能力与知识表达能力的作用关系

(4) 员工知识能力结构模型。

通过对员工知识能力的结构要素及各知识能力间的相互作用关系的分析，员工知识能力构成关系如图 5-15 所示。

基础知识能力、技术知识能力和知识表达能力三者相互联系和影响、相互作用共同构成员工知识能力整体，以这三方面为维度，建立员工知识能力结构的空间三维坐标模型，如图 5-16 所示。X 轴是基础知识能力维，表示基础知识能力的大小；Y 轴是技术知识能力维，表示技术知识能力的大小；Z 轴是知识表达能力维，表示知识表达能力的大小。因三者存在相互作用关系，三个数轴之间具有一定的夹角：α 表示基础知识能力和技术知识能力之间的影响作用关系；β 表示基础知识能力和知识表达能力之间的影响作用关系；γ 表示知识表达能力和技术知识能力之间的影响作用关系。则四面体 $OABC$ 空间体积 V_{OABC} 可用于表示员工知识能力大小。再获得基础知识能力、技术知识能力、知识表达能力的大小值 x、y、z 以及基础知识能力、技术知识能力、知识表达能力相互间的作用程度大小值 α，β、γ 后，便可以得到员工知识能力大小 D。由分析可知，员工知识能力 D 的值即为四面体 $OABC$ 的体积，D 的值可通过以下公式表达：

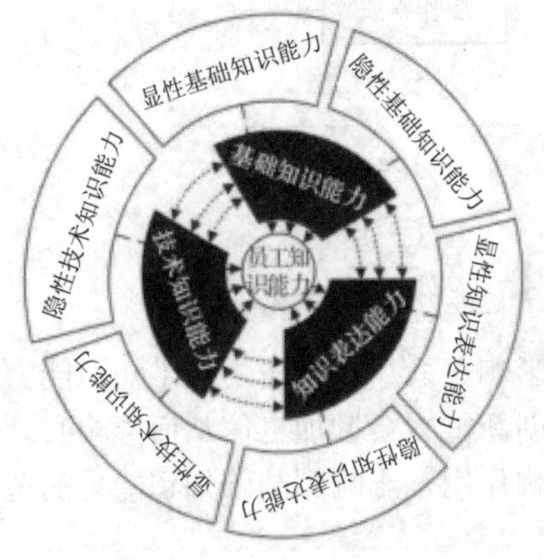

图 5-15　员工知识能力构成关系图

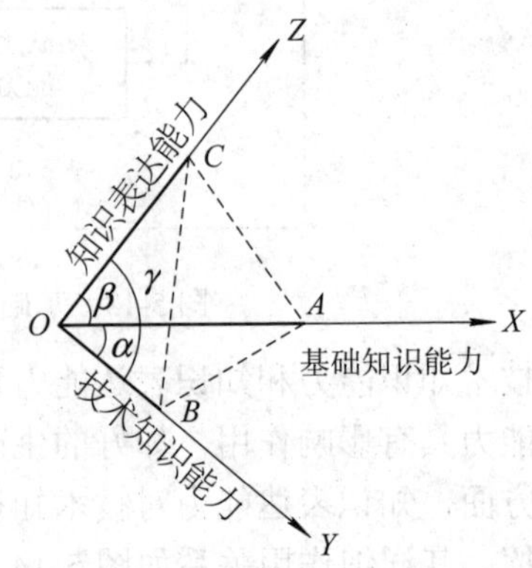

图 5-16　员工知识能力结构模型图

$$D = V_{OABC} = \frac{1}{2} S_{OAB} h = \frac{1}{2} |OA||OB||OC| \sqrt{\sin^2 \gamma + 2\cos\alpha\cos\beta\cos\gamma}$$
$$= \frac{1}{2} xyz \sqrt{1 - \cos^2\alpha - \cos^2\beta - \cos^2\gamma + 2\cos\alpha\cos\beta\cos\gamma}$$

另外，员工知识能力具有动态性，员工知识能力不是静态不变的，而是会随着员工所从事的生产工作的时间或者所生产产品数量的增加而不断提高的，在从事生产工作的前期，员工知识能力提高较快，而随着知识能力提高到一定水平，知识能力提高的速度会越来越慢，最后达到一个稳定的常态值。

(5) 模型结果总结与分析。

① 员工知识能力构成要素关系。由图 5-17 结构方程模型路径图可知，基础知识能力的四个要素的标准化路径系数分别为 0.78、0.91、0.92、0.90，表明学历、学习能力、适应能力和团队工作能力对基础知识能力存在显著性正面影响，其中学习能力、适应能力和团队工作能力的影响程度较高。技术知识能力的五个要素的标准化路径系数分别为 0.88、0.92、0.90、0.96、0.87，表明技术职称、工作技能、工作经验、解决问题能力和工作创新能力对技术知识能力存在显著性正面影响。知识表达能力的三个要素的标准化路径系数分别为 0.90、0.93、0.85，表明身体素质、心理素质、工作素质对知识表达能力存在显著性正面影响。

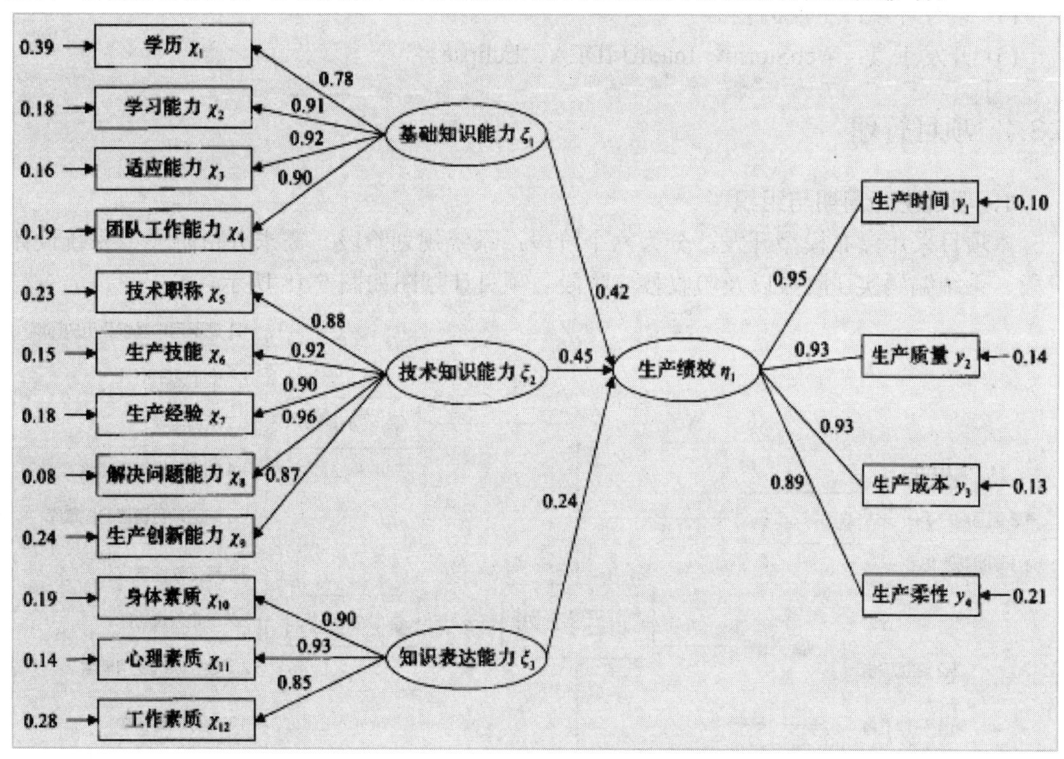

图 5-17　结构方程模型路径图

② 员工知识能力对生产绩效的影响关系。由图 5-17 结构方程模型路径图可知，基础知识能力、技术知识能力和知识表达能力对生产绩效影响的标准化路径系数分别为 0.42、0.45、0.24，表明对生产绩效存在较为显著的正面影响，其中基础知识能力和技术知识能力的影响程度较大。实证结果表明，员工知识能力对生产绩效存在较显著影响，因此，提高员工知识

能力水平对于提高生产绩效有一定作用。另外，员工知识能力对生产绩效中的生产时间、生产成本存在影响，表明在现代制造企业制定标准工时、进行成本估算和确定交货期时需将员工知识能力因素的影响考虑在内。最后，员工知识能力对生产绩效中生产质量和生产柔性存在影响，说明提高员工知识能力有助于进行产品质量控制、提高制造系统柔性。

4. 应用对象和环境

1) 应用对象

本系统面向两类用户：企业员工和管理员。其中企业员工可以利用该平台上的资源进行学习以及相关能力测试，他们是平台的使用者，管理员可以通过后台管理系统对平台进行管理，是平台资源、信息的管理者，包括对员工进行相关管理及对知识库进行管理。

2) 应用环境

本系统原理上可以支持所有主流浏览器(如 IE、Chrome、FireFox 等)。

3) 开发环境

(1) 浏览器：Firefox、Chrome、IE8~11 等主流浏览器。

(2) 服务器：Node 搭建的服务器。

(3) 数据库：MySQL5.5.19。

(4) 运行环境：主流浏览器。

(5) 开发工具：WebStorm、IntelliJ IDEA、Eclipse。

5.3.4 项目管理

1. 项目生命周期与组织

本项目采用瀑布模型开发，分为六个阶段：系统规划阶段、需求分析阶段、系统设计阶段、系统编码实现阶段以及验收移交阶段。项目计划图如图 5-18 所示。

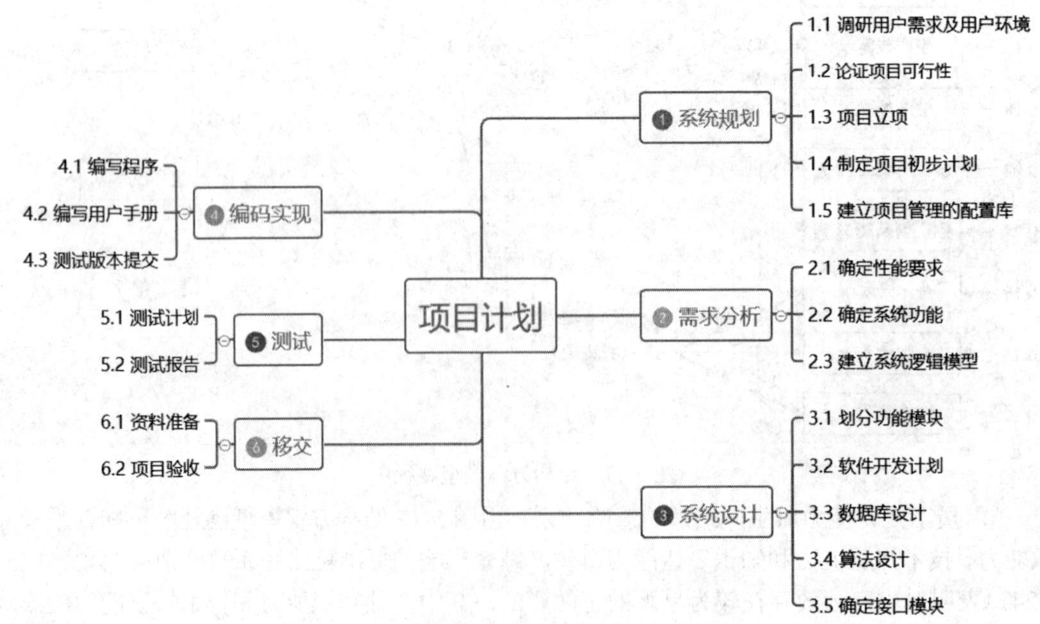

图 5-18　项目计划图

2．角色与职责

角色与职责表见表 5-7。

表 5-7　角色与职责表

角　色	职　　责
项目经理 需求工程师 小 Q	(1) 对项目全过程进行控制和管理； (2) 负责项目过程中资源(人力、物力、财力等)的组织和调配； (3) 制定《项目计划》，监督项目进展、定期完成交付件； (4) 负责项目变更控制和管理； (5) 负责项目问题的协调和处理； (6) 负责与需求发起人充分沟通需求，理解意图； (7) 确定需求边界，并对需求进行分析、整合和模块化； (8) 输出《需求规格说明书》； (9) 在项目过程中，对需求进行讲解，协助项目组成员理解需求，保证项目成果符合用户要求
UI 设计 小 L	(1) 根据产品需求，对产品的整体美术风格、交互设计、界面结构、操作流程等做出设计； (2) 负责项目中各种交互界面、图标、LOGO、按钮等相关元素的设计与制作； (3) 积极与开发人员沟通，推进界面及交互设计的最终实现； (4) 负责软件界面的美术设计、创意工作和制作工作； (5) 根据各种相关软件的用户群，提出构思新颖、有高度吸引力的创意设计； (6) 对页面进行优化，使用户操作更趋于人性化； (7) PPT 设计制作
开发组组长 测试组组长 小 Z	(1) 组织开发小组完成开发任务； (2) 制定《开发计划》(包括任务分解、人员分工、时间进度和监控点(里程碑))； (3) 对开发进度和质量进行监控及管理； (4) 组织技术攻关； (5) 及时反馈小组问题，并提出解决方案； (6) 负责与小组成员的沟通； (7) 参与编码； (8) 组织开发小组完成测试任务； (9) 制定《测试计划》(包括任务分解、人员分工、时间进度和监控点(里程碑))； (10) 编写《测试大纲》，明确测试的内容和测试通过的准则； (11) 组织小组人员设计完整合理的《测试用例》，以便系统实现后进行全面测试； (12) 对测试进度和质量进行监控及管理； (13) 及时反馈小组问题并提出解决方案； (14) 负责与小组成员的沟通； (15) 参与测试
视频制作 小 F	(1) 会议拍照记录，编写《会议记录》； (2) 视频设计制作，输出《项目背景》、《团队风采》和《项目演示》视频； (3) 查找并整理相关能力模型
前端工程师 测试工程师 小 Y	(1) 根据《开发计划》完成编码工作； (2) 及时反馈问题； (3) 进行技术攻关； (4) 编写《测试用例》； (5) 进行功能测试、系统测试、性能测试、安全测试、极限测试、回归测试，输出《测试报告》

3．项目评审

在项目研发过程中为了保证研发进度及研发产品的质量，会安排大量的评审活动。

本系统在开发过程中通过项目评审作为项目管理的一部分来保证研发过程和产品质量。

4．任务分解与安排进度

按层次将项目开发中各个阶段(如需求分析、概要设计等)所需完成的任务(包括文件的编制)详细进行分解，指明每项任务的负责人和参加者；列出项目开发各阶段的每项工作的预定起始日期和完成日期，交付期限；规定各项工作任务完成的先后顺序，并说明每项工作完成的标志性事件。

5．项目过程管理与质量管理

(1) 项目组制订项目开发计划，建立人员组织，并进行人员分配。

(2) 根据项目开发生命周期启动项目。

(3) 召开项目会议，一周一次会议，并建立会议文档，保证项目过程出现的问题得到解决。

(4) 项目经理扮演项目监督的角色，对项目生命周期中的正常运行情况进行监督并对出现的问题进行处理。

(5) 项目执行的保证，设定里程碑，保证项目在正确的轨道上进行。

(6) 方案的批准、纠正、缺陷修复等措施需要明确的处理。

(7) 项目范围的保证，时刻根据需求，把项目限定在准确的范围内进行开发。

6．项目里程碑管理

项目里程碑图如图 5-19 所示。

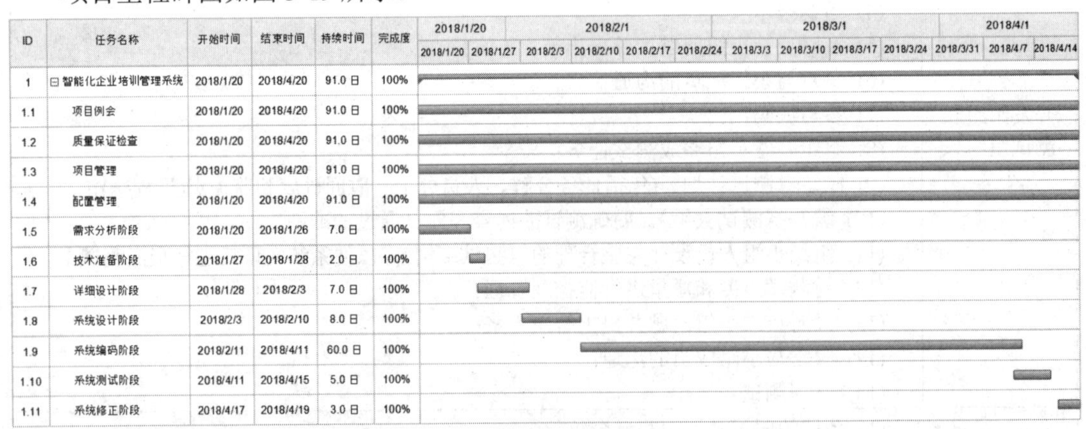

ID	任务名称	开始时间	结束时间	持续时间	完成度
1	⊟ 智能化企业培训管理系统	2018/1/20	2018/4/20	91.0 日	100%
1.1	项目例会	2018/1/20	2018/4/20	91.0 日	100%
1.2	质量保证检查	2018/1/20	2018/4/20	91.0 日	100%
1.3	项目管理	2018/1/20	2018/4/20	91.0 日	100%
1.4	配置管理	2018/1/20	2018/4/20	91.0 日	100%
1.5	需求分析阶段	2018/1/20	2018/1/26	7.0 日	100%
1.6	技术准备阶段	2018/1/27	2018/1/28	2.0 日	100%
1.7	详细设计阶段	2018/1/28	2018/2/3	7.0 日	100%
1.8	系统设计阶段	2018/2/3	2018/2/10	8.0 日	100%
1.9	系统编码阶段	2018/2/11	2018/4/11	60.0 日	100%
1.10	系统测试阶段	2018/4/11	2018/4/15	5.0 日	100%
1.11	系统修正阶段	2018/4/17	2018/4/19	3.0 日	100%

图 5-19　项目里程碑图

7．项目风险与沟通管理

(1) 制订明确的沟通计划与风险管理方案。

(2) 沟通通过会议正式决议，以及即时通信工具、电话、邮件、面谈作为临时讨论来进行沟通。

(3) 风险需要限定在可控的范围内。

(4) 风险的认定需建立在项目组成员认可的基础上。

(5) 风险的监控由项目经理主要负责。

(6) 技术风险需要技术经理进行认定。

5.3.5　市场及可行性分析

1. 市场分析

中国的企业管理培训行业已经有近 20 年的历史。21 世纪以前中国管理培训产业处于发展初级阶段，市场规模不足百亿元，企业规模都很小。近年来，在中国经济持续稳定增长、企业规模不断扩大以及企业对培训日益重视等有利因素的带动下，中国的企业培训行业呈现出了高速增长的态势。从需求面上看，广大企业培训意识提高，培训消费能力增强；而从供给的角度看，管理培训服务产业化也已经开始加速。在需求和供给的双方面推动下，最近几年，企业管理培训业发展迅速，商业模式创新和技术创新不断涌现，企业培训市场规模不断扩大，企业培训行业已经发展成为庞大的智力产业。

目前，从宏观上看，中国的企业培训行业尚属成长期，虽然培训机构众多，但较为分散，整体规模小，资金规模逾十亿的屈指可数，市场竞争较为激烈，同时，行业企业用户需求巨大，市场规模正在保持高速增长态势。

2. 竞争分析

培训机构竞争分析主要选取了达内培训机构和黑马程序员培训机构作为分析对象。

两者都采用了先入学，就业后分期还学费的做法，吸引了大量有培训需求的顾客人群。其中，达内作为上市公司，与国内外多家知名企业合作，培训质量一流，培训后也提供了丰富的就业渠道；黑马程序员则是业内口碑较好的培训机构，实施严格的面试流程以保证学员能够顺利毕业找到工作。但是，培训公司对于员工培训并不适合，因为培训需要大量的时间，而且课程不能由公司指定，完全不能达到利用碎片时间培训的效果，并且在一定程度上对于员工来说依旧存在以下几个问题：

(1) 用户对自我认知不够，职业规划认知缺乏。

(2) 用户培训针对性需求不明确，缺乏针对性、合理的培训计划。

(3) 培训需求分析机制不完善，培训项目和内容脱离实际需求，培训层次较低，不符合市场需求。

(4) 培训效果评价反馈机制不够健全，培训效果缺乏有效的评估与追踪。

(5) 缺乏完善的考核晋升机制，培训效果评估难以量化，缺乏说服力。

(6) 没有准确的评分标准，使评定工作存在问题。

此外，现今国内的线上培训平台做得比较好的有网易云课堂企业版、企大云学习、慕课网。

网易企业云课堂是网易云课堂专为企业用户打造的在线培训及学习平台。通过整合各大知名机构的优质课程资源，依托网易领先的技术实力，提供了丰富的学习管理和支持功能。

企大云学习也是一款专门为企业打造的线上 E-Learning 平台，提供了课程、学员管理等丰富的功能。

慕课网隶属于北京慕课科技中心(有限合伙)，是一家从事互联网免费教学的网络教育公司，专门做 IT 技能教育的 MOOC。

但是，以上三大平台课程大多收费，企业需要支付大笔费用，课程并不是完全符合公司的要求，没有提供与线下培训的对接，无法做到根据自身求职目标以及相关能力水平进行一个个性化指定学习路径。

3. SWOT 分析

市场与竞争分析能够让我们清楚地认识外界因素对项目开发的影响，而利用 SWOT 分析则是将项目和外界相联系，作为整体考虑，更具有实际意义。SWOT 分析法由四部分内容组成，如图 5-20 所示。

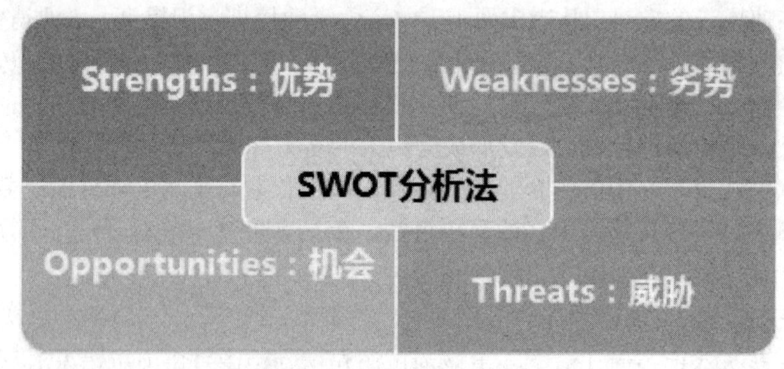

图 5-20　SWOT 分析法

1) 优势(Strengths)

(1) 多方面能力测评模型：使用国际上较为权威的能力测评模型，为企业员工进行能力测评，形成个性化能力测评报告，针对不同员工不同结果则有不同的智能计划推荐。

(2) 科学量化企业职位培训标准：企业制定各个职位达成目标的各项能力数据指标，为企业员工提供较为清晰准确的培训目标，使培训能更好地适应短小快速的特点。

(3) 个人职业规划：企业员工通过个人职业规划，为其制订个性化培训计划以及智能推荐学习资料及课程。

(4) 学习资料以及课程智能推荐：根据员工的学习记录、职位规划以及能力测评结果等信息，智能化地向不同员工推送个性化课程。

(5) 可视化的数据分析：可以生成导出员工能力测评报告，以及相关职位上的成就达成者各项能力指标数据，便于管理员和学员对学习情况的查看与分析。

2) 劣势(Weaknesses)

鉴于团队规模和技术水平，系统还需进一步改进与完善，系统的智能化水平还亟须优化，数据库也需要更加大量的数据支撑，但是现在还做不到。

3) 机会(Opportunities)

中国的企业培训行业尚属成长期，市场规模保持高速增长态势。

4) 威胁(Threats)

公司可以找现有学习平台展开合作，现有平台在已有的基础上快速开发针对公司的功能，快速切入培训模块。

4．可行性分析

1) 技术可行性分析

随着各领域对信息化管理的需求，以及计算机软件开发技术的不断发展与成熟，产生了许多成熟的开发语言与开发工具，这为本次系统设计提供了良好的开发基础。本次设计将采用面向对象的程序设计方法，这是目前比较成熟的软件开发工具与技术，并得到了广泛的应用。另外，本次开发采用 C/S 模式，具有非常良好的便利性与先进性。同时这种软件模式具有良好的兼容性与跨平台特性，不会因为平台的调整对系统造成影响。此外，开发所涉及的数据挖掘技术、机器学习技术、大数据技术都是目前发展迅速并且较为成熟的技术。因此，本系统设计与开发在技术上具备可行性。

2) 经济可行性分析

在开发完成之后，智能化企业培训系统会极大地改善公司目前培训的现状，公司可以更好地管理、追踪学员的培训，提高学员的技术能力，从而提高公司的核心竞争力。如果平台做得很好，可以将其进行推广，卖给小型公司用于员工培训。

因此，从整体上说智能化企业培训系统的部署所取得的经济收益要远大于开发和运营的成本，所以，智能化企业培训系统开发在经济上具有可行性。

3) 法律可行性分析

关于版权问题，该智能化企业培训系统完全为原创自主开发设计，不存在任何侵犯专利权、侵犯版权等问题，不涉及敏感信息，因此在法律上是可行的。

5.4　项目简介 PPT

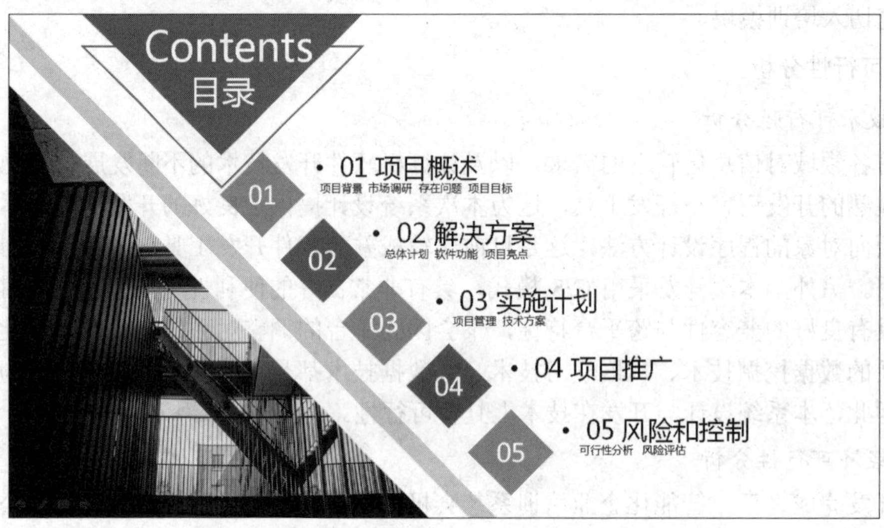

"21世纪的竞争是脖子以上的竞争"

这句话意指企业竞争归根到底是头脑和人才的竞争，是企业拥有的人力资源的竞争。目前，越来越多的企业管理者认识到企业之间的竞争归根结底源自人才竞争，人力资源是企业的核心资源。从理论上来说，通过培训可以开发人力资源，提高人力资源质量。但是，由于人力资源的特殊性与主体性，使得企业在进行人力资源培训管理时，存在较大的风险，而且风险难以量化，这也是困扰企业培训的一个非常现实的问题。

市场调研

中国企业人均培训时长	美国企业人均培训时长	
	美国培训杂志估算	ATD估算
68.5小时（2016 est.）	53.8小时（2015 est.）	32.4小时（2014 est.）

行业分析

根据美国培训杂志的行业研究，2015年美国企业人均培训时长为**53.8**小时，而根据美国人才发展协会（ATD）的估算，2014年美国企业人均培训时长为**32.4**小时。这两者的数据**均低于**我国人均培训时长。

其原因在于中国职场的从业人员普遍年轻，**经验相对匮乏**，同时高等教育的**专业训练与实际脱节**严重。因此，相对而言，中国企业需要额外花出**超过20%**人均培训时长来训练员工，这对中国企业而言，也是一个不小的负担。

行业竞争力

教育部《2012年全国教育事业发展统计公报》的数据显示，全国共有民办培训机构20155所，**860.64**万人次接受了培训。

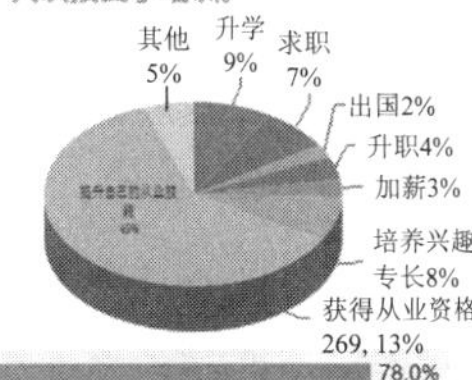

市场需求

在调查中，我们发现企业对"**移动学习**"与"**碎片化学习**""喜忧参半"。先进技术在学习领域的应用关键要和企业的业务实际结合，如何在学习**智能化**和**趣味化**的同时保证学习效果是企业非常关注的方向。

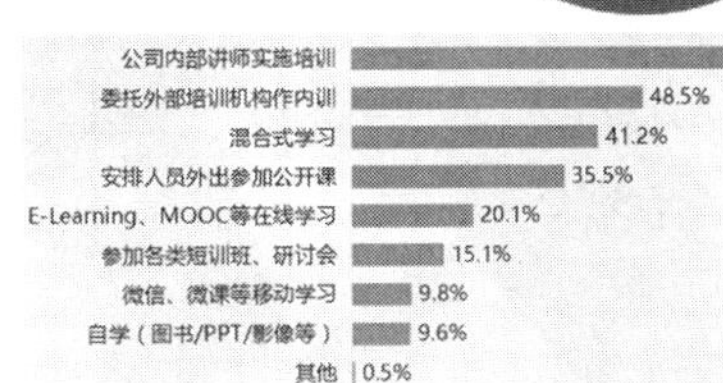

主要问题

1. 培训形式单一，缺乏针对性、合理的培训计划

2. 培训记录和资料分享困难

3. 培训计划定制与管理困难

4. 培训效果反馈机制不健全，培训效果缺乏实时有效的评估与追踪

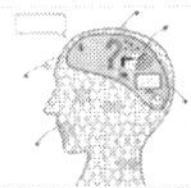

5. 自我能力认识不够，职业规划认知缺乏

6. 培训需求分析机制不完善，培训项目和内容脱离实际需求

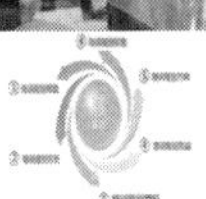

7. 缺乏完善的考核晋升机制，培训效果评估难以量化

8. 企业内的培训部门，未能将职业培训标准化，使评定工作存在问题

项目目标

利用人工智能开发培训软件

具体目标	实施途径	验证方法
（1）使用国际上较为权威的能力测评模型，为企业员工进行能力测评	技术研究	功能检查
（2）科学量化企业职位培训标准	功能实现	页面演示
（3）为员工提供个人职业规划	功能实现	页面演示
（4）智能推荐学习资料以及课程	算法实现	性能检查
（5）可视化的数据分析	功能实现	功能演示

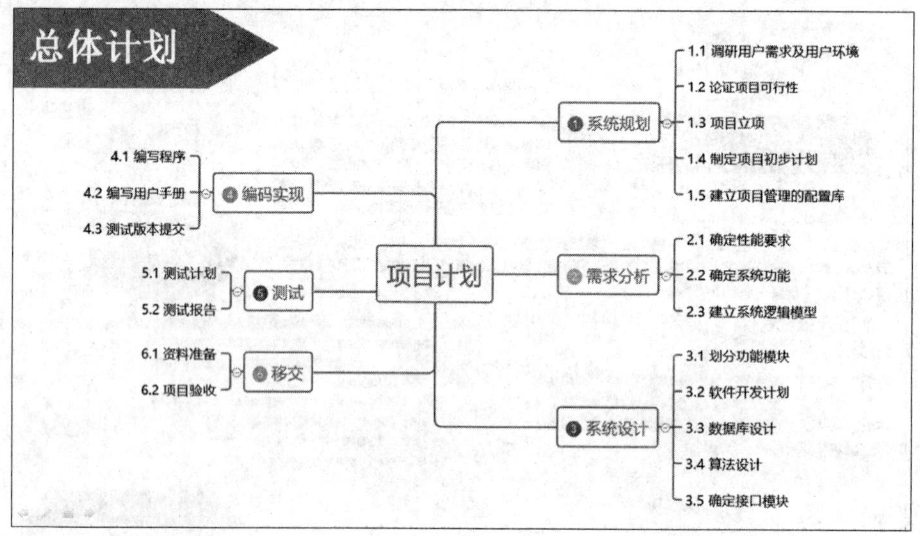
总体计划
项目计划
1 系统规划
1.1 调研用户需求及用户环境
1.2 论证项目可行性
1.3 项目立项
1.4 制定项目初步计划
1.5 建立项目管理的配置库
2 需求分析
2.1 确定性能要求
2.2 确定系统功能
2.3 建立系统逻辑模型
3 系统设计
3.1 划分功能模块
3.2 软件开发计划
3.3 数据库设计
3.4 算法设计
3.5 确定接口模块
4 编码实现
4.1 编写程序
4.2 编写用户手册
4.3 测试版本提交
5 测试
5.1 测试计划
5.2 测试报告
6 移交
6.1 资料准备
6.2 项目验收

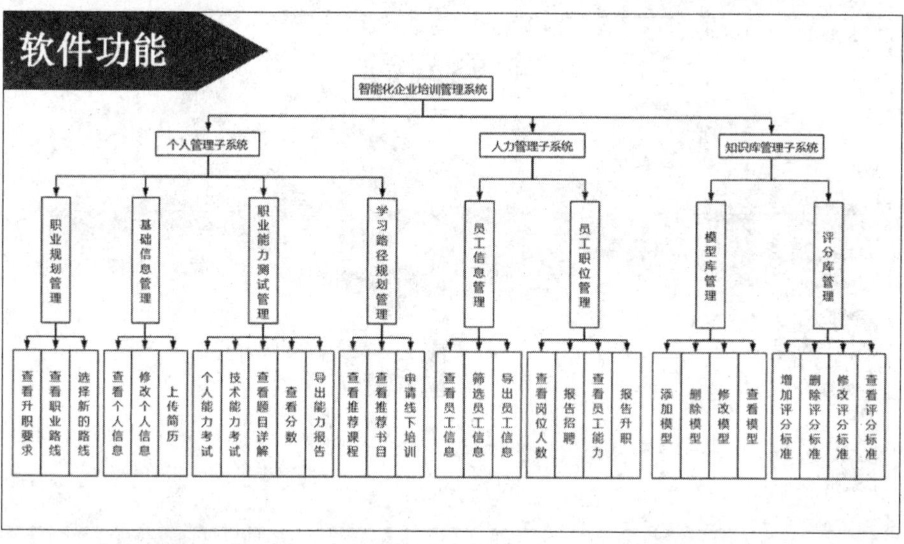
软件功能
智能化企业培训管理系统
个人管理子系统
人力管理子系统
知识库管理子系统
职业规划管理
基础信息管理
职业能力测试管理
学习路径规划管理
员工信息管理
员工职位管理
模型库管理
评分库管理
查看升职要求
查看职业路线
选择新的路线
查看个人信息
修改个人信息
上传简历
个人能力考试
技术能力考试
查看题目详解
查看分数
导出能力报告
查看推荐课程
查看推荐书目
申请线下培训
查看员工信息
筛选员工信息
导出员工信息
查看岗位人数
报告招聘
查看员工能力
报告升职
添加模型
删除模型
修改模型
查看模型
增加评分标准
删除评分标准
修改评分标准
查看评分标准

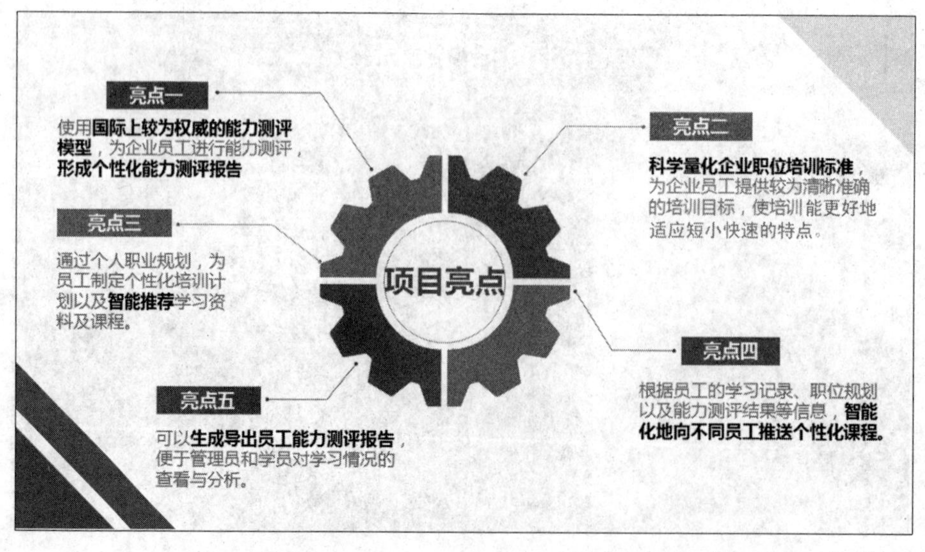
项目亮点
亮点一
使用国际上较为权威的能力测评模型，为企业员工进行能力测评，形成个性化能力测评报告
亮点二
科学量化企业职位培训标准，为企业员工提供较为清晰准确的培训目标，使培训能更好地适应短小快速的特点。
亮点三
通过个人职业规划，为员工制定个性化培训计划以及智能推荐学习资料及课程。
亮点四
根据员工的学习记录、职位规划以及能力测评结果等信息，智能化地向不同员工推送个性化课程。
亮点五
可以生成导出员工能力测评报告，便于管理员和学员对学习情况的查看与分析。

项目管理

项目风险管理

项目风险管理：将风险认定建立在项目组成员认可的基础上并限定在可控范围内，风险监控由项目经理主要负责。

项目过程管理

项目过程管理：项目组制订项目开发计划，建立人员组织，并进行人员分配，根据项目开发生命周期启动项目。

项目质量管理

项目质量管理：项目范围的保证，时刻根据需求，把项目限定在准确的范围内进行开发。

项目沟通管理

项目沟通管理：召开项目会议，一周一次大会，每天一次小会，并建立会议文档，保证项目过程中出现问题的解决。

项目里程碑管理

项目里程碑管理：每个阶段结束后责任人会生成相应的文档来确定进入下一阶段。

ID	任务名称	开始时间	结束时间	持续时间	完成度
1	⊟ 智能化企业培训管理系统	2018/1/20	2018/4/20	91.0 日	100%
1.1	项目例会	2018/1/20	2018/4/20	91.0 日	100%
1.2	质量保证检查	2018/1/20	2018/4/20	91.0 日	100%
1.3	项目管理	2018/1/20	2018/4/20	91.0 日	100%
1.4	配置管理	2018/1/20	2018/4/20	91.0 日	100%
1.5	需求分析阶段	2018/1/20	2018/1/26	7.0 日	100%
1.6	技术准备阶段	2018/1/27	2018/1/28	2.0 日	100%
1.7	详细设计阶段	2018/1/28	2018/2/3	7.0 日	100%
1.8	系统设计阶段	2018/2/3	2018/2/10	8.0 日	100%
1.9	系统编码阶段	2018/2/11	2018/4/11	60.0 日	100%
1.10	系统测试阶段	2018/4/11	2018/4/15	5.0 日	100%
1.11	系统修正阶段	2018/4/17	2018/4/19	3.0 日	100%

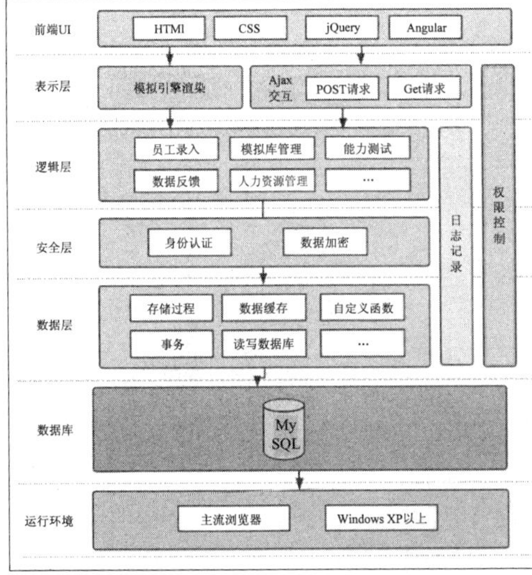

技术方案

智能化企业培训系统网站基于三层应用开发模式，采用了SSM（Spring+SpringMVC+MyBatis）框架实现。

- npm 5.3.0
- angular/cli: 1.5
- TypeScript 2.4.2
- ElementAngular
- Maven

推广方案

公众号推广

创建社区的微信公众号，定期发送企业培训经验、技巧以及新闻资讯，或者举办社区活动，多方面吸引平台用户，增加志向用户黏性。

使用传统媒体广告

传统媒体广告不应废止，无论是杂志广告还是报纸广告，一定要确保在其中显示公司的网址。要将查看网站作为广告的辅助内容，提醒浏览者浏览网站将获得更多的相关信息。

微博推广

建立自己的官方微博，加强与社区成员的联络与互动，能起到发布信息与快速获得回馈的作用，亦能起到提高美誉度，树立良好的网络企业形象的作用。

建立门户网站

为本学习平台建立门户网站，是网络推广乃至网络营销的第一步，务必做到极致，以求在消费者面前树立本公司更好的企业形象，为创造更好的社会效益和经济效益铺垫基础。

与互补性网站交换广告位

互补性网站不易产生竞争威胁，运用对方的网站流量来获得许多新的客户，相互促进带动，形成良性循环。

技术风险

产品创新性方面的风险

为了降低此方面的风险，主要采取的应对措施有：

项目组加大对当前类似产品商业模式的分析及市场需求调研，找到差异点和创新性；采用先试点，逐步优化调整，再批量推广的方法，以探索出具有吸引力的产品和商业模式。

产品研发方面的风险

初创性的产品，需要能尽快成型，推向市场，然后在推广过程中尽快优化调整。

为了解决以上风险，项目组不断加强开发团队成员的开发技术，开发团队成员不以交差为最终目的。

产品成本超出预算

在这方面采用的措施有：

在项目进行过程中进行严格的成本控制；在前期市场调研中更加注重市场需求及用户期望，团队加强对用户需求的了解，加大对当前类似产品的分析及市场需求调研，找到差异点和创新性。

用户体验方面的风险

移动互联应用的便捷性非常重要，需要增强用户体验

在这方面采用的措施有：在系统设计过程中，充分了解和考虑用户体验；产品设计团队基于用户体验输入及市场竞争分析，在初始产品基础上，快速开发新的功能，增加用户黏性。

市场风险

竞争加剧，其他有用户基础的公司进入该领域：

通过快速发展，创新服务内容，保持与后续进入竞争者的差距；通过精确定位与当前类似业务的项目展开差异化竞争。通过以上两种策略，在推广过程中及时优化相应的推广模式，保证在市场上的竞争优势。

在系统推广初期，给用户提供相应的优惠措施，同时加强系统性能，让用户建立对系统的高度信任。其次，根据不同的用户类型，设置不同的推广方案等，以更好的符合用户的预期。

在系统维护阶段，及时解决商户遇到的问题，搜集商户反馈的意见，对用户使用情况及时做调查，提升商户的满意度及粘性。

可行性分析

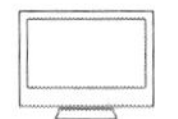

技术可行性

本次开发采用是 C/S 模式，具有非常良好的便利性与先进性。同时这种软件模式具有良好的兼容性与跨平台特性，不会因为平台的调整对系统造成影响。此外，开发所涉及的数据挖掘技术、机器学习技术、大数据技术都是目前发展迅速并且较为成熟的技术。因此，本系统设计与开发在技术上具备可行性。

经济可行性

在开发完成之后，智能化企业培训系统会极大的改善公司目前培训的现状，公司可以更好的管理、追踪学员的培训，提高学员的技术能力，从而提高公司的核心竞争力。因此，从整体上说智能化企业培训系统的部署所取得的经济收益要远大于开发和运营的成本，所以，智能化企业培训系统开发在经济上具有可行性。

法律可行性

关于版权问题，该智能化企业培训系统完全为原创自主开发设计，不存在任何侵犯专利权、侵犯版权等问题，不涉及敏感信息，因此在法律上是可行的。

5.5 案例点评

本案例获得企业命题类团体三等奖，未能进入决赛阶段。其实获得三等奖也很不容易，在第九届服创大赛上，获得三等奖的参赛团队只占到所有参赛团队的10%不到。

本案例的初赛点评如下：

1．项目创意

本项目列出了多方面能力测评模型、科学量化的企业职位培训标准、学习内容智能推荐等几个特色功能，基本是出题企业的用户需求，创意内容一般，创新元素不多。学习内容智能推荐具有较高的技术难度和很好的市场应用前景。该项目创意不够独特、新颖，不足以打动评审老师，只能获得基本得分。

2．市场及行业分析

本项目的市场分析从需求调研出发，总结项目涉及的用户问题，然后从软件工程角度把这些问题转化为需求的用例分析，同时从调研内容总结出一定的非功能性需求。另外采用SWOT分析法，从优势、劣势、机会、威胁等角度进行论述，对市场现有的情况与竞争进行分析，先后的逻辑上有一点混乱，把市场与项目需求进行了切割分析，跟评分点的对应不足，会影响得分。

存在的主要问题是没有与评分点相对应，论述的亮点不足，要想进入决赛显得没有竞争力。

3．实施方案

本项目的实施方案通过软件工程项目管理要求来实施，项目生命周期的管理、角色与职责分配、项目评审、任务分解与安排进度、过程管理与质量管理、里程碑管理、项目风险与沟通管理等规划较为合理，安排较为恰当，能获得较高的分数。

4．技术实现与交付

本项目的系统框架基于三层应用开发模式，采用了SSM(Spring+Spring MVC+MyBatis)架构实现，技术工具成熟可靠，运用智能算法设计、基于学习内容的协同过滤算法、知识模型设计等关键技术来保证技术方案的可行性。但赛题要求的软件工程文档内容不够规范，数据库设计内容过于简单；技术资源及经济成本方面，并没有建立关联，成本管理与技术实现只是分开说明，缺乏与项目需求的匹配。与同类参赛作品相比，本项目并没有进入决赛的优势。

5．风险与控制

本项目缺乏对风险与控制的详细描述，仅仅在项目管理章节及PPT里有所涉及，而仅停留在概念介绍，没有详细的风险类型、控制手段及应对策略的说明。该部分失分很可惜。

6．项目展示

项目团队除了大赛要求提交的项目概要介绍、项目详细方案、项目简介PPT和系统演示视频等文档，还提交了出题企业要求的《需求设计文档》、《概要设计说明书》、《使用操作说明书》。提交的文档结构清晰合理，逻辑基本顺畅。但文档编写不够规范，项目名称命名前后不一致，自己编写的部分口语化内容较多，PPT制作一般，文字内容偏多，评审老师看起来会比较累，不易得到高分。

第六章

案例5：运用AI智能语音能力，创造智慧家庭生活(校园生活&随缘信箱)

开发团队：Larva项目开发团队
奖　　项：第九届中国大学生服务外包创新创业大赛企业命题类团体三等奖

6.1 赛题描述

6.1.1 赛题信息

赛题名称：运用AI智能语音能力，创造智慧家庭生活
赛题编号：A01
命题企业：阿里人工智能
命题方向：人工智能
题目类别：应用类

6.1.2 背景说明

【整体背景】

AI时代到来，给家庭生活将会带来全新的体验。我们只需要说“我回来了”，家里的灯就打开了，空调调到舒适的温度，音箱播放悦耳的音乐……

智能语音带着新硬件，给了很多脑洞大开的创意空间。

【公司背景】

阿里巴巴旨在赋能企业改变营销、销售和经营的方式。我们为商家、品牌及其他企业提供基本的互联网基础设施以及营销平台，让其可借助互联网的力量与用户和客户互动。我们的业务包括核心电商、云计算、数字媒体和娱乐以及创新项目和其他业务。我们通过子公司菜鸟网络及所投资的关联公司口碑，参与物流和本地服务行业，同时拥有蚂蚁金融服务集团的利润分成权益，该金融服务集团主要通过中国领先的第三方网上支付平台支付宝运营。

【业务背景】

AliGenie 开发者平台是阿里巴巴人工智能实验室(AI-Labs)面向软硬件厂商和开发者推出的将人工智能中的 ASR 语音识别、NLP 自然语言处理、TTS 语音合成等自然语言处理技术和能力对外共享的开放式平台。平台针对不同类型的开发者提供了丰富的开发工具，协助开发者完成语音技能的开发、智能设备的接入、云端服务的接入等。依托强大的底层技术、智能的算法引擎、完善的云端服务和成熟的软硬件标准系统，AliGenie 会持续不断地将全面、易用的核心技术能力进行输出，为开发者带去更多可能。

6.1.3　项目说明

【问题说明】

解决方案可选领域：儿童领域，老人领域，教育领域，游戏和益智领域，智能生活领域；

解决方案的可选方向：智“连”，智“享”，智“趣”。

【用户期望】

(1) 需要调研一个可选领域的现有场景化需求；

(2) 设计一个可选领域的语音解决方案；

(3) 通过 AliGenie 开放平台(https：//open.bot.tmall.com/)创建一个或多个技能组合，完成这个解决方案的实现。

6.1.4　任务要求

【技术路径】

基于 AliGenie 开放平台(https：//open.bot.tmall.com/)的语音开放平台。

【技术指标】

(1) 应用场景解决的用户需求；

(2) 语音交互方案的用户体验；

(3) 实际用户使用数据。

【提交标准】

(1) 用户应用场景方案；

(2) 原型解决方案(用 AliGenie 开放平台 https：//open.bot.tmall.com/)；

(3) 技术解决架构方案。

【任务清单】

请参赛者从选择的领域用户角度出发，结合天猫精灵硬件，通过 AliGenie 语音开放平台 https：//open.bot.tmall.com/设计语音解决方案。

此方案及具体功能均归参赛队伍所有。参赛者最终需要开发出可用技能，演示出该解决方案。

6.1.5　参考信息

【参考工具】

AliGenie 开放平台 https://open.bot.tmall.com/；

接入文档：http://doc-bot.tmall.com/天猫精灵硬件。

【参考资料】

无。

【数据接口】

参见接入文档：http://doc-bot.tmall.com/。

6.2　项目概要介绍

6.2.1　前言

传统的信息获取方式主要有两种：纸质查询和口头询问。在现代快节奏生活方式的不断冲击下，这两种方式逐渐凸显出资源消耗较大、信息传达范围较小、传播过程中易出现错误等劣势，越来越不能满足高校大学生对于校园信息的查询需求。

现在高校大学生最习惯的信息获取方式就是利用手机打开已下载好的微信等类似的一些信息平台，这些信息平台上的信息分散，且目标信息比较杂乱，而且这种零散的查看浏览行为会被记录为大数据的其中一类数据，反被大数据运用。

由此可见，现在的信息获取方式其实并不能满足高校大学生日益增长的需求，新型的信息获取方式就像源头活水般亟须引进。

6.2.2　创意描述

项目基于各高校大学生在日常学习和生活中对于校园信息的查询需求、倾诉需求和其他服务需求，本着“服务学生生活，打造智能高校”的宗旨，把“为大学生提供方便快捷，营造校园智能高校氛围”作为目标，以为全国高校大学生提供更加方便快捷的信息查询服务为目的，开发出基于天猫精灵设备的技能“校园生活”，供高校大学生随时随地查询所需信息。

在给天猫精灵下达命令的过程中，只有使用者和天猫精灵的对话沟通未免太过乏味单调。基于提高社交趣味性的目标前提，我们开发出了“随缘信箱”，通过天猫精灵，实现用户与用户之间的留言交流互通来往。

6.2.3　功能简介

本项目包含“校园生活”和“随缘信箱”两个技能。

1. 校园生活

“校园生活”分为天猫精灵端和移动端。移动端是提供给无天猫精灵的用户使用的。技能主要分为“教务信息查询”、“留言板”、“图书馆”三大板块。功能模块如图 6-1 所示。

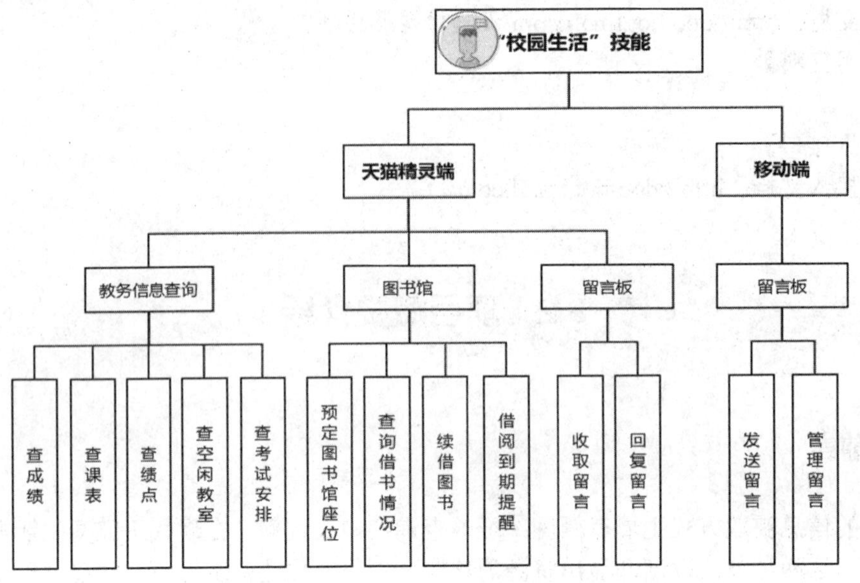

图 6-1 "校园生活"功能模块图

2．随缘信箱

"随缘信箱"技能是面向社会全体的。不同于"校园生活"的留言功能，"随缘信箱"提供更完善的陌生人交友方案。后续我们会将校园生活的留言功能和随缘信箱合并。接收信息的对象可以选择随机也可以选择特定的好友，通过"随缘信箱"，不管是曾经熟识或是互不相识的用户之间都会产生交集和沟通。另外，发送信息可以选择显示自己的昵称，也可以选择匿名。接收到该留言的对象在登陆时会有相应的留言提示，并可以针对该留言进行回复。技能的大致功能如图 6-2 所示。

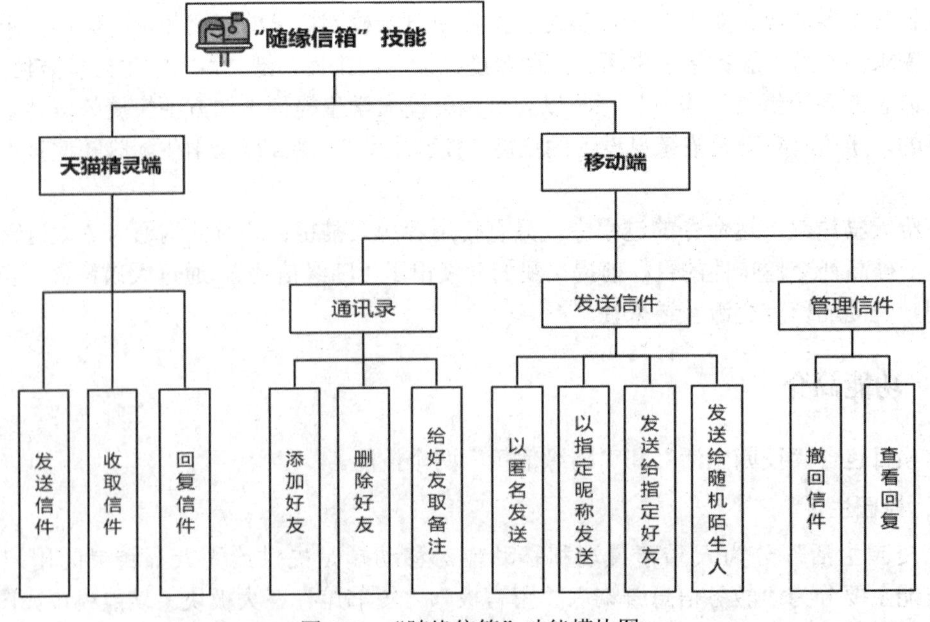

图 6-2 "随缘信箱"功能模块图

6.2.4　特色综述

1．校园生活

(1) 丰富的语料准备：我们团队准备了大量语料，以确保用户每次调用都能得到正确答复。

(2) 细致入微的查课表功能：能够精确查到“今天”、“周一”、“明天下午”、“三月一号”等时间的课表信息，并能提前准备好假期调度。

(3) 课程全称、简称全识别：我们为所有可能有简称的课程都添加了同义词。

(4) 提升查询速度：通过我们自制的缓存机制，每次重复查询最快 0.5 秒就能给出响应。

2．随缘信箱

(1) 垃圾信件自动过滤：通过关键词进行屏蔽。

(2) 有趣的陌生人社交：信件可以随机发送给一位陌生人，且优先发送给从未收到过信件的人。还可以添加好友，备注名称。并且能够管理信件，查看回复。

6.2.5　开发工具与技术

1．移动网页端

(1) 开发语言：HTML、CSS、JavaScript。

(2) 前后端数据传输：使用了 JQuery 的 Ajax 技术。

(3) 开发工具：SublimeText3。

2．服务端

(1) 开发语言：PHP5.5。

(2) 数据库：MySQL5.1。

(3) 模拟登录数字校园技术：使用 PHP 的 cURL 库进行模拟登录。

(4) 教务信息爬取技术：使用 PHP 的 cURL 库进行网页爬取，并使用 PHP 的正则库进行信息筛选。

(5) 开发工具：SublimeText3、Fiddler。

3．天猫精灵端

(1) 开发平台：AliGenie 语音开放平台。

(2) 数据传输：HTTP 协议及 Oauth 协议。

6.2.6　应用对象

“校园生活”技能以全国拥有天猫精灵的大学生为主要用户群体。

“随缘信箱”技能以喜欢社交的青年为主要用户群体。

6.2.7　应用环境

移动端：安卓及 iOS

服务端：CentOS 6.5

6.2.8 结语

我们致力于研发出一款应用于高校大学生学习生活方面的便捷实用的校园信息查询系统。不同于已经存在的单调有限的技能，我们在保留原有功能的基础上进行了改进拓展，功能更加多样，使用更加便捷。而“随缘信箱”的出现突破了天猫精灵的用户群，使得没有天猫精灵的用户也可以参与进来。

6.3 项目详细方案

6.3.1 项目概述

以往高校大学生获取日常生活和学习的信息主要采取两种方式：纸质查询和口头询问。在现代快节奏生活方式的不断冲击下，纸质查询方式逐渐凸显出资源消耗较大、信息传达范围较小、传播过程中易出现错误等劣势，越来越不能满足高校大学生对于校园信息的查询需求。而口头询问则需要学生和工作人员之间进行面对面交流，这不仅费时费力，而且存在工作人员记忆错误，表达不清等隐形缺点。

现在高校大学生最习惯的信息获取方式就是利用手机。打开手机上已下载好的微信等类似的一些信息平台进行查询，但这类平台上的信息分散，且目标信息比较杂乱，而且这种零散的查看浏览行为会被记录为大数据的其中一类数据，反被大数据运用。图 6-3 是信息来源的分类。

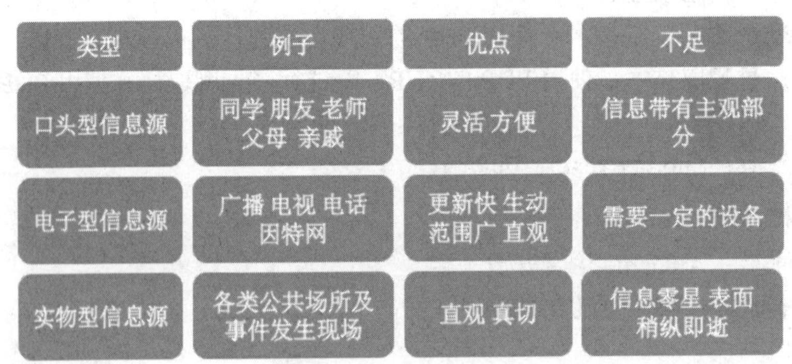

类型	例子	优点	不足
口头型信息源	同学 朋友 老师 父母 亲戚	灵活 方便	信息带有主观部分
电子型信息源	广播 电视 电话 因特网	更新快 生动 范围广 直观	需要一定的设备
实物型信息源	各类公共场所及事件发生现场	直观 真切	信息零星 表面 稍纵即逝

图 6-3　信息来源的分类

为了解决信息获取方式的不足，近几年来，陆续有一些校园信息查询 APP 和公众号出现，勉强缓解了传统纸质查询和口头询问方式不能满足大学生需求的情况。但是它们仍然受到技术条件的限制，查询的信息不全面，查询方式繁琐复杂等由此产生的问题亟须解决。

由此可见，现在的信息获取方式其实并不能满足高校大学生日益增长的需求，新型的信息获取方式就像源头活水般亟须引进。其中，智能语音技术可以给信息获取提供很大程度上的帮助。

在万物互联的时代当中，语音最有可能成为人机交互的刚需。语音交互技术在未来的发展与竞争，将会围绕在人机交互的入口之处。而在语音交互的背后，体现的则是人工智能对于用户体验上的识别能力。

智能语音技术作为最自然的人机交互方法，其用途非常广泛，从最终应用前景来看，未来随着技术进步和机器对人工替代程度的提高，只要是需要机器与人进行交互的场合均可运用智能语音技术。从全球市场来看，目前语音合成市场已较为成熟，渗透率较高；而语音识别市场则处于快速成长期。

6.3.2　市场分析

1. 国家政策

我国发展人工智能具有良好基础。国家部署了智能制造等国家重点研发计划重点专项，印发实施了“互联网+”人工智能三年行动实施方案，从科技研发、应用推广和产业发展等方面提出了一系列措施。经过多年的持续积累，我国在人工智能领域取得了重要进展，国际科技论文发表量和发明专利授权量已居世界第二，部分领域核心关键技术实现重要突破。语音识别、视觉识别技术世界领先，自适应自主学习、直觉感知、综合推理、混合智能和群体智能等初步具备跨越发展的能力，中文信息处理、智能监控、生物特征识别、工业机器人、服务机器人、无人驾驶逐步进入实际应用阶段，人工智能创新创业日益活跃，一批龙头骨干企业加速成长，在国际上获得了广泛关注和认可。加速积累的技术能力与海量的数据资源、巨大的应用需求、开放的市场环境有机结合，形成了我国人工智能发展的独特优势。

2017年7月国务院发布的《新一代人工智能发展规划》中指出：“人工智能成为国际竞争的新焦点。”全面贯彻党的十八大和十八届三中、四中、五中、六中全会精神，深入学习贯彻习近平总书记系列重要讲话精神和治国理政新理念新思想新战略，按照“五位一体”总体布局和“四个全面”战略布局，认真落实党中央、国务院决策部署，深入实施创新驱动发展战略，以加快人工智能与经济、社会、国防深度融合为主线，以提升新一代人工智能科技创新能力为主攻方向，发展智能经济，建设智能社会，维护国家安全，构筑知识群、技术群、产业群互动融合和人才、制度、文化相互支撑的生态系统，前瞻应对风险挑战，推动以人类可持续发展为中心的智能化，全面提升社会生产力、综合国力和国家竞争力，为加快建设创新型国家和世界科技强国、实现“两个一百年”奋斗目标和中华民族伟大复兴中国梦提供强大支撑。

为深入贯彻党的十九大精神，加快发展先进制造业，推动人工智能和实体经济深度融合，落实“中国制造2025”和《新一代人工智能发展规划》部署，工业和信息化部还印发了《促进新一代人工智能产业发展三年行动计划(2018—2020年)》，以信息技术与制造技术深度融合为主线，以新一代人工智能技术的产业化和集成应用为重点，推进人工智能和制造业深度融合，加快制造强国和网络强国建设。

当前，我国人工智能产业发展势头良好、空间巨大。《行动计划》按照“系统布局、重点突破、协同创新、开放有序”的原则，提出了四方面主要任务：一是重点培育和发展智能网联汽车、智能服务机器人、智能无人机、医疗影像辅助诊断系统、视频图像身份识别系统、智能语音交互系统、智能翻译系统、智能家居产品等智能化产品，推动智能产品在经济社会的集成应用。二是重点发展智能传感器、神经网络芯片、开源开放平台等关键环节，夯实人工智能产业发展的软硬件基础。三是深化发展智能制造，鼓励新一代人工智能技术在工业领域各环节的探索应用，提升智能制造关键技术装备创新能力，培育推广智能制造新模式。四是构建行业训练资源库、标准测试及知识产权服务平台、智能化网络基础设施、网络安全保障等产业公共支撑体系，完善人工智能发展环境。

《行动计划》将充分利用现有资源和手段，加强部省联动，依托国家新型工业化产业示范基地建设等工作，支持有条件的地区发挥自身资源优势，培育一批人工智能领军企业，探索建设人工智能产业集聚区。推动建设相关领域的制造业创新中心，设立重点实验室，鼓励行业合理开放数据，支持重点行业和关键领域加大应用力度，促进人工智能产业突破发展。力争到2020年，实现“人工智能重点产品规模化发展、人工智能整体核心基础能力显著增强、智能制造深化发展、人工智能产业支撑体系基本建立”的目标。

为保障各项重点任务的落实，《行动计划》还提出了五方面保障措施，包括加强组织实施、加大支持力度、鼓励创新创业、加快人才培养、优化发展环境等，推动形成良好的发展环境，保障《行动计划》的顺利实施，切实推动人工智能产业发展，助力实体经济转型升级。

2. 互联网发展情况

截至2017年12月，我国网民规模达7.72亿，普及率达到55.8%，超过全球平均水平(51.7%)4.1个百分点，超过亚洲平均水平(46.7%)9.1个百分点。全年共计新增网民4074万人，增长率为5.6%，我国网民规模继续保持平稳增长。互联网商业模式不断创新、线上线下服务融合加速以及公共服务线上化步伐加快，成为网民规模增长推动力。信息化服务快速普及、网络扶贫大力开展、公共服务水平显著提升，让广大人民群众在共享互联网发展成果上拥有了更多获得感。

截至2017年12月，我国手机网民规模达7.53亿，网民中使用手机上网人群的占比由2016年的95.1%提升至97.5%；与此同时，使用电视上网的网民比例也提高了3.2个百分点，达28.2%；台式电脑、笔记本电脑、平板电脑的使用率均出现下降，手机不断挤占其他个人上网设备的使用。以手机为中心的智能设备，成为“万物互联”的基础，车联网、智能家电促进“住行”体验升级，构筑个性化、智能化应用场景。移动互联网服务场景不断丰富、移动终端规模加速提升、移动数据量持续扩大，将为移动互联网产业创造更多价值挖掘空间。

3. 语音技术发展

我国的语音识别研究工作虽然起步较晚，但由于国家的重视，研究工作进展顺利，相关研究紧跟国际水平。由于中国有不可忽视的庞大市场，国外对中国的语音识别技术也非常重视，汉语语音语义的特殊性也使得中文语音识别技术的研究更具有挑战性。但是，国内研究机构在进行理论研究的同时，应注重语音识别系统在商业中的应用，加快从实验室演示系统到商品的转化。

现如今，许多用户已经能享受到语音识别技术带来的方便，比如智能手机的语音操作等。但是，这与实现真正的人机交流还有相当遥远的距离。目前，计算机对用户语音的识别程度不高，人机交互上还存在一定的问题，语音识别技术还有很长的一段路要走，必须取得突破性的进展，才能做到更好的商业应用，这也是未来语音识别技术的发展方向。

当然，目前的语音识别技术并不完美，其主要局限有：

(1) 语音识别对环境依赖性较强，在某种环境下采集到的语音训练系统只能在该环境下应用，否则系统性能将急剧下降。

(2) Lombard 效应导致高噪声环境下的语音识别困难，由于高噪音环境下人的发音变化很大，如声音变高、语速变慢等，这些变化导致音调及共振峰的变化，从而使得语音识别的准确度显著降低。

(3) 系统的适应性差，主要表现在语音识别系统的性能受许多因素影响，如不同的说话人、说话方式、环境噪音、传输信道等，由于训练与识别环境的差异，同一个识别系统对于不同的用户、不同的使用需求、不同的声学环境下的性能差异可以达到 30%，使得语音识别技术的应用范围受到很大限制。

以下是我们认为的语音识别技术的发展趋势：

(1) 语言模型从概率模型向以语言学为基础的文法模型转变，要使计算机真正理解人类的自然语言，就必须在这一点上取得进展，同时随着硬件资源的不断发展，一些核心算法如特征提取、搜索算法、自适应算法等将有进一步改进的可能。

(2) 人工神经网络(ANN)技术在语音识别领域有可能实现突破，人工神经网络是由结点互连组成的计算网络，本质上是对人类大脑神经元活动的模拟，具有自学习能力、记忆、联想、推理、概括能力和快速并行实现的特点，同时还具备自组织、自适应的功能。人工神经网络技术的这些特点是 HMM 模型所不具备的，适合用于处理一些环境信息复杂、背景知识模糊、推理规则不明确的问题，因此对于噪声环境下非特定人的语音识别问题来说是一种很好的解决方案，目前基于人工神经网络技术的语音识别系统仍处于实验室研究阶段。

(3) 进一步提高可靠性。目前语音识别系统很难做到排除各种声学环境因素的影响，而人类语言在日常生活中的随意性和不确定性给语音识别系统造成极大的识别困难。所以，要应用现代技术智能化语音识别系统，以达到更好的识别效果。

(4) 增加词汇量。目前语音识别系统使用的声学模型和语音模型过于局限，需要通过改进系统建模方法、提高搜索算法的效率来做到词汇量无限制和多重语言混合，减少词汇量对语音识别系统的限制。

(5) 微型化并降低成本。语音识别系统在商业上的用途相当广泛，利用先进的微电子技术，将具有先进功能和性能的语音识别应用系统固化到更加微小的芯片或模块上，可以缩减成本，更方便的推广和使用。语音识别系统和微电子芯片技术的发展将引领信息技术革命到一个新的台阶。语音识别系统使人沟通更加自由，使人可以方便地享受到更多的社会信息资源和现代化服务。这必然会成为语音识别技术研究和应用的重要发展趋势。

语音作为当前通信系统中最自然的通信媒介，语音识别技术是非常重要的人机交互技术。随着计算机和语音处理技术的发展，语音识别系统的实用性将进一步提高。应用语音的自动理解和翻译，可消除人类相互交往的语言障碍。国外已有多种基于语音识别产品(如声控拨号电话、语音记事本等)的应用，基于特定任务和环境的听写机也已经进入应用阶段。这预示着语音识别技术有着非常广泛的应用领域和市场前景。随着语音技术的进步和通信技术的飞速发展，语音识别技术将为网上会议、商业管理、医药卫生、教育培训等各个领域带来极大的便利，其应用和经济、社会效益前景非常良好。

4．行业分析

移动互联网、智能家居、汽车、医疗、教育等领域的应用带动智能语音产业规模持续快速增长。2015 年全球智能语音市场规模达 62.1 亿美元，同比增长 34.2%。中国智能语音产业市场规模也逐步扩大，2015 年 40.3 亿元产业规模约占全球市场份额 10%，且增速显著高于全球市场。2017 年份额占比也提升到了 14%左右。图 6-4 呈现了中国智能语音产业市场发展规模和增速。

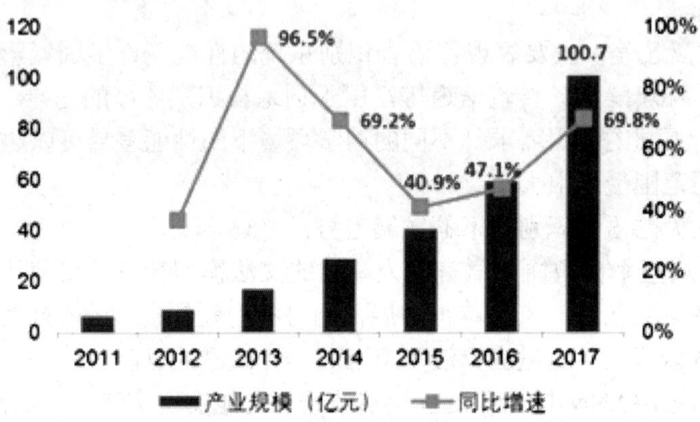

图 6-4　中国智能语音产业市场规模和增速

全球智能语音市场格局如图 6-5 所示。目前中国智能语音市场被科大讯飞、百度和苹果占据绝大多数市场份额，2015 年三家合计达 79%。其中，科大讯飞市场份额为 44.2%，处于市场领先地位。百度进入势头强劲，市场份额增长快速，美国权威杂志《麻省理工科技评论》公布的 2016 年十大突破技术，百度硅谷的 Deep Speech 2 智能语音技术赫然在列。谷歌、微软、苹果、百度等互联网巨头在资金、数据和 2C 应用用户拓展三方面优势明显，各方强势介入将使得全球智能语音行业由一家独大演变成多方参与竞争的格局。

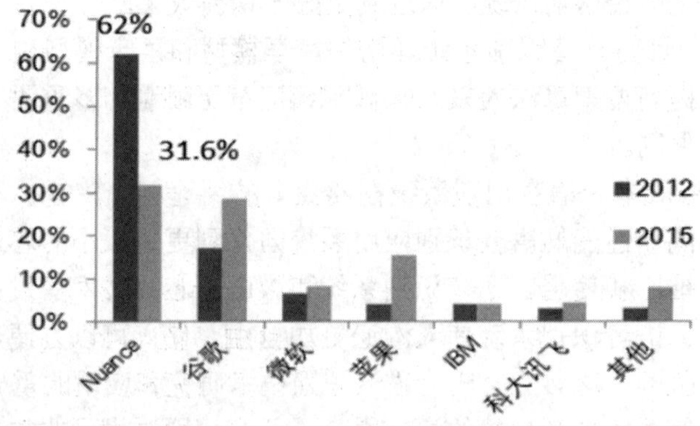

图 6-5　全球智能语音市场格局

语音、语义等相关技术的可用性逐渐提高，带来虚拟数字助手市场的扩张。从应用方向和场景来看，主要用于消费级产品和专业级行业应用。消费级市场主要是 2C 或 B2C，应用于衣食住行等生活场景，如手机、智能车载、智能家居、可穿戴设备等。专业级行业应用主要是 2B，应用于特定场景，如医疗、教育、呼叫中心、庭审等各个行业。根据预测，活跃消费者虚拟助手用户数量将从 2015 年的 3.9 亿上升至 2021 年的 18 亿，活跃企业虚拟助手用户数量将从 2015 年的 1.55 亿上升至 2021 年的 8.43 亿。虚拟助手市场规模将从 2015 年的 16 亿美元增长至 2021 年的 158 亿美元。

6.3.3　问题分析与解决思路

1．场景分析

1) 学习任务

大学生早晨起床后要准备去教室上课，会遇到许多关于上课的问题。例如，当学生不知道要上的是哪一节课，也不知道上课的地点时，可以呼唤天猫精灵："你好天猫，校园生活，我接下来去哪儿上课？"天猫精灵便会告诉你接下来的课程安排。又如，学生要去图书馆借书，坐在自习室里学习，经常会发生没有位置或者书本超时等问题。只要呼唤天猫精灵："你好天猫，校园生活，我在图书馆借的书什么时候还？"，天猫精灵就会告诉你书本的归还时间。

2) 社团活动

社团是大学生活必不可少的社交圈，部门总是会有大大小小的会议，学生常常为了无法确定开会地点而烦恼。此时只要呼唤天猫精灵："你好天猫，校园生活，6 教早上十点有空教室吗？"天猫精灵便会告诉你"6 教早上十点有 120 个空教室，推荐您使用北 101、北 103、北 107"类似的话。

3) 随缘交友

大学交友场所无非班级生活和社团活动，长时间待在寝室里便更难认识到新的朋友。此时需要有一个能随时随地交流认识新朋友的技能。只要呼唤天猫精灵"你好天猫，随缘信箱，我有收到陌生人的消息吗？"或者"你好天猫，随缘信箱，我要给陌生人发消息。"便可接收或发送陌生人消息。

2．问题分析

校园生活主要用于大学生用户在大学生活场景中的技能如图 6-6 所示。

校园生活主要用于大学生用户在大学生活场景中的技能			
用户：大学生	高校大学生	高校学生的特点：年轻、喜欢新东西、接受能力快、时间观念较差、活动多	优点1:适应接受能力快 优点2:探索性强 问题1:时间观念差 问题2:活动多事情繁杂
场景：校园生活	校园交友	朋友之间约电影、吃饭、唱歌；男女朋友间出去约会；班级组团春游	优点1:大学生活丰富 优点2:交际范围广 问题1:没有记录具体的安排行程 问题2:事情多，易忘记 问题3:常处于室内对外界了解少 问题4:交友范围小
	学习任务	每天课程多且教室不同，需要经常查询课表；作业种类多样；上课内容多且教学速度快	
	社团活动	社团活动丰富，需经常开会、工作、聚餐	
技术：语音智能	智能化	智能工具记录与提醒	优点1:简单方便，减少手动输入时间 优点2:符合人类本能 问题1:获得信息需主动提问 问题2:语音识别信息困难 问题3:同一事物称呼多样，无法识别不同说法
	语音技术	新的人机交互手段	
	语义分析	智能化理解语言	

图 6-6　校园生活主要用于大学生用户在大学生活场景中的技能

3. 项目目标

项目存在问题与解决方案关系图如图 6-7 所示。

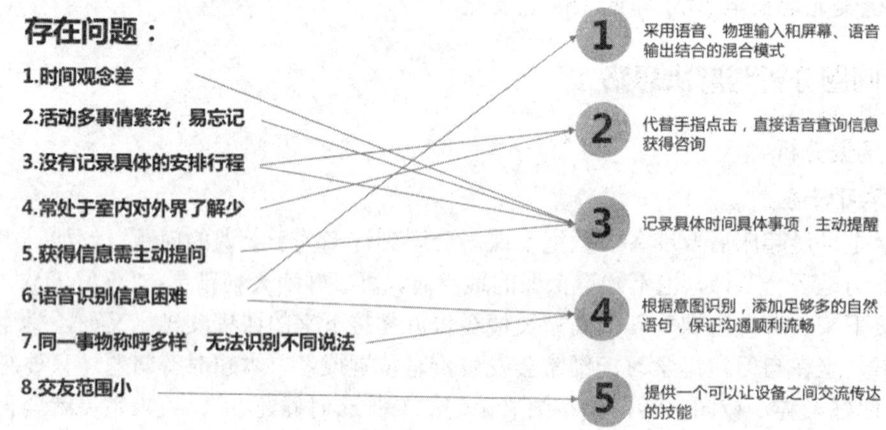

图 6-7　项目存在问题与解决方案关系图

本项目基于各高校大学生在日常学习和生活中对于校园信息的查询需求、倾诉需求和其他服务需求，本着“服务学生生活，打造智能高校”的宗旨，把“为大学生提供方便快捷，营造校园智能高校氛围”作为目标，以为全国高校大学生提供更加方便快捷的信息查询服务为目的，开发出以天猫精灵为设备的技能“校园生活”，供高校大学生随时随地查询所需信息。

在给天猫精灵下达命令的过程中，只有使用者和天猫精灵的对话沟通未免太过乏味单调。基于提高社交趣味性的目标前提，我们开发出了“随缘信箱”，通过天猫精灵，实现用户与用户之间的留言交流互通来往。

1) 操作目标

(1) 天猫精灵端。① 丰富的语料准备：不同的命令或询问有许多种不同的表达方式。天猫精灵的语音录入阶段录入的大量词汇可以确保用户下达的命令被准确接收，从而得到正确有效的答复；② 关键字检索：给定关键词表，其目标是在语音数据中找到所有相应关键词。当在某些场景下需要对一些特定的词语进行针对性识别时，可以通过自定义关键词及其置信度的方式来达到检测语音中是否包含该关键字。例如需要查询某天的课表，天猫精灵语音识别出“课表”或“课程”等定义过的关键字，系统便会自动调取事先录入的课表。

(2) 移动端。制定独一无二的 APP 设计创意，开发出简单易懂的操作界面，让用户能够很快熟悉操作使用。在配色和图标上下工夫，让 APP 设计的界面尽量接近用户熟悉或者喜欢的风格。

2) 管理目标

(1) 技术的开发和推广阶段：明确技术定位以及技术对应的商业模式，建立核心竞争壁垒，对市场拥有足够的敏感度。

(2) 规模扩展阶段：重心由最初对事(产品技术和营销)的具象管理升级到对人的管理和建立管理系统，提高专业化程度。

(3) 市场地位确立阶段：进入战略管理阶段，不断升级技能和商业模式。

3) 战略目标

以用户为中心，优先满足用户要求，坚持以“服务学生生活，打造智能高校”为宗旨。聚焦客户关注，提供优质服务。积极听取用户反馈意见不断改进技能。持续管理变革，实现高效的流程化运作。

4. 解决思路

为了满足大学生用户的教务信息查询需求和社交需求，我们开发了“校园生活”和“随缘信箱”两个技能。

(1) 校园生活：这是为了让大学生用户能够通过语音查询各类教务信息而开发的技能，包含了课表、成绩、绩点、空教室信息的查询，还有图书馆座位预订及书籍续借，留言提醒等。

(2) 随缘信箱：这是为了满足用户的社交需求而开发的技能。用户可以指定收件人或让系统随机分配收件人进行信件发送。只有有天猫精灵设备的用户可以收取邮件。

开发过程中，我们也遇到了一系列技术难点：语音识别、自然语言处理、教务信息抓取、信息筛选等。我们也尽力解决了这些技术难点。

项目开发流程如图 6-8 所示。

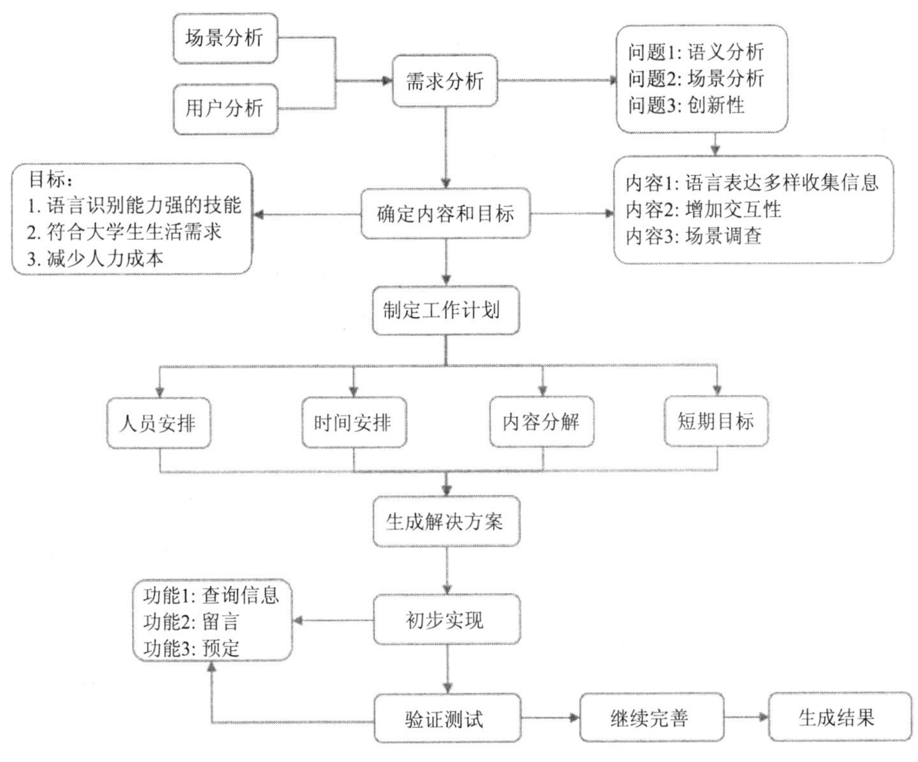

图 6-8　项目开发流程

6.3.4 解决方案

1. 总体框架

天猫精灵用户通过语音操作天猫精灵时，天猫精灵连接到 AliGenie 开发平台进行意图判断和参数提取。通过识别出的技能ID和意图ID，利用HTTP协议把提取出的参数POST到我们对应的业务逻辑层中。业务逻辑层会判断传入的参数是否有效，以及是否继续下一步操作。接着业务逻辑层会调用基础服务层中的接口，接口会对数据库进行读写操作，或与其他服务器(如校园教务服务器)进行通讯，然后返回相应的数据给业务逻辑层。业务逻辑层再进行数据筛选，最终把正确的数据返回给天猫精灵呈献给用户。

无天猫精灵的用户可以通过移动端浏览器访问我们的网站，通过前端操作，利用HTTP协议把数据传输到应用逻辑层，应用逻辑层经过参数校验后调起基础服务层的接口进行数据库读写操作。

“校园生活&随缘信箱”技能的技术框架如图6-9所示。

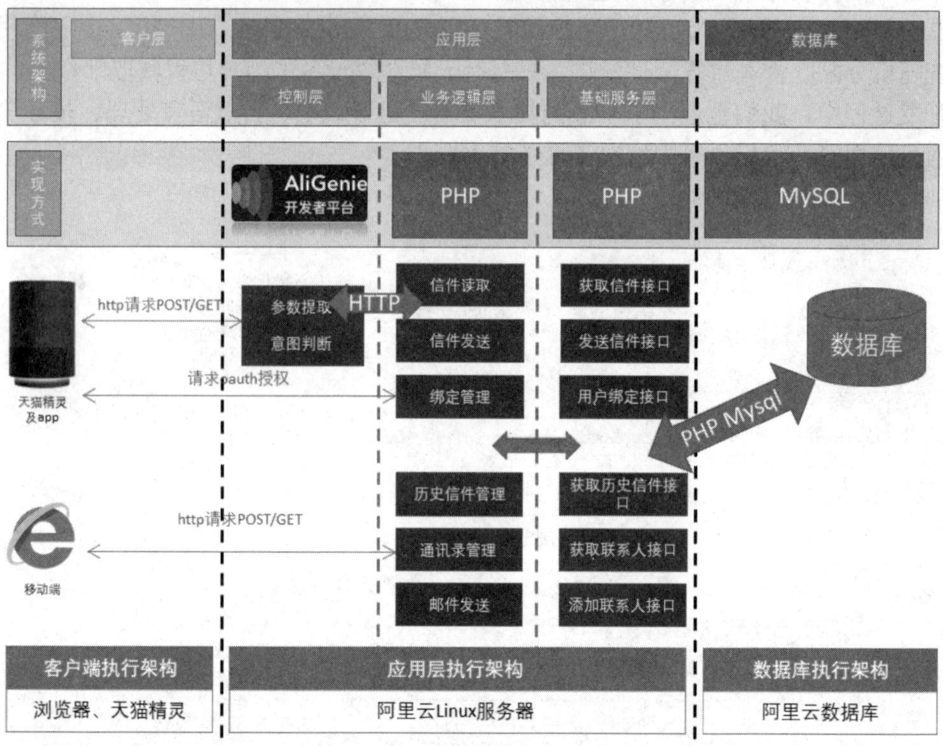

图6-9　“校园生活&随缘信箱”技能的技术框架图

2．解决方案

1) 自然语言识别处理解决方案

目标：自然语言识别处理包含语音识别文字、意图识别、情感分析、关键参数提取等。

技术路线：

(1) 建立例句库。我们预先准备了大量的例句。通过AliGenie语音开放平台，先建立几个意图。意图用来设置技能的业务逻辑，是我们技能的核心。然后在意图中上传包含例句的Excel表格，构建出我们的例句库。在例句库中，还要设定好需要的参数模板。同时AliGenie平台会根据上传的例句进行建模，无形中构造出更大的例句库。

(2) 语音转文字。天猫精灵自带了语音识别功能，能够将声音转换成文字。

(3) 意图识别。将声音转换成文字后，通过阿里巴巴的AliGenie平台，它会将转换出的文字跟例句库中的语句进行比对，从而精确识别出用户意图。

(4) 关键参数提取。在 AliGenie 平台的意图中，它会把用户语句跟模板例句比对，然后去提取预先设置好需要的信息，如时间信息、课程信息等。

2) 教务信息抓取解决方案

目标：把用户需要的教务信息抓取下来。抓取的信息包含课程表信息、课程学分成绩信息、空教室信息、图书馆自习室信息、图书馆借阅信息等。

技术路线：

(1) 导入 cURL 函数库。cURL 函数库是实现我们抓取网络数据的重要函数库。通过 cURL 库可以模拟 POST、GET 等网络协议和指定服务器通讯。

(2) 初始化提交数据。通过天猫精灵传来的 Token，要到数据库中取出绑定用户的用户名和密码。然后依次设定好 encodedService、loginErrCnt、lt、Password、Service、Service Name、Username 的字段。

(3) 模拟 POST 提交数据。通过 curl_setopt($curl，CURLOPT_POST，1)设定好 POST 方法，然后通过 curl_setopt($curl，CURLOPT_POSTFIELDS，http_build_query($postData))设定好提交参数，通过 curl_exec($curl)即可进行模拟 POST 并抓取出返回的数据。

3) 信息筛选解决方案

目标：直接抓取的数据都是 HTML 数据，冗余较多。通过信息筛选把关键信息梳理出来。

技术路线：

(1) 正则匹配。根据抓取到的数据编写正则匹配式。例如为了筛选出所有的课程，就要编写如下的正则匹配式进行匹配，然后就能获得包含课程信息的二维数组。

(2) 二次计算筛选。由于第一次筛选出的数据冗杂度非常大，所以要进行二次筛选。根据用户提到的时间，如“今天”、“明天”、“明天上午”等时间词，进行计算该时间与学校开学时间差，从而筛选出周次、节次完全匹配到的课程。

3. 功能说明

(1) 绑定天猫精灵。用户需要进入天猫精灵手机 APP，点击“技能”标签卡，然后找到我们的“校园生活”和“随缘信箱”技能中，点击“技能配置”进行绑定。绑定需要分别登录数字校园账号和随缘信箱账号。

(2) 课表查询。对天猫精灵说“我明天有课吗?”，就可以查到明天的课程列表。查询时间不限于“明天”，也可以说“后天”、“大后天”、“周一”、“周二”、“某月某日”等，甚至可以精确到上午几点或下午几点。

(3) 成绩查询。对天猫精灵说“查高数成绩”，就可以查到高等数学的成绩。查询时，课程全称和简称都能顺利识别，如“高等数学”和“高数”，“计算机组成原理”和“计组”等。在实际测试中，我们发现天猫精灵会把“高数”识别成“高速”，所以为了尽可能减小识别错误，我们把“高速”这种错别字也添加了进去。

(4) 平均学分绩点查询。对天猫精灵说“查平均学分绩点”，就可以查到上一学期的绩点。而且天猫精灵还会随你的绩点高低给出有趣的回应。

(5) 空教室查询。对大猫精灵说“6 教有空教室吗?”，就可以查到当前时间 6 号教学楼的空教室情况。这里还可以精确到 1 楼或者 2 楼，上午几点或下午几点等。

(6) 预定图书馆座位。对天猫精灵说“预定图书馆座位”，回复指定的时间点就可以轻松预定了。取消预订只需要对天猫精灵说“取消预订”即可。

(7) 给其他天猫精灵用户写信。对天猫精灵说“我要写信”，说出昵称和内容后就能发送信件了。信件的收件人是随机的。

(8) 收取消息。对天猫精灵说“打开随缘信箱”，就能收取信件了。

(9) 发送、管理信件，添加联系人。这要通过手机访问我们的网站进行操作。

6.3.5　技术实现

开发工具图如图 6-10 所示，技术实现过程图如图 6-11 所示。

开发语言	开发工具	其他软件及工具
PHP 5.5 是一种免费且使用广泛的服务器端脚本语言。 我们用它来编写网页端程序，为天猫精灵提供功能接口。	**PhpStrom** 是 JetBrains 公司开发的一款PHP 集成开发工具。 我们用它来高效地编写PHP代码，并通过其丰富的插件进行快速的网站部署。	**Fiddler** 是位于客户端和服务器端的HTTP代理工具。 我们用它来拦截并抓取登录教务系统时的网络数据，以便我们对数据进行分析。
HTML、CSS、JS 是用来搭建网页的必备语言。 我们用它来搭建我们的网页，为用户提供界面和交互能力。	**Sublime Text 3** 是一个代码编辑器。 我们用它来编写HTML、CSS、JS代码，由于它插件丰富，能让开发非常快速。	**cURL库** 是一种php的函数库，能够通讯各种服务器。 我们用它来模拟登录到教务系统，然后抓取各类教务信息。
MySQL 5.1 是最流行的关系型数据库管理系统之一。 我们用它来存储用户的学号、课表、留言等信息。	**Chrome** 是一款网页浏览器，拥有强大的开发者工具。 我们用它模拟显示手机端网页，和调试自己的网站。	**AliGenie语音平台** 是阿里巴巴人工智能实验室推出的开放式平台。 我们用它来解析用户的自然语言，并提取出关键信息，再将关键信息发送到我们网站后台进行交互。

图 6-10　开发工具图

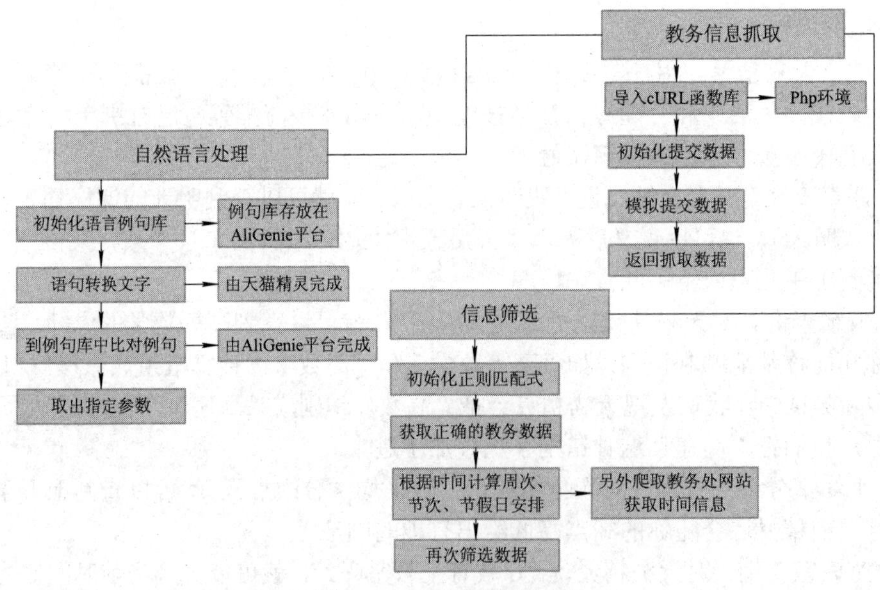

图 6-11　技术实现过程图

1．前端技术

(1) Jquery WeUI 组件。jQueryWeUI 是专为微信公众账号开发而设计的一个简洁而强大的 UI 库，包含全部 WeUI 官方的 CSS 组件，并且额外提供了大量的拓展组件，丰富的组件库可以极大减少前端开发时间。

jQuery WeUI 的最大特点是它只提供 UI 组件，并不会对项目所使用的框架和其他库有任何的限制，几乎可以在任何环境下使用。无论你的项目是基于 jQuery，还是 React，Angular，Vue，你都会发现 jQuery WeUI 能非常方便地和他们结合使用。即使你的项目是一个有很悠久历史的老项目，也几乎可以做到拿来即用。

jQuery WeUI 提供了总共 30+个非常实用的组件：列表，表单，卡片，对话框，下拉刷新等。

由于团队开发成员对 JQuery 的掌握程度较高，开发时几乎没有上手难度。项目中用到的 WeUI 组件有 Swipeout Cell 滑动列表、Picker 组合框选择器、weui-btn 按钮等。

(2) 使用 HTML5 新存储技术 localStorage。在 HTML5 中，新加入了一个 localStorage 特性，这个特性主要是作为本地存储来使用的，解决了 Cookie 存储空间不足的问题(Cookie 中每条 Cookie 的存储空间为 4k)，localStorage 中一般浏览器支持的是 5M 大小，不同的浏览器中 localStorage 会有所不同。

localStorage 的优势：

① localStorage 拓展了 Cookie 的 4K 限制。

② localStorage 可以将第一次请求的数据直接存储到本地，这相当于一个 5 M 大小的针对于前端页面的数据库，相比于 Cookie 可以节约带宽，这个只有在高版本的浏览器中才支持。

localStorage 的局限：

① 浏览器的大小不统一，并且在 IE 8 以上的 IE 版本才支持 localStorage 这个属性。

② 目前所有的浏览器中都会把 localStorage 的值类型限定为 String 类型，我们日常比较常见的 JSON 对象类型需要一些转换。

③ localStorage 在浏览器的隐私模式下面是不可读取的。

④ localStorage 本质上是对字符串的读取，如果存储内容多的话会消耗内存空间，导致页面变卡。

⑤ localStorage 不能被爬虫抓取到。

(3) 分页加载。在管理历史信件功能中，我们使用了分页加载的功能。由于信件量庞大，一次性加载所有信件需要消费大量的网络资源，给用户带来的直观感受就是不流畅。通过在客户端存储的 Page 变量，每次翻页时自增，并请求后台新一页的信件数据，就可以实现简单的分页加载，可以有效提升用户使用舒适度。

2．后台技术

(1) 课程名称库构建。我们的后台采用 WebMagic 来抓取校园教务系统的课程数据构建课程库。WebMagic 的核心部分(Webmagic-core)是一个精简的、模块化的爬虫实现，而扩展部分(Webmagic-extension)提供一些便捷的功能，例如注解模式编写爬虫等。同时内置了一些常用的组件，便于爬虫开发。WebMagic 的结构分为 Downloader、PageProcessor、

Scheduler、Pipeline 四大组件，并由 Spider 将它们彼此组织起来。这四大组件对应爬虫生命周期中的下载、处理、管理和持久化等功能。而 Spider 则将这几个组件组织起来，让它们可以互相交互、流程化的执行，可以认为 Spider 是一个大的容器，它也是 WebMagic 逻辑的核心。

由于日常生活中对课程名称常采用简称，所以我们为每一门可能有简称的课程都添加上了简称。为了防止天猫精灵识别误差，我们将一些小误差词也添加了进去，如高等数学＝高数≈高速。

(2) Cookie 智能刷新。我们有特殊的校园教务网站 Cookie 刷新机制。每一次登录校园教务网站，都会获得一个 Cookie 作为登录口令。我们将这个 Cookie 保存到数据库中，用来下次登录教务网站时使用。同时这个 Cookie 会被定时检测，一旦失效就重新补充新的 Cookie。使用 Cookie 访问教务网站进行教务查询，可以避免频繁登录造成的服务器资源浪费，同时还能节约大量时间。

(3) cURL。后台进行模拟登录和模拟订座位都是依赖于 cURL 库。cURL 是 PHP 的一个函数库，它提供了丰富的函数，支持后台和其他服务器进行通讯交互，而且支持多种协议。通过 curl_setopt 函数设置好各类参数，即可完成与其他服务器交互。通过 cURL 库可以实现模拟登录到校园教务平台。

3. 开发工具

(1) Sublime Text 3。Sublime Text 是一个代码编辑器，也是 HTML 和散文先进的文本编辑器。Sublime Text 是由程序员 Jon Skinner 于 2008 年 1 月份所开发出来的，它最初被设计为一个具有丰富扩展功能的 VIM。

Sublime Text 具有漂亮的用户界面和强大的功能，例如代码缩略图、Python 的插件、代码段等。还可自定义键绑定菜单和工具栏。Sublime Text 的主要功能包括拼写检查，书签，完整的 Python API，Goto 功能，即时项目切换、多选择、多窗口等等。Sublime Text 是一个跨平台的编辑器，同时支持 Windows、Linux、Mac OSX 等操作系统。

Sublime Text 支持多种编程语言的语法高亮、拥有优秀的代码自动完成功能，还拥有代码片段(Snippet)的功能，可以将常用的代码片段保存起来，在需要时随时调用。支持 VIM 模式，可以使用 VIM 模式下的多数命令。支持宏，简单地说就是把操作录制下来或者自己编写命令，然后播放刚才录制的操作或者命令。

Sublime Text 还具有良好的扩展能力和完全开放的用户自定义配置与神奇实用的编辑状态恢复功能。

(2) PhpStorm。PhpStorm 是 JetBrains 公司开发的一款商业的 PHP 集成开发工具，旨在提高用户效率，可深刻理解用户的编码，提供智能代码补全，快速导航以及即时错误检查。

(3) Google Chrome 开发者工具。Google Chrome 一共提供了 8 大组工具：

① Elements：允许我们从浏览器的角度看页面，也就是说我们可以看到 Chrome 渲染页面所需要的 HTML、CSS 和 DOM(Document Object Model)对象。此外，还可以编辑这些内容更改页面显示效果；

② Network：可以看到页面向服务器请求了哪些资源、资源的大小以及加载资源花费的时间，当然也能看到哪些资源不能成功加载。此外，还可以查看 HTTP 的请求头，返回

内容等；

③ Sources：主要用来调试 JS；

④ Timeline：提供了加载页面时花费时间的完整分析，所有事件，从下载资源到处理 JavaScript，计算 CSS 样式等花费的时间都展示在 Timeline 中；

⑤ Profiles：分析 Web 应用或者页面的执行时间以及内存使用情况；

⑥ Resources：对本地缓存(IndexedDB、Web SQL、Cookie、应用程序缓存、Web Storage)中的数据进行确认及编辑；

⑦ Audits：分析页面加载的过程，进而提供减少页面加载时间、提升响应速度的方案；

⑧ Console：显示各种警告与错误信息，并且提供了 Shell 用来和文档、开发者工具交互。

强大的 Chrome 开发者工具提供了很棒的提示功能，当我们把鼠标悬停在某些项时，会显示一些很有用的提示信息，有时候我们可以得到意想不到的收获。此外，开发者工具还提供了 Emulation 功能，做移动开发时特别有用。

6.3.6 项目管理

1. DevSuite 产品研发管理

我们 Larva 项目开发团队使用 DevSuite 产品研发管理平台进行管理。DevSuite 产品研发管理平台可以让事自动找人，所有的工作都会通过“消息”提醒，确保及时接收并处理事项，提高内部工作效率；多终端的消息提醒，包括 PC 端、微信企业号、微信服务号及 APP，随时随地办公。

我们制作了初期细致的任务进度安排表，具体安排情况如图 6-12 所示。

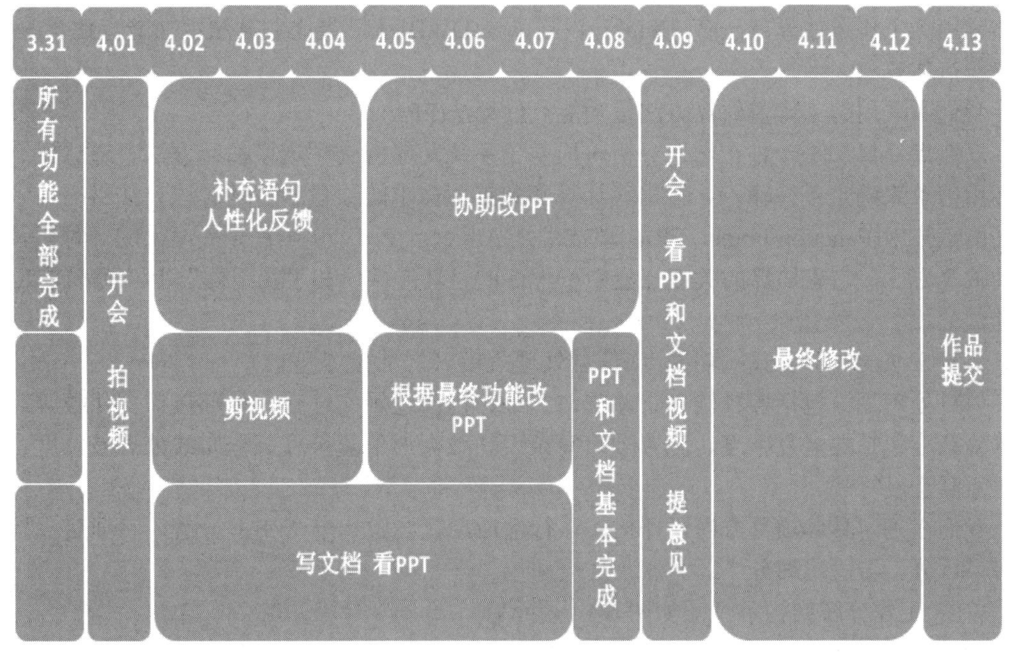

图 6-12　任务进度安排表

我们 Larva 项目开发团队采用的 DevSuite 产品研发管理拥有精细化的管理方式。DevSuite 产品研发管理同时支持敏捷、瀑布、迭代等研发项目。强大的项目统计使我们对自己团队的绩效了如指掌，对项目进展全盘掌握。

DevSuite 产品研发管理的具体管理内容参见图 6-13。

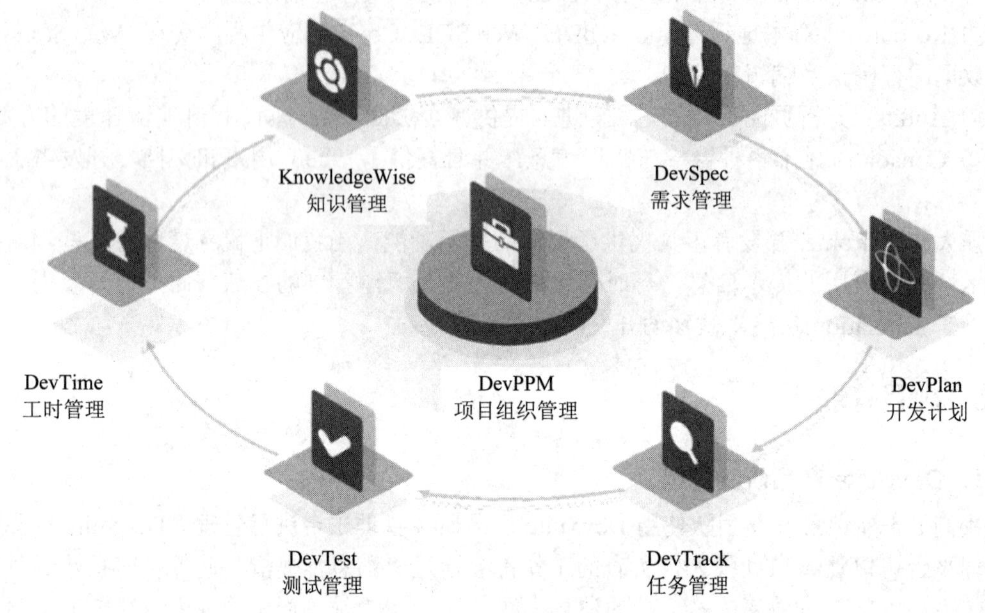

图 6-13　DevSuite 产品研发管理示意图

2. 工作量估算

常用的工作量估算方法有 Delphi 头脑风暴(DWB)法、类比估算法、功能点估算(FPA)法和三点估算法。

我们所采用的工作量估算方法是功能点估算法(FPA)。

功能点估算法是一种在需求分析阶段基于系统功能的一种规模估计方法。通过研究初始应用需求来确定各种输入、输出、计算和数据库需求的数量和特性。该算法用得最多的是功能点技术(Function Point，FP)，该技术是 Albrecht 在 1979 年首先提出来的一种比较流行的估算方法，它将估算的关注点集中于程序的“功能性”和“实用性”上，而不是 LOC 的计数上。

这种方法的计算公式：功能点=信息处理规模 X 技术复杂度。

信息处理规模包括各种输入、输出、查询、内部逻辑文件数、外部接口文件数等等；技术复杂度包括性能复杂度、配置项目复杂度、数据通信复杂度、分布式处理复杂度、在线更新复杂度等等。

我们在确定具体项目方向，评估完可行性后，就要做一个 WBS 分解，将项目先按大的模块拆分、再逐层细分。

WBS 工作分解结构示意图如图 6-14 所示。

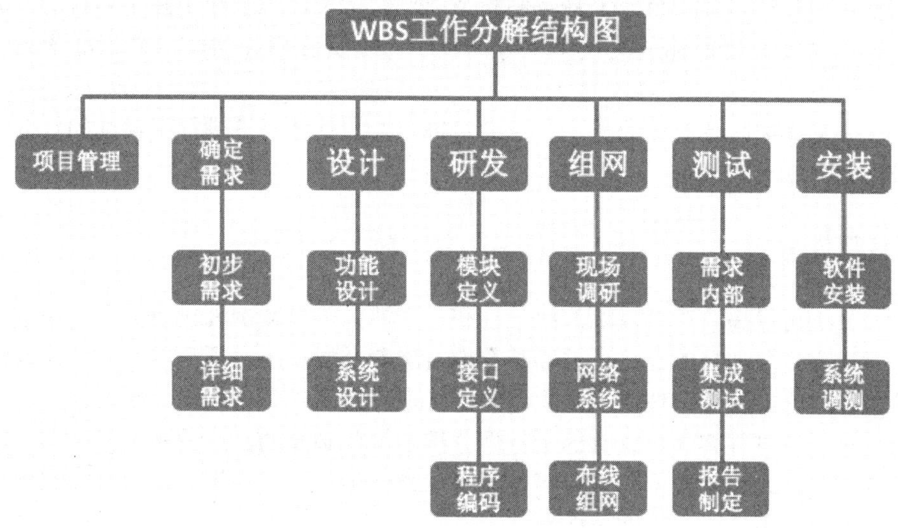

图 6-14　WBS 工作分解结构示意图

理论上，拆分的粒度越小越好，但考虑到时间问题，我们拆分到了某支具备独立功能的交易。基于 WBS，我们评估通过定义每个功能的输入有多少字段、输出有多少字段、用到多少张数据表、用到什么文件等，定义项目的复杂系数，然后可以自动计算出项目的最少工作量、推荐工作量和最多工作量。

最后项目采用的工作量会在一定的区间范围内。

该方法操作起来较为简单，也方便验证，方法基于组织的历史经验数据建模，可持续改进优化。

为了使利用功能点估算法得出的工作量估算值更加精确，我们总结了以下几点：

(1) 项目类型划分。通常可分为新建类、升级改造类，不同类型也对应不同的复杂系数。

(2) 功能拆分尽可能细。可下探到交易、函数、数据表、文件。从这个角度讲，有点像自下而上估算法。

(3) 功能分类，初始化复杂系数。将功能分为查询交易、维护类交易、新增类交易、删除类交易、新增数据表、修改数据表、文件上传、文件下载等等，并为每类功能定义初始的复杂系数。

(4) 建立与需求跟踪矩阵的关联。防止为了凑工作量瞎编功能。

3. 项目监控

项目监控要求采用科学的方法确定进度目标，编制进度计划和资源供应计划，进行进度控制，在与质量、费用目标协调的基础上，实现目标。

项目监控的过程就是根据工程项目的进度目标，编制经济合理的进度计划，并据以检查工程项目进度计划的执行情况，若发现实际执行情况与计划进度不一致，就及时分析原因，并采取必要的措施对原工程进度计划进行调整或修正的过程。

4. 人员组织

Larva 项目开发团队共由五人组成。小毛、小吕、小徐三人负责“校园生活”和“随缘信箱”的技术和开发，其中小毛也是我们整个项目的队长。小宁和小郑是项目的产品负责人，其中小宁主要负责产品的美化美工方面，小郑则负责相关的资料文献准备和文档的编写。

为了充分发挥团队各方面的能力，我们对每个人的具体任务进行了详细的划分以确保项目的成功。

6.3.7 可行性分析

可行性分析可以提高项目决策的科学性和民主性；可以减少因决策失误而造成的浪费和损失；对提高投资项目的经济效益和社会效益起着重要作用。项目的开发工作是一项复杂的系统工程，它涉及管理体制、组织结构、管理方式等一系列实际问题。因此，在开发工作的前期对项目进行客观、认真的可行性分析是十分必要的，这关系到整个系统建立的成败及运行效率。我们从技术实现可行性、市场推广可行性、市场环境可行性和操作可行性四个方面对项目进行了可行性分析。

1．技术实现可行性

(1) 基于阿里 AliGenie 开放平台语音开放平台，平台技术较成熟。业界领先的远场语音识别、智能化的自然语言处理能力、成熟可靠的云服务系统支撑、便捷易用的开发工具包都为我们提供了技术支持。

(2) 选择 PHP 的开发语言，易于学习，使用广泛，团队成员掌握技术能力高，技术工具成熟可靠。PHP 主要适用于 Web 开发领域，语法吸收了 C 语言、Java 和 Perl 的特点，利于学习，使用广泛。其独特的语法混合了 C、Java、Perl 以及 PHP 自创的语法。它可以比 CGI 或者 Perl 更快速地执行动态网页。用 PHP 做出的动态页面比其他的编程语言做出的动态页面具有更大的优势：PHP 是将程序嵌入到 HTML 文档中去执行，执行效率比完全生成 HTML 标记的 CGI 要高许多；PHP 还可以执行编译后代码，编译可以加密和优化代码运行，使代码运行更快。

(3) MySQL 数据库是在 Web 应用方面最好、最流行的数据库管理系统之一。MySQL 是一种关系数据库管理系统，关系数据库将数据保存在不同的表中，而不是将所有数据放在一个大仓库内，这样就增加了速度并提高了灵活性。MySQL 所使用的 SQL 语言是用于访问数据库的最常用标准化语言。MySQL 软件采用了双授权政策，分为社区版和商业版，由于其体积小、速度快、总体拥有成本低，尤其是开放源码这一特点，一般中小型网站的开发都选择 MySQL 作为网站数据库。

2．市场推广可行性

(1) 大学生用户对互联网产品兴趣高，易推广宣传。

(2) 推广方式多样，例：传单、推文、路演，宣传力度大。

① 搜索营销推广：百度、谷歌等搜索引擎做关键词推广。

② 网站推广：在一些点击率较高的知名网站和行业网站上做广告，比如新浪、网易等网站。

③ 微博推广：微博是目前聚集年轻网民较多的地方，年轻人多数有玩微博的习惯，可

以通过新浪、腾讯等热门微博来推广我们的平台。

④ 微信营销：微信是目前集聚手机网民最多的地方，年轻人、中年人很多人有玩微信的习惯，其强调了用户参与，可以通过微信来推广我们的平台。

(3) 为广大大学生群体提供试用，推广经济费用过大。为此我们会在校园摆摊现场演示，并且采用一些费用低甚至免费的推广方法，比如在论坛发帖，在微博互动等一些不需要高昂推广费用的方式。

3．市场环境可行性

(1) 宏观环境：国家政策将人工智能列入国家规划，阿里等互联网公司得到国家支持力度大，项目未来生存能力强。过去的科技进步主要是指提升执行指定任务的能力，而当今的人工智能则是赋予机器反应和适应能力以优化产出。通过与物联网、机器人等技术的结合，人工智能能够构造出一个整合的信息物理世界。当今人工智能发展势头正猛，未来有望在全球多个行业和场景下得到广泛运用，尤其是我们将会看到大量的人类工作被机器取代。

(2) 行业环境：语音智能市场呈上升趋势，中国智能语音产业市场规模扩大，应用领域范围广，项目市场竞争大。对此我们会改善经营管理，提高技能质量，降低技能开发和运营成本，及时掌握市场变化信息，以增强团队的竞争优势和适应市场多变的能力。

(3) 应用环境：满足大学生生活需求，解决生活日常问题，更好地融于生活。

4．操作可行性

硬件、软件的要求不高，目前市场上一般的计算机软硬件资源便能满足系统开发要求。开发出来的系统有良好的用户界面和良好的安全性设置，这样可以使各类用户很快掌握系统的使用方法，操作友好。

6.3.8　风险控制

项目风险管理是识别和分析项目风险及采取应对措施的活动，包括将积极因素所产生的影响最大化和使消极因素产生的影响最小化两方面内容。内容主要有：

(1) 风险识别，即确认有可能会影响项目进展的风险，并记录每个风险所具有的特点。

(2) 风险分析，即评估风险和风险之间的相互作用，以便评定项目可能产出结果的范围。

(3) 风险应对，即确定对机会进行选择及对危险做出应对的步骤。

(4) 风险监控，即对项目进程中风险所产生的变化作出反应进行观察监控。

1．风险识别

识别风险是试图系统化地确定对项目计划(估算、进度、资源分配)的威胁。通过识别已知和可预测的风险，项目管理者就有可能避免这些风险，且当必要时控制这些风险。

项目风险识别通常采用的工具为：

(1) 风险核对清单：将可能出现的问题列出清单，然后对照检查潜在的风险。

(2) 头脑风暴法：项目成员、外聘专家、客户等各方人员组成小组，根据经验列出所有可能的风险。

(3) 专家访谈：向该领域的专家或有经验的人员了解项目中会遇到哪些困难。

(4) 风险数据库：一个已知风险和相关信息的仓库，它将风险输入计算机，并分配下一个连续的号码给这个风险，同时维持所有已经识别的风险历史记录，它在整个风险管理过程中都起着很重要的作用。

经过各方面的制约衡量，我们决定采用的工具为风险核对清单。在实际应用中，风险核对清单是一种最常用的工具，它是建立在以前的项目中曾遇到的风险的基础上。该工具的优点是简单快捷，缺点是容易限制使用者的思维。

2. 风险分析

风险分析是在风险识别的基础上估计风险的可能性和后果，并在所有已识别的风险中评估这些风险的价值。这个过程的目的就是将风险按优先级进行等级划分，以便制定风险管理计划，因为不同级别的风险要区分对待，以使风险管理的效益最大化。

以上所列举的各类风险都是项目成败的巨大隐患，为了了解它们对项目的成败有多大影响，我们利用风险分析工具，对以上各类风险进行分析，并加以控制和管理，将风险降到最低。

我们使用的项目风险分析方法是风险条目检查表，它是利用一组提问来帮助项目风险管理者了解在项目和技术方面有哪些风险的方法。在风险条目检查表中，列出了所有可能的与每一个风险因素有关的提问，使得风险管理者集中来识别常见的、已知的和可预测的风险，如产品规模风险、依赖性风险、需求风险、管理风险及技术风险等。

风险条目检查表可以以不同的方式组织，通过假设分析、成本效益分析、风险剖面分析、判定树等，给出这些提问确定的回答，就可以帮助项目管理人员估算风险的影响。

3. 风险应对

一般而言，风险应对有三种方法：

(1) 风险控制法，即主动采取措施避免风险，消灭风险，中和风险或采用紧急方案降低风险。风险规避是改变项目计划来消除特定风险事件的威胁。通常情况下我们可以采用多种方法来规避风险。例如，项目开发过程中存在的技术风险，我们采用成熟的技术，团队成员熟悉的技术或迭代式的开发过程等方法来规避风险；对于项目管理风险，我们采用成熟的项目管理方法和策略来规避不成熟的项目管理带来的风险；对于进度风险，我们采用增量式的开发来规避项目技能延迟上线的风险。

(2) 风险自留，当风险量不大时可以余留风险。减少不利的风险事件的后果和可能性到一个可以接受的范围。通常在项目的早期采取风险自留策略可以收到更好的效果。

(3) 风险转移。风险转移是转移风险的后果给第三方，通过合同的约定，由保证策略或者供应商担保。我们的项目可以采用外包的形式来转移软件开发的风险。

4. 风险监控

项目风险监控是指在整个项目过程中根据项目风险管理计划和项目实际发生的风险与项目发展变化所开展的各种监督和控制活动。这是建立在项目风险的阶段性、渐进性和可控性基础之上的一种项目风险管理工作。

项目风险是发展和变化的，这种发展与变化也会随着人们的控制行为而发生变化。人们对项目风险的控制过程就是一种发挥主观能动性去改造客观世界的过程，此时产生的各种信息会进一步完善人们对项目风险的认识和把握程度，使人们对项目风险的控制行为更加符合客观规律。实际上人们对项目风险的监控过程就是一个不断认识项目风险和不断修订项目风险监控决策与行为的过程。这一过程是一个通过人们的行为使项目风险逐步从不可控向可控转化的过程。

项目风险监控的内容主要包括监控项目风险的发展、辨识项目风险发生的征兆、采取各种风险防范措施、应对和处理已发生的风险事件、消除或缩小项目风险事件的后果、管理和使用项目不可预见费、实施项目风险管理计划和进一步开展项目风险的识别与度量等。

6.4　项目简介 PPT

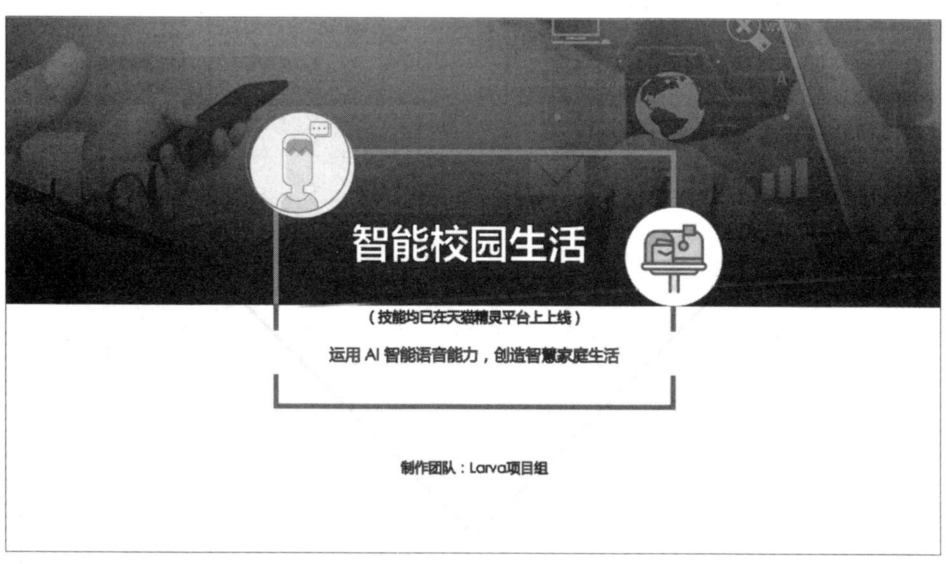

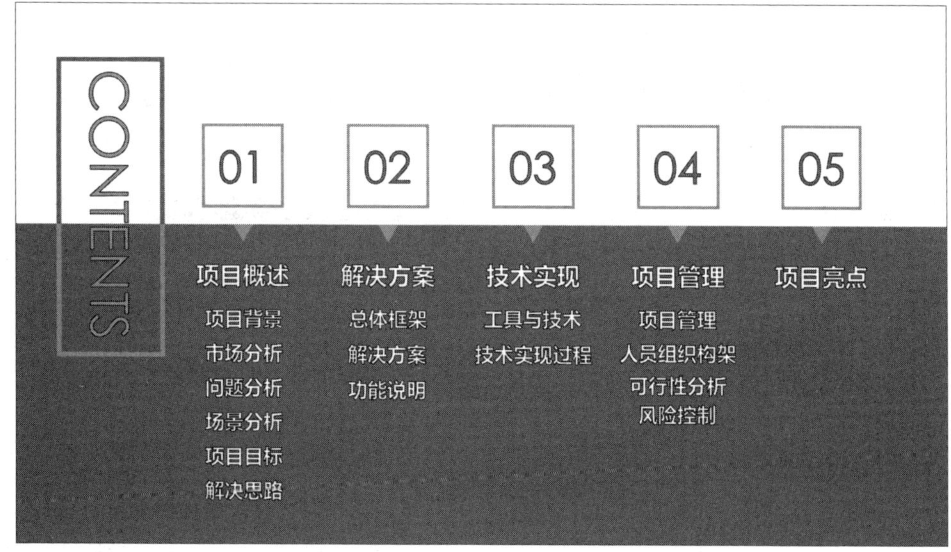

01 背景分析

PRODUCT MANAGEMENT

整体背景

在万物互联的时代当中，语音最有可能成为人机交互的刚需。语音交互技术在未来发展与竞争，将会围绕在人机交互的入口之处。而在语音交互的背后，体现的则是人工智能对于用户体验上的识别能力。

智能语音技术作为最自然的人机交互方法，其用途非常广泛，从最终应用前景来看，未来随着技术进步和机器对人工替代程度的提高，只要是需要机器与人进行交互的场合均可运用智能语音技术。从全球市场来看，目前语音合成市场已较为成熟，渗透率较高；而语音识别市场则处于快速成长期。

天猫精灵

是阿里巴巴人工智能实验室发布的AI智能产品品牌。天猫精灵内置AliGenie操作系统，AliGenie生活在云端，它能够听懂中文普通话语音指令，带来人机交互新体验。依靠阿里云的机器学习技术和计算能力，AliGenie能够不断进化成长，了解使用者的喜好和习惯，成为人类智能助手。

智能语音三大特点

快速简单　符合人类本能　用途范围广

01 市场分析-宏观环境

PRODUCT MANAGEMENT

国家政策 01

2017年7月国务院发布的《新一代人工智能发展规划》中就指出："人工智能成为国际竞争的新焦点。"

国务院关于印发
新一代人工智能发展规划的通知

新一代人工智能发展规划

02 互联网发展情况

截至2017年6月，我国网民规模达到7.51亿，互联网普及率为54.3%。

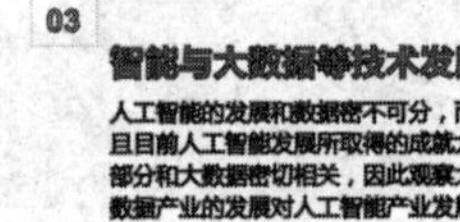

03 智能与大数据等技术发展

人工智能的发展和数据密不可分，而且目前人工智能发展所取得的成就大部分和大数据密切相关，因此观察大数据产业的发展对人工智能产业发展很有意义。

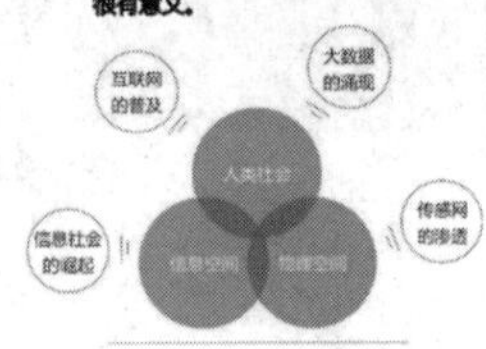

01 市场分析-行业分析

PRODUCT MANAGEMENT

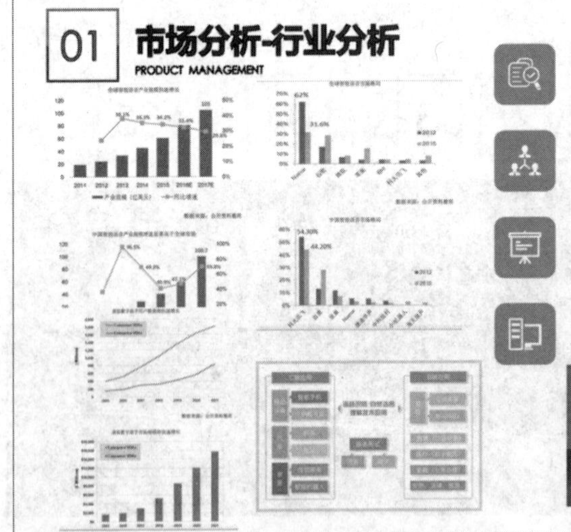

相关软件："叮咚音箱"，"小雅AI音箱"，"联想智能音箱"，"小米AI音箱"，"Pebble月石"智能音箱

自身特点：简单方便、小巧简洁的外观、娱乐&购物、家庭智能助理

市场份额：移动互联网、智能家居、汽车、医疗、教育等领域的应用带动智能语音产业规模持续快速增长。中国智能语音产业市场规模也逐步扩大。

发展趋势：语音、语义等相关技术的可用性逐渐提高，带来虚拟数字助手市场的扩张

市场需求变化：软硬件基础逐渐成熟，应用场景不断扩长

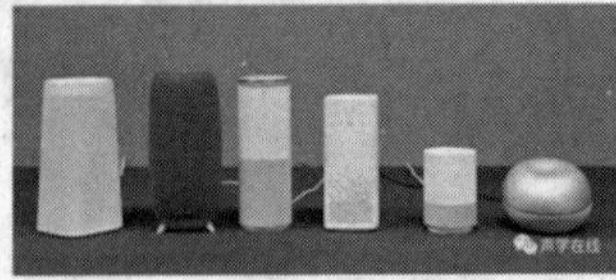

01 场景分析

PRODUCT MANAGEMENT

大学生在校园日常生活中，会遇到以下三个不同场景：

学习任务

大学生早晨起床后要准备去教室上课，遇到了许多关于上课的问题。学生要去图书馆借书，坐在自习室里学习，经常为了没有位置或者书本超时等问题。

社团活动

社团是大学生活必不可少的社交圈，部门总是会有大大小小的会议，常常为了无法确定开会地点而烦恼。

交友

大学交友场所无非班级生活和社团活动，长时间待在寝室里便更难认识到新的朋友。需要有一个能随时随地交流认识新朋友的技能

01 项目概括-问题分析

PRODUCT MANAGEMENT

校园生活主要用于大学生用户在大学生活场景中的技能			
用户：大学生	高校大学生	高校学生的特点：年轻、喜欢新东西、接受能力快、时间观念较差、活动多	优点1:适应接受能力快 优点2:探索性强 问题1:时间观念差 问题2:活动多事情繁杂
场景：校园生活	交友	朋友之间约电影、吃饭、唱歌；男女朋友间出去约会；班级组团春游	优点1:大学生活丰富 优点2:交际范围广 问题1:没有记录具体的安排行程 问题2:事情多，易忘记 问题3:常处于室内对外界了解少 问题4:交友范围小
	学习任务	每天课程多且教室不同，需要经常查询课表；作业种类多样；上课内容多且教学速度快	
	社团活动	社团活动丰富，需经常开会、工作、聚餐	
技术：语音智能	智能化	智能工具记录与提醒	优点1:简单方便，减少手动输入时间 优点2:符合人类本能 问题1:获得信息需主动提问 问题2:语音识别信息困难 问题3:同一事物称呼多样，无法识别不同说法
	语音技术	新的人机交互手段	
	语义分析	智能化理解语言	

01 项目目标

PRODUCT MANAGEMENT

存在问题：

1.时间观念差

2.活动多事情繁杂，易忘记

3.没有记录具体的安排行程

4.常处于室内对外界了解少

5.获得信息需主动提问

6.语音识别信息困难

7.同一事物称呼多样，无法识别不同说法

8.交友范围小

1 采用语音、物理输入和屏幕、语音输出结合的混合模式

2 代替手指点击，直接语音查询信息获得咨询

3 记录具体时间具体事项，主动提醒

4 根据意图识别，添加足够多的自然语句，保证沟通顺利流畅

5 提供一个可以让设备之间交流传达的技能

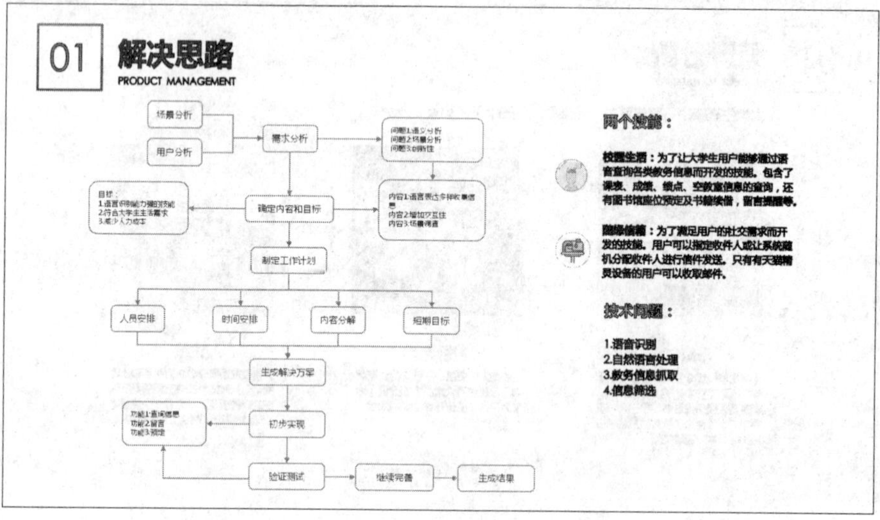
01
解决思路
PRODUCT MANAGEMENT
场景分析
用户分析
需求分析
确定内容和目标
制定工作计划
人员安排
时间安排
内容分解
短期目标
生成解决方案
初步实现
验证测试
继续完善
生成结果
两个技能：
校园生活：为了让大学生用户能够通过语音查询各类教务信息而开发的技能。包含了课表、成绩、绩点、空教室信息的查询，还有图书馆座位预定及书籍续借，留言提醒等。
随缘信箱：为了满足用户的社交需求而开发的技能。用户可以指定收件人或让系统随机分配收件人进行信件发送。只有有天猫精灵设备的用户可以收取邮件。
技术问题：
1.语音识别
2.自然语言处理
3.教务信息抓取
4.信息筛选

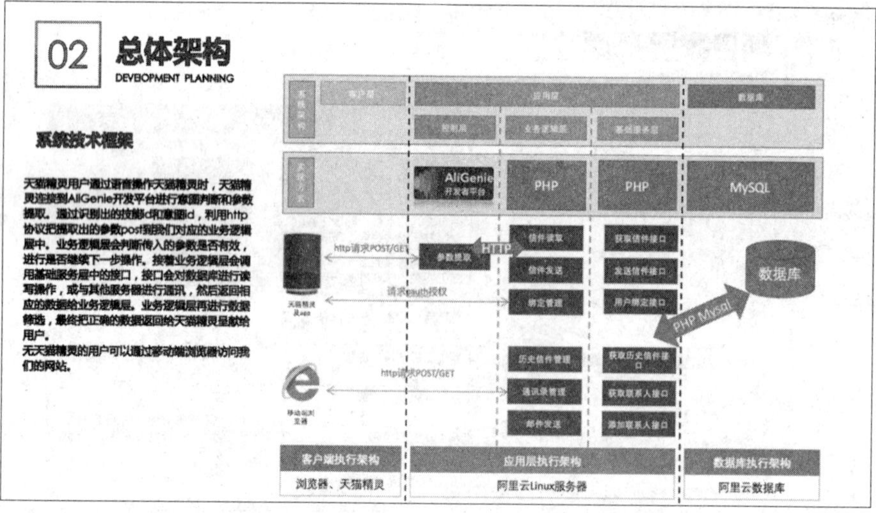
02
总体架构
DEVEOPMENT PLANNING
系统技术框架
天猫精灵用户通过语音操作天猫精灵时，天猫精灵连接到AliGenie开发平台进行意图判断和参数提取。通过识别出的技能id和意图id，利用http协议把提取出的参数post到我们对应的业务逻辑层中。业务逻辑层会判断传入的参数是否有效，进行是否继续下一步操作。接着业务逻辑层会调用基础服务层中的接口，接口会对数据库进行读写操作，或与其他服务器进行通讯，然后返回相应的数据给业务逻辑层。业务逻辑层再进行数据筛选，最终把正确的数据返回给天猫精灵呈献给用户。
无天猫精灵的用户可以通过移动端浏览器访问我们的网站。
应用层
数据库
AliGenie
开发者平台
PHP
PHP
MySQL
http请求POST/GET
HTTP
参数提取
信件读取
信件发送
绑定管理
获取信件接口
发送信件接口
用户绑定接口
数据库
PHP Mysql
请求oauth授权
历史信件管理
通讯录管理
邮件发送
获取历史信件接口
获取联系人接口
添加联系人接口
http请求POST/GET
客户端执行架构
浏览器、天猫精灵
应用层执行架构
阿里云Linux服务器
数据库执行架构
阿里云数据库

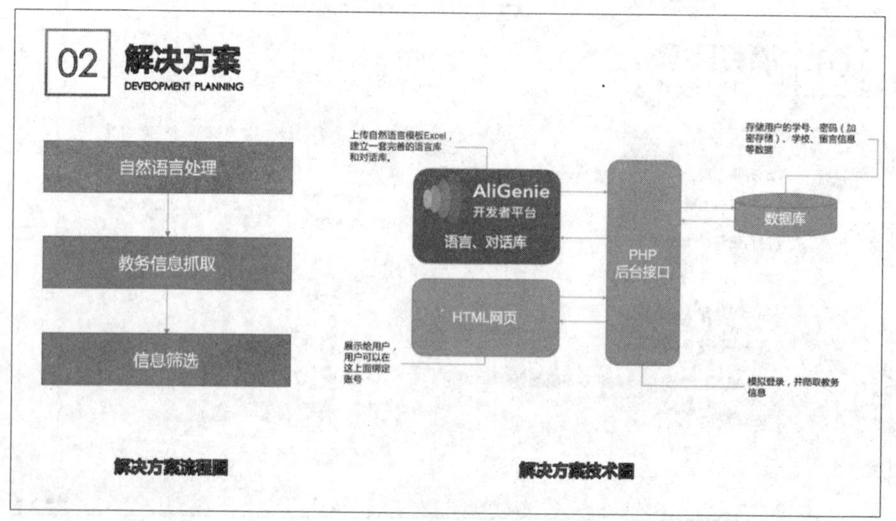
02
解决方案
DEVEOPMENT PLANNING
自然语言处理
教务信息抓取
信息筛选
上传自然语言模板Excel，建立一套完善的语言库和对话库。
AliGenie
开发者平台
语言、对话库
HTML网页
展示给用户，用户可以在这上面绑定账号
PHP
后台接口
存储用户的学号、密码（加密存储）、学校、留言信息等数据
数据库
模拟登录，并爬取教务信息
解决方案流程图
解决方案技术图

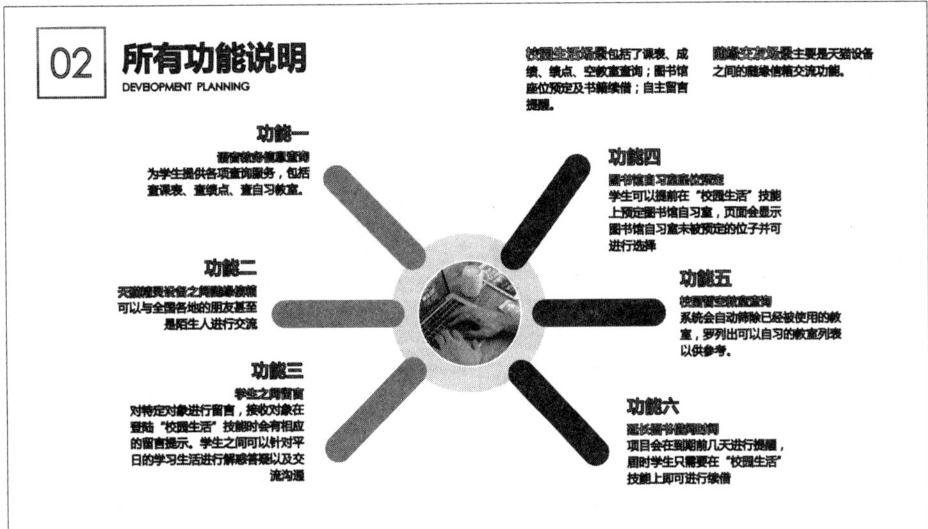

03 开发工具

TECHNICAL REALIZATION

开发语言	开发工具	其他软件及工具
PHP 5.5 是一种免费且使用广泛的服务器端脚本语言。 我们用它来编写网页端程序，为天猫精灵提供功能接口。	**PhpStrom** 是 JetBrains 公司开发的一款PHP 集成开发工具。 我们用它来高效地编写PHP代码，并通过其丰富的插件进行快速的网站部署。	**Fiddler** 是位于客户端和服务器端的HTTP代理工具。 我们用它来拦截并抓取登录教务系统时的网络数据，以便我们对数据进行分析。
HTML、CSS、JS 是用来搭建网页的必备语言。 我们用它来搭建我们的网页，为用户提供界面和交互能力。	**Sublime Text 3** 是一个代码编辑器。 我们用它来编写HTML、CSS、JS代码，由于它插件丰富，能让开发非常快捷。	**cURL库** 是一种php的函数库，能够通讯各种服务器。 我们用它来模拟登录到教务系统，然后抓取各类教务信息。
MySQL 5.1 是最流行的关系型数据库管理系统之一。 我们用它来存储用户的学号、课表、留言等信息。	**Chrome** 是一款网页浏览器，拥有强大的开发者工具。 我们用它模拟显示手机端网页，和调试自己的网站。	**AliGenie语音平台** 是阿里巴巴人工智能实验室推出的开放式平台。 我们用它来解析用户的自然语言，并提取出关键信息，再将关键信息发送到我们网站后台进行交互。

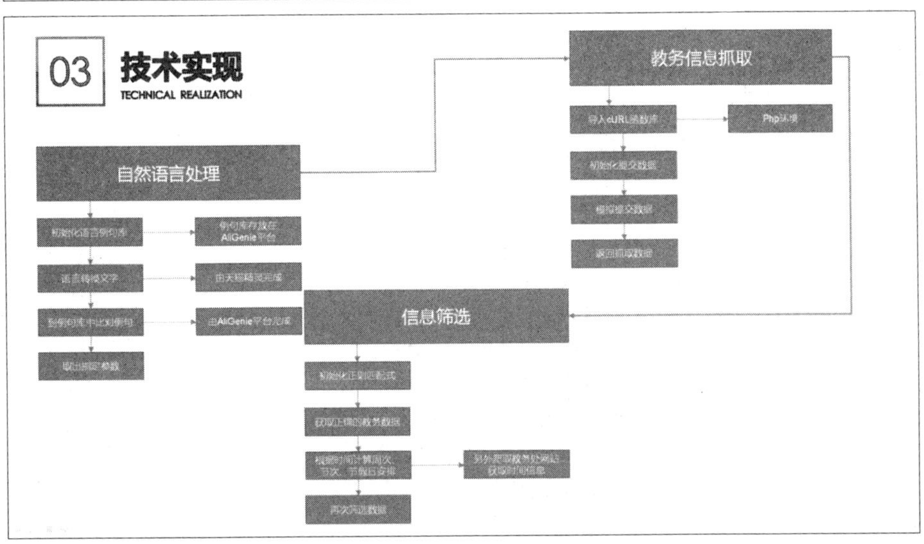

项目管理

PRODUCT MANAGEMENT

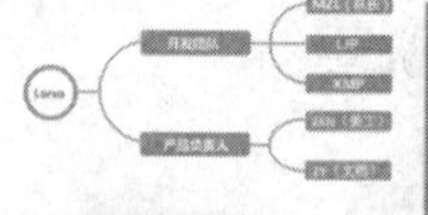

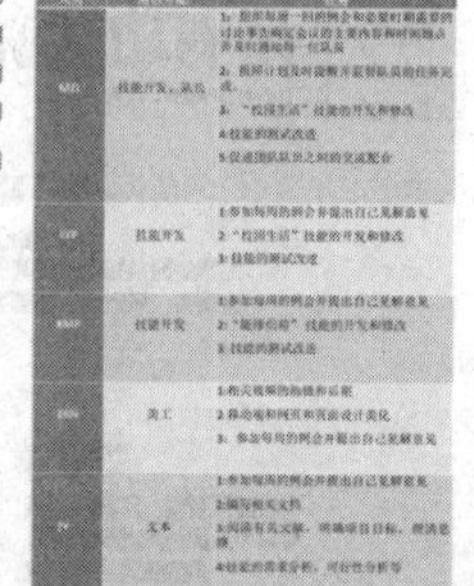

项目过程管理

1.确定项目需求和目标
2.开会讨论、明确团队执行及相关要求
3. 制定任务分解计划，开发生命周期项目

项目计划管理

1.时间进度计划
2.风险与沟通计划，将风险建立在项目成员认可的基础上并限定在可控范围内

项目沟通管理

1.团队成员召开项目会议，一周一次大会，每天晚上交流
2.识别并解决问题，建立会议文档，保证项目过程中出现问题的解决
3.化解冲突

项目收尾管理

1.评估与验收，负责人根据时间计划最终验收成果
2.文档归档，每个阶段结束后责任人会生成相应的文档
3.项目总结

项目质量管理

1.严格监控进度，及时协调解决问题，把项目限定在准确的范围内进行开发
2.确保项目按计划进行
3.重点跟踪监控高风险任务

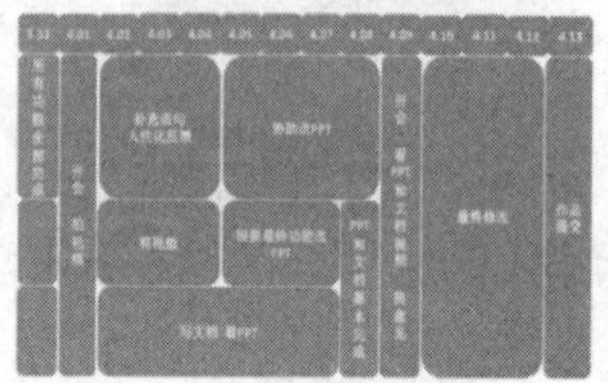

人员组织构架

PRODUCT MANAGEMENT

成员	负责内容
项目开发员	架构设计、项目开发、数据挖掘
代码编程员	算法设计、代码编写
数据分析员	语义分析、数据挖掘
文本编辑员	文档归档，文本编辑
美工设计师	图标设计、美工

团队合作

团队中建立培训与交流工作,把优秀的团队文化和工作技能,传递给每一个队友。丰富的团队文化和工作技能培训,让团队成员在工作中把个人能力发挥及至。

工作作风

培养严谨的工作作风,要让大家的行为端正。。让每个成员明确目标,并且针对自己的工作,掌握好工作技巧,懂得如何去提高效率,完成工作目标的方法。

团队沟通

作为管理者,最重要的责任就是帮助排难解忧,做好指挥工作。要形成一个良好的沟通,要培养成员在工作中遇到了什么问题并及时汇报的工作的习惯。

可行性分析

PRODUCT MANAGEMENT

可行性类别	可行性分析	可行性高低	解决方案
技术实现可行性	1.基于阿里AliGenie开放平台语音开放平台，平台技术较成熟	高	
	2.选择PHP的开发语言，易于学习，使用广泛，团队成员掌握技术能力高，技术工具成熟可靠	高	
	3.MySQL数据库，在web应用方面最好、最流行的数据库管理系统之一	高	
市场推广可行性	1.大学生用户对互联网产品兴趣高，易推广宣传	高	
	2.推广方式多样，例传单、推文、路演，宣传力度大	高	
	3.为广大大学生群体提供试用，推广经济费用过大	较低	校园摆摊现场演示及提供试用
市场环境可行性	1.宏观环境：国家政策将人工智能列入国家规划，阿里等互联网公司得到国家支持强度大，项目未来生存能力强	高	
	2.行业环境：语音智能市场呈上升趋势，中国智能语音产业市场规模扩大，应用领域范围广，项目市场竞争大	低	通过语义分析完善自然语言增强改进智能语音技术，增强市场竞争力
	3.应用环境：满足大学生生活需求，解决生活日常问题，更好地融于生活	高	
操作可行性	1.计算机应用广，硬件成本的下降，导致计算机购买成本的降低 2.开发出来的系统有良好的用户界面和良好的安全性设置，使各类用户能掌握系统的使用方法，操作友好	高 高	

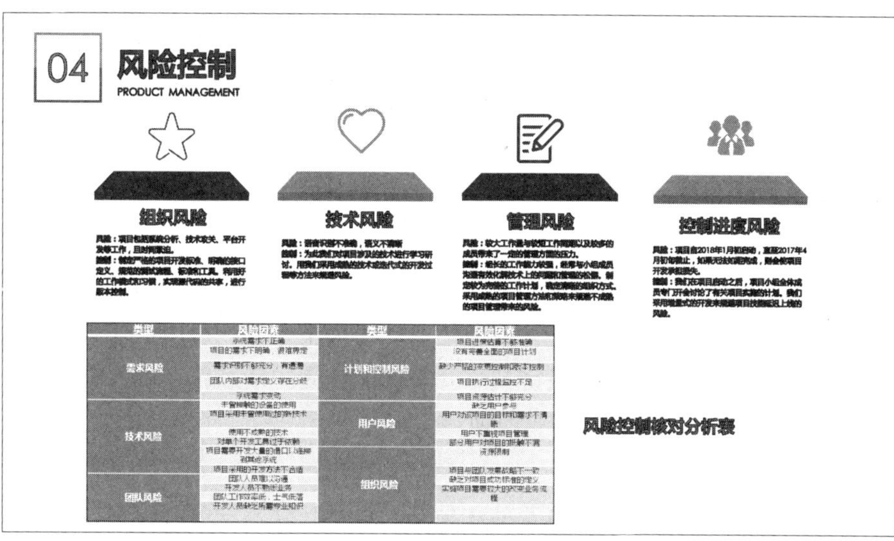

类型	风险因素	类型	风险因素
需求风险	系统需求不正确	计划和控制风险	项目进度估算不够准确
	项目的需求不明确，很难界定		没有完善全面的项目计划
	需求识别不够充分，有遗漏		缺少严格的变更控制和成本控制
	团队内部对需求定义存在分歧		项目执行过程监控不足
	系统需求变动		项目资源估计不够充分
技术风险	不曾接触的设备的使用	用户风险	缺乏用户参与
	项目采用未曾使用过的新技术		用户对项目的目标和需求不清晰
	使用不成熟的技术		用户不重视项目管理
	对单个开发工具过于依赖		部分用户对项目的抵触不满
	项目需要开发大量的接口以连接到其他系统	组织风险	资源限制
	项目采用的开发方法不合适		项目与团队发展战略不一致
团队风险	团队人员难以沟通		缺乏对项目成功标准的定义
	开发人员不熟悉业务		实施项目需要较大的内部业务流程
	团队工作效率低，士气低落		
	开发人员缺乏所需专业知识		

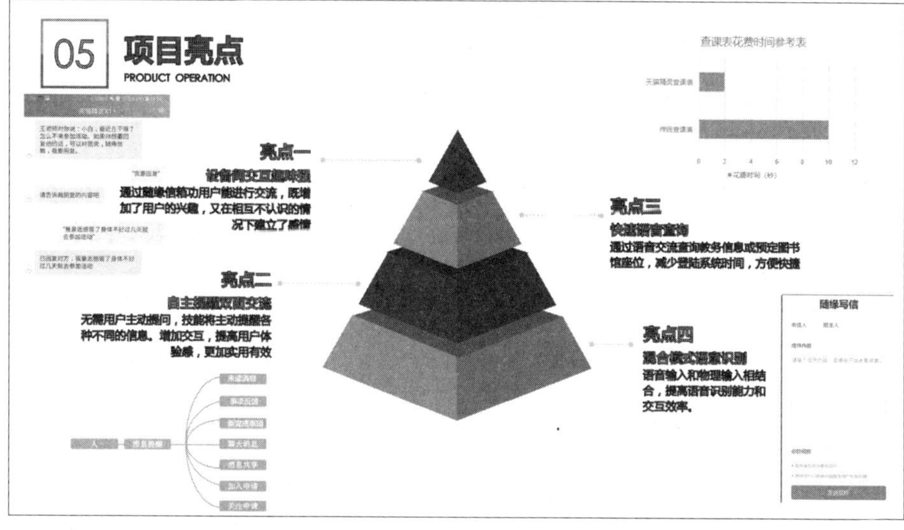

6.5 案例点评

本案例获得企业命题类团体三等奖，未能进入决赛阶段。案例初赛点评如下：

1. 项目创意

本项目的目标是结合天猫精灵硬件，通过 AliGenie 语音开放平台设计人工智能语音解决方案。项目团队以校园学习、交友、社团活动为应用场景，运用语音识别、自然语言处理、教务信息抓取、信息筛选等关键技术开发智能校园生活系统。项目有一定的技术含量，但创新元素不多，所以难以晋级决赛阶段。

2. 市场及行业分析

本项目的市场分析是从国家政策看整体导向，再从互联网发展看信息技术趋势，接着从语音技术发展看技术成熟度，最后从行业分析来寻找产品与技术的结合点，逻辑上比较清楚。

存在的主要问题是对用户需求、市场竞争和自身优势分析不够透彻，分析停留在表层，相对于同类参赛作品而言，缺乏足够的竞争力。

3. 实施方案

本项目通过场景分析，提出项目的相关问题，再提出了清楚的项目目标，包括操作目标、管理目标、战略目标等，然后列出解决思路，这部分逻辑比较清楚。项目管理上采用 DevSuite 产品研发管理，进行工作量估算，项目监控，针对整体目标规划和工作进度安排具有一定的管理策略。

存在的主要问题是由于内容过于简单，并没有依据评分要点进行详细的描述，容易失分。

4. 技术实现与交付

本项目的技术路线较明确，技术工具成熟可靠，技术方案可行性高，项目完成度较好。技术资源及经济成本控制合理，与项目需求匹配恰当。技术工具采用的前端技术、后台技术、开发工具都比较成熟。

存在的主要问题是技术难度一般，不足以拿到晋级的分数。

5. 风险与控制

本项目对风险控制的概念进行了说明，包括风险识别、风险评估、风险监控、风险统计，但是没有详细的风险类型、控制手段及应对策略的说明。

存在的主要问题是没有针对项目的风险控制及应对策略，会严重影响得分。

6. 项目展示

项目团队除了大赛要求提交的项目概要介绍、项目详细方案、项目简介 PPT 和系统演示视频等文档，还提交了出题企业要求的用户应用场景方案、原型解决方案、技术解决架构方案。提交的文档结构清晰合理，内容完备。但文档编写不够规范，部分内容过于简单，有些内容则过于详细，缺乏层次感。

第七章

案例6：基于大数据技术的岗位画像和求职者画像设计(职云)

开发团队：青木团队

奖　　项：第九届中国大学生服务外包创新创业大赛企业命题类团体三等奖

7.1 赛题描述

7.1.1 基本信息

题目名称：基于大数据技术的岗位画像和求职者画像设计

题　　号：A07

出题企业：新华三集团

命题方向：大数据

题目类别：应用类

7.1.2 背景说明

【整体背景】

大数据和“云计算”像是一枚硬币的正反面一样慢慢勾勒出当今世界的财富价值风向。大数据的出现得益于互联网行业的快速发展、计算机硬件和软件能力的不断提升。大数据技术现已被应用到各行各业，而在招聘求职领域，我们希望通过爬虫技术、机器学习、文本挖掘、统计分析等手段帮助求职者更好地了解市场需求，从而有一个清晰、明确的求职方向。

【公司背景】

新华三集团(简称新华三)是全球领先的新IT解决方案领导者，致力于新IT解决方案和产品的研发、生产、咨询、销售及服务，拥有H3C®品牌的全系列服务器、存储、网络、安全、超融合系统和IT管理系统等产品，能够提供大互联、大安全、云计算、大数据和IT咨询服务在内的一站式、全方位IT解决方案。同时，新华三也是HPE®品牌的服务器、存储和技术服务的中国独家提供商。大数据是集团“三大一云”战略的重要组成部分，集团在河南郑州成立了大数据研发中心，致力于大数据分析平台以及数据集成、共享交换等相关技术的研究。

【业务背景】

中国经济处在快速发展阶段，搭上国家快速发展的快车，企业业务也处于快速发展阶段，包括新华三集团在内的高新企业对人才的需求非常大，利用大数据等前言技术对企业招聘人才的需求进行智能分析，一方面能让企业更好地了解到目前求职市场的供需情况，另一方面可更好地帮助求职者理性择业。

7.1.3 项目说明

【问题说明】

本系统首先需要通过网络爬虫爬取智联招聘、51job 等招聘网站上大数据相关职位的招聘信息，提取出其中的关键数据，包括但不限于职位名称、职位待遇、职位描述、公司介绍、公司规模、公司性质等信息。通过对这些信息的挖掘分析，可以更加精准、清晰地指导求职者所在行业的待遇水平、自身可能的待遇以及对公司、行业的选择。

【用户期望】

(1) 探索学历、专业、学校、求职地、工作年限、技能、工作经历等因素对求职的影响。

(2) 求职者可以通过该系统完成对自己职业选择的辅助分析。

(3) 通过搭建大数据采集、分析、展示平台，提升大学生对大数据技术的理解和熟悉程度。

7.1.4 任务要求

【技术路径】

通过爬虫技术对网站上的求职信息进行收集，再利用大数据平台，对网上收集下来的数据进行分析挖掘，挖掘出岗位、工资、学历、待遇等不同因素之间的关系，形成高价值信息。

【技术指标】

(1) 网络爬虫首先根据选定的网站列表进行爬取。为提高爬取效率，整个模块应支持爬虫的水平扩展，并且可基于开源系统实现。场景举例：系统管理员可以对网站列表进行增加、删除、修改操作，可以设置开始爬取的时间，爬取的频率(每天一次或者每天两次等)，设置完毕后，网络爬虫根据指定的条件进行爬取。爬虫支持深度优先或广度优先策略，要求提供自研算法。

(2) 对于爬取的数据支持丰富的解析能力，要求提供优质挖掘算法或解析规则。在对爬取的数据进行结构化处理的基础上，要求参赛者分析岗位工资的影响因素、岗位能力需求图谱、岗位的招聘企业画像等三大主题，为下个环节的智能推荐做准备。

(3) 当求职者输入学历、专业、学校、求职地、工作年限、技能、岗位名称等基本信息后，系统将智能分析出该职位的待遇水平、求职者的待遇区间、可能去的公司、公司性质和规模、行业、匹配概率等信息。要求提供求职者画像及岗位个性化推荐算法。

【提交标准】

请参赛队伍根据需求描述所提供的思路，完成“求职智能分析系统”的设计、开发、部署工作。同时，本题目侧重于鼓励参赛团队进行创新，在已有需求的基础上提出新颖、实用、有应用价值的需求，并且完成开发工作。

【任务清单】

需求 1：网络爬虫抓取企业岗位需求的信息；

需求 2：数据分析和数据挖掘并形成岗位画像；

需求 3：求职者岗位的个性化智能推荐并形成求职者画像。

7.1.5　参考信息

【参考工具】

H3C DataEngine 大数据平台；

H3C DataEngine ADE 应用开发引擎；

H3C DataEngine BI 商务智能引擎。

【参考资料】

参考大数据技术国家标准。

【数据接口】

支持常用数据库的接入。

7.2　项目概要介绍

7.2.1　前言

大数据作为近几年新兴的热门技术，已经渗透到互联网+生活的各个角落。如今它在互联网招聘这个细分领域上正在体现出越来越明显的价值，因为现阶段人才，尤其是互联网人才的发展正趋向于“高要求”、“高回报”，这对企业和求职者提出了更高的匹配需求。越来越多的招聘网站开始倾向于用大数据建立匹配模型，为企业和求职者更好地“牵线搭桥”。基于以上痛点分析，我们自主建立了深度挖掘数据信息而成的分析模型，实现数据可视化和操作简易化，最后以当下最热门之一的微信公众号的形式与用户接轨，这就是我们的产品——职云。

7.2.2　创意概述

我们的产品创意主要体现在以下 4 个方面：

(1) 全平台适配——最亲民的用户使用环境；

(2) 不同招聘网站下智能爬取整合最有价值的数据；

(3) 自主研发的深度分析与智能匹配模型；

(4) 将无形的数据文字化、数字化、图形化，并用最形象的方式展现。

这其中，一个可信度、匹配率高的分析匹配模型是本类型产品最为核心的部分。在各大招聘网站竞相开发自己推荐模型的背景下，自主创新的模型和算法，加上数据可视化的呈现效果是产品创新最有力的证据，而用户的使用效果和反馈是创新性的最好证明。

在产品模型层面上，我们基于大数据、统计学，采取了多种技术组合的应用与创新，将采集到有价值的无形数据转为有形的表现方式，包括文字、图表等，利用数据可视化，以最生动形象的方式展现给求职者，为求职者提供一个相对可靠的参考意见。

7.2.3　功能简介

本产品的核心功能是通过网络爬虫抓取企业岗位需求的信息，利用数据挖掘和数据分析形成大数据岗位画像，并完成对求职者岗位的个性化智能推荐。我们通过对用户一些基本信息和技术能力的收集，利用自研模型与算法进行分析与智能匹配，向用户返回与自身求职条件匹配度最高的企业及岗位信息。

7.2.4　开发工具与技术

本产品结合 Python、Java、HTML 等基本语言完成数据挖掘和数据可视化的呈现，包括 Spring Boot、Maven、Jsoup 等框架。在最重要的数据分析部分，我们自主研究的算法基于统计学，集中了多个经典算法模型的精华部分。其中，最有代表性的就是用于信息检索与数据挖掘的常用加权技术 TF-IDF(Term Frequency–Inverse Document Frequency)模型，以及可以将自然语言中的字词转为计算机可以理解的稠密向量的核心模型 Word2vec。Word2vec 的分析结果计算出的关键词之间的相互联系将通过可视化的方式呈现，包括百度开源可视化库 Pyecharts、著名复杂网络构建分析可视化呈现库 NetworkX 以及经典词云生成库 WordCloud。最终它们都将以 HTML 的形式展现在用户面前。

关于开发工具与技术的具体细节，我们将在产品详细报告中的技术章节进行更详细的描述。

7.2.5　应用对象和应用环境

我们的产品目标用户是大数据类岗位的求职群体。这一先决条件其实很大地影响了用户群体的特点，如视野开阔、高学历、高技术等。这就对我们的产品提出了一个基本的要求——如何让他们愿意相信我们的产品是有效果与参考价值的。答案是显而易见的，只有一个令人信服的分析结果和生动的数据呈现形式才能得到用户的认可与信赖。

与此同时，我们还需要一个保证数据分析精度与速度的服务器环境和易于用户传播的用户应用环境。我们的服务器环境选择符合赛题要求的服务器配置，包括 Intel Pentuim 4 Xeon 2.5 GHz CPU、1 TB Raid 5 磁盘阵列的硬件环境以及 Microsoft Windows 2008 Server R2、jdk1.6 +Tomcat、Microsoft SQL Server 2008 R2 的软件环境。

在应用环境上，我们为用户打造了全平台适配的产品使用环境，保证用户在 Windows、

Linux、Android、IOS 等主流操作系统，IE、Chrome、FireFox、Safari、Opera 等主流浏览器上均可使用。

7.3 项目详细方案

7.3.1 项目概要

1．项目背景

随着经济社会的不断发展，带动了科学技术的发展，信息时代的到来，提高了各个行业的工作效率，越来越多的行业实现了信息化、自动化、数据化的运作。在人力资源管理方面，越来越多的企业逐渐将信息化形式的招聘运用在工作中。大数据的出现得益于互联网行业的快速发展、计算机硬件和软件能力的不断提升。大数据技术现已被应用到各行各业，而在招聘求职领域，我们希望通过爬虫技术、机器学习、文本挖掘、统计分析等手段帮助求职者更好地了解市场需求，从而有一个清晰、明确的求职方向。

我国目前网络招聘行业按运行模式可以分成分类信息招聘网站、综合性招聘网站、垂直招聘网站、搜索类招聘网站、地方性招聘网站及社交招聘网站。经过近几年的快速发展，我国网络招聘市场目前呈现出多元化发展模式，三大综合性招聘网站占据了国内网络招聘市场的大部分份额，其他地方性、行业性、搜索型和社交型等多种网站并存发展。各类求职网站的建立，为人力资源的合理配置提供了相对良好的平台。目前，各种劳动力市场的在线招聘网站已是随处可见，截止到 2018 年 3 月中旬，在百度搜索引擎中输入“招聘网站”便可以搜索到约 54 900 000 个结果。根据中国产业信息网发布的《2017—2019 年中国网站行业深度调研及投资前景研究报告》，国内最为知名的三大求职网站为中华英才网、前程无忧网、智联招聘网。“大数据”的意义在于通过对海量数据的交换、整合和分析，发现新的知识，创造新的价值。海量应聘者信息恰恰具备了大数据的特点，应用大数据技术分析应聘者数据中潜在的规律，以判断应聘者与空缺职位胜任素质匹配性，有助于企业做出正确的招聘决策，进而提高人力资源管理的运行效率。

2．研究现状

随着互联网技术的迅速发展，企业把人才招聘信息越来越多地发布到互联网上，产生了大量的非结构化数据。这些数据包含用人单位对人才的需求及能力要求信息，在一定程度上代表了人才需求的未来走向。人力资源公司 Kforce 的最新研究显示，数据量的迅猛增长增加了企业对收集、整理、数据分析与数据挖掘等与大数据相关的人才需求。当前，国内针对人才市场需求的分析缺乏全面、多维度的分析体系，尤其是对诸如大数据等新兴领域的职位需求缺少研究。但是，对模糊而且非结构化的文本数据进行挖掘比较困难，涉及统计学、机器学习、数据库技术以及专业软件使用等技术。国内对这方面的挖掘研究很少。总的来说，目前学术型的研究深度有限，所用数据不是真正意义上的网络招聘数据，不是大量非结构化的招聘数据；统计分析方法简单，很少使用软件编程。我们团队对产品的期望，正是在于能将数据挖掘技术落地化，结合前后端技术使得它成功融入到一个真正的产品中，并面向大众推广，从而获取更大量的真实数据。结合赛题要求，我们使用自研产品和算法，结合 Python 技术，从智联招聘、58 同城、中华英才网、前程无忧等知名招聘网站中爬取了自 2017 年 1 月至 2018 年 1 月与大数据相关的岗位信息约 80 万条，并进行了海量非结构化网络招聘数据的挖掘与分析。

3. 项目价值

大数据时代已扑面而来，人才需求旺盛，但是人才教育和培训体系仍需要时间做出调整，人们普遍认识到了大数据人才严重短缺的问题。2017 麦肯锡的调查显示，绝大多数企业缺乏大数据相关技能的人才。高德纳咨询公司的报告也显示，中国大数据相关岗位的入职率仅有 30%。

目前，越来越多的行业领军企业如阿里巴巴、星巴克集团等宣布设立首席数据官，由首席数据官承担全面推进企业大数据战略的职责。国内熟悉大数据开发技术的专业技术人员数量仍然很少，同时具备行业经验的人才更少。在以往的人才招聘中，HR 在简历筛选中大多凭经验和直觉，不能真正全面地了解面试者，存在很严重的信息不对称，企业处于比较被动的局面。而在互联网时代，社交网络招聘具有开放性、互动性的特点，较真实、全面地反映了应聘者的兴趣爱好、从业经历、价值观念等企业平时难以获得的信息。利用人才评测与管理系统建立起来的数据，能够准确地确定各个岗位所需人才的类型，从而为招聘和选材都提供可靠的依据。在人员配置过程中，凭借专业的数据处理技术，应用相应的算法，建立企业所需员工模型，通过人岗匹配度分析，能够快速筛选出最合适的求职者，从而提高招聘效率，减少招聘成本。例如 Google 就是利用大数据分析得出一套数学模型，再根据这套数学模型去寻找合适人才。

4. 创新技术

(1) 数据采集：采用易控制的、高灵活性、高性能、大规模分布式爬虫抓取数据。

(2) 数据清洗：自动创建源数据的数据模型，定制化清洗数据，将数据转换成同一形式，分离出无效干扰数据。

(3) 数据分析：采用经典权重计算模型 TF-IDF、经典相似分析模型 Word2Vec 以及监督学习、基于统计学的相关性分析等方法分析数据。

(4) 数据可视化：采用百度开源可视化库 Pyecharts、著名复杂网络构建分析可视化呈现库 NetworkX 以及经典词云生成库 WordCloud。

7.3.2 问题分析与解决方案

1. 问题与分析

我国每年数上百万毕业生步入社会，其中大学生是主力军，每年毕业人数在 500 万以上，在庞大的职业市场中如何快速地找到适合自己的工作已然是一个难题，解决这个问题将会是一个浩大的工程。互联网招聘和大数据已逐渐成为主流。

在互联网企业招聘领域，1997 年互联网开始渗入招聘行业，前程无忧、智联招聘、中华英才网等大型综合招聘网站先后上线。但是，受限于当时的我国互联网渗透水平较低，纸媒招聘业务仍然占据较大的比重。此后十余年，在外资的青睐和市场的蓬勃发展下，互联网招聘发展迅猛且更加普及化，服务也进一步拓宽。从 2015 年开始，新型招聘模式不断涌现，一方面可以更好地满足招聘与求职需求，另一方面，竞争更为激烈，分类信息网站和新兴的猎头招聘、社交招聘，如猎聘网、拉勾网、Linkedln、Boss 直聘、大街网等对传统网络招聘形成分食效应，竞争愈发激烈。

当前已进入互联网招聘的成熟期，随着移动互联网、大数据、人工智能技术的迅速发展，“人求职”的时代已经过去，企业需要投入更多的时间、精力、财力才能招聘到合适的人才，互联网招聘市场的重心已经从企业用户转向个人用户。机器学习+大数据挖掘技术将对阻碍互联网招聘市场发展、影响用户体验、导致招聘效率不高的信息不对称问题有改善作用，针对用户属性、行为偏好进行机器学习记忆优化推荐，针对用户在职场中有利信息的大数据挖掘，不断加强推荐模型，进行精准推荐，改变过去的海量信息广告模式，将供需信息自动不断优化匹配，提高求职招聘效率。

与此同时，如何将大数据、人工智能等高级技术更好地落地应用到互联网招聘行业成为了聘求双方与技术公司共同关注的话题。

下面将主要从三个方面进行问题分析：

(1) 求职者在寻找合适的职位中存在的问题；

(2) 求职市场目前处在什么发展阶段，有什么问题；

(3) 招聘者在招聘员工时会遇到什么问题。

1) 求职者的角度

对于求职者来说，他们很难快速地从招聘网站的茫茫职位中找到最适合自己的职位，在寻找职位的过程中，也浪费了求职者的大量黄金时间。其次就是关于求职者本身，他们不知道自己的具体优势在哪里，适合什么岗位，也不知道各个岗位的职业发展前景，他们很难在茫茫职业招聘中寻找到合适的职位。还有就是在当今求职招聘网站上存在一些问题，大部分求职网站的职位推荐功能操作过于复杂或涉及大量隐私问题，难以让求职者正确使用并快速找到适合自己的职位。现在急需推出一款能综合各大网站招聘信息，能进行智能化、个性化推荐，同时兼具简易操作方式的职位推荐产品。

2) 求职市场的角度

对于求职市场来说，招聘网站的自主推荐功能只针对自己本站的招聘信息进行简单的职位匹配推荐，其推荐结果的参考性较弱，很难有实际的参考价值。其次，在来自第三方的多数同类求职匹配的竞争品中存在诸多问题，现有的同类竞品多为 Web 端的形式，不符合移动端的互联网产品趋向，其次就是用户期待更好的设计和交互体验，关注产品功能的同时也注重产品的细节，还有就是推荐智能程度低、操作复杂、暗中与某些招聘网站合作以致推荐偏颇等，这些也是导致求职匹配一直得不到解决的主要原因。目前互联网市场需要一款站在公平角度、自主独立、以用户需求为导向的产品，帮助求职用户找到尽可能多的适合自己的推荐职位。同时该产品最好是基于移动端进行开发的，还要注意产品的外观、交互设计，给用户更好的产品体验。

3) 招聘者的角度

现在很多公司对招聘的员工不符合职位要求很不满意。出现这个问题的主要原因是大部分求职者的定位不清楚，不知道自己要干什么职业，企业还要花费大量的财力和物力去培养新一代员工。其次就是招聘网站的职位推荐不够精准，误导求职者，让他们以为自己最适合推荐的职位。对这个角度问题的解决，市场需要一款产品，该产品应采取大数据与数据分析结合的模式，利用基于多个计算模型生成的自研算法发现关联并形成智能推荐。

2. 解决方案

在大数据时代的今天，我们现在有了更有力的工具去解决职位匹配问题。我们团队将依托大数据技术，基于机器学习等先进技术开发出满足求职者和职位最优匹配的产品。

解决方案将按照产品推进进程来介绍，主要从6个方面进行分析：

(1) 求职调研分析。

(2) 职业招聘数据分析。

(3) 数据清洗。

(4) 数据分析与模型构建。

(5) 数据可视化。

(6) 推广应用。

1) 整体概括

(1) 调研分析：问卷调查为主。

(2) 数据采集：采用易控制的、高灵活性、高性能、大规模分布式爬虫抓取数据。

(3) 数据清洗：自动创建源数据的数据模型，定制化清洗数据，将数据转换成同一形式，分离出无效干扰数据。

(4) 数据分析：采用经典权重计算模型 TF-IDF、经典相似分析模型 Word2Vec 以及监督学习、基于统计学的相关性分析等方法分析数据。

(5) 数据可视化：采用百度开源可视化库 Pyecharts、著名复杂网络构建分析可视化呈现库 NetworkX 以及经典词云生成库 WordCloud。

(6) 推广与应用：线上依托微博微信，线下依托校园活动。

2) 详细说明

首先团队成员以调查问卷的形式收集求职者对求职网站职位推荐的满意程度，同时了解求职者对职位推荐有什么期待。通过实践调查，我们发现大多数求职者对求职网站的职位推荐不满意，有很多大公司的职位招聘推荐，很明显不符合职位要求的也会被推荐，给求职者带来了不小的求职打击。他们更希望有一款职位推荐的产品，可以自动化地把自己的简历信息和职位招聘信息进行比对，精准地推荐求职者适当的职位。

我们团队打算基于各大招聘网站的职位招聘要求信息，给求职者提供准确的职位推荐建议。

项目最开始需要做的就是收集职位招聘的职业素养要求信息，我们团队打算使用 Python 语言工具编写分布式网络爬虫工具，把各大求职网站的职位要求信息收集过来，保存到数据库，同时定期更新爬取的职位信息。之后对爬取到的职位信息数据进行清洗，主要是对数据进行去重、去空、中文分词等操作，便于后期对数据的使用。

在收集到的数据基础之上构建模型，用不同算法训练多个模型，然后进行模型整合以提高准确率。具体做法就是在数据之上构建行业招聘信息词典，然后基于统计学计算出词条的相关性。

最后利用模型将数据可视化，在前端页面上基于求职者上传的数据，模型将给出求职者能力雷达图以及相关职位推荐，让求职者更好地、更快地找到合适的工作。

7.3.3　技术核心与产品架构

1．产品技术架构与层次

1) 产品架构总览

职云是一个基于数据挖掘与数据分析进行用户职位推荐的产品。其核心价值体现在对大数据的采集，以及通过自研算法进行的数据分析，得出对用户有帮助的职位推荐与职位介绍。本产品的架构主要分为三大层次，分别是基于网络爬虫技术的数据采集层，转换并统一收集到的数据格式进行数据筛选的数据清洗层，以及基于多个数据分析模型与分析算法的数据分析层。产品的技术框架总览示意图如图 7-1 所示。

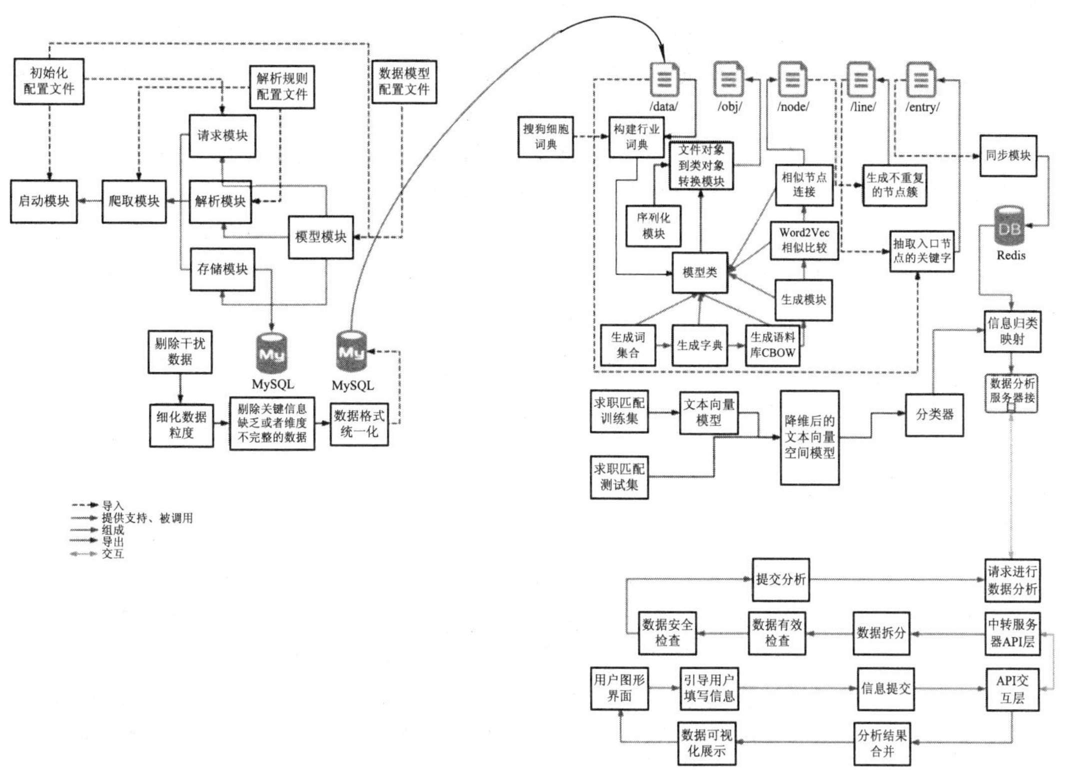

图 7-1　职云技术框架总览示意图

2) 数据采集层

职云的数据采集技术基于自主构建的高性能数据模型自动化爬虫，其目的是从各大知名招聘网站爬取与大数据相关的技术职位信息。这些信息是我们之后进行数据分析的关键参考，它的数量与质量直接决定了我们算法的精准度与实用度。数据采集的过程如图 7-2 所示。

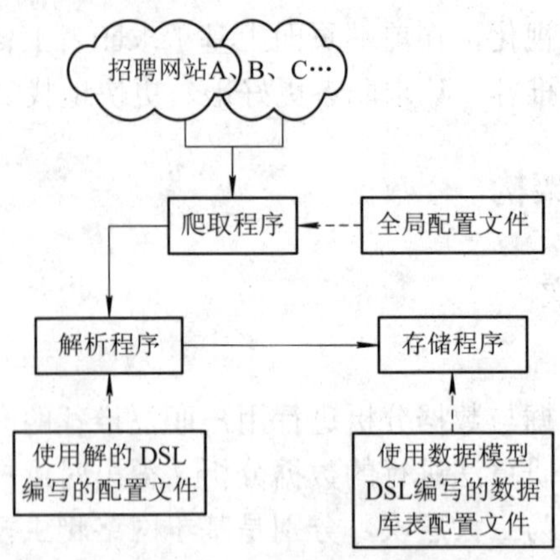

图 7-2 数据采集过程图

网络爬虫通过调用任务队列依次爬取 HTML 网页内容，并利用正则表达式提取网页标签中与招聘信息有关的文本数据，直到任务队列完成。我们采用 Python 脚本语言作为网络爬虫程序的设计语言，利用 Python 提供的 Scrapy 爬虫框架，实现网页模拟登录、文本解析、数据存储等功能。我们采集的数据时间跨度为 6 个月，数据量为 60 万条，包括与职位相关的结构化数据和非结构化数据。结构化数据以表格形式存储(初始招聘信息.xlsx)，如企业的基本情况、工作地点、学历要求、行业领域、职位名称等。非结构化数据以文本形式存储(初始职位描述.txt)，主要包括岗位职责与任职要求描述。数据采集的过程主要具有以下特点：

(1) 自主构建：通过调研分析，我们在兼具爬虫通用性与专一性的基础上开发出可以适应多种情况但又统一于一种模型的高灵活性爬虫。

(2) 易于控制：提供可视化操作界面。用户可以通过 Web 页面对爬虫进行配置、启动或停止查看抓取日志。

(3) 高灵活性：我们分析设计了基于 SQL 的数据模型 DSL、基于 CSS Selector 的解析 DSL 通过数据模型 DSL，用户无须硬编码数据模型，只需通过数据模型 DSL 创建相关配置文件，系统会自动导入文件并在云端数据库服务器创建相应的数据模型，完成数据模型自动化，打破了以往一旦更改数据模型就会造成代码模块修改的连锁反应。通过基于 CSS Selector 的解析 DSL，用户可以灵活配置解析规则，在修改解析规则时，无须改变代码模块的内容。在此基础之上，我们提供了可配置的数据抓取策略。通过使用解析 DSL 配置数据层级的入口，用户可以灵活地使用广度优先策略或者深度优先策略，使爬虫更具通用性。

(4) 高性能与分布式：模块内部自动将抓取任务转化成线程，使得一个任务对应一个线程，从而提高网络 I/O 资源的利用率，降低本地资源的占用率。执行多服务器分布式模式时，所有存活的抓取程序通过 Redis 服务器通信，其中抓取程序分为 Master 和 Slaver。Master 通过 Redis 服务器发布任务并调度 Slaver 抓取信息。不同 Slaver 之间向数据库写入数据的操作由 MySQL 的排它锁控制。

网络爬虫的上述特点是我们进行数据挖掘可靠性与稳定性的保障，也是大数据技术能够实现的先决条件。通过网络爬虫，我们在短短三个月内总计获得了来自数十家网络招聘网站上与大数据相关的职位信息 600 000 余条，这也为我们的数据分析提供了数量上与质量上的保证。网络爬虫框架图如图 7-3 所示。

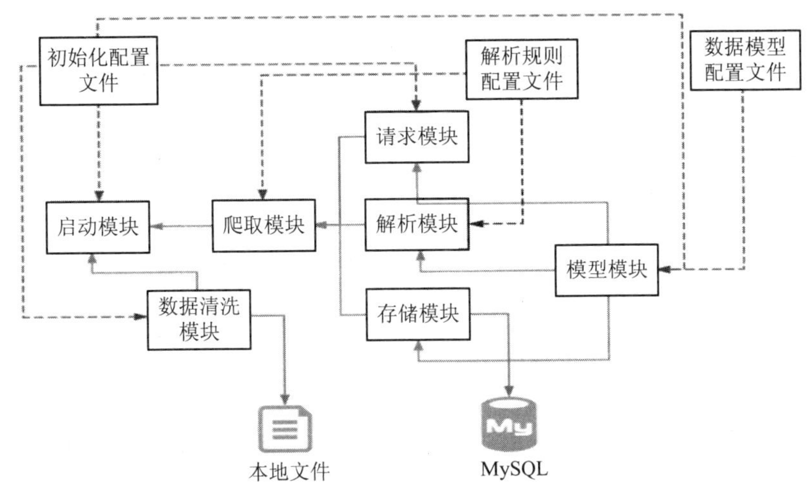

图 7-3　网络爬虫框架图

3) 数据清洗层

网络爬虫的过程存在一定的问题，最主要的一个问题在于不同网站爬取的信息格式是不对称的，例如，A 网站中可能有“工作经验”的属性，而 B 网站则用了“工作年限”的自眼。此外，我们也会爬到许多对数据分析并没有价值的大量无用数据，这就需要我们对数据进行一定的判断与筛选，并最终统一成相同的格式，以进行下一阶段的数据分析，这个过程就是数据清洗的过程。我们通过定制化分析设计，专门为目标网站指定数据清洗策略。

该策略方案由以下几个子功能组成：

(1) 数据去重、去空。网络爬虫处理得到的职位描述信息存在大量空行和重复的样本，考虑到招聘职位的要求有可能每天都会更新，需要在去重时去掉历史记录，保留最新记录。Python 语言在创建字典时，字典中的每一条记录包括 key 值和 value 值，字典的 key 值是唯一的，在读取数据时，会自动过滤掉 key 值相同的数据，保留最新的 value 值，最后再将字典中的值写入文本。对职位描述记录为空的数据行采用直接过滤的方法进行删除。

(2) 中文文本分词。为了把职位描述信息转换为计算机能够识别的结构化数据，需要对非结构化的文本信息进行分词。本文采用 Python 自带的 jieba 分词模块，对每一条岗位描述信息进行中文分词。jieba 支持精确模式、全模式，同时提供分词、词性标注、未登录词识别，支持用户自定义词典，关键词提取等功能。因为大数据相关的职位属于新兴职位，如机器学习、人工智能等，因此需要把这些未登录的词添加到预先定义的大数据职位词典中，然后，再对职位描述信息进行分词。

(3) 停用词过滤。经过中文分词处理后的词集中包含大量没有价值的停用词，如连词、助词以及出现频率很高但对挖掘分析没有积极贡献的实词。停用词过滤一般有两种方法：基于停用词表的方法和基于统计的方法。本文采用第一种方法，通过自建 stopwords.txt 停用词表，把常见的连词、介词、虚词等没意义的词及标点符号添加进停用词表(共 2615 个停用词)，并在后期的不断试验中，根据过滤效果，不断扩充停用词表，再将分词结果与停用词表进行匹配，匹配成功，则将其删除。

(4) 数据形式转换与无效信息删除。将不同形式的数据转换成同一形式，从而可以方便地对某个或多个维度进行统计分析。将混在一起的文本信息，例如岗位要求与岗位职责、公司规模与公司性质，分离形成独立维度元素。招聘网站的信息多又杂乱，在大数据栏目下往往有其他非大数据职位混入(例如销售岗)，故通过设置关键词等方法剔除这部分干扰信息。通过数据清洗层，我们得到了格式统一、信息具有价值的大量数据，并将其应用于数据分析的模型中。

4) 数据分析层

数据分析是产品的核心板块，也是我们能利用大数据挖掘到的对用户最有用信息的过程。在数据分析领域，我们接触到很多经典而实用的模型，我们将现有的模型进行整合、优化，加上自己产品的独到理解与思考，最终形成了自主研发的分析算法与模型。

数据分析子方案由以下 4 个部分组成。

(1) 构建行业招聘信息词典。

首先根据搜狗输入法提供的计算机以及大数据相关的细胞词库和 jieba 分词自带的词典构建初始词典。然后通过 jieba 分词在初始词典的基础上对抓取到的十万多条招聘信息进行分词并计算词频，构建大数据领域招聘信息词典。

(2) 招聘信息聚类。通过三个维度对招聘信息进行聚类：

① 任职要求相似度维度。首先在大数据领域招聘信息词典的基础上使用 TF-IDF 模型，结合中文停用词库，提取任职要求文本的关键词和权重。然后通过经典相似分析模型 Word2Vec 计算任职要求文本之间的相似度，并根据一定的相似度阈值对招聘文本进行聚类。

② 职位多元信息维度。根据任职要求之外的变量，例如薪资、工作经验、工作地等对招聘信息进行聚类。

③ 企业信息维度。根据发布招聘信息企业的规模、性质、介绍等对招聘信息进行聚类。

(3) BP 神经网络构建分类器。结合行业招聘信息词典，借助 TF-IDF 模型，通过 BP 神经网络构建文本分类器，找到求职文本和招聘文本之间的对应关系，该分类器是职位智能推荐的关键基础。

(4) 基于统计学的相关性分析。采用统计学的方法，计算出薪资、工作经历、工作地之间的相关关系，并根据分析结果计算求职者与行业的匹配度。

2. 核心技术介绍

1) 关联规则算法

Apriori 算法是关联规则算法中最经典的算法。关联规则算法的核心思想是首先找出所有的频繁项集(项集的频率大于等于最小支持度)，然后由频繁项集产生满足最小置信度和最小支持度的规则。Apriori 算法使用逐层搜索的迭代方法，k 项集用于探索(k+1)项集。首先，通过扫描事务记录，找出所有的频繁 1 项集，该集合记做 L1，然后利用 L1 找频繁 2 项集的集合 L2，在每次找到频繁项集后，筛选掉频率小于最小支持度的频繁项集，重复此过程，直到找不到任何频繁 k 项集。其中，最小支持度和最小置信度的值根据实验结果和实际需要制定，以确保能够找到理想的关联规则。最后在所有的频繁集中找出强关联规则，即产生用户感兴趣的关联规则。

关联性分析在数据挖掘工作开始前，需要用图 7-4 括弧中的代码对城市、学历、工作年限等字段进行字符替换。如学历字段包括大专及以下、本科、硕士、博士，依次替换为 E1、E2、E3、E4。其他字段替换结果以及采用大数据处理方法获取的与大数据领域相关的职位信息汇总如图 7-4 所示。

城市	数量	学历	数量	工作年限	数量
一级城市(C1)	10818	大专及以下(E1)	3199	1年及以下(W1)	2373
二线城市(C2)	2358	本科(E2)	9439	1～3年(W2)	5267
三线城市(C3)	95	硕士(E3)	624	3～5年(W3)	4503
四线城市(C4)	11	博士(E4)	20	5年以上(W4)	1139
企业成长阶段	数量	规模	数量	薪资	数量
初创型(F1)	2738	低于50人(B1)	1811	0k～10k(S1)	3923
成长型(F2)	4533	50～150人(B2)	2482	10k~20k(S2)	5857
成熟型(F3)	3233	150～500(B3)	3281	20k～30k(S3)	2486
上市公司(F4)	2778	500人以上(B4)	5708	30k以上(S4)	1016

图 7-4 关联性分析图

首先，创建一个流文件，并为流文件添加一个数据节点，将图 7-4 作为该节点的输入(招聘信息)。由于关心的是参与建模节点的相互关联关系，因此把类型节点中的角色定义设置为两者，表示参与建模的字段既是条件也是结果。对于一些与建模关系不大的节点可以通过“过滤节点”将其过滤掉，如公司名称、企业类型等。SPSS Modeler 提供了“网络节点”用来分析各字段变量间关联性的强弱，连线越粗、颜色越深代表关联程度越强。其“网络节点”设置如图 7-4 所示。最后，为了实现关联规则分析，需要将 Apriori 建模节点添加到流中，并把最低条件支持度设为 15.0%，最小规则置信度设为 85%。

2) BP 神经网络构建分类器

采用 BP 神经网络具有以下优势：

(1) 神经网络所有的信息都等势分布贮存于网络内的各神经元，具有很强的鲁棒性和容错性。

(2) 网络可以充分逼近任意复杂的非线性关系，适于分类曲面复杂的文本分类问题。

(3) 网络采用并行分布的处理方法，使得快速进行大量运算成为可能，适于对大量职位信息文本分类的实际应用环境。

结合行业招聘信息词典，借助 TF-IDF 模型，通过 BP 神经网络构建文本分类器，找到求职文本和招聘文本之间的对应关系，该分类器是职位智能推荐的关键基础。BP 神经网络算法如图 7-5 所示。

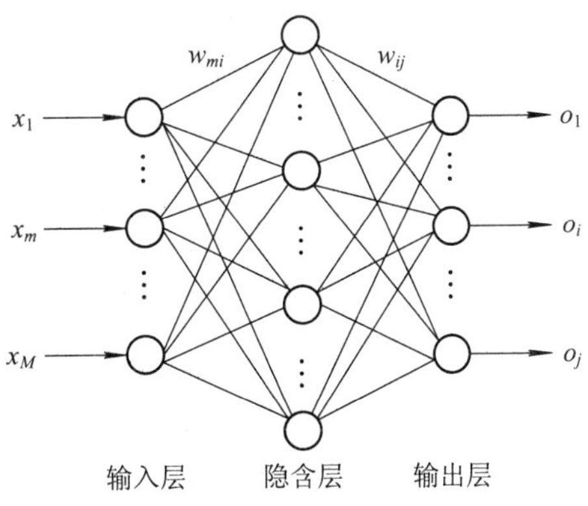

图 7-5 BP 神经网络算法

3) Word2Vec 模型

Word2Vec 是从大量文本语料中以无监督的方式学习语义知识的一种模型，它被大量地用在自然语言处理(NLP)中。那么它是如何帮助我们做自然语言处理的呢？Word2Vec 其实就是通过学习文本来用词向量的方式表征词的语义信息，即通过一个嵌入空间使得语义上相似的单词在该空间内距离很近。Embedding 其实就是一个映射，将单词从原先所属的空间映射到新的多维空间中，也就是把原先词所在空间嵌入到一个新的空间中。

Word2Vec 模型中主要有 Skip-Gram 和 CBOW 两种模型。从直观上理解，Skip-Gram 是给定 Input Word 来预测上下文，而 CBOW 是给定上下文来预测 Input Word。本产品主要应用了 Skip-Gram 模型。

Word2Vec 模型实际上分为了两个部分，第一部分为建立模型，第二部分是通过模型获取嵌入词向量。Word2Vec 的整个建模过程实际上与自编码器(Auto-encoder)的思想很相似，即先基于训练数据构建一个神经网络，当这个模型训练好以后，我们并不会用这个训练好的模型处理新的任务，我们真正需要的是这个模型通过训练数据所学得的参数，例如隐层的权重矩阵——这些权重在 Word2Vec 中实际上就是我们试图去学习的“Word Vectors”。

模型的输出概率代表着到我们词典中每个词有多大可能性跟 Input Word 同时出现。举个例子，如果我们向神经网络模型中输入一个单词“Soviet”，那么最终模型的输出概率中，像“Union”、“Russia”这种相关词的概率将远高于像“Watermelon”、“Kangaroo”等非相关词的概率。因为“Union”、“Russia”在文本中更大可能在“Soviet”的窗口中出现。我们将通过给神经网络输入文本中成对的单词来训练它完成上面所说的概率计算。图 7-6 中给出了一些我们的训练样本的例子。我们选定句子“The quick brown fox jumps over lazy dog”，设定我们的窗口大小为 2(window_size=2)，也就是说我们仅选输入词前后各两个词和输入词进行组合。图 7-6 中，灰色代表 Input Word，方框内代表位于窗口内的单词。

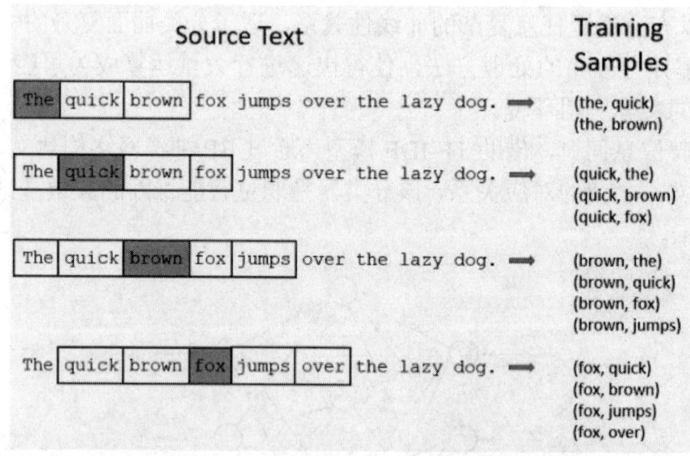

图 7-6　模型概率分析图

我们的模型将会从每对单词出现的次数中习得统计结果。例如，我们的神经网络可能会得到更多类似(“Soviet”，“Union”)这样的训练样本对，而对于(“Soviet”，“Sasquatch”)这样的组合却看到的很少。因此，当我们的模型完成训练后，给定一个单词“Soviet”作为输入，输出的结果中“Union”或者“Russia”要比“Sasquatch”被赋予更高的概率。

3．其他相关技术

作为一款面向用户的数据分析类产品，不仅要利用模型、算法得到有效结论，更重要的是用什么样的展现方式将结论呈现给用户。这就是所谓的“数据可视化”。

数据可视化的形式多种多样，最直观的形式为图、图表，其次为表格、数字的形式，而文字的表现力最差。本产品的最终输出包括以下内容，我们针对不同的内容给出了不同的展现形式。

(1) 大数据职位地域画像：通过数据分析职位和地理(精确到市级行政区)位置之间的关系，我们得出大数据行业的地理热度图，并以地图的形式直观地展示出来。

(2) 职位技能画像：我们将职位多元信息相关关系、关键词及其权重信息、根据 Word2Vec 的分析结果计算出的关键词之间的相关关系信息最终通过词云图的可视化方式呈现。职位技能画像如图 7-7 所示。

图 7-7　职位技能画像

(3) 求职者匹配度：在已经对招聘信息进行分析的基础上，我们通过将求职者信息和招聘信息的多个维度进行比较，利用算法与分析模型得出求职者匹配度，并以雷达图的形式展现给用户。求职者画像分析图如图 7-8 所示。

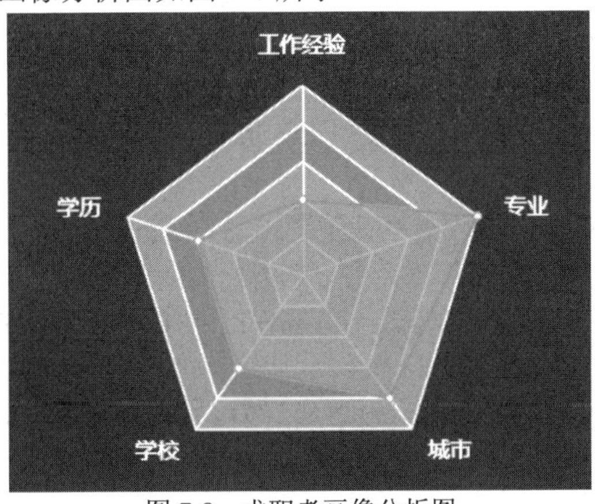

图 7-8　求职者画像分析图

通过数据可视化，我们最大限度地利用了大数据的优势，同时尽可能地回避了大数据产生的种种干扰，从而在满足了用户需求的同时，尽可能地保证了用户的交互和设计体验。

4．总结

随着互联网技术的迅速发展，企业把人才招聘信息越来越多地发布到互联网上，产生了大量的非结构化数据。这些数据包含用人单位对人才的需求及能力要求信息，在一定程度上代表了人才需求的未来走向。但是，对模糊而且非结构化的文本数据进行挖掘比较困难，涉及统计学、机器学习、数据库技术以及专业软件使用等技术。国内对这方面的挖掘研究很少。总的来说，目前学术型文本的研究深度有限，所用数据不是真正意义上的网络招聘数据，不是大量非结构化的招聘数据；统计分析方法简单，很少使用软件编程。

职云立志做一款用技术促进服务，用服务赢得用户的产品。技术领域的自主独立与高度完备是我们赖以生存的根本，而对用户体验和用户实用性上的注重是我们服务的关键，我们对产品的期望，正是在于能将数据挖掘技术落地化，结合数据可视化的技术使它成功融入到一个真正的产品中，以用户体验为本面向大众推广，从而进一步获取更大量的真实数据。

市场上可能不乏同类竞品，职云愿意去做最贴近用户想法，为用户提供最需要服务的那一个。

7.3.4　市场分析及营销策略

1．市场宏观分析

1) 政治环境

国家工信部印发了《大数据产业发展规划(2016—2020 年)》。规划要求，到 2020 年，技术先进、应用繁荣、保障有力的大数据产业体系基本形成。大数据相关产品和服务业务收入突破 1 万亿元，年均复合增长率保持在 30%左右，加快建设数据强国，为实现制造强国和网络强国提供强大的产业支撑。

浙江省是信息经济大省，加快发展信息经济是我省“十三五”期间的战略选择，省委省政府高度重视信息经济发展，2017 年，省政府发布了《关于加快发展信息经济的指导意见》、《浙江省国民经济和社会信息化发展“十三五”规划》、《浙江省信息经济发展规划(2014—2020 年)》和《“宽带浙江”发展“十三五”规划》，是浙江省“十三五”期间数据中心建设的指导性文件。

在浙江，大数据云计算产业成为推动经济转型升级的新路径。数据显示，2017 年 1 至 10 月，以云计算、大数据、物联网、人工智能为代表的全省新一代信息技术产业增加值同比增长 21%，高出战略性新兴产业 9.4 个百分点，浙江经济结构不断优化。由此可见，职云的市场发展空间广阔。

艾瑞咨询集团在《关于 2017 年中国网络招聘行业的发展报告》中指出，我国网络招聘行业招聘雇主的数量呈现稳步增长的趋势，招聘需求持续旺盛，截至 2017 年 12 月，我国网络招聘行业招聘雇主规模达 252.4 万人，与 2016 年 12 月相比较，招聘雇主规模增长率为 28.2%，行业中求职者规模达 11 525.2 万人，增长率为 10.9%，预计到 2018 年 12 月，求职者规模将突破 1.9 亿人。在网络招聘渠道中，第三方招聘网站为求职者求职和企业招聘提供了便利，提高了招聘效率，在一定程度上缓解了就业压力。招聘网站作为求职者寻求工作的一种工具，其网站名称常常被求职者用作关键词在百度中进行搜索登录来获取信息、投出简历、获得面试机会等，因此，通过分析招聘网站在百度搜索中某个时间段内的搜索量及关注度趋势，可以了解网络招聘市场的发展状况，以智联招聘为例，可以预见网络招聘市场前景广阔。

2) 社会环境

具有信息容量大、招聘成本低、打破时空限制等优点的招聘类网站成为越来越多求职者找工作的重要途径。网络应聘已经成为了世界范围内人才应聘的主要方式。另外，对于企业来说，通过招聘来发现人才是企业吸收人才的主要途径，其对于整个企业的生存和发展有着重要的意义。如今，用工单位招聘人才不再单纯选择现场招聘，也不再一味倚重纸媒，更多的是借助前两者进行招聘的同时，侧重于网络招聘平台。据《财富》杂志统计，全球 500 强企业中有 88%的企业通过网络招聘的方式招聘员工。使用网络招聘，不仅能帮助企业和求职者节约时间成本及减少冗长的程序，还能极大减少求职者和企业间信息不对称的问题。由此可见，不论是对应聘方还是招聘方来说，招聘网站已经成为很多人生活、工作中不可缺少的一部分。

社会对数据服务人员招聘数量呈现逐渐上升趋势。认清市场上对数据管理人才的需求类型，即基于社会需求研究数据管理人才的知识结构，有利于教育者对数据管理人才的有效培养，有利于数据管理人才更好地面向社会，适应社会中市场的需求，从而促进大数据在各个行业中的发展。大数据人才能力需求图如图 7-9 所示。

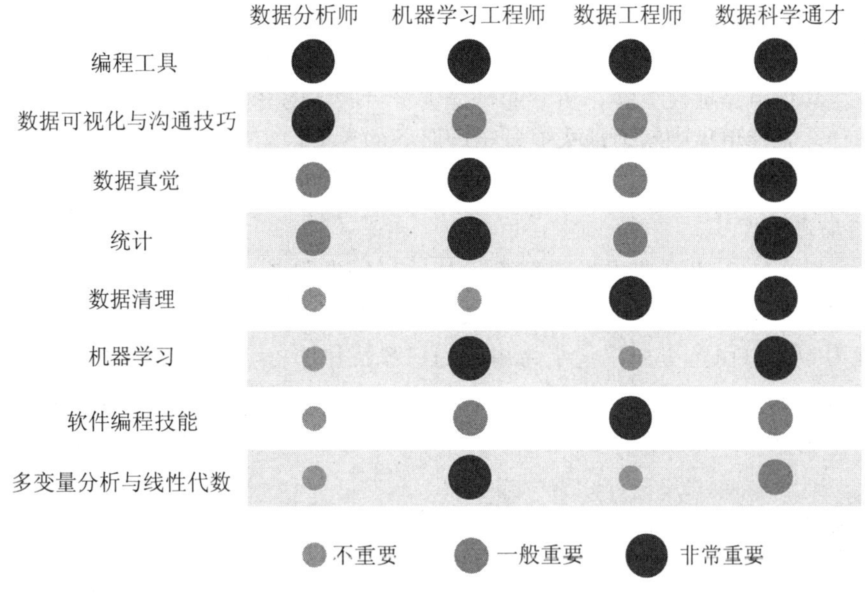

图 7-9　大数据人才能力需求图

3) 技术环境

随着互联网技术的迅速发展，企业把人才招聘信息越来越多地发布到互联网上，产生了大量的非结构化数据。这些数据包含用人单位对人才的需求及能力要求信息，在一定程度上代表了人才需求的未来走向。“职云”涉及统计学、机器学习、数据库技术以及专业软件使用等技术，利用网络爬虫技术对智联招聘网站发布的招聘信息数据进行采集，再对非结构化文本数据进行筛选、去重、去空、中文分词、停用词过滤等预处理操作后，对预处理后的招聘数据进行关联规则挖掘，挖掘大数据领域新兴职位各个指标内在关联规则，深入分析大数据领域行业分布情况、行业技能要求及需求增长趋势。

2. 基于 STP 模型市场定位

1) 市场细分

市场细分如图 7-10 所示。

2) 目标市场

综合招聘平台(即传统招聘平台)除了解决企业与招聘者信息不对称的问题外，并不能满足企业以及招聘者的需求。平台上的招聘信息冗杂而不全，求职者需要花费较长的时间去搜索目标企业，而 HR 则每天要花费大量时间来查找简历，信息筛选时间成本高，用户体验效果不佳。于是便出现了另一种更加高效的招聘模式——垂直网络招聘模式。垂直招聘模式是指专注于某个行业、特定人群或是某个特定区域的招聘服务，代表性的平台有拉勾网、猎聘网、南方人才网等网站。

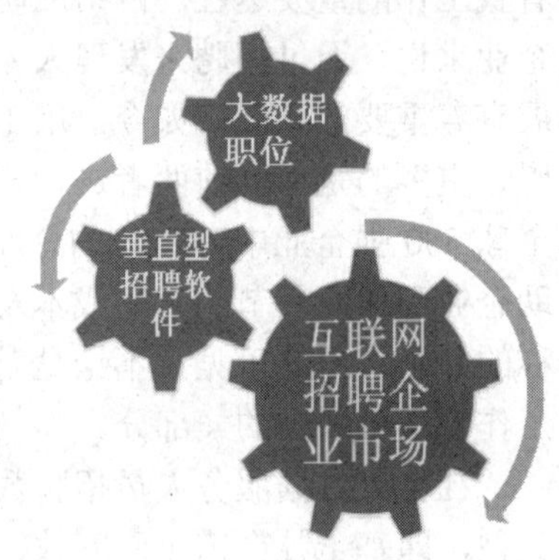

图 7-10　市场细分

“职云”作为一个初创型平台，团队力量受到限制，无法“跑马圈地”成为一个综合性的招聘平台，加之综合型招聘平台存在同质化严重、缺乏核心竞争力、信息不对称等问题，“职云”的定位为垂直网络招聘模式，其将针对大数据方面的人才以及对此有所需求的高新企业。其优点是标性更强、更专业，提供平台服务的企业只专注于一个特定领域，用户群体垂直，它能更集中精力地去提升招聘服务的专业性与针对性，从而增强用户的体验效果及招聘效果。

3) 市场定位

垂直招聘着力于为企业提供更精确、高质量的求职者，提高精确度和质量是垂直招聘的首要目标，另一方面可为求职者提供更加人性化的求职服务体验。垂直招聘不再完全以企业为中心，而是更加注重于为用户提供最优化服务。垂直招聘的本质就是为了将招聘工作回归人性，通过追求高质量、高效率与完善的服务，以用户为中心，在平台上聚焦精准、高质量的求职者。垂直招聘虽然以用户为中心，但实则是帮助企业更好地寻觅人才。

以下为“职云”垂直招聘平台的目标：

(1) 信息高度透明，薪资透明，解决信息不对称问题；

(2) 用户定位精确，人才属性明确，减少筛选工作；

(3) 企业端必须及时反馈；

(4) 求职者可全程跟踪简历状态；

(5) 用户可对企业面试环节进行评价；

(6) 可直接与高层对话，正面介绍自己，拉近求职者与企业的距离；

(7) 与其他招聘平台商业模式不同，“职云”不出售简历给企业，求职者不会收到骚扰电话；

(8) 求职者每天投放简历有限，这样能够促进求职者提高简历质量；

(9) 同样适用于资深专业人员和高端管理人员。

3．SWOT 分析及战略

SWOT 分析及战略见表 7-1。

表 7-1　SWOT 分析及战略

优势(S)/劣势(W) 机会(O)/威胁(T)	优势(S)： (1) 政策扶持； (2) 拥有智能灵活的爬虫、为网站定制数据清洗等技术； (3) 复合型人才团队	劣势(W)： (1) 团队规模小； (2) 团队抗风险能力较差； (3) 互联网市场瞬息万变
机会(O)： (1) 政策促进推动； (2) 未来市场十分广大； (3) 细分市场竞争者少	SO 战略： (1) 利用政策优势； (2) 扩大市场开发力度； (3) 促进团队组织结构优化升级	WO 战略： (1) 加强对市场态势的把控； (2) 增强核心竞争力； (3) 寻找伙伴关系
威胁(T)： (1) 目前大数据相关岗位较少； (2) 企业对于大数据人才的需求建设还未完善	ST 战略： (1) 针对目前小众求职者进行平台推广； (2) 加大推广“岗位画像、求职者画像”的特色服务	WT 战略： (1) 加大研发力度，坚持自主创新； (2) 在市场雏形时打造国内一流品牌，占领市场

4．营销战略

1) 营销策略——4C 理论

通过对营销理念的分析，根据目标市场定位及产品特点，我们选择了以顾客需求为导向的4C营销理论作为项目制定营销策略的指导理念。我们将从Customer(顾客)、Cost(成本)、Convenience(便利)、Communication(沟通)四个方面进行具体阐述，如图 7-11 所示。

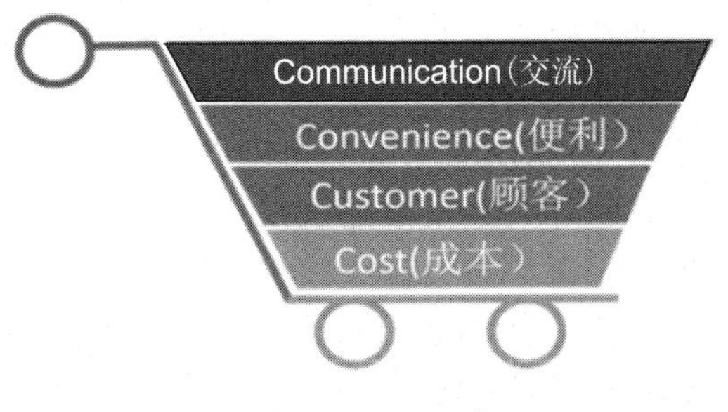

图 7-11　4C 理论

目前大数据职位招聘平台在市场上仍是尚未完全被开拓的，而大数据岗位需求发展迅速。所以积极发现和挖掘招聘者和应聘者的用户需求就尤为重要。在项目从前期构想到投入市场运营阶段，都需要与用户进行不断的互动从而迅速发现和准确捕捉目标市场中的用户需求信息，让用户参与项目产品的完善与升级，与大部分用户一起实现项目产品的协同定制，使"职云"真正满足用户所需，提供更高的客户价值。

同顾客进行积极有效的双向沟通对于产品的完善与提升至关重要，我们希望在与用户的沟通中不断满足用户需求，同时实现市场的扩张与盈利，从而建立基于共同利益的新型企业、顾客关系。

(1) 载体——与顾客保持及时、频繁、紧密的沟通。我们将不定期地为客户提供系统维护方案，通过数据分析，充分运用最新的信息技术，了解系统的运行状态，优化系统模块，将沟通融入客户的日常生活之中。

(2) 机制——打造信息上升渠道，充分利用客户"资源"。我们将从建设固定有效的机制出发，保证客户投诉及相应的信息渠道的通畅，收集用户使用"职云"后对软件等进行的一系列评价，进行分析和针对性的改进，简言之就是努力打造信息上升渠道，使一线使用者的需要直接反馈给产品中心，从客户群体中获得宝贵的"资源"。

2) 推广方式

(1) 线上推广。

① 利用搜索引擎进行推广。搜索引擎是互联网的一大奇迹，它使浏览者可以方便地在互联网这个信息大海洋中找到自己所需的信息，也给信息提供者提供了一种受众广、针对性强且效率高的发布途径，越来越多的企业和个人都通过搜索引擎来发现新客户，利用搜索引擎广告或者通过搜索引擎优化(Search Engine Optimization，SEO)进行推广。公司每月将会花费一定的费用用于SEO竞价排名，使我们的产品在搜索引擎中的排名靠前，以增加客户发现并了解产品的可能性。

② 利用博客进行推广。微博是近两年火热的媒体，催生了有关营销方式，即微博营销。首先我们将选择新浪微博与腾讯微博建立账号矩阵和链式传播系统，用于品牌传播、建立公共关系和用户互动等。同时，用户在完成"岗位画像、求职者画像"服务功能后，软件会自动弹出微博分享请求，若用户点击"分享"，则由软件自动生成状态在微博上发布，并带有软件下载地址链接同时提醒项目微博主页这些状态再通过好友转发，让"熟人的熟人"也获取软件的信息。以这种病毒式方法推广宣传手机软件，传播速度是惊人的。

③ 利用论坛进行手工推广。网络的普及推动了论坛的迅猛发展，几乎每个门户网站都设有论坛，中国互联网论坛的总数超过130万个，位居全球第一。论坛强调的是互动，有共同爱好、共同需求的网友们可以在各类不同的论坛里就自己感兴趣的主题进行交流，坦诚相见、互通有无，相对于商业媒体而言，论坛可以说是网民心中的一处"净土"。

在知乎、豆瓣、论坛、贴吧等主要SNS社区以及BBS建立官方主页。网站与软件的新动态都会在官方主页上不断更新，包括优惠政策等，通过新鲜事分享发送给所有的粉丝，持续实现品牌升温，建立客户品牌忠诚度。讨论区锁定了项目的用户和潜在用户，讨论关于网站与软件的信息，工作进展可以随时和用户进行交流，在线调查系统可以进行长时间持续的一线信息了解，而且信息面大，使用方便，调查费用几乎为零。

④ 利用“病毒”进行自动推广。这里的“病毒”不是指传播恶意的病毒，而是指发布有用、新奇、有趣、好玩且与产品相关的信息，使目标客户主动进行传播，借助口碑的力量，通过人际网络，让信息像病毒那样扩散，从而实现产品信息快速传播的目的。首先，要创建有吸引力、易于传播且能与产品有效地结合起来的“病毒”；其次，得找到易感染的目标人群，找到传播“病毒”的高效媒体(如大的社区、论坛、视频网站等)，通过他们把“病毒”传递给更多的人。这种推广方法实施难度大，但若能成功，效果绝对是最佳的。

⑤ 利用网络广告进行推广。网络广告是指在互联网上发布的所有以广告宣传为目的的信息，如图像式网络广告、网络联盟广告、关键词广告、邮件广告等，随着互联网的迅猛发展，网络广告已经成为网络推广的一种主要形式。与传统广告相比，网络广告有很大的优势，如传播范围广、不受时空限制、交互性强、效果可量化、能有效监控、投放灵活有针对性、有文字语音视频等多种载体、费用相对比较低等。在选择网络广告时，应根据自己的产品情况、经济能力选择合适的网站、合适的广告位和时段进行投放。

⑥ 利用软件进行推广。常见的推广软件有邮件群发软件、QQ 群发软件、论坛群发软件、搜索引擎登录软件等，通过大量发帖，让更多的浏览者知道自己网站或产品的相关信息，但注意不要滥发未经许可的垃圾邮件，一定要提供给接收人有用的信息。

网络推广的方法很多，不同的方法各有自己的优缺点，经常需要综合运用多种方法，不能单纯地只用一种方法，而网络是个虚拟的世界，到底哪些方法的组合最适合自己、最有效则需要进行长期的测试，找到以后再加大这个组合的投资，把效果放大，这样才能达到事半功倍的效果。

(2) 其他补充推广。

① 精准化推广。经过积累期我们可以收集用户的部分信息，例如用户习惯等，项目可以根据既得数据对用户进行深度的数据分析，从而预期潜在用户的共同特点等，进而利用网络等媒体进行精准化推广。

② 利用原有公众号、自媒体等。利用微信公众号、自媒体的影响力宣传推广。在微信公众号方面，可以直接开设小专题推送相关信息，并定期开展求职应聘交流会等活动；在自媒体方面，项目可以拍摄一段“职云”平台使用的纪录片，同时将系统通过纪录片主人公使用等方式带入，达到宣传推广效果。

③ 打造网红爆款。快手是国内知名的短视频应用平台，快手用户数超 4 亿，日活跃量达 6000 万，短视频也是时下火爆的移动产品，受网民的关注度非常高。快手广告属于信息流广告，即在快手 APP 的内页中出现的广告，属于视频信息流，其展现形式可以为跳转的链接，也可以是上传至快手的短视频。同理可得，在抖音、美拍、今日头条等网站投放广告都可以取得较大的影响力。

7.3.5 人员组织与业务模式

1. 人员组织结构

人员组织结构示意图如图 7-12 所示，人员组织结构表见表 7-2。

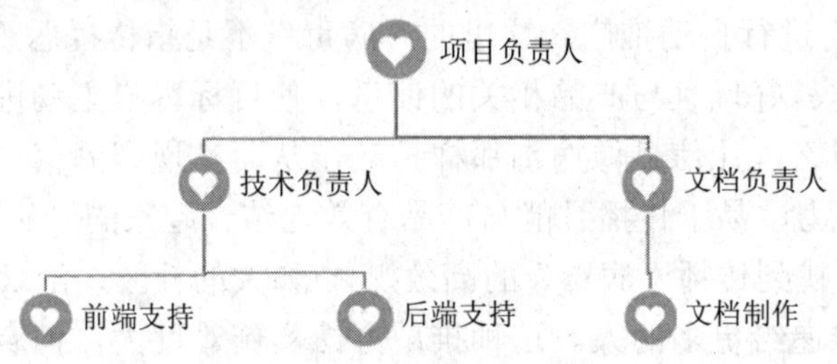

图 7-12　人员组织结构示意图

表 7-2　人员组织结构表

姓　名	专　业	特　长	项目角色
王洪永	网络工程专业	Python 中文社区专栏作者，熟练掌握数据抓取、数据分析、数据可视化等技术	项目负责人
王永浩	计算机科学与技术专业	机器学习创新实践课小组核心成员，熟练掌握 Spring、Spring MVC、MyBatis 等开源框架	技术负责人，负责开发后台服务
谭惟予	计算机科学与技术专业	两年产品经理经验，在外实习期间曾负责过公司大型外包项目的设计和人员调度	负责用户需求分析，原型设计
孙　裕	计算机科学与技术专业	擅长 Android 前端开发，了解各种新兴技术，在校外团队 Acreath 主力开发	负责前端开发
朱　清	国际经济与贸易专业	校辩论队辩手，获得“互联网+”、“挑战杯”等赛事的省级奖项	文档负责人，主要负责项目文档编写

本团队负责人及参与成员在大数据画像等方面做了很多积极的研究与学习，且具有较多的软件研发经验、数学模型建模经验、数据的可视化研究经验。团队有在上市大型互联网公司的工作经历的成员，具有良好的软件架构，代码设计，项目管理经验。

团队采取直线职能式组织形式，特点是团队从上到下实行垂直领导，各个负责人对所属职能所发生的一切问题负责。有利于明确责任，理清关系，有利于加快决策执行速度，同时也要求相应的负责人员具有过硬的专业知识和优秀的管理、执行能力。

2. 项目实施计划

项目实施计划见表 7-3。

表 7-3　项目实施计划表

任务名称	实施时间	工 作 内 容
可行性分析	3 周	调研分析，人员安排，时间安排，内容分解，短期目标
技术准备	2 周	数据采集，海量数据处理方案，求职者与应聘者意见收集
系统编码	1 周	数据清洗，数据筛选，数据去重、去空，中文文本分词、停用词过滤
数据分析建模	1 周	数据分析和模型构建，构建行业招聘信息词典，基于统计学的相关性分析
系统应用	4 周	数据可视化，实际应用方案，验证结果，实时反馈
系统测试修正	3 周	推广应用，满足 90%以上的智能分类准确度，提高工作效率和智能化水平

3. 现行网络招聘模式

根据艾瑞咨询 2017 年中国网络招聘行业发展报告显示，我国目前网络招聘模式多样化，其中典型的主要包括综合网络招聘模式、社交招聘模式、垂直招聘模式和分类信息模式四种。综合招聘模式的代表企业有前程无忧、智联招聘等；社交招聘模式是基于社交圈子和职业人脉的招聘方式，代表企业主要有大街网、Linkedln 等网站；垂直招聘模式是指专注于某个行业、特定人群或是某个特定区域的招聘服务，代表企业有拉勾网、猎聘网、南方人才网等网站；分类信息网站主要发布蓝领人群的招聘信息，招聘业务只是这类网站的一部分业务，这类网站有代表性企业包括 58 同城、赶集网等。

1) 综合网络招聘模式：智联招聘

对于目前新兴的在线招聘网站而言，智联招聘无疑属于传统型招聘网站。不过，从当下的在线招聘市场格局来看，智联招聘还是处于比较领先的位置。

根据易观智库发布的《中国互联网招聘市场季度监测报告 2016 年第 4 季度》数据显示，2016 年第 4 季度的中国互联网招聘市场竞争格局，其中前程无忧收入占比 28.1%，智联招聘收入占比 25.8%，其他招聘网站收入占比 46.0%。

而智联招聘最新公布的 2016 财年第二财季未经审计财报显示，智联招聘第二季度总营收为人民币 4.092 亿元(约合 6320 万美元)，比去年同期的人民币 3.418 亿元增长 19.7%，较公司此前预期的区间上限高出人民币 920 万元(约合 140 万美元)；净利润为人民币 6170 万元(约合 950 万美元)，与去年同期的人民币 6150 万元相比基本持平。

而智联招聘之所以能够占据绝大部分的市场，是因为它们所“抓住”的求职者，基本都是全国各大高校的应届毕业生——就像 QQ 抓住所有年轻用户一样，而这部分都是求职者中最活跃和最广泛的人群。于是，我们看到，即便在移动端上，前程无忧、智联招聘的月活跃人数也在 500 万上下。

当然，这是用户结构上的横向优势。想竞争互联网招聘，除了用户基础，还需要“更懂互联网”的服务模式。这一点，虽然这两年来，智联招聘一直在强调转型和自我颠覆，但相对于当下新兴的招聘网站而言，还是不够互联网思维——营收结构比较传统，仍然靠广告以及人力资源服务为主要盈利点，产品基本没有改进和迭代，且用户黏性并不是很理想。

所以，智联招聘若想在征战互联网招聘市场的未来仍然拔得头筹，则需要做到这几点：第一，稳固年轻用户群体；第二，开辟互联网招聘服务模式，特别是针对中高端互联网行业求职者。

2) 社交招聘模式：脉脉

脉脉应该属于目前国内职场社交比较好的应用了，而对于社会化招聘这一点，也是其一直运营引导的一大方向。

其实，社会化招聘在国外已经是非常普及的一种最新招聘方式，Linkedln 就是例证。社会化招聘的优势在于，企业对于某个人才的了解不再局限于“简历”的层面，其“人脉圈”的动态等信息，也是一个人职业经历和能力的良好佐证。

所以，力求做中国版 LinkedIn 的脉脉，在 2014 年就开始推出人才招聘、顾问咨询、辅助融资等服务。其上线的“经纪人”服务功能，收费为 98 元起，用户通过脉脉找人时，除了可通过二度人脉自主约见外，还可选择通过脉脉经纪人牵桥搭线、代为“传话”。

据脉脉 CEO 林凡介绍，脉脉用户的构成是 65%的用户来自北上广深杭 5 大城市，51%的用户拥有经理以上的职位，86%拥有本科以上学历，11%拥有海外留学背景；在行业分布方面，互联网从业人群占 34%。在 BAT 等互联网企业，脉脉的日活跃率已经达到 30%以上。以百度为例，百度在脉脉上的注册员工有九千多名，每天在脉脉上活跃的员工有三千多人，这个就是 30%日活跃率具体的案例。

不可否认，这种社会化招聘的概念很酷，给了企业和求职者更多的“了解空间”，所以脉脉在初期能够吸引比较多的用户和企业关注。特别是互联网行业，因为在这个行业，无论是企业还是求职者，对于人才的渴求都远高于其他行业，且这个行业的求职者跳槽的频率也比较频繁。

所以，从理论上分析，互联网招聘市场之于脉脉这类的职场社交平台，机会更大。但是，事实似乎却与之相反，脉脉推出招聘服务以来，并没有在互联网招聘领域形成有力的竞争力，甚至 Linkedln 自己旗下的赤兔也没有对现有的在线招聘网站形成多大的压力。

诚然，之所以会产生这样的结果，还是在于社会化招聘更像是一种碰运气的过程，对于求职者而言，不稳定因素太多了。所以，至少在国内，目前互联网人群还很难会主动通过社会化招聘来找工作。他们对于这类社交平台的需求，也就只停留于看看八卦而已。

综上所述，互联网招聘领域虽然蛋糕很大，但真正想在这一市场独占鳌头还是很难。因为各大招聘平台所将面对的，将是最精明、最懂互联网的一群人。他们有自己的想法，需求也很多，如果招聘平台没有一套与之相应的产品和服务体系，很难得到他们的“认可”，更别说占领这一块市场了。

3) 垂直招聘模式：拉勾网

拉勾网属于近两年比较火的在线招聘网站，核心之一就是其主打互联网垂直招聘。

拉勾网的母体是 3W，一个由互联网行业企业家、创业者、投资人组成的公司化运营组织，业务包含天使投资、俱乐部、企业公关、会议组织和咖啡厅(3W coffee)。“当初做拉勾网是因为很多企业家朋友、3W 咖啡股东总让我帮忙招人，我们人工应付不过来，就打算做个系统来解决这个问题，没想到一做火了……”拉勾网创始人马德龙在接受《中国企业家杂志》采访时如是回忆。所以，拉勾网能够做起来，不仅是因为其踩上了“互联网+”的风口，更在于其创始团队所拥有的互联网基因和思维。

于是，我们看到，拉勾网最早就是以 C 端，而不是 B 端切入的，上线一系列现在看来非常具有互联网特点的功能，比如极速入职、48 小时反馈等，再加上简单、清晰的界面设计(信息流职位推荐)，因此很快就在互联网圈打出了名气。

不过，凡事有利有弊。拉勾网简单的功能设计，透露的则是服务过于单一，服务只停留在招聘这一环节，对于求职者而言，其实属于一锤子买卖，很难长期“留住”互联网人才。并且，正是由于这种“一次性消费”，其很难形成一套成熟的商业模式。有一个例子，拉勾最早是以效果收费，也就是成功入职之后向企业收取费用，不过在实际过程中还是遇到了一些阻力，比如有的求职者成功入职之后企业并没有如实地告诉拉勾，拉勾彼时也没有自己的商务团队，无法对效果进行追踪和监测，因此，权衡之下，拉勾最终还是将自己的商业模式调整成按简历收费和会员增值服务。

诚然，拉勾网凭借其在互联网圈的影响力，确实在初期能够非常快速地切入互联网招聘市场，特别是能够很好地契合进入职场不久的互联网白领人群的需求，包括运营、技术、营销等基础岗位。但是，如果再上升一个层次的求职者，拉勾则很难吸引和留住这些人，原因就在于拉勾没有相应的服务体系。所以，拉勾网作为一个明星创业公司，想要在互联网招聘领域深耕的话，还是需要加大服务体系的建设和投入，同时向更高层次的求职者渗透。

4) 分类信息模式：猎聘网

猎聘网于 2011 年上线，号称是“国内唯一真正实现企业、猎头和职业经理人三方互动的职业发展平台”。猎聘网的前身是猎头网(lietou.com)，一家服务猎头行业的招聘网站。2014 年 1 月开始转型，正式更名猎聘网(liepin.com)，标志着其除了服务猎头行业之外，开始向职业经理人和企业客户延伸，全面打造职业发展平台。

2014 年底，猎聘同道 APP 上线。正是这款应用的上线，猎聘网转型后的战略定位基本定型——去中心化。用戴科彬的话说就是，机会提供方不应该只是猎头和人力这两个中心，而应该是每一个人。“猎聘需要打破的是传统卖流量的广告模式，而要做的是服务模式……猎聘不仅仅要给企业提供服务，还要提供结果。”

正是在这种战略转型下，猎聘网开始了全行业背景下的跨行业、跨人才细分模式，对互联网、游戏、金融等热门领域进行了深度挖掘。这种“垂直深耕、横向跨界”的优势在于，在当下“互联网+”背景下，招聘平台不仅仅是对接互联网企业和互联网人才，它还可以帮助传统企业转型互联网对接互联网人才，相应地帮助互联网人才拓宽更大的求职空间。

而且，猎聘网因为此前是专门做猎头服务的招聘平台，所以其针对中高端人才有一套成熟的服务模式，而针对企业也有线下销售人员的“一对一服务”。据一位知情人士透露，猎聘网在全国有十几家分公司，“顾问式”销售人员有 1000 多名。这种模式虽然投入的成本比较高，但优势就在于其能够更加高效地实现高端人才的对接，特别是互联网人才和传统企业互相“不了解”的情况。

当然，猎聘网征战互联网招聘市场还需要补充一点的是，初级职场人员的招聘服务。因为在互联网领域，其实还有着大量的初级岗位求职者，而他们也是未来招聘市场的主力军，抓住他们，未来自然容易抓住互联网招聘这一块市场。

有意思的是，在这种思路下，一直专注于中高端人才职业发展平台的猎聘近日竟也推出了一套新的人才解决方案——“白领套餐”。据悉，此方案特别为初级白领人才需求较多的企业打造。该套餐在推广期，年费仅 500 元，企业付费后可无限量发布初级职位，他们可下载的初级简历数量高达 500 份。显然，其已经开始向初级职场人员的市场下沉。

4.“职云”业务模式

“职云”作为一个初创型平台，团队力量受到限制，无法“跑马圈地”成为一个综合性的招聘平台，加之综合型招聘平台存在同质化严重，缺乏核心竞争力，信息不对称等问题，“职云”的定位为垂直网络招聘模式，其将针对大数据方面的人才以及对此有所需求的高新企业。其优点是目标性更强，更专业，提供平台服务的企业只专注于一个特定领域，用户群体垂直，它能更集中精力地去提升招聘服务的专业性与针对性，从而增强用户的体验效果及招聘效果。

1) 找准行业痛点

结合自身的圈子优势和互联网经验,“职云”决定转型成为面向互联网行业的垂直招聘,其主要针对大数据领域人才。目前对新兴领域的需求是在线招聘的痛点之一,在互联网行业,现在全国互联网从业者有三百万,有很高的跳槽率,市场规模很大,可谓“红海里的蓝海”。

2) 用户为王

“职云”是用一切以用户体验为中心的模式在做招聘。“职云”更像一个为求职者服务的“社区”。“职云”产品的设计和服务都是围绕着求职者来展开的,这明显不同于传统招聘。所以“职云”的很多服务都是为保护求职者利益服务的。比如,薪水必须要求直观明确、极力保护求职者隐私和信息安全,尽力要求企业信息透明化。以用户为中心,尊重用户的感受,可以通过一点一滴的功能设计体现出来,每一项产品和服务都追求极致的用户体验,才是真正的用户为王。

3) 产品创新

在线招聘产品基本千篇一律,Job Board 模式,B 端发布职位,C 端进行检索,这造成了网络招聘市场严重的同质化。“职云”在此基础上,进行了微创新,使产品更符合互联网特点。例如,把企业工商名字换做企业为外界所熟知的名字,在网站标明是 360,而非北京奇虎科技有限公司。在这样产品的细节处理上,把公司的主产品放在首要位置,以此提升用户体验。“全程透明”概念也被引入到招聘流程中。

7.3.6 可行性分析及风险控制

1. “职云”自身模式可行性分析

1) “职云”商业模式亮点

(1) 针对性强:短时间内对用户和潜在用户进行冲击,其投放策略定位于对其重点用户生活轨迹进行包围式宣传。个人用户提供网上求职、简历中心、求职指导等个性化服务;为企业客户提供以网络招聘为核心的人才解决方案。

(2) 计费模式清晰:线上广告计费方式以 CPA(A:多指注册量)为主,包括品牌展示广告的计费方式和搜索引擎的计费方式,而线下广告计费方式以 CPT 为主,主要是按照时间展示收费。

(3) 广告方式多:职云营销采取线上和线下配合的方式,其中网络营销包括品牌广告展示,搜索引擎关键字,视频贴片广告等多种形式,而线下投放包括电视广告、地铁广告、车身广告、楼宇电视广告、平面媒体广告等。

2) “职云”技术亮点

• 数据采集

(1) 通过基于 CSS Selector 的解析 DSL,用户可灵活配置解析规则,在修改解析规则时,无须改变代码模块的内容。

(2) 通过使用解析 DSL 配置数据层级入口，用户可灵活地使用广度优先策略或者深度优先策略，使爬虫更具通用性。

(3) 通过基于 CSS Selector 的解析 DSL，用户可以灵活配置解析规则，在修改解析规则时，无须改变代码模块的内容。

• 数据清洗

(1) 数据形式转换。将不同形式的数据转换成同一形式，可以方便地对某个或多个维度进行统计分析。

(2) 混合数据分离。将混在一起的文本信息，例如岗位要求与岗位职责、公司规模与公司性质，分离形成独立维度元素。

(3) 无效信息剔除。招聘网站的信息多有杂乱，在大数据栏目下往往有其他非大数据职位混入(例如销售岗)，故通过设置关键词等方法剔除这部分干扰信息。

• 数据分析

数据分析子方案由以下 4 个部分组成：

(1) 构建行业招聘信息词典；

(2) 招聘信息聚类；

(3) BP 神经网络构建分类器；

(4) 基于统计学的相关性分析。

其中，将重点介绍 BP 神经网络构建分类器，采用 BP 神经网络具有以下优势：

① 神经网络所有的信息都等势分布贮存于网络内的各神经元，具有很强的鲁棒性和容错性；

② 网络可以充分逼近任意复杂的非线性关系，适于分类曲面复杂的文本分类问题；

③ 网络采用并行分布的处理方法，使得快速进行大量运算成为可能，适于对大量职位信息文本分类的实际应用环境。

结合行业招聘信息词典，借助 TF-IDF 模型，通过 BP 神经网络构建文本分类器，找到求职文本和招聘文本之间的对应关系，该分类器是职位智能推荐的关键基础。

3) 其他可行性分析

(1) 人员可行性。

指导老师：指导老师都是计算机专业教师，有着丰富的工作经验，具备较强的教学改革和科研水平，曾主持或参与多项课题，具备较强的项目组织和指导经验，能对本项目实施的各环节给予全程指导。

小组成员：项目组成员大多都是计算机学院学生，具备一定的专业知识，前期已参与了很多指导教师相关项目的开发，对项目的完成有较大的信心。同时，队长拥有一定的理论知识和系统设计实践经验，能够负起重任。因此本系统在人员上可行。

(2) 操作可行性。

本系统的设计使用了较新的技术和当前流行的结构框架，系统易用性和稳定性高、运行速度快，整个系统的开发，我们本着以用户为中心的宗旨，以用户能更好地掌握为原则进行开发。用户使用只需一台装有基本的浏览器的计算机，便可登录系统，整个系统的操作简单，流程明晰。用户只需掌握基本计算机基础，熟悉基本界面后即可使用。用户可以获得良好的使用体验，为用户所接受。

(3) 法律可行性。

本系统完全遵守国家及国际发布的法律法规，遵照中国颁布的《中华人民共和国著作权》与《计算机软件保护条例》中的内容，绝无侵权行为，坚决支持正版。使用网页版报表设计系统，需要使用正版的操作系统软件，避免为此发生法律纠纷。因此本系统可以放心使用。

2. 财务风险

1) 概述

财务风险指企业由于不同的资本结构而对企业投资者的收益产生的不确定影响。本公司的财务风险主要表现为产品推广的投资成本和资本回收过程所面临的风险，产品推广的成功与否直接关系到产品在未来的发展，而资本回收的周期长短关系到公司的生产运营，从而影响公司的盈利水平。

2) 产生原因

(1) 产品的推广是一个产品前期成长的必经过程，其周期较长，耗用资金和时间成本较大，面临的财务风险较大。

(2) 资本回收率影响本公司的盈利状况，从而影响本公司的资产结构，若运营不善将会导致本公司处于亏损状态，会增加公司的借入资金，提高借入资产比例，这会提高财务风险。

(3) 市场利率的变化会增加借入资本利息差额的不确定性，这可能会提高借入资金的成本。

3) 对策

(1) 实行严格的资金借贷和运用审批制度，根据公司发展情况和资金市场变化，调节结构。

(2) 使投资项目尽快产生收益，提高资产盈利能力，降低投资风险。

(3) 加强对业务收入、业务支出、日常现金等的管理，在保持较高的流动性基础上减少资金占用，为公司扩大投资提供现金流。

(4) 加大资本运营的力度，构建和拓宽畅谈的融资渠道，为企业资金供应建立稳固的渠道，为公司的发展不断输入资金。

(5) 建立相应的风险预警机制，加强内部管理，严格规章制度，把可能发生的损失降到最低程度。

(6) 为避免企业在发生意外及其他不可抗拒因素给企业带来损失，将在财务预算中拨出专款，购买各种保险以规避可能遇到的风险。

3. 技术风险

1) 概述

本项目的技术风险主要表现在产品的技术周期短，容易被替代，技术创新过程中，质量达不到预期，或无法及时完成创新任务，造成资金短缺。创新投资难以收回而陷入技术困境风险。没有了解市场需求，而过度研发，造成资金浪费，成本价格过高，失去市场。研发过程中，资金流突然中断风险，开发中不可避免会遇到各种各样棘手的问题需要解决。再有就是知识产权和商标方面，如果项目被他人抄袭模仿，有可能会造成巨大的灾难。

2) 产生原因

(1) 本团队为初创型团队，项目经验有所欠缺，在开发中不可避免会遇到各种各样的问题。

(2) 当今社会，科技变化日新月异，更新换代发展较快。在技术革新和发展方面也存在一定的风险。

(3) 由于大学生对于知识产权的保护意识不是很强，稍有不慎便会造成巨大的损失。

3) 对策

(1) 积极请教在技术方面有丰富经验的指导老师，做好面对问题迎难而上解决问题的心理准备，技术开发人员首先要保持对项目开发的乐观心态。

(2) 加大研发力度和资金支持，提高技术人员的薪酬待遇和激励机制，留住人才。

(3) 定期对团队成员进行知识产权保护培训，增加团队成员对知识产权保护的意识，每当产品有重大进展时便着手申请专利和软著，在产品研发初期就要完成商标的注册事宜。

4. 成员管理风险

1) 概述

作为一支大学生创业团队，我们有来自计算机专业与经济专业的多样化人才组合，每个人都各有所长，恰恰是这样，这支队伍就缺一不可。这支队伍可能会出现队员士气低下、缺乏凝聚力的情况。也可能出现队员忠诚度降低导致的人才流失。最重要的一点是，学生缺乏创业经验，在实际运营的组织与管理过程中易存在缺陷。

2) 产生原因

(1) 知识储备不够充足，对生产管理这方面的认知还存在一定的缺陷。

(2) 人才缺乏、市场营销策略不当或管理经验不足导致运营达不到预期效果的风险。

(3) 缺乏必要的规范、惩罚制度与合适的激励措施，增加了工作失误率，重复工作，降低工作质量和工作效率，降低项目成员积极性。

3) 对策

(1) 对团队成员进行专业的生产管理培训，提高自身综合素质，掌握先进的管理知识和科学技术知识。并运用科学的管理理念和一些管理工具平衡好技术服务与市场营销之间的工作，使项目的运作达到最佳的状态。

(2) 创建更多反馈途径，让项目成员有更多的机会与管理层沟通，管理层也要充分重视项目成员意见并认真考虑他们所反映的问题，以物质或非物质的形式肯定项目成员的工作，让项目成员知道自身对于项目的重要性。

(3) 加强团队建设，建立具有充分弹性、敏感性和适应性的团队组织。同时加强成员之间的合作精神，了解各自在安全生产管理和软件技术研发等方面的工作内容，使团队成员在组织分工上能够有很好的配合。

7.4 项目简介 PPT

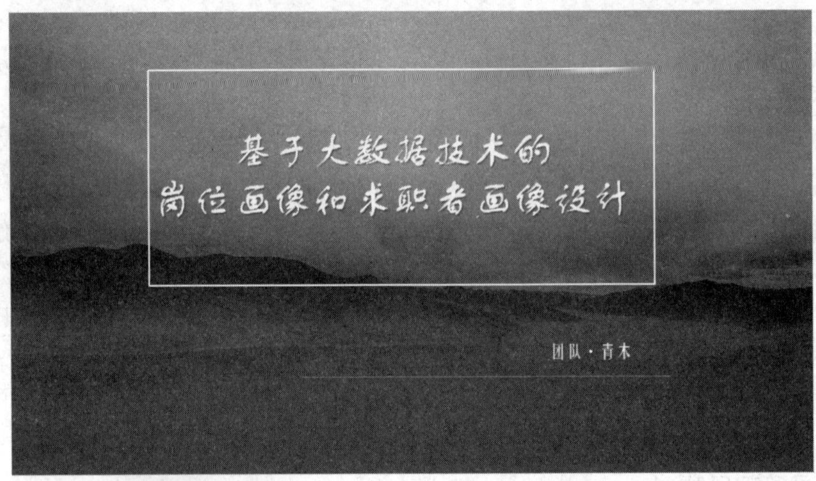

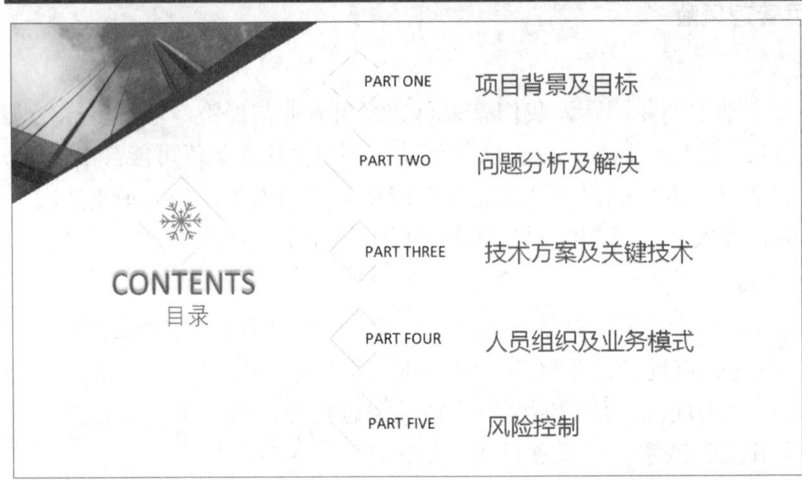

2017年第一季度互联网招聘
企业市场占比

30%
20%

智联招聘 前程无忧 58赶集 其他网站

2017年第 1 季度，中国互联网招聘市场规模达
21.71亿元。

数据来源Analysys易观

网络招聘模式

根据艾瑞咨询2017年中国网络招聘行业发展报告显示，我国目前网络招聘模式多样化，其中典型的主要包括综合网络招聘模式、社交招聘模式、垂直招聘模式和分类信息模式四种。综合招聘模式的代表企业有前程无忧、智联招聘等；社交招聘模式是基于社交圈子和职业人脉的招聘方式，代表企业主要有大街网、linkedin等网站；垂直招聘模式是指专注于某个行业、特定人群或是某个特定区域的招聘服务，代表企业有拉勾网、猎聘网、南方人才网等网站；分类信息网站主要发布蓝领人群的招聘信息，招聘业务只是这类网站的一部分业务，这类网站有代表性企业包括58同城、赶集网等。

PART ONE 项目背景及目标

源起

大数据和“云计算”像是一枚硬币的正反面一样慢慢勾勒出当今世界的财富价值风向。大数据的出现得益于互联网行业的快速发展、计算机硬件和软件能力的不断提升。大数据技术现已被应用到各行各业，而在招聘求职领域，我们希望通过爬虫技术、机器学习、文本挖掘、统计分析等手段帮助求职者更好的了解市场需求，从而有一个清晰、明确的求职方向。

现状

据统计，我国当前一些上规模招聘网站上的招聘企业每周会收到近一千份电子简历，这给后期的简历浏览、筛选、甄别等信息处理增加了很大的难度。为提高信息处理的速度，一些企业的人力资源招聘的负责人只能很草率地完成初级处理。对于应聘者来说，对于自己发送的简历一般都是抱有很大期望的，但是由于信息量大的原因，经常会被直接淘汰，影响求职的成功率，也会影响应聘者对网络招聘的信心。

对策

技术方案是以大量数据为基础，前沿技术为手段、用户痛点为导向进行组织构建，通过高灵活性爬虫抓取导入多站点数据，辅以经典模型分析处理相关数据、采用优秀可视化组件展示结果。以此来提高企业对人力资源的理解，把握人才市场，来提高求职者对市场供求的理解。使求职信息与招聘信息进行有效对接。其中综合使用借鉴了深度学习、大数据处理等相关技术服务。

PART TWO 问题分析及解决

问题分析

Condition：

- 难以从招聘网站的茫茫职位中找到最适合自己的职位
- 不知道自己的优势在哪里，适合什么岗位
- 部分网站的职位推荐功能操作复杂或涉及大量隐私问题，难以使用

Analyze：

要推出一款能综合各大网站招聘信息，能进行智能化推荐，具有简易操作方式的职位推荐产品。

Condition：

- 招聘网站的自主推荐功能只针对自己本站，参考性偏弱
- 来自第三方的多数同类竞品，存在诸多问题，如推荐智能程度低、操作复杂、暗中与某些招聘网站合作以致推荐偏颇等

Analyze：

互联网市场需要一款站在公平角度、自主独立、以用户需求为导向的产品，帮助求职用户尽可能找到多的适合自己的推荐职位

Condition：

- 多数竞品的参考数据量偏小或算法不够智能化，无法达到精准推荐的需求

Analyze：

本产品应采取大数据与数据分析结合的模式，利用基于多个计算模型生成的自研算法发现关联并形成智能推荐

Condition：

- 现有的同类竞品多为web端的形式，不符合移动端的互联网产品趋向
- 用户期待更好的设计和交互体验，要产品功能的同时也注重产品的细节

Analyze：

本产品最好基于移动端进行开发，同时要注意产品的外观、交互设计，给用户更好的产品体验

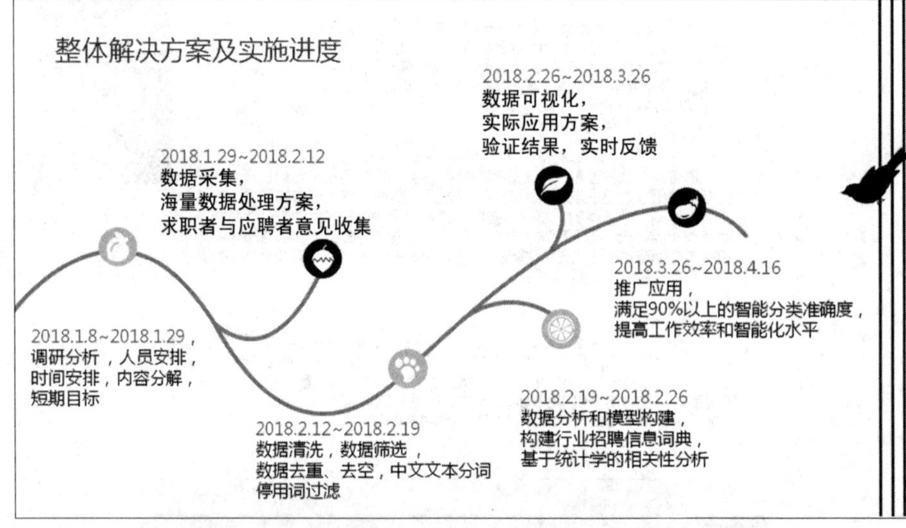

PART THREE 技术方案及关键技术

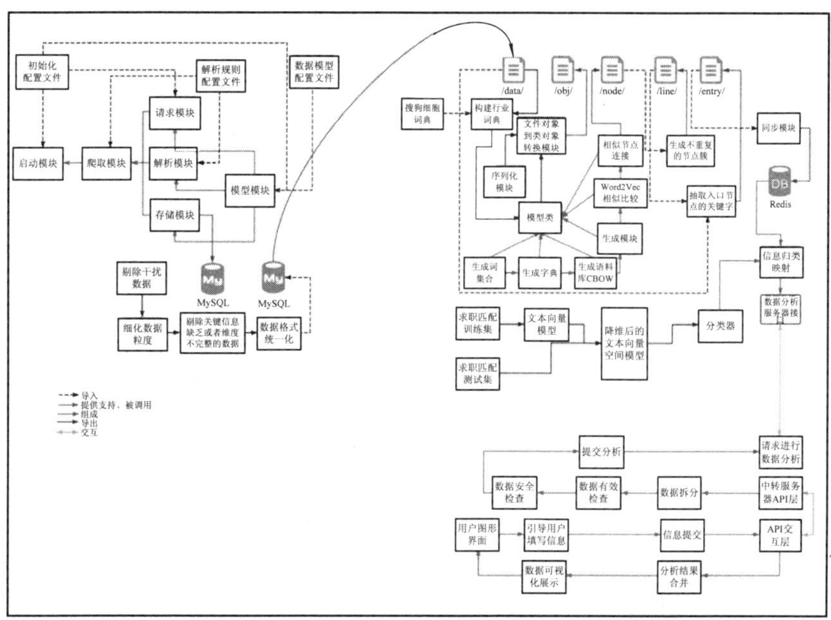
初始化
配置文件
解析规则
配置文件
数据模型
配置文件
请求模块
启动模块
爬取模块
解析模块
模型模块
存储模块
剔除干扰
数据
MySQL
MySQL
细化数据
粒度
剔除关键信息
缺乏或者维度
不完整的数据
数据格式
统一化
导入
提供支持、被调用
组成
导出
交互
/data/
/obj/
/node/
/line/
/entry/
搜狗细胞
词典
构建行业
词典
文件对象
到类对象
转换模块
相似节点
连接
生成不重复
的节点簇
同步模块
序列化
模块
Word2Vec
相似比较
抽取入口节
点的关键字
Redis
模型类
生成模块
生成词
集合
生成字典
生成语料
库CBOW
信息归类
映射
数据分析
服务器接
求职匹配
训练集
文本向量
模型
降维后的
文本向量
空间模型
分类器
求职匹配
测试集
提交分析
请求进行
数据分析
数据安全
检查
数据有效
检查
数据拆分
中转服务
器API层
用户图形
界面
引导用户
填写信息
信息提交
API交
互层
数据可视
化展示
分析结果
合并

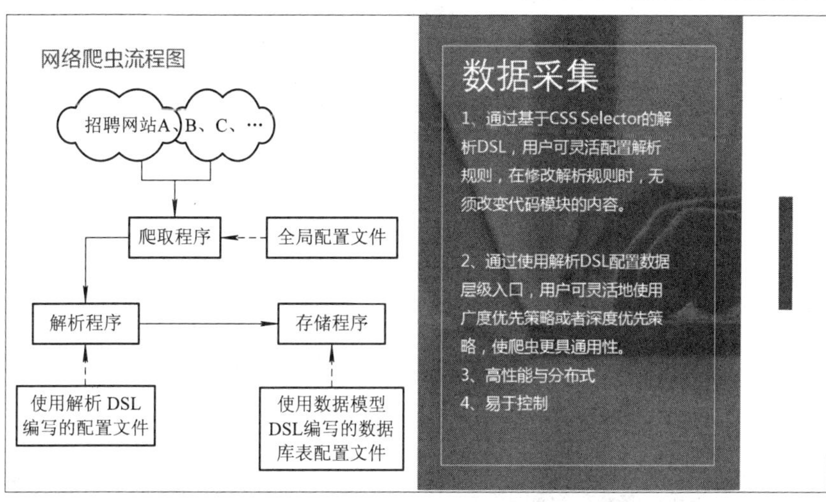
网络爬虫流程图
招聘网站A、B、C、…
爬取程序
全局配置文件
解析程序
存储程序
使用解析 DSL
编写的配置文件
使用数据模型
DSL编写的数据
库表配置文件
数据采集
1、通过基于CSS Selector的解析DSL，用户可灵活配置解析规则，在修改解析规则时，无须改变代码模块的内容。
2、通过使用解析DSL配置数据层级入口，用户可灵活地使用广度优先策略或者深度优先策略，使爬虫更具通用性。
3、高性能与分布式
4、易于控制

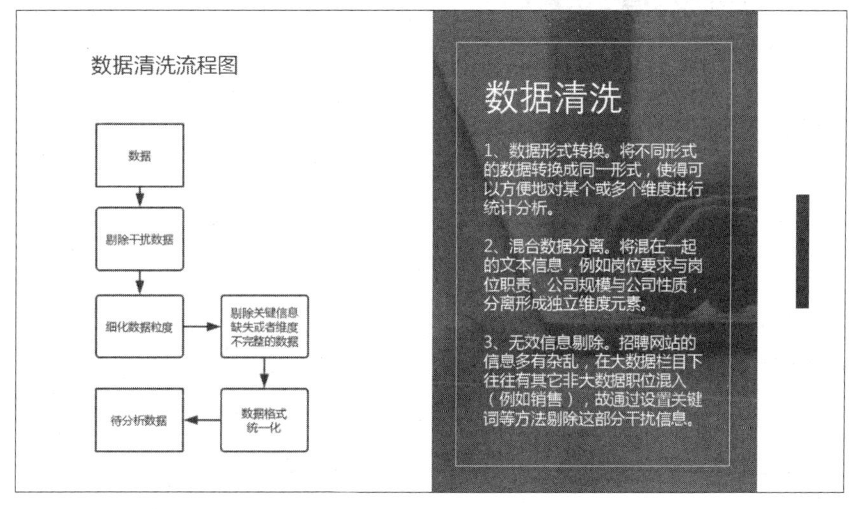
数据清洗流程图
数据
剔除干扰数据
细化数据粒度
剔除关键信息
缺失或者维度
不完整的数据
待分析数据
数据格式
统一化
数据清洗
1、数据形式转换。将不同形式的数据转换成同一形式，使得可以方便地对某个或多个维度进行统计分析。
2、混合数据分离。将混在一起的文本信息，例如岗位要求与岗位职责、公司规模与公司性质，分离形成独立维度元素。
3、无效信息剔除。招聘网站的信息多有杂乱，在大数据栏目下往往有其它非大数据职位混入（例如销售），故通过设置关键词等方法剔除这部分干扰信息。

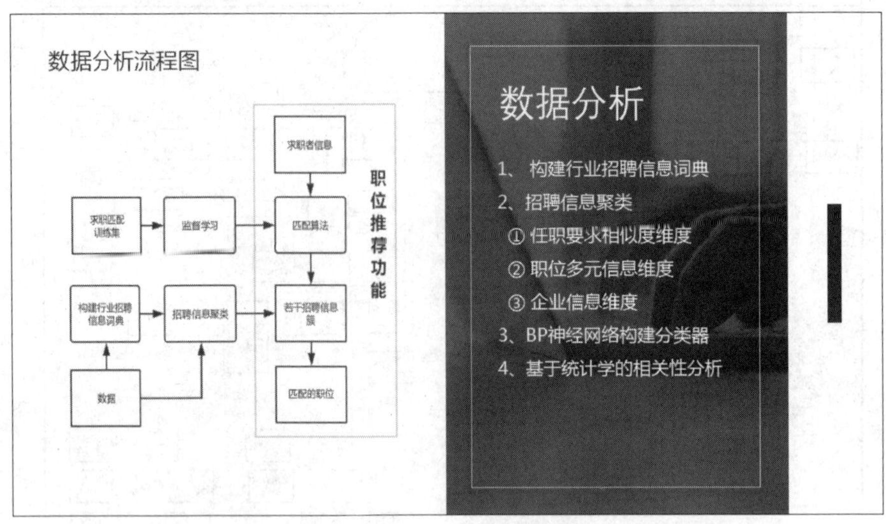

人员组织结构

王洪永	网络工程专业	Python中文社区专栏作者，熟练掌握数据抓取、数据分析、数据可视化等技术	担任队长
王永浩	计算机科学与技术专业	机器学习创新实践课小组核心成员，熟练掌握Spring、SpringMVC、MyBatis等开源框架	负责开发后台服务
谭惟予	计算机科学与技术专业	两年产品经理经验，在外实习期间曾负责过公司大型外包项目的设计和人员调度	负责用户需求分析，原型设计
孙裕	计算机科学与技术专业	擅长 Android 前端开发，了解各种新兴技术，在校外包团队 Acreath 主力开发	负责前端开发
朱清	国际经济与贸易专业	校辩论队辩手，获得“互联网+”、“挑战杯”等赛事的省级奖项	主要负责项目文档

业务模式对比表

智联招聘	传统门户	自有海量招聘信息	后台有大数据分析	企业付费
前程无忧	传统门户	自有海量招聘信息	后台有大数据分析	企业付费
职云（本项目）	针对性 社交式	信息聚合自多个网站	后台有大数据分析	企业付费

广告方式多：职云营销采取线上和线下配合的方式，其中网络营销包括品牌广告展示，搜索引擎关键字，视频贴片广告等多种形式，而线下投放包括电视广告、地铁广告、车身广告、楼宇电视广告、平面媒体广告等。

计费模式清晰：线上广告计费方式以CPA(A：多指注册量)为主，包括品牌展示广告的计费方式和搜索引擎的计费方式，而线下广告计费方式以CPT为主，主要是按照时间展示收费。

针对性强：短时间内对用户和潜在用户进行冲击，其投放策略定位于对其重点用户生活轨迹进行包围式宣传。个人用户提供网上求职、简历中心、求职指导等个性化服务;为企业客户提供以网络招聘为核心的人才解决方案。

PART FIVE　风险控制

风险	说明	对策
财务风险	产品推广的投资成本和资本回收过程所面临的风险	①使投资项目尽快产生收益，提高资产盈利能力，降低投资风险。 ②加大资本运营的力度，构建和拓宽畅谈的融资渠道，为企业资金供应建立稳固的渠道。 ③建立相应的风险预警机制，加强内部管理，严格规章制度，把可能发生的损失降到最低程度。
技术风险	产品的技术周期短，容易被替代，质量达不到预期，或无法及时完成创新任务。	①加大研发力度和资金支持，提高技术人员的薪酬待遇和激励机制，留住人才。 ②定期对团队成员进行知识产权保护培训，增加团队成员对知识产权保护的意识，每当产品有重大进展时便着手申请专利和软著，在产品研发初期就要完成商标的注册事宜。
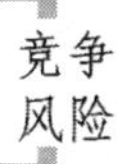 竞争风险	运营模式容易被复制，知识产权保护相对困难，可能会出现服务类似本项目的产品来参与竞争。	①进行一段时间的试运行，在总结分析各项数据后，在结合之前的市场调研、企业反馈情况和专家分析，最后确定我们是否进入目标市场。 ②加强团队建设，建立具有充分弹性、敏感性和适应性的团队组织。

技术亮点

BP神经网络构建分类器

优势：

1. 神经网络所有的信息都等势分布贮存于网络内的各神经元，具有很强的鲁棒性和容错性；
2. 网络可以充分逼近任意复杂的非线性关系，适于分类曲面复杂的文本分类问题；
3. 网络采用并行分布的处理方法，使得快速进行大量运算成为可能，适于对大量职位信息文本分类的实际应用环境。

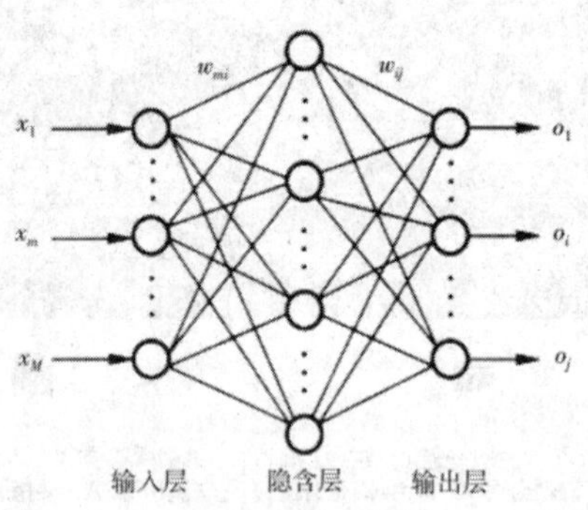

BP神经网络算法

技术亮点

BP神经网络构建分类器

优势：

1. 神经网络所有的信息都等势分布贮存于网络内的各神经元，具有很强的鲁棒性和容错性；
2. 网络可以充分逼近任意复杂的非线性关系，适于分类曲面复杂的文本分类问题；
3. 网络采用并行分布的处理方法，使得快速进行大量运算成为可能，适于对大量职位信息文本分类的实际应用环境。

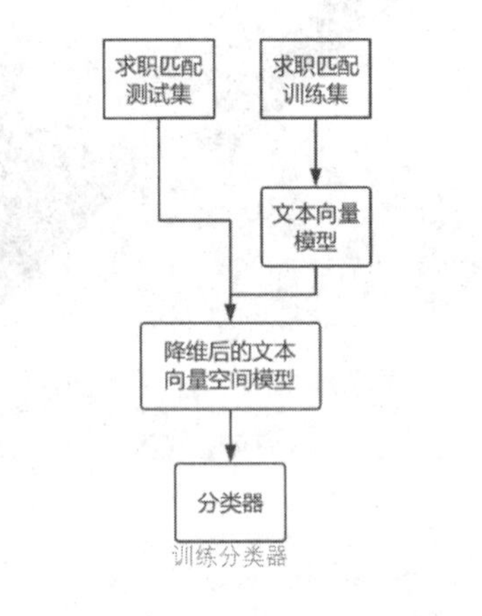

训练分类器

请评委老师批评指正

Thanks For Listening

7.5 案例点评

本案例获得企业命题类团体三等奖，未能进入决赛阶段。案例初赛点评如下：

1．项目创意

本项目所列的四个创意为全平台适配——最亲民的用户使用环境，不同招聘网站下智能爬取整合最有价值的数据，自主研发的深度分析与智能匹配模型，将无形的数据文字化、数字化、图形化，并用最形象的方式展现。赛题要求要完成网络爬虫抓取企业岗位需求的信息，数据分析和数据挖掘并形成岗位画像，求职者岗位的个性化智能推荐并形成求职者画像，这些内容还是有相当的技术含量。项目团队缺乏这方面的技术创新能力。

项目列出的四个创意点，笼统看有一定的意义，但仅限在面上，经不起推敲，很难获得高分，尤其是仅仅停留在“讲道理”的层面，并没有实际内容，这跟项目团队对项目理解不深有关。

2．市场及行业分析

本项目对人才招聘市场的政治环境、社会环境、技术环境做了分析，对项目本身做了 SWOT 分析，从优势、劣势、机会、威胁等角度进行了论述，并制定了相应的战略。对项目的目标市场选择和市场定位描述准确，对当前市面上的几种招聘模式进行了分析比较，并对“职云”招聘平台制定了详细的推广方案。

存在的主要问题是内容深度不足，并没有涉及相关内容的核心问题，停留在表面的介绍，这是学生竞赛作品常见的现象，但论述内容涉及面已经能得到基本的分值。

3．实施方案

项目管理的内容不足，人员组织、项目实施计划都比较简单。其中实施计划缺乏多层次的分析，只是内容简单罗列，无法体现人力、任务之间的对应关系，难以判断分派的合理性和恰当性，也缺乏对应的验收评审标准，质量难以控制。

存在的主要问题是由于内容过于简单，与同类参赛作品比较起来没有优势。

4．技术实现与交付

本项目结合 Python、Java、HTML 等基本语言完成数据挖掘和数据可视化的呈现，包括了 Spring Boot、Maven、Jsoup 等框架，技术工具成熟可靠。运用关联规则算法、BP 神经网络构建分类器、Word2Vec 模型等关键技术来保证技术方案的可行性。但技术资源及经济成本方面，并没有建立关联，成本管理与技术实现只是分开说明，跟项目需求的匹配缺乏。与同类参赛作品相比，并没有进入决赛的优势。

5．风险与控制

本项目对风险进行了分类，产生的原因也做了很好的分析，以及针对风险原因都有较详细的对策，虽然从专业角度描述有些笼统，但是基本能达到赛题的要求。

存在的主要问题是风险种类不足，分类比较笼统，实施过程有一定困难，总体来看在学生竞赛作品中这部分内容完成得较好。

6．项目展示

项目团队按大赛要求提交了项目概要介绍、项目详细方案、项目简介PPT和系统演示视频等文档，提交的文档结构清晰合理，逻辑基本顺畅。但文档编写不够规范，自己编写的内容口语化较多，引用的插图有点乱。PPT 制作质量一般，文字内容偏多，不足以让评审老师给出高分。

服创大赛参赛历程

出于对服务外包创新创业大赛的好奇和热爱，尝试锻炼自己，在老师的帮助下，我和小伙伴们组成了一支来自计科、软工、自动化、国贸专业的参赛团队，于 2018 年 1 月 10 日截止日报名参加了第九届服创大赛。我们杭电报名参赛的有几十支队伍。在徐老师、舒老师、周老师的指导下，我们跃跃欲试，开始为比赛做精心准备。由于 B 类赛题每个学校只能有 1 支队伍参赛，我们都选了 A 类赛题，也就是企业命题类赛题。我们团队选择的赛题是用立体视觉技术解决扫地机器人的避障导航误差。这里有一个细节，题目是徐老师推荐我们选的，因为该赛题包含了最新的机器学习技术和立体视觉技术，有较高的技术含量和商业价值，创新点也比较突出，另外，还需要搭建一台智能车模拟扫地机器人，感觉非常有趣。也是因为我们团队有这方面特长的同学，两位计算机学院的同学负责软件前后端开发以及 UI 设计，自动化专业的同学负责小车的硬件实现，特别是图像的采集、传输，我负责的是机器学习中图像识别的部分，还有一位国贸专业的女同学作为产品经理，负责 PPT 制作和文档编写。

比赛时间还是很紧张的，从报名参赛到提交初赛材料只有 3 个多月时间，当中还有紧张的期末考试和差不多 1 个月的寒假。寒假时间当然是不能浪费的，我们团队每个人带着各自的任务回家开始为比赛做前期准备。寒假回来已经是 3 月初了，一开学老师就为我们安排了备赛场地，在学院的支持下，2 个教学实验室为我们参赛队伍全天候开放，这为我们备赛提供了很好的工作环境。我们有了固定的“窝”，大家只要没课就到实验室，每天在一起也方便团队的沟通和交流。老师也会在周三、周五给我们做指导，检查我们的项目进度，对我们在研发中碰到的问题给出建议。

项目研发是我们之前没经历过的，要学的东西太多，只能边学边做。我们要使用机器学习来构建小车的图像识别模型，从理论知识到设计、Coding、应用，从阅读浏览已有的模型源码、进行简单的数字识别，到进行图像识别的深度学习 CNN(卷积神经网络)。我们遇到了太多的难题，经历过痛苦的煎熬，有时候甚至想放弃，但我们终于挺过来了，苦中有乐，攻克难题的喜悦不亚于中大奖。经过大家的不懈努力，在初赛提交材料的前一周，我们终于研制成了模拟扫地机器人的智能小车，基本实现赛题要求的功能。

服创大赛初赛要准备的文档比较多，工作量非常大，要编写项目概要介绍，项目详细方案，制作 PPT，还要录制演示视频等等。时间总是不够用，在提交初赛材料的前几天，我们夜以继日的在精心准备文档，生怕哪个地方出错而影响比赛成绩。终于在 4 月 20 日把初赛材料提交上去了，我们如释重负，不用再想什么，可以美美得睡上几天。

接下来是两个多礼拜的等待，每个人对初赛结果还是有所期待的，也许期望能拿个三等奖就心满意足了吧。5 月 7 日初赛结果终于出来了，令人惊喜的是我们小布丁团队进入决赛了，3000 多支参赛队伍仅有 150 多支晋级，这是我们没有想到的，有时候距离目标除了超级辛苦的努力之外还需要有一些好运气。这一天大家都开心得睡不着觉了。

进入决赛阶段大家又开始忙碌起来。徐老师告诉我们，决赛就是要把我们项目以演讲的方式展示给评委老师，按照决赛的评分点，清晰的讲述项目创意和要点，在原型演示时不出 bug。接下来我们开始准备决赛答辩。模拟扫地机器人的智能小车稳定性还欠缺，防止现场演示时出故障，由小凯同学负责继续改进。PPT 依据决赛评分表的要点重新制作美化。PPT 演讲人非常重要，通过几个同学的试讲，最后推荐小段同学主讲。经过反反复复不下 30 次的演练，小段同学的演讲能力有了很大提升，答辩 PPT 也更加完美。我们信心满满，决赛工作一切准备就绪。

我们杭电这次进入决赛的有 8 支团队，这也是历届比赛进入决赛最多的一次。5 月 30 日中午，我们一行 40 多人在多位老师的带领下乘坐校车，一路欢歌笑语，奔赴美丽的无锡市。第二天早上来到江南大学决赛现场，看到那么多参赛团队，我们每个人都有点小紧张。终于轮到我们了，我们穿着正装进入答辩现场，我忐忑的心也放下了。压力主要在小段和小凯身上。还好 10 分钟的演进和演示时间很快就过去了，小段同学演讲的非常通顺流畅，技术上也讲解得十分到位，得到上海交大评委老师的表扬。小凯演示小车的避障功能也很完美，获得了老师的特别赞誉，受邀参观交大实验室。5 分钟的提问时间，评委老师问的问题不是很难，没有让我们为难。决赛总算顺利过去了。

颁奖典礼在 6 月 1 日举行，参加服创决赛的同学来自国内众多包括 985、211 的高校，还有港澳台地区和东南亚国家的大学。我们杭电在这届大赛上取得了优异的成绩，共获得创新实践类一等奖 1 项，企业命题类一等奖 1 项，企业命题类二等奖 6 项，企业命题类三等奖 13 项，还有其他企业颁发的奖项。我们小布丁团队最终获得了企业命题类二等奖，要获得一等奖实在是太难了，总共不到 20 支队伍。我们团队因为项目的独特性还吸引了中国教育报刘记者的采访。

参加服创大赛前后半年时间，牺牲了很多休息娱乐时间，但收获更多，我们学到了课堂上学不到的东西，得到人生难忘的历练。参赛过程充满了困难和挑战，大家不畏艰辛，敢于面对，迎难而上，最终突破了自我，将目标实现。我们学会了信任，相互鼓励，提升了自信。我们通过比赛得到了创新学分，绩点加成，获得了令人羡慕的荣誉。最重要的是我们还收获了友谊，收获了为共同目标一起奋斗的朋友。

参 考 文 献

[1] 中国大学生服务外包创新创业大赛组委会. 中国大学生服务外包创新创业大赛官方网站[EB/OL].[2018-06-10].http://www.fwwb.org.cn.

[2] 田运昌. 大学生服务外包创新创业大赛正式开赛四大突破惹引人瞩目[N]. 证券日报：2015-03-28.

[3] 邢厚媛，涂舒. 2016 年中国服务外包发展回顾和 2017 年七大发展趋势. 中华人民共和国商务部中国服务外包研究中心网站[EB/OL]. [2017-02-04].http://coi.mofcom.gov.cn/article.

[4] 何明昌，张笑钦，甄月朋，等. 大学生服务外包创新创业训练平台构建[J]. 实验室研究与探索，2017(6)：220-222.

[5] 董桂才. 基于学科竞赛的大学生综合素质培养模式改革与实践——以中国大学生服务外包创新创业大赛为例[J]. 教育教学论坛，2016(29)：42-43.

[6] 刘伟. 基于学科竞赛的创新型人才培养探索与实践——以中国大学生服务外包创新创业大赛为例[J]. 高教学刊，2017(9)：22-23.

[7] 刘伟，黄辛迪，梁杨. 中国大学生服务外包创新创业大赛企业命题类赛题分析及应用[J]. 教育现代化，2017(29)：27-29.

[8] 李韶文. “服创大赛”搭建外包人才孵化器[J]. 中国外资，2014(19)：18-19.

[9] 王娟，詹国华，李志华. 服务外包大赛对软件外包知识体系构建的启示[J]. 计算机教育，2012(20)：88-92.

[10] 刘丽，朱晓林，马晓琳.以学科竞赛促进大学生的创新创业能力提升[J]. 辽宁科技大学学报，2014(2).

[11] 黎建辉，刘超良.高校学科竞赛的管理与运行机制探讨[J]. 湖南科技学院学报，2010(5).

[12] 白永国. “三层次、三方位”大学生学科竞赛体系的研究与实践[J]. 吉林化工学院学报，2012(10).

[13] 王晓勇，俞松坤. 以学科竞赛引领创新人才培养[J]. 中国大学教学，2007(12)：59-60.

[14] 严薇，杨天怡，袁云松. 学科竞赛与创新人才培养[J]. 实验室研究与探索，2008，27(12)：107-108.

[15] 王建. 中国服务外包产业回顾与展望[J]. 中国科技投资，2010(2)：66-68.

[16] 邢学杰. 我国服务外包产业发展研究[J]. 企业经济，2014(1)：119-122.

[17] 陈婧. 大学生“就业难”与企业“用工荒”并存结构性失业问题研究[D]. 大连：东北财经大学，2014.

[18] 谌莉. 中国服务外包企业紧缺人才分析[J]. 湖北成人教育学院学报，2015，21(4)：61-64.

[19] 吴松杰. 抢占软件发展先机创建品牌服务外包[J]. 杭州通讯月刊，2009(2)：34-35.

[20] 王伟凯. 服务外包：构建创新型经济新支点[J]. 中国科技财富，2015(6)：46-47.

[21] 张金山. 大学生创新创业案例——走进“挑战杯”[M]. 北京：社会科学文献出版社，2017.

[22] 王冀宁、陈红喜. 大学生创业创新的模式选择与牵引机制[M]. 北京：经济管理出版社，2014.

[23] 候力红、姬春林. 互联网+大学生创新创业教育研究[M]. 北京：科学技术文献出版社，2017.

[24] 郁义鸿，李能志，Robert D.Hisrish.创业学[M]. 上海：复旦大学出版社，2009.

[25] 邱文伟. 大学生创新创业能力的培养和提升[J]. 当代经济，2015(1).

[26] 李中华，夏明华，李晓东，等. 基于学科竞赛驱动的创新创业人才培养研究[J]. 计算机教育，2017(12).

[27] 卢冶，刘永良，韩斌. 竞赛型创新基地建设与软件工程应用型创新人才培养模式的探索[J]. 黑龙江教育，2013(12).

[28] 赵卫东、刘文广. 课外竞赛在软件工程项目式教学中的作用[J]. 计算机教育，2012(5).

[29] 钟秀玉，刘越畅，柯木超，等. 软件工程专业协同创新性实践教学体系的探索[J]. 实验室研究与探索，2014(4).